泛海书院丛书

争鸣集

——洪远朋关于经济理论与现实问题争鸣文集

洪远朋 主编

復旦大學出版社

洪远朋简介

洪远朋，1935年10月25日生于江苏如皋。1953年，江苏省财经学校毕业，分配在江苏省工业厅工作。1956年，他响应党中央国务院向科学进军号召，作为调干生考入复旦大学经济系政治经济学专业。1961年大学毕业后师从蒋学模先生做社会主义经济理论专业的研究生。1964年学成后留校任教，一直从事《资本论》、价格理论、社会主义经济理论、经济理论比较、利益理论与实践、合作经济理论与实践等教学与研究至今。

洪远朋为复旦大学经济学院教授，博士生导师。历任复旦大学经济系主任、经济学院院长、经济学院学位委员会主席、复旦大学理论经济学博士后流动站站长、国家社科基金学科组成员、中国《资本论》研究会副会长、全国综合性大学《资本论》研究会名誉会长、复旦大学泛海书院院长、《世界经济文汇》编委会主任、中国社会科学院马克思主义研究院特聘研究员等。主要研究领域：《资本论》、社会主义经济理论、经济理论比较研究、利益理论与实践。主要著作和教材有：《政治经济学入门》、《〈资本论〉难题探索》、《新编〈资本论〉教程》（1—4卷）、《通俗资本论》、《社会主义政治经济学新论》、《价格理论的发展与社会主义价格形成》、《经济理论的轨迹》、《合作经济的理论与实践》、《经济利益理论与实践丛书》（8本）、《共享利益》、《经济理论的过去、现在和未来》、《新时期利益关系丛书》（12本）、《论〈资本论〉》、《论利益》、《论价值》以及2017年出版的《〈资本论〉纵横谈》。参编教材和著作有：《政治经济学教材》、《我的经济观》以及福建人民出版社2017年出版的《对〈资本论〉若干理论问题争论的看法》等60多部，以及论文300多篇，曾多次获国家级、省部级教学和研究成果奖。

1984年为国家教委特批教授，1989年与蒋学模、伍柏麟教授合作的《政治经济学课程的教学改革》获普通高等学校优秀教学成果国家级特等奖，1990年获国家级有突出贡献的中青年专家，1992年起享受国务院颁发的政府特殊津贴，1992—1993年度被列为英国剑桥国际传记中心的世界名人录，收入《国际传记辞典》第23版。2012年6月荣获上海市2009—2011年度上海市高校系统"老有所为"精英奖，2012年10月荣获上海市第十一届哲学社会科学学术贡献奖。2014年获世界政治经济学会颁发的马克思经济学奖。

洪远朋承担的省部级以上项目有，国家社会科学规划课题：《我国经济利益关系演变》，其中部分成果"中国共产党人对马克思主义经济利益理论的贡献"等，获上海市邓小平理论与宣传优秀成果论文奖；教育部"九五"规划课题：《股份合作制企业的产权鉴定研究及其政策建议》，其最终结果《共享利益论》，获第四届中国高校人文社会科学研究优秀著作奖三等奖；上海市社会科学规划课题：《社会主义市场经济的利益关系研究》，其最终成果《经济利益关系通论》，获第三届中国高校人文社会科学研究优秀成果著作奖三等奖；2005年国家社科基金重大课题：《新时期我国社会利益关系的发展变化研究》的首席专家，其阶段性成果之一《社会利益关系演进论》，2006年入选国家社科基金《成果要报》（第56期）报中央领导参阅。2008年获上海市哲学社会科学优秀成果著作类一等奖。2010年，新版《通俗〈资本论〉》成为中共中央宣传部、国家新闻出版总署推荐的第二届10种全国优秀通俗理论读物之一。2010年12月，《通俗〈资本论〉》获上海市第八届邓小平理论研究和宣传优秀成果著作类一等奖。《通俗〈资本论〉》2013年获教育部人文社会科学优秀成果普及奖。

五十多年来，洪远朋教授培养的专科生、本科生、硕士生、博士生以及博士后研究工作者，分布于全国东、西、南、北、中各地，可谓桃李满天下。

洪远朋教授在教学中一贯注重教书育人。"认认真真读书、扎扎实实工作、诚诚恳恳处世、清清白白做人"是他的座右铭，也是他教育弟子为人处世的基本准则。

目录
Contents

导言 / 1

明 争 篇

生产力应该是三要素 / 7

试论生产力的内在源泉
　　——学习《资本论》的一点体会 / 13

应该恢复马克思的定义
　　——也谈作为政治经济学对象的生产关系 / 21

资本主义社会内部不可能产生社会主义经济因素吗？
　　——读《资本论》有感 / 27

再论资本主义社会中的社会主义经济因素 / 29

《资本论》是批判"四人帮"的锐利武器
　　——批判"四人帮"对马克思主义政治经济学的篡改和歪曲 / 38

"四人帮"炮制的《社会主义政治经济学》是怎样篡改马克思主义的？
　　（例选）/ 46

关于社会主义积累的几个问题 / 50

积累不是扩大再生产的唯一源泉
　　——读《资本论》的体会兼答奚兆永同志 / 55

三论积累不是扩大再生产的唯一源泉
　　——再与奚兆永同志商榷 / 63

生产资料生产较快增长规律 / 71

生产资料生产的增长最终必须依赖于消费资料生产的增长 / 75

关于社会利益问题的文献综述 / 79

评 议 篇

马克思主义政治经济学述评 / 103

正确认识马克思主义政治经济学 / 121

经济学的发展与创新 / 131

试谈经济结构的外延和内含
　　——学习《资本论》的一点体会 / 138

关于经济增长方式转变中的若干辩证关系 / 149

试论发展综合生产力 / 156

试析马克思的劳动价值理论 / 163

关于劳动和劳动价值理论的十点认识 / 173

关于剩余劳动概念的问题 / 180

对社会主义社会中资本范畴的理解 / 184

我国当前收入分配中的问题与治理探析 / 189

关于当前世界经济危机的十点思考 / 198

改革开放30年来我国社会主义经济理论和实践的回顾与展望 / 208

探 索 篇

理论探索：《名家新论》
　　——发展与改革呼唤新的《经济学》 / 225

构建马克思主义政治经济学的新思维 / 249

对构建中国特色马克思主义政治经济学的几点看法 / 260

新时代中国特色社会主义政治经济学的发展 / 265

共享利益观：现代社会主义经济学的核心 / 269

"中国腾飞"探源
　　——中国特色社会主义经济理论概说（写在前面的话）/ 279

正确对待马克思主义政治经济学 / 289
我的综合经济观 / 294
社会主义经济建设必须以马克思主义经济理论为指导,综合古今中外一切经济理论的合理成分 / 295
试论建立综合的社会主义经济学 / 313
需要建立新的经济学说史体系 / 320

附 录 篇

附录一:洪远朋经济论文目录 / 329
附录二:与洪远朋商榷的部分论文目录 / 350

后记 / 352
复旦大学泛海书院简介 / 354

导 言

理论来源于实践,实践是检验真理的标准;同时,理论又反作用于实践,理论的研讨、发展、创新又推进社会经济的发展与繁荣,也推进经济理论本身的繁荣与发展。

经济理论的研讨、发展、创新离不开经济理论工作者和经济实践工作者的研究、切磋、商榷和争论,统称争鸣。

争鸣广义的说大体包括一、"明争",即理论工作者之间或理论工作者与实践工作者之间指名道姓公开针对对方的观点进行评论;二、"评议",即经济理论工作者之间或理论工作者与实践工作者之间,社会上有关理论观点进行不指名道姓的评论、商榷,进行背靠背的议论。三、"探索",也是争鸣的一种表现,针对经济社会发展中发生的新问题、新现象进行研究、探索,提出不同以往的新概念、新观点、新理论,并对原来的各种有关观点提出质疑,等等,这种探索的公开发表也是"争鸣"的一种表现。

我在经济理论的研究中都碰到了这些问题,现将有关争鸣的论著和观点进行了初步整理,共分三篇,即明争篇、评议篇、探索篇。

第一篇明争篇计有十三篇文章,"明争"是指名道姓反对不同观点的文章,这样的文章我写得不多,是一种说不清楚的感觉,使我认为对我的前辈和我的后辈最好不要采取这种商讨的形式以免误解或误伤。通常我只在以下情况下采用这种形式。

对于政治经济学的一些基本原理或基本概念由于某些原因长期纠缠不休,想根据马克思主义经济理论的经典原意发表一下看法,以正本清源,恢复马克思主义经济理论的原貌。

在世界范围内,对马克思主义的某些基本观点,本来就有一些不同理解,我认为这是可以允许的,但是,某个时期某个国家由于某些人掌握政权硬是把自己的见解强加于人,对理论造成误解,对实践造成危害,需要正本清源。

例如,第一篇中关于生产力到底是三要素还是二要素的争论。我认为生产力三要素(或多要素,还包括生产力源泉说)是马克思的本来观点,后来从原苏联传来的二要素论是斯大林的观点,不是马克思主义的,要正本清源。所以,我写了"生产力应该是三要素"还有"试论生产力的内在源泉"公开表示与奚兆永同志商榷,实际上是澄清斯大林对马克思生产力理论的误解与误传。还有关于生产关系到底是三个方面(所有制、相互关系、分配)还是四个环节(生产、流通、分配、消费)的问题,我在《学术月刊》1979年第12期发表了一篇《应该恢复马克思的定义》一文,认为斯大林主张的三方面论所包括的内容"少了许多"不应该少的东西,因而是非马克思主义的,应当正本清源,恢复马克思关于生产关系四环节:生产、交换、分配、消费的理论。李建松同志在《学术月刊》1980年第5期发表了"斯大林的定义是马克思主义的"——与洪远朋同志商榷。我公开声明我与他的争论不是我与他的争论,而是斯大林与马克思的争论,马克思是正确的,因此应该恢复马克思的定义。

还有一个关于资本主义社会内部能不能产生社会主义经济因素问题的争论。1981年我在《复旦学报》1981年第1期发表了"资本主义社会内部不可能产生社会主义经济因素吗?——读《资本论》有感",后来《新华文摘》1981年第4期转载,《经济学文摘》1981年试刊第二期也转载,此文发表后也有不少同志公开与我商榷。如周万钧的"资本主义社会内部工人自己的合作工厂,不是社会主义经济因素"与洪远朋同志商榷,恽秉永的"历史唯物论还是上层建筑论?"等等,后来,有多年的争议。1998年我们在《世界经济研究》第2期,再次公开综合地论述了我们的观点,并直接指出马克思主义的创始人曾多次论述,在资本主义社会内部有可能产生社会主义经济因素,资本主义社会内部不可能产生社会主义经济因素是苏联政治经济学教科书和斯大林的观点,并非是马克思主义的。这也是一个正本清源的问题。

还有一个我公开参与争论的问题,是积累还是扩大再生产唯一源泉的问题。我在《经济研究》1978年第2期发表了《关于社会主义积累的几个问题》明确提出,积累是扩大再生产的主要源泉,不是唯一源泉的观点,很多同志分开载之提出不同意我的观点,特别是奚兆永同志与我"交战"有七八个回合。我写了《积累不是扩大再生产的源泉——读〈资本论〉的体会兼答奚兆永同志》、《三论积累不是扩大再生产的唯一源泉》等等,一一应战。说到最后,还是斯大林与马克思的争论,历史证明还是马克思是正确的,这是一个需要正本清源的问题,在对马克思主义基本理论上是要公开应战的。

《关于社会利益问题的文献综述》是一篇典型"明争"的文章,我们首先汇集了关于社会利益问题研究的各种观点,并作了简要的评介,然后提出了我们的看法,最后还提出了值得进一步研究和思考的问题,供进一步争鸣和参考。

还有公开的应战的,就是公开批判"四人帮"对政治经济学的篡改和歪曲,我们在《思想战线》上发表了《〈资本论〉是批判"四人帮"的锐利武器》在《文汇报》上发表了《"四人帮"炮制的〈社会主义政治经济学〉是怎样篡改马克思主义的》,等等。总之在大是大非问题上,我们认为还是要勇于公开回应挑战的。

第二篇评议篇共有十三篇文章,"评议"或者俗称叫"暗斗"。对于许多我们不同意的观点,但是我们又不是很有把握的看法,我们不采取指名道姓与人家争论的方式,而是不指名不道姓地跟别人商榷,实际上是有所指的,不是空谈。我们把这种不指名道姓的争议叫"评议",说得直率一点就是"暗斗","暗斗"是争鸣的一种形式。

关于评议的论文,一包括经济学科上的评议,如《马克思主义政治经济学述评》、《经济学的发展与创新》等等。二包括主要经济理论观点的评议,如《试谈经济结构的外延和内含——学习〈资本论〉的一点体会》,实际上是我们主张经济结构不仅是生产关系的结构还应该包括生产力的结构,是广义的经济结构论。

在《试析马克思的劳动价值论》、《关于劳动和劳动价值理论的十点认识》中我们实际上是反对狭义的劳动价值论,主张广义的劳动价值论。广义的劳动价值论,至少应包括:一、价值实体,二、价值量,三、价值形式,四、价值本质,五、价值规律,六、价格和价值的关系,七、劳动力的使用价值与价值,八、价值转型理论,九、关于虚假的社会价值,十、价值构成。(该文载于《马克思主义研究》丛刊1985年第1期。)2002年前后我发表的关于劳动和劳动价值论理论的十点认识,我们提出深化劳动和劳动价值论的认识:首先要认真学习和研究马克思主义经济学,特别是马克思的《资本论》,也要好好学习和了解西方经济学;劳动价值论和价值规律是商品经济的一般规律,而不是人类社会的一般规律;承认劳动价值论必须承认剩余价值论;不要否定也不能否定马克思劳动价值论;马克思的劳动价值论必须发展,也可能发展。这些提法都是有针对性的,实际上也是在价值理论问题上与我们商榷的回应,也是争鸣。

针对2008年资本主义世界爆发的世界经济危机,我们发表了当前世界经济危机的十点思考,提出了我们对当前世界经济危机的看法。给这次经济危机定了性,给这次经济危机定了量,给这次经济危机定了级,给这次经济危机寻了根,给这次经济危机"下了药",提出这次经济危机的特点,这次经济危机与中国、经济危机与经济学、经济危机与经济学家、这次经济危机的深层次思考,等等(载《探索与争鸣》2009年第7期),都是有针对性的争鸣,就是没有用"争鸣"这个概念。

第三篇探索篇收集了我们关于经济学科建设、经济理论观点、政治经济学中心结构体系方面的探索,共有论文十篇。

关于经济学科的建设,我们提出了关于建立社会主义综合经济学和建立新的经济学说史体系的遐想。

关于政治经济学建设我们提出了"构建马克思主义政治经济学的新思维"(30位著名学者《纵论哲学社会科学》,中国社会科学出版社)对构建中国特色马克思主义政治经济学的几点看法(《经济学动态》2005年第1期)以及2017年刚在《经济研究》11期上发表的《新时代中国特色社会主义政治经济学的发展》,还编进了"中国腾飞"探源——中国特色社会主义经济理论概论(写在前面的话),在这些论著中对马克思主义政治经济学的定位、出发点、研究对象、中心、体系、方法、理论来源,特别是提出了以共享利益为中心建立中国特色社会主义政治经济学是一种新见解,是探索性的,可供进一步研究、讨论、争鸣。

关于理论探索我们提出了综合经济观、共享价值观、共享利益论等一些新概念,可供研究参考。

另外,我们对中国社会经济利益的系统理论思考,提出了关于社会利益理论的十大见解:利益是一切社会关系的核心,社会利益关系是新时期我国人民内部矛盾的主要问题。关于利益理论和实践的十大概念(如综合利益论、共享利益论、机会利益论、休闲利益论等)、新时期我国社会十大利益关系、十大特点、协调的十大思路,以及尚需探索的十大课题,等等,为我国社会经济理论的进一步研讨、争鸣和发展提供了一些新的素材。(详见《论利益》)

社会在发展,时代在进步,理论需要不断创新,愿共勉之。

明争篇

生产力应该是三要素

生产力到底是三要素还是二要素的问题，争论已久。这个争论绝非概念之争，无论在理论上和实践上都具有重要意义。奚兆永同志在《群众论丛》1980年第1期发表的《评生产力三要素论》中提出的一些见解是值得商榷的。这里，只谈几点主要的分歧。

一

三要素与二要素之争，首先是与生产力的概念有关的。二要素论者，包括奚兆永同志，首先认定生产力就是人们改造自然、征服自然的能力。既然，自然是被改造的对象，因此，生产力要素中不应包括劳动对象。这个前提和推论都值得研究。

什么是生产力？马克思在《资本论》中指出："生产力当然始终是有用的具体的劳动的生产力。"[1]还说过："劳动的生产能力更大了，因为在同一时间内创造出更多的产品。"[2]这就是说，生产力是人的具体劳动生产产品，创造物质财富的能力。说得更简单一些，生产力就是劳动的生产能力。由于离开了劳动，离开了生产产品的具体劳动过程，也就失去了生产力存在的基础，所以马克思往往把生产力称为劳动生产力。

奚兆永同志从生产力概念上来论证生产力二要素论主要提出了三条论据。我们看看这三条论据能否成立。

（1）奚文中说："一般的说法是'生产力是指人类征服、利用、改造自然，实现物

---

[1] 《马克思恩格斯全集》第23卷，人民出版社1972年版，第59页。
[2] 《马克思恩格斯全集》第26卷第1册，人民出版社1972年版，第200页。

质资料生产的能力'。这种说法和马克思把生产力看作是'人对自然的能动关系'是完全一致的。"以此作为二要素的立论,是不能成立的。由于劳动资料和劳动对象都是通过人的劳动由自然物转化而来的,因此,人对自然的能动关系实际上就是人对物(包括劳动资料和劳动对象)的能动关系。马克思说过:"机器不在劳动过程中服务就没有用。不仅如此,它还会由于自然界物质变换的作用而解体。铁会生锈,木会腐朽。纱不用来织或编,会成为废棉。活劳动必须抓住这些东西,使它们由死复生。"①由此可见,不仅在人对劳动对象的关系上,人是主体,是能动的因素,对象是客体,是被动的因素。而且,在人对劳动工具的关系上,人是能动的因素,工具也是被动的因素。如果按照奚兆永同志的意见,在生产中只有能动的因素才是生产力,被动的因素不是生产力,那么,劳动对象和劳动工具就都不是生产力的要素,只有劳动者才是生产力的要素了。这样,生产力不就只是一要素了吗?所以,按照奚兆永同志关于生产力的定义和推论是得不出二要素论来的。

(2)奚文试图用生产力(实际上就是劳动生产力)、生产、劳动生产率(附带说一句,奚兆永同志所说的劳动生产力,实际上是指劳动生产率)三个概念的区别来为二要素论寻找出路,也是行不通的。当然生产力、生产、劳动生产率三个概念是有区别的,但它们包括的要素应该是一致的。所谓生产力(即劳动生产力)是劳动的生产能力。生产(即劳动过程)是生产能力发挥作用的过程,而劳动生产率(即劳动效率)是生产能力发挥作用的结果。奚兆永同志承认生产能力发挥作用的过程(生产)和结果(劳动生产率)是三要素,而生产能力本身只是二要素,是不合逻辑、不可思议的。二种要素的能力,怎么会变成三种要素的活动和三个要素的效率呢?实际上,生产能力的要素与生产过程的要素和生产效率的要素都是一样的,都应该是劳动者、劳动资料、劳动对象三个要素。

(3)奚文用斯大林关于生产力的概念,即"用来生产物质资料的生产工具,以及有一定的生产经验和劳动技能来使用生产工具、实现物质资料生产的人,——所有这些因素共同构成社会的生产力。"②作为生产力二要素的根据,是一种误解。斯大林在这里讲的是很清楚的,他是说"社会的生产力"是二要素。要知道除了社会的生产力外,还有自然的生产力。马克思在讲资本主义条件下的生产力时,曾经指出:"劳动的自然生产力,即劳动在无机界发现的生产力,和劳动的社会生产力一样,表现为资本的生产力。"③所以,实际上生产力应该包括劳动的社会生产力(主要体现在劳动者和劳动资料两个要素上)和劳动的自然生产力(主要体现在劳动

---

① 《马克思恩格斯全集》第23卷,第207—208页。
② 斯大林:《列宁主义问题》,人民出版社1964年版,第645页。
③ 《马克思恩格斯全集》第26卷第3册,人民出版社1974年版,第122页。

对象上),是三要素而不是二要素。不能以斯大林关于社会生产力的要素来代替整个生产力的要素。

二

主张生产力是三要素和主张生产力是二要素之间分歧的关键是劳动对象算不算生产力的要素。奚兆永同志不同意劳动对象是生产力的一个要素,一个重要理由就是认为劳动对象中相当一部分是未经加工的自然本身,而自然本身是谈不上有什么"力"的。果真如此吗?事实不是这样。

第一,自然界本身就存在一种力量。例如,风力、水力、电力、原子力等等。马克思把自然界本身的力量,称为自然力。马克思说过:"各种不费分文的自然力,也可以作为要素,以或大或小的效能并入生产过程。"①这种自然力与其他一切生产力一样,是生产力的一个组成部分,它可以使劳动具有更高的生产能力。马克思说:"大生产——应用机器的大规模协作——第一次使自然力,即风、水、蒸汽、电大规模地从属于直接的生产过程,使自然力变成社会劳动的因素。……由于这些自然因素没有价值,所以,它们进入劳动过程,却并不进入价值形成过程。它们使劳动具有更高的生产能力,但并不提高产品的价值,不增加商品的价值。"②大家知道,在现实生活中,现在人们把开发煤炭、石油、电力这些自然资源的工业,称为能源工业,或者叫作燃料动力工业。这是因为这些自然资源具有巨大的能量,是工农业生产的动力。实践证明,煤、电、油的生产能力,在很大程度上决定整个社会生产的能力,能源的增长速度在很大程度上决定生产的发展速度。我们要热心于生产力的发展,不能不十分重视自然力。

第二,劳动生产力是以自然条件为基础的。马克思说:"劳动生产力的一定发展程度这个前提,是以财富的自然源泉(土地和水)的天然富饶程度为基础的,而这种天然富饶程度在不同的国家等是不同的。"③生产力总是和自然结合在一起的。劳动和自然相结合而产生的生产力称为劳动的自然生产力。把自然力并入生产过程,必然大大提高劳动生产力。马克思说:"农业劳动的生产率是和自然条件联系在一起的,并且由于自然条件的生产率不同,同量劳动会体现为较多或较少的产品或使用价值。"④"同样可以说,工业劳动生产率首先取决于原料的存在和它的

---

① 《马克思恩格斯全集》第24卷,人民出版社1972年版,第394页。
② 马克思:《机器,自然力和科学的应用》,人民出版社1978年版,第205页。
③ 《马克思恩格斯全集》第26卷第1册,人民出版社1972年版,第23页。
④ 《马克思恩格斯全集》第25卷,人民出版社1974年版,第922页。

特性。"①在现实生产过程中,自然富源的质和量对劳动生产力有很大影响。基本相同的机器设备、同量的劳动,从富矿比从贫矿可以取得多得多的矿产品。例如,在山西开采煤,由于煤的品位高,每个煤炭工人的实物劳动生产率要比湖北、广东的煤矿高一倍以上。同等面积,相当的机械化水平,较好的土地可以比较差的土地提供更多的农产品。以棉花为例,南方集中产棉区亩产一百二三十斤很平常,华北产棉区一般为七八十斤,而东北辽河产棉区才三四十斤。正因为自然条件对劳动生产力的提高具有重要作用,所以,在人类社会生产力中不能不包括劳动对象。

第三,自然不仅给生产劳动提供对象,而且给生产劳动提供手段。马克思说:"劳动者没有自然,没有感性的外部世界就不能创造什么。感性的外部世界是材料,他的劳动在材料上实现自己,在材料里面进行活动,从材料里面并且利用材料进行生产。"②又说:"土地是他的原始的食物仓,也是他的原始的劳动资料库。"③人类进入文明阶段以后,大部分劳动工具和一部分劳动对象已经不是单纯的自然物,而是人类劳动创造出来的产品。但是,它们的原始材料总还是某种自然物质。劳动工具在生产发展中起着重要的作用,但是,大部分劳动工具本身归根到底是由某种自然材料制成的。自然富源的性质和质量,在很大的程度上决定劳动工具的性质和质量,从而大大影响劳动生产力。

第四,社会生产力的配置,必须考虑自然资源的分布状况。重视自然条件的作用,对生产力进行合理布局,可以大大促进生产力的发展。各地自然资源千差万别,都有自己最适宜发展或不适宜发展的部门和产品。同一部门、同一产品在自然条件不同的地区进行生产的经济效果也可能相当悬殊。例如煤矿建设,山西省每吨煤炭生产能力的投资,只相当于湖北、湖南、浙江等省的二分之一到八分之一;每吨煤炭的开采成本比上述地区低一半到四分之三,而每个煤炭工人的实物劳动生产率比上述地区高两倍左右。所以,如能重视自然条件的作用,从实际出发,合理布局生产力,充分发挥优势,扬长避短,就可以事半功倍,大大提高经济效果,促进生产力的发展。

那么,正确认识自然条件在生产力发展中的地位和作用,会不会像奚兆永同志担心的那样,会导致"地理环境决定"呢?不会。我们重视自然条件的作用,承认劳动对象是生产的一个要素,并不是认为劳动对象是生产力的唯一要素,也没有说劳动对象在生产力中的作用超过人和工具,而是按照客观事实,不同意那种无视自

---

① 《马克思恩格斯全集》第26卷第2册,人民出版社1973年版,第82页。
② 马克思:《经济学——哲学手稿》,人民出版社1956年版,第53页。
③ 《马克思恩格斯选集》第23卷,第203页。

然条件的作用,不承认劳动对象是生产力要素之一的观点。劳动者、劳动资料和劳动对象是生产力要素的一个统一体,尽管各个要素在生产过程中起着不同的作用,但是缺少这个统一体中的任何一个要素,就没有生产过程,也就无所谓现实的生产力。马克思说过:"不论生产的社会形式如何,劳动者和生产资料(笔者注:包括劳动资料和劳动对象)始终是生产的因素。但是二者在彼此分离的情况下,只在可能性上是生产因素。凡要进行生产,就必须使它们结合起来。"[①]所以,我们恰如其分地肯定自然力在生产力发展中的地位,承认劳动对象是生产力的一个要素,这与地理环境决定论是毫无共同之处的。

三

我们同意奚兆永同志指出的,"生产力二要素论"和"生产力三要素论"之争,绝不是名词概念之争,这个争论是有现实意义的。但是,回顾我国社会主义建设的经验教训,我们在生产力问题上,是片面地强调劳动对象的作用多了呢,还是过分强调劳动者和劳动工具的作用,而对劳动对象的作用重视不够呢?我们认为不是前者,而是后者。

多年来,我国国民经济比例失调的表现是多方面的,原因也是很复杂的。但是,有一些比例失调,与在生产力要素理论上,只承认二要素,片面强调人和工具的作用,不承认劳动对象是生产力的一个要素,恐怕不是没有关系的。

例如,当前我国存在着人口过多和经济发展比例失调的矛盾。三十年来,我国人口增长过快,由五亿四千多万猛增到九亿七千多万,使需要就业的人数与可能提供就业机会之间很不协调。我国人口过多,有许多主客观的原因,但是与不适当地强调人在生产力发展中的作用,只讲人是生产者,不讲人也是消费者,片面宣扬人口增长越快,劳动力就越多,生产就越快的观点是有一定关系的。

又如,我国在工业内部燃料、动力、原材料工业和加工工业比例失调。加工工业有一定程度的过剩,如机械工业产品曾积压达六百亿元左右,而燃料、动力、原材料长期以来不能满足国民经济发展的需要。由于电力供应不足,好多工厂开工不足,使全国大约有百分之二三十的工业生产能力不能充分发挥作用,严重阻碍了生产力的发展。这种比例失调,恐怕也与过分强调劳动工具,忽视劳动对象的作用有关。

再如,在生产力的地区配置上,多年来有些地方不从本地实际情况出发,不全面考虑本地区自然资源和地理条件,片面强调自给自足,自成体系,把大量的人力、

[①] 《马克思恩格斯选集》第24卷,第44页。

物力和财力用在自己的"短处"而不是主要用在自己的"长处"上,也大大影响了生产力的发展。例如,江苏有段时间批判"江南无煤论",把几亿元花在苏南找煤,所得甚微;如把这笔钱都用于扩建徐州煤田,经济效果就会大得多。

可见,"生产力二要素论"不仅在理论上不能成立,而且在实践上也是有害的。所以,为了高速度发展生产力,必须坚持"生产力三要素论",摒弃"生产力二要素论"。

(作者:洪远朋,原载《群众论丛》1981年第2期)

试论生产力的内在源泉
——学习《资本论》的一点体会

研究生产力的内在源泉,不仅对坚持历史唯物主义有重大的理论意义,而且对实现四个现代化有重大的现实意义。本文试图根据《资本论》中有关生产力问题的论述,就生产力的内在源泉问题谈一些不成熟的看法。

一、生产力应该有内在的源泉

什么是生产力?马克思在《资本论》中指出:"生产力当然始终是有用的具体的劳动的生产力。"[①]这就是说,生产力是人的具体劳动创造使用价值、生产物质财富的能力。

历史唯物主义认为,生产力的发展是人类社会发展的决定性力量。随着生产力的发展,生产关系和上层建筑或迟或早地要发生相应的变革。那么,生产力本身的发展依靠什么力量呢?当然,我们应当承认新的生产关系和上层建筑对生产力的发展具有强大的促进作用,应当承认生产关系与上层建筑领域的革命可以大大推动生产力的发展。但是,仅仅把生产力的发展归结为生产关系与上层建筑的反作用是不行的。这是因为事物发展的根本原因,不是在事物的外部而是在事物的内部。"外因是变化的条件,内因是变化的根据,外因通过内因而起作用。"新的生产关系和上层建筑固然可以促进生产力的发展,但是,随着生产力的发展,新的生产关系与上层建筑会变旧,并且由促进生产力发展变为阻碍生产力发展,然而,生产力却始终是最活跃最革命的因素,生产力还是要向前发展。可见,生产力的发展有其内部的源泉,这是无法否认的。如果否认生产力的发展有其内在的源泉,不是导致把生产关系和上层建筑当做生产力发展的最终决定力量的外因论,就是陷入

---

① 《马克思恩格斯全集》第23卷,第59页。

生产力决定生产关系,生产关系又决定生产力的循环论。所以,生产力的发展应该有其内在的源泉。

生产力发展的内在源泉是什么呢?首先应该说明这里要分析的不是生产力构成的现实要素,而是探讨生产力作为人们生产物质财富的一种能力,它的内在(或潜在)的源泉是什么。马克思在《资本论》中指出:"劳动生产力是由多种情况决定的,其中包括:工人的平均熟练程度,科学的发展水平和它在工艺上应用的程度,生产过程的社会结合,生产资料的规模和效能,以及自然条件。"①"大工业则把科学作为一种独立的生产能力。"②"从这些社会劳动形式发展起来的劳动生产力,从而还有科学和自然力也表现为资本的生产力。"③"科学、巨大的自然力、社会的群众性劳动都体现在机器体系中。"④"奢侈品工业的劳动生产率,它增长的原因也只能和其他所有生产部门一样:要么由于取得奢侈品原料的自然仓库如矿山、土地等等的生产率提高了,或者发现较富饶的这类自然仓库;要么由于采用分工,或者特别是使用机器(以及改进的工具)和自然力(工具的改进和工具的分化一样属于分工)(化学过程)也不应当忘记。"⑤根据马克思在《资本论》中的有关论述,我们认为生产力的内在源泉是:劳动力、科学力和自然力。

二、劳动力是最强大的生产力

什么是劳动力?马克思说:"我们把劳动力或劳动能力,理解为人的身体即活的人体中存在的、每当人生产某种使用价值时就运用的体力和智力的总和。"⑥马克思对劳动力所下的这个精确的完整的定义包括以下几个相互联系的含义:(1)劳动力是指存在人体中的一种能力,或者说劳动力的承担者是人、是劳动者;(2)劳动力是指人生产使用价值即进行物质资料生产时所运用的能力;(3)劳动力不仅是指人的体力,而且包括人的脑力。

通常我们所说的生产力,总是指劳动的生产力。劳动的生产力包括个人劳动的生产力和结合劳动的生产力。个人劳动的生产力体现在劳动的强度、劳动的熟练程度和劳动的复杂程度上。劳动的强度主要体现在体力的强弱和体力消耗的多少上。劳动的熟练程度主要体现在劳动者的生产经验和劳动技能上。劳动的复杂程度主要体现在劳动者掌握科学技术的能力上。因此,要提高个人劳动的生产力,

---

① 《马克思恩格斯全集》第23卷,第53页。
② 同上书,第400页。
③ 《马克思恩格斯全集》第26卷,(Ⅰ),第420页。
④ 《马克思恩格斯全集》第23卷,第464页。
⑤ 《马克思恩格斯全集》第26卷第3册,第385页。
⑥ 《资本论》第一卷,第190页。

就必须用人类在生产斗争和科学实验中所积累起来的经验、文化知识和科学技术来培养和训练劳动者。

结合劳动的生产力体现在分工和协作上。分工和协作又主要体现在劳动组织上。由协作和分工产生的生产力,是社会劳动的生产力。协作不仅提高了个人生产力,并且创造了一种新的生产力——集体力。大规模的协作必然导致进一步的分工,分工使劳动专业化、劳动工具专门化,容易提高生产技术,可以广泛地组织流水作业,节约劳动时间,从而可以使社会生产力比简单协作又有新的更大的提高。所以,广泛地组织分工和协作,加强对劳动的组织和管理,可以大大提高社会生产力。"四人帮"动不动挥舞"管、卡、压"的大帽子,反对在生产企业中加强对劳动的组织和管理,这也是在破坏生产力。

马克思主义认为,劳动力是最强大的生产力,是首要的生产力。马克思说:"最强大的一种生产力是革命阶级本身。"[1]列宁说:"全人类的第一个生产力就是工人、劳动者。"[2]毛主席说:"世界一切事物中,人是第一个可宝贵的。"[3]为什么劳动力是最强大、首要的生产力呢?这是因为劳动力存在于人的身体中,而人是一个能动的因素。人是生产的主体,人在生产力中起主导作用。没有人的劳动,根本不存在什么物质资料的生产,因而也就谈不上什么生产力。

首先,从人对自然的关系看,人是主体,自然是客体;是人能动地征服自然、改造自然。马克思说:"劳动首先是人和自然之间的过程,是人以自身的活动来引起、调整和控制人和自然之间的物质变换的过程。"[4]这就是说,在人与自然的物质变换中,人具有引起、调整和控制这种变换的能力。人不同于动物的根本点在于动物只能消极地适应自然,人却能够能动地改造自然。

再从人对作为科学技术主要凝结者的劳动工具来说,科学是人发明的,工具是人制造的,科学技术靠人去运用,工具靠人去改造,科学是潜在的力量,工具是死的东西,只有靠人去运用,才能发挥生产效力。马克思说:"机器不在劳动过程中服务就没有用。不仅如此,它还会由于自然界的物质变换的破坏作用而解体。铁会生锈,木会腐朽。纱不用来织或编,会变成废棉。活劳动必须抓住这些东西,使它们由死复生。"[5]

人之所以能成为生产力中的能动要素,不仅是因为人可以运用自己的体力作用于自然界,更重要的是因为人还能运用自己的智力,认识自然和改造自然。所

---

[1] 《马克思恩格斯全集》第4卷,第197页。
[2] 《列宁全集》第29卷,第327页。
[3] 毛主席:《唯心历史观的破产》,《毛泽东选集》第4卷,第140页。
[4] 《马克思恩格斯全集》第23卷,第200—202页。
[5] 同上书,第208页。

以,在人类社会发展的一切阶段上,劳动力始终是最基本的生产力。

三、科学力属于一般社会生产力

科学是生产力,这是马克思主义的历来观点。马克思在《资本论》中论述资本的生产性时指出:"资本(1)作为强迫进行剩余劳动时的力量,(2)作为吸收和占有社会劳动生产力和一般社会生产力(如科学)的力量(作为这些生产力的人格化),它是生产的。"①在这里,马克思告诉我们,科学是属于一般社会生产力。怎样理解科学是一般社会生产力呢?

科学作为一般社会生产力,是从广义的一般意义上讲的生产力。我们知道,生产力是人类认识自然、改造自然的能力,而科学作为历史发展总过程的产物,作为脑力劳动的产物,它直接参与了人类认识自然、改造自然的活动。人们通过科学研究来了解自然、掌握自然界的发展规律,而随着人们对自然规律的科学知识的增加,就能不断创造出改造自然的手段,从而不断增强人们同自然斗争的能力,推动生产力向前发展。

科学作为一般社会生产力,是指科学是一种潜在的或间接的生产力。但科学可以通过生产工具、劳动者、劳动对象等转化为直接生产力。科学的主要物质体现者是生产工具。工具是物化的智力,物化的科学技术。可以这样说,工具发展的历史是衡量科学技术发展的标尺。科学大规模地变成直接生产力的历史条件,是资本主义生产的发展和大工业技术基础的建立。马克思说:"大工业则把科学作为一种独立的生产能力。"②

科学作为一般社会生产力,是指科学是知识形态的生产力。但它可以转化为物质生产力。马克思说,固定资本的发展表明,"社会生产力已经在多大的程度上被生产出来,不但在知识的形态上,而且作为社会实践的直接器官,作为实际生活过程的直接器官被生产出来"③。这里所说的知识形态的社会生产力就是指科学。科学变为物质生产力的过程,就是一般社会生产力向社会劳动生产力的转化过程。

科学并入生产过程,必然大大提高劳动生产力。科学技术的发展,可以使劳动者不断提高劳动的技能,可以推动劳动工具的不断革新,可以改进生产方法,可以使自然力发挥更大的效用。马克思说:"劳动生产力是随着科学和技术的不断进步而不断发展的。"④特别是大机器生产,同科学的联系更加密切。从一定意义上说,

---

① 《马克思恩格斯全集》第26卷第3册,第422页。
② 《马克思恩格斯全集》第26卷,第400页。
③ 马克思:《政治经济学批判大纲》(草稿)第3分册,第358页。
④ 《马克思恩格斯全集》第23卷,第664页。

没有现代科学,就没有现代化的大生产。

从历史上看,每一次科学技术的大突破,必然促使社会生产力的大幅度提高。十八世纪下半叶蒸汽机的应用代替了手工劳动,从而引起了产业革命;十九世纪下半叶电力的发明引起了工农业生产的进一步发展。马克思为了说明科学技术对生产力的巨大推动作用,在《哲学的贫困》中举了近代英国社会的一个统计数字:1770年科学技术造成的生产率与手工生产率的比例是4∶1;1840年的比例变成108∶1。这生动地说明了科学技术和生产力发展密切相关。

现代科学技术的发展,使科学与生产的关系越来越密切。现代化的大生产一刻也离不开科学技术,劳动生产力的大幅度提高更离不开科学技术。据一些不完全的资料,20世纪初,大工业生产率的提高有5%~22%是靠采用新的科学技术取得的,到20世纪70年代,这个比例就上升到60%~80%。当代的自然科学正以空前的规模和速度,应用于生产,使社会物质生产的各个领域面貌一新,充分显示了科学技术的巨大力量。显然,无产阶级在取得政权以后,要高速度发展社会生产力,必须大力发展科学技术。正像列宁曾反复强调的:"要建设共产主义,就必须掌握技术,掌握科学,并为更广大的群众运用它们。……这个基本问题应当提得十分明显,应当提作经济建设的基本任务。"① 然而,"四人帮"蓄意破坏社会主义建设,否认科学技术是生产力,把发展科学技术攻击为修正主义的"唯生产力论",这不仅是对马克思主义理论的恣意践踏,而且是对历史的粗暴歪曲。

四、自然力是生产力中不可忽视的力量

劳动生产力总是和各种自然条件结合在一起的。劳动和自然相结合而产生的生产力成为劳动的自然生产力。马克思说:"各种不费分文的自然力,也可以作为要素,以或大或小的效能并入生产过程。"②

自然力包括(1)是自然界本身就存在的一种力量(例如,风力、水力、蒸汽、电力,等等)。马克思说:"首先应该归功于一种自然力,瀑布的推动力。……瀑布却是一种自然的生产要素,它的产生不需要任何劳动。"③(2)自然条件的生产率。马克思说过:"农业劳动的生产率是和自然条件联系在一起的,并且由于自然条件的生产率不同,同量劳动会体现为较多或较少的产品或使用价值。"④ 自然,不论是自然力还是自然条件(或自然富源)都是生产力中不可缺少的要素。自然富源又

---

① 《列宁全集》第40卷,第419页。
② 《马克思恩格斯全集》第24卷,第394页。
③ 《马克思恩格斯全集》第25卷,第724页。
④ 同上书,第922页。

可以分为两大类：一是生活资料的自然富源，如土壤的肥力、鱼产丰富的水，等等；二是劳动资料的自然富源，如奔腾的瀑布、可以航行的河流、森林、金属、煤炭、石油，等等。在人类社会发展的初期，第一类自然富源具有决定性意义；在人类社会发展的较高阶段，第二类自然富源具有决定性的意义。

自然是劳动的基本条件。自然不仅给生产劳动提供对象，而且给生产劳动提供手段。马克思说："劳动者没有自然，没有感性的外部世界就不能创造什么。感性的外部世界是材料，他的劳动在材料上实现自己，在材料里面进行活动，从材料里面，并且利用材料进行生产。"①又说："土地是他的原始的食物仓，也是他的原始的劳动资料库。"②人类进入文明阶段以后，大部分工具和一部分劳动对象已经不是单纯的自然物，而是由人类劳动创造出来的产品。但是，它们的原始材料总还是某种自然物质。人类生产的发展过程，就是日益发现更多的自然对象和日益利用更多自然物质的过程。人类社会的生产力中不能没有自然力。

马克思曾经指出，把巨大的自然力并入生产过程，必然大大提高劳动生产力。

在人类社会生产的历史发展中，自然资源的利用程度往往是生产力发展的一种表现。新的自然资源的发现和利用，往往对生产的发展起巨大的推动作用。例如，原子能的发现和利用给人类提供了无比巨大的能源，铀裂变时产生的能量，相当于同等质量的煤燃烧时所产生的能量的 3 200 万倍，相当于汽油的二百万倍。原子裂变时产生的这样惊人的能量，如果广泛应用于生产，必然大大提高劳动生产力。

在现实的生产过程中，自然富源的质和量对劳动生产力也起很大影响，同样的工具、同量的劳动，从富矿比从贫矿可以取得多得多的矿产品；同量面积，相当的机械水平，肥沃的土地可以比劣等土地提供更多的农产品。劳动工具在生产发展中起着重要的作用。但是，大部分劳动工具本身归根到底是由某种自然材料制成的。自然富源的性质和质量，在很大的程度上决定劳动工具的性质和质量，从而也大大影响劳动生产力。

正因为自然力对劳动生产力的提高具有重要作用，所以它在现实生产中应该受到应有的重视。在实现四个现代化，高速度发展社会生产力中，充分利用自然力，扩大原材料来源，对自然资源进行综合利用，是一个不可忽视的重要课题。

五、生产力是劳动力、科学力和自然力能动的统一

劳动力、科学力和自然力是生产力的内在源泉。但是，劳动力、科学力和自然

---

① 马克思：《经济学—哲学手稿》，人民出版社 1958 年版，第 53 页。
② 《马克思恩格斯全集》第 23 卷，第 203 页。

力,如果处于彼此分离的状态,它们只是一种潜在的力量,而不能形成现实的生产力。劳动力不与科学力、自然力相结合,便不能生产任何使用价值,不能创造任何物质财富,因而就不能形成现实的生产力。马克思在《哥达纲领批判》中批判拉萨尔派提出的"劳动是一切财富和一切文化的源泉"的谬论时指出:"劳动不是一切财富的源泉。自然界和劳动一样也是使用价值(而物质财富本来就是由使用价值构成的!)的源泉。"又说:"'劳动是一切财富和一切文化的源泉'这句话只是在它包含着劳动具备了相应的对象和资料这层意思的时候才是正确的。"① 同样,科学力和自然力如果不与劳动力相结合,也不能成为现实的生产力,它们必须以劳动力为主导并与劳动力结合起来才能成为生产力。所以,生产力必须是劳动力、科学力和自然力能动的统一。

劳动力、科学力和自然力是生产力内在的源泉,并不是生产力的现实要素。它们必须转化为现实的生产要素,并且结合起来,才能形成为物质的生产力。劳动力转化为现实的生产要素就是劳动者;科学力可以通过劳动者、劳动工具、劳动对象等转化为现实的生产要素,但科学力的主要物质体现者是劳动工具;自然力转化为现实的生产要素主要是劳动对象。劳动者、劳动资料和劳动对象是生产要素的一个统一体,尽管各个要素在生产过程中起着不同的作用,但是缺少统一体中的任何一个要素,就没有生产过程,也就无所谓现实的生产力。马克思说过:"不论生产采取任何社会形态,劳动者与生产资料总是它的因素。但它们在彼此分离的状态中,就只在可能性上是它的因素。为了要有所生产,它们必须互相结合。"②

总之,生产力的三个内在源泉,即劳动力、科学力、自然力,以及生产力的三个要素,即劳动者、劳动资料、劳动对象,这是两个既相联系又有区别的范畴。前者是生产力潜在的能源,后者是生产力的现实生产要素。探讨生产力的内在源泉比只分析生产力的现实要素对社会生产力的发展具有更深远的意义。例如,考虑发展生产力中怎样更好地发挥人的作用时,不仅从现实的生产要素劳动者的角度,而且从生产力的内在源泉劳动力的角度去考虑,我们就不会只在劳动者的数量上兜圈子,而会从劳动者质的方面、从劳动者的科学技术、文化知识、生产经验的积累去考虑,及早地注意劳动者的培养、教育和训练,以提高劳动的生产力。在现代化大生产中,劳动者只有具备较高的科学文化水平、丰富的生产经验、先进的劳动技能,才能发挥更大的作用。又如,考虑发展生产力中怎样更好地发挥物的作用时,不仅从现实的劳动工具和劳动对象,而且从生产力的内在源泉科学力和自然力的角度去考虑,就可以使我们更加重视科学技术的发展和自然资源的开发,有意识地使科学

---

① 《马克思恩格斯选集》第3卷,第5页。
② 《马克思恩格斯选集》第24卷,第44页。

技术、教育和资源的勘探走在生产的前面。只有这样,才能使生产的发展能够近期见效,而且能够保证社会生产力持续的高速度发展。

在人类社会发展的一切阶段上,劳动力始终是能动的因素,是最基本的生产力。随着社会的发展,科学技术对生产力的发展越来越重要。马克思说:"随着大工业底继续发展,创造现实财富的力量已经不复是劳动时间和应用的劳动数量了,而是在劳动时间以内所运用的动原的力量。而这种动原自身及其动力效果,又跟它自身的生产与所消耗的直接劳动时间根本不成比例,相反地却决定于一般的科学水平和技术进步程度或科学在生产上的应用。"[①]所以,科学技术越来越成为生产力发展的关键力量。自然力在人类社会发展的初期对生产力的发展显示了巨大的作用,随着科学技术的发展,它的作用相形失色,但是,自然力仍然是生产力发展中一个不可忽视的力量。要高速度发展社会生产力,就必须全面地、辩证地充分利用和发挥劳动力、科学力和自然力的作用。

(作者:洪远朋,原载《思想战线》1978 年第 5 期)

---

① 马克思:《政治经济学批判大纲》(草稿)第 3 分册,第 356 页。

应该恢复马克思的定义
——也谈作为政治经济学对象的生产关系

一

孙冶方同志对斯大林在《苏联社会主义经济问题》一书中关于生产关系所包括的内容,提出了不同意见。虽然,我并不完全同意文中的所有观点,但认为提出这个问题,是有积极意义的。这在政治经济学领域中,是一个解放思想、正本清源的重要问题。

新中国成立以后,我国政治经济学理论的研究和传播,受斯大林的影响较深。当然,首先应当指出,斯大林对马克思主义政治经济学是有贡献的。例如,他肯定了社会主义社会还应该有政治经济学,要尊重客观经济规律,社会主义还有商品生产和价值规律,以及关于社会主义基本经济规律的论述等,所有这些对社会主义经济建设的实践都起了积极的作用。但是,另一方面,斯大林在政治经济学理论方面也有一些错误或值得进一步研究的问题,例如,片面强调生产资料优先增长,片面强调积累是扩大再生产的唯一源泉,以及关于生产力及其要素、生产关系的内容等,在理论上与马克思、恩格斯相比,不是前进,而是后退了。但是,长期以来,我们对斯大林某些并非正确的东西,也当作正确的东西来接受、传播和运用,对社会主义经济建设带来了不良影响。

就拿作为政治经济学对象的生产关系的内容来说,在1952年以前,我国出版发行的政治经济学论著中基本上是按照马克思原来的定义表述的。但是,自从斯大林的《苏联社会主义经济问题》发表以后,我国政治经济学的论著中关于生产关系内容的表述几乎清一色改为斯大林的提法。实际上,从20世纪60年代开始,国内外就已经对斯大林关于生产关系内容的表述提出了疑义,而且国外有些政治经济学已经恢复到马克思原来的表述。但是,在我们国内,由于"唯书""唯上"的影响,这个理论问题长期以来不能得到澄清。这次,孙冶方同志比较尖锐地提出了这个问题，这对于促进经济学界解放思想有重大作用。孙冶方同志指出，应该正本清源，恢复恩格斯的定义。我同意正本清源，但应该恢复马克思的定义。

马克思认为，政治经济学研究的对象是生产关系，或生产关系的总和。生产关系的总和，按照马克思在《政治经济学批判》导言中讲的，应该是生产、分配、交换、消费四个环节的总和。生产（指直接生产）表现为起点，消费表现为终点，分配和交换是中间环节，四个环节不可分割地联结在一起。因此，政治经济学研究的生产关系应该包括人们在直接生产过程中的关系、分配过程中的关系、交换过程中的关系和消费过程中的关系。马克思研究资本主义生产关系就是从这四个环节进行的。《资本论》第 1 卷资本的生产过程，就是研究资本主义直接生产过程中的关系，第 2 卷资本的流通过程，就是研究资本主义交换中的关系，第 3 卷资本主义生产的总过程，就是研究资本主义分配中的关系。《资本论》虽然没有专门一卷研究资本主义的消费关系，但是在各卷中都有关于消费关系的论述。例如：在第 1 卷有关于生产消费与个人消费的论述；在第 2 卷研究了消费品生产与生产资料生产的关系；在第 3 卷揭示了资本主义生产与消费的矛盾；在第 4 卷还批判了资产阶级经济学家关于消费的错误观点，等等。总之，按照马克思的论述，政治经济学研究生产关系应该包括生产、分配、交换、消费四个环节的关系。

有些同志认为，马克思的生产关系四环节，即生产、分配、交换、消费，与斯大林的生产关系三方面，即生产资料所有制、相互关系、产品分配，基本上是一致的。事实并非如此。

斯大林的定义比马克思的定义少了很多内容。例如：（1）斯大林的定义中没有生产，生产资料所有制形式不能完全代替生产；（2）斯大林的定义中，实际上也没有交换，特别是没有产品交换和商品交换；（3）斯大林的定义中，没有消费，根本没有提到消费；（4）斯大林定义中的分配，只有产品分配，而产品分配又往往局限于个人消费品的分配。而马克思所讲的分配，除了产品分配以外，还应包括生产资料的分配和劳动力的分配。所有这些都是不应该缺少的。

同时，斯大林的定义又片面强调了一些东西。首先，是生产资料所有制形式。生产关系当然包括有生产资料所有制，马克思、恩格斯也向来重视生产资料所有制的变革，并把它看作是区分不同生产关系的标志。但是，他们都没有把生产资料所有制单独列为生产关系的一个组成部分。这是因为生产资料所有制是生产关系的前提，它贯串于整个生产过程，不仅在直接生产中，而且在分配、交换、消费关系中都有所有制问题。斯大林把生产资料所有制单独突出出来，容易使人们离开生产关系的实际内容，而把注意力始终集中在所有制形式上。其次，是相互关系。我们说，政治经济学研究生产关系就是研究人们在生产中的相互关系，在生产关系中又单独列出一项人们在生产中的相互关系，这显然是重复而不必要的。

可见，斯大林的定义与马克思的定义不是没有区别，而是有很大区别。问题不在于斯大林的定义和马克思的定义能不能有区别，问题是斯大林的定义中比马克思少了的东西都是不应该少的，而特别强调的东西却是不适当的。所以，关于生产关系的定义，应该正本清源，恢复马克思原来的定义。

二

恩格斯说过：无产阶级政党的"全部理论内容是从研究政治经济学产生的"。[①] 三十年来，我国社会主义革命和社会主义建设的伟大成就，是与马克思主义政治经济学的指导分不开的。三十年来，也有某些失误和挫折，这有多方面的原因，其中把非马克思主义当作马克思主义来指导，也有一定关系。我不同意把一切失误都归之于斯大林关于生产关系的定义，也不同意那种认为与斯大林的定义毫无关系的看法。

我们简单回想一下我国社会主义生产关系的建立和发展过程，就可以看出，斯大林关于生产关系的定义，是经不起实践检验的。

首先，在生产资料所有制方面，我国在无产阶级夺取政权后，遵照马克思主义的教导，首先没收官僚资本，接着又适时地顺利地实现了对农业、手工业和资本主义工商业的社会主义改造，全面建立了生产资料的社会主义公有制，标志着我国社会主义生产关系的形成。新中国成立初期，我们的注意力主要集中在生产资料所有制的变革上，是正确的。实践也证明，所有制的变革促进了生产力的发展。但是，由于我们受斯大林片面强调生产资料所有制形式的影响，似乎公有化程度越高社会主义生产关系就越先进，所以老是在所有制形式上做文章。本来，在生产资料公有制建立，社会主义生产关系形成后，就不应再搞所有制变革了。但是，1958年，又继续大搞所有制的变革。在人民公社化运动中，把农业生产合作社所有制改为公社所有制，有的地方甚至搞"县联社"，犯了"一平二调"刮"共产风"的错误，使生产力受到很大破坏。党中央和毛泽东同志及时发觉和纠正了这个问题，把人民公社所有制改为相当于初级社规模的生产队为基础的三级所有制，并且规定人民公社"三级所有、队为基础"的制度，三十年不变。这样，才使我国农业生产逐渐恢复和发展。但是，在这个问题上没有从理论上解决问题，没有认识到不能离开生产力的发展，而老是在所有制形式上做文章。这与斯大林把所有制从生产关系中单独列出来的理论不是没有关系的。

其次，在相互关系方面，我们在所有制问题基本解决以后，又在相互关系上大

---

① 《马克思恩格斯选集》第2卷，人民出版社1962年版，第116页。

做文章。1959年,在党内不适当地开展了反对所谓右倾机会主义的斗争。后来,在"文化大革命"中,"四人帮"又把社会主义社会人们的相互关系,说成本质上是阶级关系,甚至工人阶级内部的关系也是阶级关系,引起一场"全面内战",使中国人民吃尽了苦头。当然,我们不能把"四人帮"利用相互关系搞阶级斗争扩大化所造成的严重后果,归之于斯大林的生产关系定义。但是,实践告诉我们,在生产关系中单独列出相互关系,是不必要的,是没有好处的。

再次,从斯大林在生产关系中砍掉的几项来说。斯大林的定义中,没有生产。我国长期以来对生产建设也注意不够。毛泽东同志在我国所有制的社会主义改造基本完成以后,就指出:"我们的根本任务已经由解放生产力变为在新的生产关系下面保护和发展生产力。"[①]但是,由于我们老是在所有制形式和相互关系上做文章,工作重心长期转移不到生产建设上来,使社会主义生产关系的优越性不能充分发挥出来。斯大林的定义中,没有交换。我们经济生活中的许多问题在很大程度上,都是同不重视交换、不尊重流通过程的客观规律密切相关的。例如,长期以来不承认生产资料是商品,只好调拨,不准交换;不尊重工农业产品的等价交换原则,价格与价值长期背离;不重视商业、不尊重商业劳动者。结果造成供产销脱节,流通渠道不畅,反过来影响生产的发展。斯大林的定义中,没有消费。长期以来,我们在理论上和实践上都存在一种忽视消费的倾向。有些单位不按消费需要搞生产,生产出来的东西没有用,造成很大浪费;处理积累和消费的关系,也是顾国家和集体的积累多,顾人民的消费少,人民群众的生活长期以来改善不多。林彪、"四人帮"横行时期,根本不顾群众死活,搞得民不聊生,极大地挫伤了人民群众建设社会主义的积极性,败坏了社会主义的声誉。

最后,还必须指出,斯大林关于生产关系的定义,不仅对社会主义革命和社会主义建设是不利的,而且对政治经济学本身的发展,特别是社会主义政治经济学体系的建立也是很不利的。按照斯大林生产关系三方面来建立和讲授社会主义政治经济学,没有多少内容可讲,把政治经济学的研究范围限制在非常狭窄的范围内,阻碍着政治经济学的发展。特别是这样建立的社会主义政治经济学,与社会主义实际经济生活严重脱节,不能起理论指导实践的作用。三十年来,我们还拿不出一本比较满意的社会主义政治经济学教科书,这当然主要是由于我国社会主义建设的实践不长,但是,与斯大林的生产关系定义的束缚也有一定关系。所以,为了政治经济学本身的发展,也应该从斯大林的生产关系定义的束缚和影响下解放出来。

---

① 毛泽东:《关于正确处理人民内部矛盾的问题》(1957年2月27日),《人民日报》1957年6月19日。

三

我们应该根据马克思关于生产关系四个环节的理论,从生产、交换、分配、消费四个环节中,研究社会主义生产关系,建立社会主义政治经济学。

1. 研究直接生产过程中的关系。社会主义生产过程中生产仍然起决定作用。研究直接生产过程当然需要研究所有制关系。我们不同意把所有制单独突出出来,并不是反对研究所有制。所有制问题在社会主义生产关系建立时特别重要,而且社会主义生产关系形成后,所有制问题也不是已经完全解决,就没有什么好研究了。例如,劳动力有没有所有制,全民所有制和集体所有制之间的关系与发展趋向到底怎么样,等等,就值得进一步探讨。但是在直接生产过程中,除了所有制关系外,还有许多重要问题。例如,社会主义生产的目的与手段的关系,也就是通常所说的社会主义基本经济规律问题;社会生产各方面的比例关系:生产资料生产与消费资料生产、工业与农业、工业内部、农业内部,等等;生产费用与经济效果的关系;社会主义企业之间专业化、协作化和联合化之间的关系;以及简单再生产与扩大再生产之间的关系,等等。总之,在直接生产过程中,各种关系错综复杂,值得研究的问题是很多的。

2. 研究交换中的关系。社会主义建立在社会化大生产基础上,社会化大生产的再生产过程是生产过程与流通过程的统一。流通过程又是联结生产与消费之间的纽带。马克思曾经指出:"流通本身只是交换的一定要素,或者也是从总体上看的交换。"①从总体上看,社会主义的流通过程是由活劳动交换、产品交换、商品交换和货币交换交织组成的。在这里,既包括生产中的交换,也包括流通中的交换;既包括产品(商品)交换,又包括活劳动的交换。长期以来,一谈交换就只讲商品交换,似乎生产中的交换、活劳动的交换和流通过程是不搭界的。这是一种误解。我们知道,马克思的《资本论》第2卷,资本的流通过程,就是从直接生产过程与流通过程的统一中进行研究的。我们也应该从社会主义生产过程与流通过程的统一中研究社会主义的交换关系。首先,要研究生产和交换的关系,生产怎样决定交换,交换又怎样反作用于生产;也要研究产业部门中的交换,如个别企业资金的循环和周转,社会总资金的价值补偿和实物补偿;当然,也要研究商品流通中的规律、研究社会主义的市场,计划调节与市场调节的关系,研究生产资料流通和消费资料流通之间的关系,研究缩短流通时间、降低流通费用;还要研究货币流通,研究社会主义货币的本质和职能,研究社会主义货币流通的规律,等等。

---

① 《马克思恩格斯选集》第2卷,第101页。

3. 研究分配中的关系。马克思说:"在分配是产品的分配之前,它是(1)生产工具的分配,(2)社会成员在各类生产之间的分配。"①所以,广义的分配应该包括生产资料的分配、劳动力的分配、产品的分配。过去一般把分配仅仅局限于个人消费品的分配,也是很片面的。社会主义政治经济学应该研究广义的分配。首先,要研究社会主义国家应该按照什么原则分配生产资料;其次,也要研究劳动力应该按照什么原则分配,劳动力分配与生产资料分配的比例关系,怎样处理好既要提高劳动生产率又要增加劳动就业的关系;至于产品的分配,那么问题就更多了。例如,在社会主义国民收入的分配与再分配中,研究财政、金融、税收和价格的作用,在社会主义个人消费品的分配中,研究按劳分配与集体福利的比例关系,研究各种劳动报酬形式的关系,在社会主义的剩余产品分配中,研究社会主义的企业利润、商业利润、银行利润和级差地租等等。

4. 研究消费中的关系。消费关系是生产的一个环节,是政治经济学对象的一个重要组成部分。消费关系中值得研究的问题很多。例如,生产与消费的关系,生产怎样决定消费,消费又怎样反作用于生产;积累与消费如何结合,才能既有利于生产的发展,又有利于人民消费水平的提高;要研究怎样安排个人消费与社会消费的比例关系。

恩格斯曾经指出,社会主义社会劳动者的消费资料,应该包括三个部分,即生存资料、享受资料和发展资料,在考虑消费资料构成中必须正确处理这三者的关系;还有人口增长与消费水平的关系,等等。

可见,按照马克思关于生产关系的定义,在马克思主义政治经济学理论的指导下,深入实际,调查研究,不断总结国内外社会主义革命和社会主义建设的经验,在不久的将来,定会出现大家公认比较满意的社会主义政治经济学教科书,使政治经济学更好地为社会主义建设服务,为实现社会主义的四个现代化服务。

(作者:洪远朋,原载《学术月刊》1979年12月)

---

① 《马克思恩格斯选集》第2卷,第99页。

资本主义社会内部不可能产生社会主义经济因素吗?
——读《资本论》有感

在以往的许多政治经济学著作中,几乎都有这样的论断:以生产资料公有制为基础的社会主义生产关系,不可能在资本主义内部产生。只有在无产阶级夺取政权、建立无产阶级专政后,社会主义生产关系才可能逐步建立起来。这个论断被认为是天经地义的马克思主义论断,似乎是毋庸置疑的,我过去也是这样认为的。近来,重读马克思的《资本论》,感到这个论断并不一定是马克思主义的,也不完全符合实际。

马克思在《资本论》第3卷第二十七章中指出:"工人自己的合作工厂,是在旧形式内对旧形式打开的第一个缺口,虽然它在自己的实际组织中,当然到处再生产出并且必然会再生产现存制度的一切缺点。但是,资本和劳动之间的对立在这种工厂内已经扬弃,虽然起初只是在下述形式上被扬弃,即工人作为联合体是他们自己的资本家,也就是说,他们利用生产资料来使他们自己的劳动增殖。这种工厂表明,在物质生产力和与之相适应的社会生产形式的一定发展阶段上,一种新的生产方式怎样会自然而然地从一种生产方式中发展并形成起来。"[①]马克思这段论述,说明合作工厂是在资本主义社会内对资本主义生产关系打开的第一个缺口,它表明社会主义经济因素有可能在资本主义内部产生。

我们知道,马克思主义有一条重要原理,就是生产力决定生产关系,生产关系一定要适应生产力的发展;经济基础决定上层建筑,有什么样的经济基础,就要求有什么样的上层建筑。而社会主义生产关系不可能在资本主义社会内部产生,只有实行了无产阶级专政才能建立社会主义生产关系的论断,实际上是认为社会主义生产关系的产生不是生产力发展的要求,而是上层建筑的变革引起的,这岂不是上层建筑决定论?如果不是由于社会生产力的发展,资本主义社会内部产生了社

---

① 《马克思恩格斯全集》第25卷,第497—498页。

会主义经济因素,怎么可能有冲破束缚和阻碍社会主义经济因素成长的资本主义上层建筑的要求,怎么可能有社会主义革命?当然,只有进行社会主义革命,建立无产阶级专政以后,社会主义生产关系才能确立、巩固和进一步发展。但是,不能由此而否认资本主义社会内部有社会主义经济因素。

当代资本主义的发展也证明资本主义社会中已经有了某些社会主义经济因素。马克思在《资本论》中所说的资本和劳动的对立已经扬弃的合作工厂,在现代资本主义国家(特别在西欧)有所发展。例如荷兰有个合作牛奶公司,是由七千多户农民组织起来的,它的销售市场占全荷兰2/5。资本主义社会的合作经济,当然有资本主义的各种弊病,但毕竟是一种集体经济,不能简单地把它与资本主义经济划等号。有了这样的合作经济,无产阶级掌握政权以后,就不必在小生产基础上新建集体经济了。现代资本主义经济生活中出现的国家垄断资本主义的新发展,也有类似情况。现代国家垄断资本主义当然仍属资本主义性质,"无论是转化为股份公司,还是转化为国家财产,都没有消除生产的资本属性"。[①] 但是,正如列宁所指出的:"国家垄断资本主义是社会主义的最完备的物质准备,是社会主义的入口。……其实,社会主义现在已经在现代资本主义的一切窗口中出现,在这个最新资本主义的基础上每前进一步的每一重大措施中,社会主义都直接而实际地显现出来了。"[②]

(作者:洪远朋,原载《复旦学报》(社会科学版)1981年第1期)

[①] 《马克思恩格斯全集》第26卷,第303页。
[②] 《列宁选集》第3卷,人民出版社1972年版,第164页。

再论资本主义社会中的社会主义经济因素

1981年,笔者在《复旦学报》(社会科学版)曾发表了一篇短文《资本主义社会内部不可能产生社会主义经济因素吗?》,认为资本主义社会内部存在着社会主义经济因素,论文发表后反响不同,赞成者有之,反对者有之,似乎反对者较多。多年来,一直试图对此问题再作较详细的阐述,由于种种原因未能如愿,现在看来,正确回答这个问题,对于正确认识当代资本主义,对于树立社会主义信念,具有重要的理论意义和现实意义,有必要再次论述。

一、正本清源

长期以来,在许多政治经济学的著作或教科书中,甚至在最近出版的一些政治经济学著作中,都有这样的论断:社会主义经济因素不可能在资本主义内部产生,只有无产阶级夺取政权以后,社会主义经济因素才能逐步成长起来。而且,把这种论断当作天经地义的马克思主义的观点,其实这一论断并不是马克思主义的,也不符合当代资本主义的实际,必须正本清源。

这一论断最早出自原苏联政治经济学教科书。该书是这样写的:"无产阶级革命遇不到任何现成的社会主义经济形式,以生产资料公有制为基础的社会主义成分,不能在以私有制为基础的资产阶级社会内部成长起来。无产阶级革命的任务在于建立无产阶级政权,建成新的社会主义的经济。"[①]而且,这一论断实际上又来自斯大林在《苏联社会主义经济问题》中的论述。斯大林在论述苏维埃政权的特殊作用时说:"由于国内没有任何形式的社会主义经济的萌芽,苏维埃政权必须在

---

① 苏联科学院经济研究所:《政治经济学教科书》,1954年版,人民出版社1955年译本,第342页。

所谓'空地上'创造新的社会主义经济形式。"①

原苏联政治经济学教科书和斯大林的观点,并非是马克思主义的,马克思主义的创始人曾多次论述,在资本主义社会内部是有可能产生社会主义经济因素的。马克思说过:"庸俗经济学家不能设想各种在资本主义生产方式内部发展起来的形式,能够离开并且摆脱它们的对立的、资本主义的性质。"②马克思在分析资本主义社会的合作工厂时指出:"工人自己的合作工厂,是在旧形式内对旧形式打开的第一个缺口,虽然它在自己的实际组织中,当然到处都再生产出并且必然会再生产出旧制度的一切缺点。但是,资本和劳动之间的对立在这种工厂内已经被扬弃,……这种工厂表明,在物质生产力和与之相适应的社会生产形式的一定的发展阶段上,一种新的生产方式怎样会自然而然地从一种生产方式中发展并形成起来。"③马克思还说过:"无产阶级解放所必需的物质条件是在资本主义生产发展过程中自发地产生出来的。"④

马克思的观点是很清楚的,社会主义经济因素有可能在资本主义内部产生。有的同志说,如果社会主义经济关系在资本主义内部已经产生,那么,社会主义革命还有必要吗?我们认为,马克思讲的是在资本主义社会内部已经孕育着社会主义的经济因素,或者说,已经有了社会主义经济的萌芽,而不是完整的成熟的社会主义经济关系。完整的成熟的社会主义生产关系,确实要无产阶级进行社会主义革命成功以后,才能逐步建立和完善起来。有的同志认为,新社会的经济因素可以在旧社会内部产生,是指的资本主义以前的以私有制为基础的社会形态中才可能,以公有制为特征的社会主义经济因素,是不可能在仍然以私有制为基础的资本主义社会内部产生的。这是不符合马克思原意的。马克思讲的很清楚:"无论哪一个社会形态,在它们所能容纳的全部生产力发挥出来以前,是决不能消亡的,而新的更高的生产关系在它存在的物质条件在旧社会的胞胎成熟以前,是决不会出来的。"⑤总之,没有孕育着社会主义经济因素的资本主义社会,就不可能产生社会主义。马克思所说的社会主义运动,是从发达的资本主义社会中解放社会主义经济因素的运动。

二、理论依据

对资本主义社会内部有可能产生社会主义经济因素进行正本清源,恢复马克

---

① 斯大林:《苏联社会主义经济问题》,人民出版社1952年版,第4页。
② 《马克思恩格斯全集》第25卷,第435页。
③ 同上书,第498页。
④ 《马克思恩格斯全集》第34卷,人民出版社1972年版,第358页。
⑤ 《马克思恩格斯全集》第13卷,人民出版社1962年版,第9页。

思主义的本来面貌是很重要的。当然,资本主义社会内部有可能产生社会主义经济因素这个论断,不是仅靠引证马克思的话所能解决问题的。这个论断,有着充分的理论依据。那么,资本主义内部为什么会存在社会主义经济因素呢?

第一,马克思主义历史唯物论有一个重要原理,就是生产力决定生产关系,经济基础决定上层建筑。而社会主义经济因素不可能在资本主义内部产生,只有在社会主义革命成功建立无产阶级政权以后,社会主义经济因素才能逐步产生的论断,实际上是认为社会主义经济关系的产生不是生产力发展的要求,而是上层建筑的变革引起的,这岂不是上层建筑决定论?如果不是生产力的发展,在资本主义社会内部产生了社会主义经济因素,怎么可能有冲破束缚和阻碍社会主义经济因素成长的资本主义上层建筑的要求?怎么可能有社会主义革命?当然,只有进行社会主义革命,建立无产阶级政权以后,社会主义经济关系才能确立、巩固和进一步发展,但是,不能由此而否认资本主义社会内部可能产生社会主义经济因素。

第二,事物发展都有一个量变到质变的过程。事物的产生、发展及灭亡是个连续的过程,它总是遵循着从量变到质变的规律。新生事物的产生首先要有量的积累,这种积累是在旧事物中进行的,不然它定是无本之木,无源之水。社会主义的产生同样如此,从资本主义向社会主义过渡也有个从量变到质变的过程,而非一蹴而就的。首先让我们来看看资本主义的发展历程。当13世纪开始,资本主义的某些因素出现于亚平宁半岛时,欧洲仍处于封建制,只有当英国光荣革命后,资产阶级掌握政权时,世界上第一个资本主义民族国家才宣告成立,但这时资产阶级的势力还相对弱小,所以,英国土地贵族与资产阶级共享权力,随着生产力的不断发展,资本主义世界体系才逐步确立。资本主义的发展历程表明,资本主义生产关系的确立花了三四百年的时间才真正成熟,它是在各个领域不断扩张,逐步积累而成的。社会主义同样如此,当资本主义确立其世界统治地位后,社会主义经济因素也出现了,资本社会化趋势增强。股份公司的出现是资本社会化的表现,是对私人资本的消极扬弃,是通向新社会的过渡点;合作工厂的出现更是对私人资本的积极扬弃,同样是通向新社会的过渡点。资本的社会化、生产的计划化、国家干预的增强、社会福利制度的不断完善,这些都是资本主义社会内部社会主义经济因素的增长。随着资本主义发展,社会化程度越来越高,在当代发达资本主义社会中,社会主义经济因素愈来愈多,有一个从少到多的逐步积累过程,只有社会主义经济因素的量积累到相当的程度才会发生质变的要求。至于何时才能发生质变,采取何种形式实行质变,还要看其他条件。

第三,现在,大家都看到也承认,在资本主义社会中,无产阶级政党存在,马克思主义和社会主义思想广泛传播,这表明,社会主义的上层建筑已在资本主义社会萌芽。根据经济基础决定上层建筑的历史唯物主义原理,在资本主义社会没有社会主义经济因素的存在,怎么可能出现社会主义上层建筑因素呢?马克思在《资本论》第一卷初版中说道:"我的观点是:社会经济形态的发展是一个自然历史过程;不管个人在主观上怎样超脱各种关系,他在社会意义上总是这些关系的产物。"①所以,如果只承认资本主义社会中存在社会主义的上层建筑因素而否认其经济因素,这显然不符合马克思主义基本原理的。

总之,资本主义社会应该而且必然有社会主义经济因素,是有充分理论根据的,是不以人们的意志为转移的社会历史发展的自然过程。

三、当代现实

实践是检验真理的标准,一个论断能否成立,不仅要看论据可靠、论证充分,而且要看它是否符合现实。当代资本主义现实说明社会主义经济因素已在资本主义母体内产生。列宁早就指出:"社会主义现在已经在现代资本主义的一切窗口中出现,在这个最新资本主义的基础上每前进一步的重大措施中,社会主义都直接而实际地显现出来了。"②

第一,合作经济是资本主义制度的"积极扬弃"。资本主义国家的合作经济历史久远范围广大,就业人数多。若从1844年英国罗虚代尔出现的世界上第一个合作社——公平先锋社算起,合作经济已有150多年的历史,至今已在全世界100多个国家扎下了根,合作社总数多达64万个。从参加合作社的人数占总人口的比重看,日本为17.4%,意大利8.1%,法国则达到总人口的一半。合作经济在国民经济和社会生活中具有特别重要的作用。例如:丹麦合作社在国内总产值中的比重为24%,法国和荷兰都超过10%左右。美国1983年的供应和销售合作社供应的农用物资达159.4亿美元,占当年全国农用物资供应额的20%,销售的农产品净额为493.4亿美元,占当年全国农产品销售总额的31%。1982年意大利增加值最大的1045家企业,有92家是合作社,占9%;在赢利最多的657家企业中,63家是合作社,占96%。在资本主义制度下,合作经济不能不受到垄断资本的支配和影响。正如马克思所说的:"虽然它在自己的实际组织,当然到处都再生产出现存制度的一切缺点。"③但它是"对旧形式打开的第一个缺口,是一种新的生产方式"。它从诞生之日起便具有明确的对抗资本主义的性质。在所有制、经营宗旨、管理方式和分配原则上对资本主义社会的"积极扬弃",带有明显的社会主义经济因素,是资本主义制度下为向社会主义过渡所做的重要准备。"这种工厂表明,在物质生产力和

---

① 《马克思恩格斯全集》第23卷,第22页。
② 《列宁选集》第3卷,第349页。
③ 《马克思恩格斯全集》第25卷,第498页。

与之相适应的社会形式的一定发展阶段上,一种新的生产方式会自然而然地从一种生产方式中发展并形成起来。"①合作经济作为社会主义经济因素在资本主义社会内部仍受到整个社会经济条件的影响。尽管合作企业内部消除了资本与劳动的对立,联合起来的劳动者共同占有生产资料,但它只是对资本所有权的潜在扬弃。工人自己的合作工厂仍然处于资本主义条件之下,必然受资本主义经济规律的支配。

第二,国家垄断资本主义是社会主义的入口。第二次世界大战后,当代资本主义已经发展到国家垄断资本主义程度,国有经济的发展使生产资料的国家占有得到空前的发展。从1984年到1993年的10年内,国家在国内总固定资本形成中所占的比重,美国、日本、德国、法国和意大利6国分别平均达到15.6%、23.8%、11.6%、17.2%、16.2%和16.7%。这种生产资料与资本的国家占有的发展,是生产社会化发展过程中资本占有高度社会化的具体表现。从国家对国民财富的直接支配——财政收支规模来看,据欧洲经济合作与发展组织统计,到1992年,发达资本主义国家的财政收入占GNP的比重都很高,法国为47.9%,德国为46.6%,英国为370%,日本为32.9%,意大利为43.7%,加拿大为43.7%,即使是采取自由资本主义的美国,其财政收入占GNP的比重也为30.6%,七国合计为36.3%。从其财政支出占GNP的比重看,法国为51.8%,德国为49.0%,英国为43.2%,日本为32.2%,意大利为53.2%,加拿大为49.9%,即使是采取自由资本主义的美国,其财政支出占GNP的比重也为35.1%,七国合计为39.9%。各主要资本主义国家的国民财富1/3以上由国家直接支配。资本主义国家政府对经济的干预和调节也成了普遍现象,国家垄断资本主义没有改变资本主义的本质,正如恩格斯早就指出的:"现代国家,不管它的形式如何,本质上都是资本主义的机器,资本家的国家,理想的总资本家。它愈是成为真正的总资本家,愈是剥削更多的公民。"②但是,国家垄断资本主义的发展部分改变了资本主义的经济运行机制,不仅为向社会主义的过渡做好了物质准备,而且从某种意义上讲已具有共有的某些属性,正如列宁所指出的:"国家资本主义是社会主义的最完备的物质准备,是社会主义的入口。"③

第三,股份经济是资本主义转化为社会主义经济的过渡形式。股份制作为资本社会化的主要表现形式,随着资本主义的发展而不断壮大,特别在资本主义从自由竞争进入垄断时期后,更是飞速发展。到了20世纪,股份制已成为资本主义经济的主要生产组织形式,主要表现在:(1)股份制更加普遍。目前,股份制几乎已扩展到国民经济各部门,并成为各行业、各部门乃至整个国民经济的主导力量,并控制了整个国民经济的发展。以美国为例,占企业总数15%的股份公司的总资产

---

① 《马克思恩格斯全集》第25卷,第498页。
② 《马克思恩格斯全集》第3卷,第318页。
③ 《列宁选集》第3卷,第164页。

已占企业总资产的80%以上，销售额占全国销售额的90%左右。股份公司，尤其是大公司控制着整个国民经济的命脉。(2) 股权分散化趋势加强。股权分散化首先表现在当今资本主义大公司中，每个股东所拥有的股权比重在降低，一个股东掌握一个公司4%或5%的股本权已非常少见。而且，公司的规模越大，股权就越分散和多元化。例如，美国通用汽车公司100股以下的小股东占41%。美国电报电话公司1992年股票发行量达13.4亿美元，股东总数达250万个，其中最大的股东只拥有不超过5%的股权。股权分散化还表现在各国持股人数普遍增加。目前美国直接或间接持股人数已大约占总人口的70%。(3) 持股法人化。当今股份公司中，法人持股率上升，个人持股率下降已成为普遍现象。日本1949年法人持股率为28.1%，个人持股率为69.1%。1990年个人持股率下降到23.1%，而金融机构等法人持股率上升到72.1%。据统计，美国1990年机构法人股东的持股额占美国上市交易股票总额的53%，退休基金在所有机构投资中持有的股票额占45%，居第一位。股份制在当代资本主义经济中的发展表明，股份制已成为资本主义社会中社会主义经济因素。(1) 股份制产生和发展于资本主义生产方式，但股份制一经产生就开始了对资本主义生产方式的扬弃。一方面，它使集合起来的社会资本与单个的私人资本相对立，使资本的私人性向社会性方向发展，这是"在资本主义体系本身的基础上对资本主义私人产业的扬弃"①；另一方面，股份制作为适应社会化大生产的财产组织形式，是随着海外贸易和手工业工场的出现而产生的，对生产社会化的适应使它席卷了它力所能及的一切工商业部门，而"它越是扩大，越是侵入新的生产部门，它就越会消灭私人产业"②。(2) 股份制使资本主义生产关系发生了部分质变。在股份公司内，"职能已经同资本所有权相分离，因而劳动也已经完全同生产资料的所有权和剩余劳动相分离"③，它已经使资本的所有权相对削弱，拥有资本的股东已丧失了对他们的股份资本转化的实物资本的任意支配权。行使实物资本支配权的是公司法人，而公司法人所有权的主体是股东集体而不是某一股东个人，因而已经带有公有的属性。"资本主义的股份企业，也和合作工厂一样，应当被看作是由资本主义生产方式转化为联合的生产方式的过渡形式。"④ (3) 从所有制关系上看，"资本主义生产极度发展的这个结果，是资本再转化为生产者的财产所必需的过渡点，不过这种财产不再是各个互相分离的生产者的私有财产，而是联合起来的生产者的财产，即直接的社会财产"。⑤ 从职能上看，"这是所有那些

---

① 《马克思恩格斯全集》第25卷，第496页。
② 同上。
③ 同上书，第494页。
④ 同上书，第498页。
⑤ 同上书，第494页。

直到今天还和资本所有权结合在一起的再生产过程中的职能转化为联合起来的生产者的单纯职能转化为社会职能的过渡点"。① 从当代资本主义股份制的发展趋势看,股份制已具有某些公有的属性,股份公司的发展正在使资本主义内部产生越来越多的社会主义经济因素。

第四,经济计划化是"资本主义社会的无计划生产向行将到来的社会主义社会的计划生产投降"。马克思恩格斯曾把社会生产的无政府状态视为资本主义经济的重要特征,把个别企业的有组织性和整个社会生产的无政府状态之间的矛盾视为资本主义基本矛盾的表现,而且由此设想在未来社会主义社会,"社会生产的无政府状态就让位于按照社会和每个成员的需要对生产进行的社会的有计划的调节"②。他们都把整个社会的计划性看作未来社会主义社会的重要特征。从资本主义国家的经济发展来看,现代资本主义市场经济正渐渐走出整个社会生产的无政府状态。早在20世纪初期,资本主义国家就开始利用经济和行政手段对整个国家的经济进行干预,如国家军事采购、加速折旧、发行公债、控制信贷和利率、鼓励或限制某些产品的生产和消费、缓和劳资关系的措施;国家干预已涉及资本主义经济的各个环节,贯穿于社会再生产的全过程。20世纪30年代的资本主义大危机使仅靠完全竞争市场就能达到资源有效配置和充分就业的传统经济理论彻底破产,随之出现了以美国罗斯福"新政"为代表的政府对经济的干预和以英国凯恩斯《通论》为代表的国家干预经济的宏观经济理论。二战以后资本主义国家纷纷实行经济计划化,通过制定短期计划或中长期计划,对市场经济进行综合性调节。法国于1948年实行了第一个5年计划,到1992年已制定了10个中长期计划,"力图建立一个包括远期规划在内的中期协调框架"来对国民经济进行指导和调节。50—60年代,日本、荷兰、英国、联邦德国等也相继推进了经济计划化。这对于战后经济恢复和经济振兴、推动公共部门投资,尤其是消除资本主义整个社会生产的无政府状态,缓和资本主义基本矛盾,减少经济的周期性波动起了重要作用。可以认为,当代资本主义经济从"无政府状态"到"有政府状态",表明了"资本主义社会的无计划向行将到来的社会主义社会的计划生产投降"。③ 资本主义经济计划化也是一个社会主义经济因素。

第五,社会福利制度的社会化是对资本主义分配关系的局部调整。早在资本原始积累时期就有过如英国的"济贫法"之类零星的社会福利措施。在当代资本主义社会,社会福利发展快,涉及面广。20世纪50年代以来,主要资本主义国家的社会福利不断增长,进入60年代,更向"多而全"的方向发展,社会福利已从零星的措施发展为一个庞大的体系,具有了全社会的规模,社会福利已从单纯的社会救济发展成了公民

---

① 《马克思恩格斯全集》第25卷,第494页。
② 《马克思恩格斯全集》第3卷,人民出版社1956年版,第384页。
③ 《马克思恩格斯全集》第19卷,人民出版社1963年版,第239页。

的一种社会权利。瑞典更是形成了"从摇篮到坟墓"的一整套社会福利制度,有人称其为"生产中的资本主义,分配中的社会主义"模式。许多资本主义国家社会福利开支占 GDP 的比重增长较快。1970 年,英国、丹麦、比利时、法国、爱尔兰、联邦德国、意大利、卢森堡、荷兰 9 国平均社会福利开支占 GDP 的 18.1%,到 1981 年,9 国平均社会福利开支已占 GDP 的 27.1%。近年来,社会福利的发展已经发展到使许多资本主义国家难以承受的地步,但是,资本主义国家没有取消社会福利,只是在调整"福利国家"的政策。当代资本主义国家的社会福利政策,虽没有改变分配关系的资本主义性质,但是,资本主义国家社会福利政策对于资本主义国家工人阶级的生活状况,保障低收入者的基本生活,缩小贫富差距具有明显作用。这在一定程度上对资本主义关系进行了局部调整,在"收入公平化"方面带有某些社会主义的因素。

以上五个方面说明,社会主义经济因素已经在资本主义母体内产生,并且有日益增加的趋势。当然,由于整个社会形态还处于资本主义统治之下,这种新的经济关系的因素不仅不能改变整个社会的性质,而且它还处在资本主义统治之下,但它展示了人类社会发展的历史趋势——社会主义必然代替资本主义。

四、重大意义

通过对资本主义社会中社会主义经济因素的分析,通过分析这些经济因素在当代资本主义国家的发展,承认资本主义社会正在并已经产生社会主义经济因素有重要的理论意义和实际意义。

(1)可以使我们树立社会主义信心。近几十年来,资本主义经济得到了相对稳定的发展,而东欧剧变、苏联解体,已使社会主义的地域范围大大缩小,似乎资本主义就一统天下了。有人对社会主义前途产生了疑问,但这并不能改变社会主义代替资本主义的历史总趋势。历史唯物主义告诉我们,历史的发展并非是一条没有波浪的直线,暂时、局部偏离上升的总趋势,甚至出现倒退的现象也不足为奇,"把世界历史设想成一帆风顺的向前发展,不会有时向后作巨大的跳跃,那是不辩证的,在理论上是不正确的"[①]。经济是社会发展的基础。虽然从地域上看,"纯粹"的社会主义阵营在减少,但现有的社会主义国家的经济在发展,我国社会主义经济的高速增长就是一个很好的例证。而且,资本主义国家内部的社会主义因素也在产生和增长,资本主义社会正在为向新社会的过渡准备好一切物质条件。社会主义前途光明,悲观的论调,无所作为的观点是不必要的。

(2)可以使我们正确认识当代资本主义。当代资本主义"垂而不死","腐而

---

① 《列宁选集》第 2 卷,人民出版社 1972 年版,第 57 页。

不朽",仍然具有一定生命力,生产仍然在发展,如何看待这一现象呢？我们认为,当代资本主义经济的发展,一方面是由于生产力的发展有其内在源泉,另一方面在于资本主义生产关系适应生产社会化的发展不断变革。"猛烈增长着的生产力对它的资本属性的这种反抗,要求承认它的社会本性的这种日益增长的必要性,迫使资本家阶级本身在资本关系内部一切可能的限度内,愈来愈把生产力当作社会生产力来看待。"①适应生产社会化的发展,资本主义社会内部的社会主义因素在不断增加,虽然它仍然没有突破资本主义生产关系的框框,但资本占有的社会化,生产和管理的社会化,已初步克服了资本主义私人占有与社会化大生产的矛盾,对整个社会经济的计划调节和国家干预已使资本主义生产从"无政府状态"向"有政府状态"或经济计划化转变;社会保障制度的发展,既为生产社会化高度发展所要求的劳动力再生产的社会化提供了条件,也为未来社会主义社会的社会保障制度提供了现成的借鉴模式。所有这些具有社会主义因素的资本主义生产关系调整,是当代资本主义经济仍在发展的制度性原因。

（3）可以使我们全面理解无产阶级的革命道路问题。传统观点认为,暴力革命是无产阶级革命的普遍规律。资本主义生产力与生产关系的对抗性矛盾,不可能由资本主义制度本身来解决,从资本主义到社会主义的过渡只有通过无产阶级革命和无产阶级专政才能实现。这种观点是对马克思主义的片面理解。诚然,马克思和恩格斯曾在《共产党宣言》中指出,共产党人的目的"只有用暴力推翻全部现存的社会制度才能达到"。② 显然,马克思恩格斯的这一观点来源于对欧洲大陆革命经验的总结,问题是不要把本来是特殊性的东西当作一般性来看待。马克思后来通过对英国经济史和英国经济状况的研究得出另一结论:"至少在欧洲,英国是唯一可以完全通过和平的和合法的手段来实现社会主义的国家。"③因此,从马克思主义的观点来看,暴力革命并不是无产阶级革命的普遍规律,和平过渡并不是不可能的。从当代资本主义经济现实看,一方面资本主义母体内的社会主义因素在不断积累,另一方面当代资本主义国家中暴力革命的主客观条件并不具备。我们认为,在由资本主义向社会主义过渡的经济条件基本成熟的条件下（社会主义经济因素已很多）,当代资本主义以何种方式向社会主义过渡,取决于当时当地的实际情况。社会主义事业正在向前发展,但是必须通过各国人民自愿选择的适合本国特点的道路逐步探索取得胜利。

（作者：洪远朋、申海波、庆宏献,原载《世界经济研究》1998 年第 2 期）

---

① 《马克思恩格斯全集》第 3 卷,第 317 页。
② 《马克思恩格斯全集》第 1 卷,人民出版社 1960 年版,第 258 页。
③ 《马克思恩格斯全集》第 36 卷,人民出版社 1974 年版,第 342 页。

《资本论》是批判"四人帮"的锐利武器
——批判"四人帮"对马克思主义政治经济学的篡改和歪曲

"四人帮"是一个披着马克思主义理论外衣的反革命阴谋集团。他们全面篡改了马克思主义哲学、政治经济学和科学社会主义。在政治经济学领域,他们散布了大量反革命修正主义谬论,搞乱了理论,搞乱了思想,必须加以澄清。本文以马克思的主要著作——《资本论》为武器,仅从六个方面揭穿"四人帮"对马克思主义政治经济学的篡改和歪曲。

一、坚持生产力与生产关系、经济基础与上层建筑辩证关系的原理,批判"上层建筑决定论"

唯物史观是马克思主义政治经济学的理论基础。在《资本论》中,马克思全面论证了生产力决定生产关系、经济基础决定上层建筑的重要原理,并以此为基础,揭示了资本主义生产方式产生、发展和必然灭亡的规律。马克思在《资本论》中所运用的历史唯物主义的理论和方法,对于社会主义社会仍然适用。但是,"四人帮"明目张胆地宣扬"上层建筑决定论",疯狂攻击马克思主义政治经济学的理论基础。他们在生产关系的变革问题上,鼓吹"物质基础不是主要的,主要是精神"。在他们看来,社会主义生产关系的建立可以不以生产力的一定发展为基础,社会主义生产关系的不断变革可以不依赖生产力的发展,从集体所有制向全民所有制的过渡也不需要物质条件。因此,他们就拼命鼓吹,"八亿人民主要抓上层建筑"。在他们看来,生产力的发展是无足轻重的,只要抓他们所谓的"阶级斗争",生产可有可无,根本否认生产活动是人类最基本的实践活动,否认生产斗争对巩固社会主义经济基础和无产阶级专政的无比重要意义。这是典型的唯心史观,它公然反对马克思主义关于生产力在社会生产发展中起决定作用的原理。

"四人帮"宣扬"上层建筑决定论",与生产关系、上层建筑在一定条件下起决定作用的原理是两码事。毛主席曾经指出:"生产力、实践、经济基础,一般地表现为主要的决定的作用,谁不承认这一点,谁就不是唯物论者。然而,生产关系、理论、上层建筑这些方面,在一定条件之下,又转过来表现其为主要的决定的作用,这也是必须承认的。"很明显,毛主席是在承认生产力对生产关系、经济基础对上层建筑起决定作用的基础上,承认生产关系对生产力、上层建筑对经济基础的反作用的。"四人帮"则把生产关系对生产力、上层建筑对经济基础在一定条件下的决定作用绝对化,否认生产力对生产关系、经济基础对上层建筑最终起决定作用的原理,胡说什么"在社会主义历史时期,生产关系对生产力、上层建筑对经济基础的反作用是决定性的"。这是对马克思主义关于生产关系、上层建筑反作用原理的有意篡改和歪曲。

"四人帮"鼓吹"上层建筑决定论",有其阴险的政治目的,这是为推行他们的老干部是民主派,民主派就是走资派的反革命政治纲领服务的。他们颠倒生产力与生产关系、经济基础与上层建筑、政治与经济、革命与生产的关系,挥舞"唯生产力论"的大棒,妄图把从中央到地方坚持抓革命促生产的各级领导干部都当成走资派,统统打下去。他们曾经狂叫:"不要怕生产搞下去,不要怕把形势搞乱了,生产下去了,形势乱了,就会把他们打下去。"所以,"四人帮"鼓吹"上层建筑决定论"并不是真的重视社会主义上层建筑的变革以促进社会主义经济基础的巩固和生产力的发展,而在于篡党夺权,实现资本主义复辟。

二、政治经济学的研究对象是生产关系,
批判"四人帮"兜售的"法权经济学"

政治经济学的研究对象是生产关系,是马克思在《资本论》中反复说明了的基本观点。但是,"四人帮"却把政治经济学研究的对象篡改为资产阶级法权[①]。张春桥首先攻击社会主义生产关系充满着资产阶级法权,胡说什么:"我们的经济基础还不稳固,资产阶级法权在所有制方面还没有完全取消,在人们的相互关系方面还严重存在,在分配方面还占统治地位。"于是,"四人帮"授意编写的那本《社会主义政治经济学》就公然声称:"在社会主义生产关系中……资产阶级法权……存在于社会的生产、分配、交换和消费的整个过程中。"有人还这样鼓吹:"社会主义政

---

① "资产阶级法权"是被"四人帮"搞得很乱的一个概念。1977年12月12日,中共中央马恩列斯著作翻译局通知"资产阶级法权"改译为"资产阶级权利"。这里,我们暂时还用资产阶级法权这一概念,是因为:第一,这里是批判"四人帮"在"资产阶级法权"问题上的错误,还是用原概念较好,否则要引起新的混乱;第二,"权利"和"法权"一样都属于上层建筑,没有本质区别。马克思说:"权利永远不能超出社会的经济结构以及由经济结构所制约的社会的文化发展。"(《马克思恩格斯选集》第3卷,第12页)

治经济学集中到一点就是关于资产阶级法权的理论。"而且,事实上,"四人帮"的反革命的资产阶级法权论成了贯穿《社会主义政治经济学》全书的黑线。所以,名为《社会主义政治经济学》,实为"法权经济学",说得明白一点,是一部反革命的篡党夺权经济学。

那么,什么是资产阶级法权呢?用它们的帮话来说,就是"资本主义因素","资本主义传统或痕迹"。一本社会主义政治经济学却主要去研究资本主义因素,这不是找错了对象吗?这种惊人的混乱,是毫不奇怪的。原来,"四人帮"就是把社会主义生产关系等同于资本主义生产关系的。在他们看来,社会主义生产关系是产生资本主义和资产阶级的基础,这样,资本主义的复辟就是不可避免的了。所以,"四人帮"就是通过把社会主义政治经济学研究的对象篡改为资产阶级法权,用修正主义的"法权经济学"代替马克思主义政治经济学,来丑化社会主义和诬蔑社会主义制度的。

政治经济学研究的对象是资产阶级法权?! 一门研究生产关系的科学,却把上层建筑当成研究对象,这种惊人的颠倒,也是毫不奇怪的。"四人帮"从来就是把资产阶级法权等同于经济基础,并无限扩大资产阶级法权的范围,把一切罪恶都归于资产阶级法权。在他们看来,意志关系就是经济关系,是意志关系产生经济关系,而不是经济关系产生意志关系。他们就是妄图通过"法权经济学"来贩卖反动的唯心史观和诡辩论的。

三、按劳分配是社会主义的原则,
　　批判按劳分配是旧事物的谬论

社会主义必须实行按劳动分配的原则,马克思在《资本论》中早就论述过。当分析到自由人联合体,即社会主义社会时,马克思指出:"劳动时间又是计量生产者个人在共同劳动中所占份额的尺度,因而也是计量生产者个人在共同产品的个人消费部分中所占份额的尺度。"马克思还这样指出过:"在社会公有的生产中,货币资本不再存在了。社会把劳动力和生产资料分配给不同的生产部门。生产者也许会得到纸的凭证,以此从社会的消费品储备中,取走一个与他们的劳动时间相当的量。"很明显,马克思只有在分析社会主义社会时,才提到按劳动时间进行分配的问题。在分析资本主义社会的分配时,从来没有提到按劳动时间分配的问题。马克思当时所设想的是高度发展了的社会主义社会,实践表明,在商品货币关系还存在的条件下,按劳分配是通过货币交换来实现的。很明显,当不存在商品货币关系但仍要实行按劳分配原则的情况下,消费品的分配就将借助"纸的凭证"来进行。

但是,"四人帮"却硬把按劳分配说成是资本主义社会就存在的旧事物。王洪文说:"从内容上看,八级工资制,按劳分配,货币交换,这些资本主义社会存在,社会主义社会也有。"资本主义社会存在按劳分配吗?这完全是胡说八道。资本主义的分配不是按劳分配,而是按资分配,资本家是按照资本量的大小来瓜分工人所创造的剩余价值的。至于工人出卖劳动力得到的工资,并不是劳动的报酬,而是出卖劳动力的价值或价格。如果工人为资本家做工,从资本家那里领得与他劳动相当的报酬,那么资本家就不可能榨取工人劳动所创造的剩余价值,资本主义就根本不能存在了。马克思一再指出,工资是劳动力的价值或价格,而不是劳动的价值或价格。否则,"或者消灭那个正是在资本主义生产的基础上才自由展开的价值规律,或者消灭那种正是以雇佣劳动为基础的资本主义生产本身"。所以,"四人帮"胡说资本主义社会就存在按劳分配,是根本违背马克思主义,是不符合历史事实的。

"四人帮"从按劳分配是资本主义旧事物出发,就引出按劳分配必然存在资产阶级,必然产生资本主义的谬论。姚文元把按劳分配说成是"产生资产阶级分子的重要经济基础"。张春桥说什么只要实行按劳分配,"城乡资本主义因素的发展,新资产阶级分子的出现,也就是不可避免的"。因此,在"四人帮"看来,按劳分配十恶不赦,一定要马上取消。他们根本否认,实行各尽所能,按劳分配,多劳多得,不劳动者不得食的原则,是对几千年来人剥削人的分配制度的根本否定,是分配制度上一场深刻的革命。他们也否认,在社会主义社会,按劳分配与生产力的发展是基本适应的,它对生产力的发展有巨大的促进作用。当然,按劳分配并不是尽善尽美的,它所体现的平等权利"按照原则仍然是资产阶级的法权"。因此,它还有"跟旧社会没有多少差别"的一面。但是,这"是不可避免的。权利永远不能超出社会的经济结构以及由经济结构所制约的社会的文化发展"。按劳分配最终将为按需分配所代替,这是一个在生产力的高度发展基础上而逐步演变的自然历史过程。所以,在社会主义社会不是取消按劳分配的问题,而是必须认真贯彻执行各尽所能、按劳分配的问题。

四、工人阶级内部的根本利益是一致的,批判工人阶级内部是阶级关系的谬论

马克思在《资本论》中揭示了资本主义社会人们在生产过程中的相互关系归根到底是阶级关系,是整个资产阶级剥削整个工人阶级的阶级对抗关系。"每一单个资本家,同每一个特殊生产部门的所有资本家总体一样,参与总资本对全体工人阶级的剥削,并参与决定这个剥削的程度,这不只是出于一般的阶级同情,而且也是出于直接的经济利害关系"。但是,在一个阶级内部,正像马克思所反复论证的,

他们的根本利益是一致的。在激烈的竞争中,资产阶级争权夺利、尔虞我诈,但从剥削整个工人阶级来说,他们的根本利益是一致的。马克思说得好:"资本家在他们的竞争中表现出彼此都是虚伪的兄弟,但面对着整个工人阶级却结成真正的共济会团体"。因此,马克思一再强调工人应该以整个阶级来反抗整个资产阶级的剥削和压迫。为了"抵御折磨他们的毒蛇,工人必须把他们的头聚在一起,作为一个阶级来强行争得一项国家法律,一个强有力的社会屏障,使自己不致再通过自觉与资本缔造的契约而把自己和后代卖出去送死和受奴役"。所以,在资本主义社会,工人阶级内部的根本利益是一致的,是阶级兄弟。他们内部之间的关系,不是阶级对立的关系。那么,到了社会主义社会,工人阶级内部的关系是怎样的呢?是不是反而变成阶级关系,像"四人帮"所宣扬的"归根到底是无产阶级和资产阶级的关系"呢?否。

在无产阶级专政条件下,我国进行了所有制方面的社会主义改造,建立了社会主义公有制,这"是社会制度和人的相互关系的一场大变动",使社会主义生产中人与人之间的相互关系发生了根本的变化。旧社会处于被剥削被压迫地位的工人,变成了社会生产过程的主人,工人阶级内部在根本利益一致的基础上形成了互助合作关系。"在工人阶级内部,没有根本的利害冲突。"在社会主义社会,工人阶级内部不存在阶级对抗关系,更不可能是无产阶级和资产阶级之间的关系。

但是,"四人帮"却把社会主义制度下,工人阶级内部的互助合作关系诬蔑为无产阶级与资产阶级之间的阶级关系。张春桥、姚文元一九七二年在他们控制下炮制的《社会主义政治经济学》一书召开的一次座谈会上演出了一出双簧。姚文元首先提出:"一个阶级内部的关系,算不算阶级关系?"张春桥答道:"不说是阶级关系,那又是什么关系?!""走资派为什么还能活动?总有人欣赏他嘛!"这就为工人阶级内部的关系归根到底是无产阶级与资产阶级之间的关系,定下了基调。于是"四人帮"的御用书报文章中,就把社会主义制度下工人阶级内部的关系,企业内部领导与工人群众的关系,工人与工人之间、工人与技术人员管理人员之间的关系,统统说成是阶级关系,都是无产阶级与资产阶级之间的阶级关系。他们对这种极端荒谬的理论讲不出道理,就用大帽子压人,谁说工人阶级内部的关系不是阶级关系,就给谁戴上"阶级斗争熄灭论"的大帽子。

"四人帮"把社会主义社会的主要矛盾即无产阶级与资产阶级之间的矛盾,在工人阶级队伍中的反映,歪曲为工人阶级内部也存在阶级对抗关系,其阴险的政治目的就是挑拨工人与干部、工人与技术人员、管理人员之间的关系,分裂工人阶级队伍,制造混乱,以便乱中夺权。所以,工人阶级内部是阶级关系的谬论,不仅在理论上是荒谬的,是对马列主义、毛泽东思想的篡改和歪曲;而且在政治上是极端反动的,是为他们篡党夺权服务的。

五、社会主义经济是计划经济,批判"计划经济与社会主义无关论"

社会主义必须实行计划经济,马克思在《资本论》中有非常明确的教导。只有在社会主义社会,才能实现"劳动时间的社会的有计划的分配,调节着各种劳动职能同各种需要的适当的比例"。在《资本论》第二卷,马克思又指出:"如果我们设想一个社会不是资本主义社会,而是共产主义社会……问题就简单地归结为:社会必须预先计算好,能把多少劳动、生产资料和生活资料用在这样一些产业部门而不致受任何损害"。

但是,"四人帮"为了搞垮社会主义经济,就炮制了一个计划经济与社会主义无关的谬论,拼命反对社会主义计划经济,大搞经济自由化。在他们把持的一个刊物上,鼓吹实行计划经济不是"区别一个国家的性质的标志",胡说什么"仅仅认为只要实行计划经济就是社会主义的说法,是站不住脚的"。计划经济真的与社会主义无关吗?不是。

实行计划经济是社会主义制度区别于资本主义制度的重要标志,也是社会主义优越性的重要表现。社会化的大生产在客观上要求各生产部门之间经常保持一定的比例关系。但是,在资本主义社会,由于生产资料的资本主义私有制,生产的目的是为了利润,各个企业之间的生产活动各自为政,充满着激烈的竞争,整个社会生产是无政府状态的。所以,根本不可能有计划按比例地发展经济。在社会主义社会,由于生产资料公有制的建立,一方面,有计划的分配社会劳动,使各个生产部门之间保持一定的比例,显得更加必要了。列宁说:"没有一个使千百万人在产品的生产和分配中最严格遵守统一标准的有计划的国家组织,社会主义就无从设想。"另一方面,按照客观的比例,用一个统一的国家计划,在国民经济各部门分配劳动力和生产资料,才有了可能。毛主席说:"人类的发展有了几十万年,在中国这个地方,直到现在方才取得了按照计划发展自己的经济和文化的条件。自从取得了这个条件,我国的面目就将一年一年地起变化。"所以,只有社会主义才能实行计划经济。怎能说,计划经济与社会主义无关呢?

"四人帮"反对计划经济,必然大搞资本主义自由化。他们在其控制的地区自成系统,自立政策,不接受国家计划任务,不向国家上报计划,自由生产,自由招工,自由交换,自由定价,自由增加生产项目。他们在计划外安排什么"王洪文工程"、"张春桥工程"、"江青工程"等等。不仅严重破坏了国家统一计划,浪费了大量人力、物力、财力,给国家经济带来很大损失,同时使资本主义泛滥成灾。

六、社会主义更需要经济核算，批判"经济核算无用论"

经济核算是社会生产发展的客观要求，对社会化的大生产尤为必要，生产"越是按社会的规模进行，越是失去纯粹个人的性质，作为对过程的控制和观念总结的簿记就越是必要；因此，簿记对资本主义生产，比对手工业和农民的分散生产更为必要，对公有生产，比对资本主义生产更为必要"。马克思进一步指出："在资本主义生产方式消灭以后，但社会生产依然存在的情况下，……簿记，将比以前任何时候都更重要。"簿记，就是对生产经营过程中的劳动耗费和劳动成果，进行记录、计算、分析和对比的活动，也就是我们通常所说的经济核算。所以，马克思在《资本论》中讲得非常清楚，社会主义不仅需要经济核算，而且比以往任何社会更加必要。

"四人帮"扬言"大家都姓公，核算有啥用？"公开与马克思唱反调。社会主义生产是以生产资料公有制为基础的计划经济，是一个高度社会化的统一体，不同部门、不同企业以及企业内部的经济联系十分复杂，非常密切。只有加强经济核算，对生产过程中人力、物力、财力的各种消耗进行认真的记录、分析和核算，才能不断改善企业经营管理，提高劳动生产率，不断降低产品成本，增加盈利，为社会主义建设提供更多的积累。只有加强经济核算，才能及时发现企业生产和管理中的问题，堵塞漏洞，揭露和防止贪污盗窃等犯罪行为，巩固社会主义经济基础。所以，经济核算对社会主义经济发展的作用很大，绝不是"四人帮"所鼓吹的经济核算无用论。

"四人帮"反对社会主义的经济核算，还叫嚷："抓经济核算就是回潮倒退"，就是资本主义。由于经济核算往往要通过加强企业管理来进行，"四人帮"就极力反对社会主义的企业管理，鼓吹"企业管理取消论"，谁抓企业管理就给戴上"修正主义的管、卡、压"的帽子，诬蔑为"搞资产阶级专政"。张春桥曾公开煽动"要建立没有规章制度的企业"。姚文元"要总结没有规章制度而搞好生产的典型"。他们把经济核算和企业管理与社会主义经济对立起来，根本否认社会主义和资本主义两种经济制度的重要区别不在于有没有经济核算和与之相适应的企业管理，而在于经济核算和企业管理的目的、内容和方法的不同。资本主义企业的经济核算和企业管理，是为资本家剥削工人更多的剩余价值服务的，是榨取工人血汗的一种手段，它又是资本家指挥下，由少数专业人员对工人实行专制。社会主义的经济核算和企业管理，是为满足社会和人民的需要服务的，是扩大社会主义积累的一种手段，实行的是工人当家做主，专业核算和群众核算相结合的群众当家理财。所以，搞社会主义的经济核算和企业管理，绝不是"四人帮"所诬蔑的就是搞资本主义。

王洪文曾经这样赤裸裸地说过："搞乱一个企业，就是在省委书记的脖子上套上了一个绞索。"一语道破了"四人帮"破坏经济核算和企业管理的险恶用心。实际上,受"四人帮"严重破坏的何止是几个工厂。我们必须清算"四人帮"反对经济核算的罪行,肃清其流毒,认真搞好经济核算,以促进国民经济的高速度发展。

"四人帮"对马克思主义政治经济学的篡改和歪曲,并不仅限于上述问题,例如,"四人帮"所鼓吹的"法权基础论",企业领导权决定所有制性质的谬论以及"四人帮"所散布的"积累有罪论",等等,都需要作深入的批判。《资本论》对坚持无产阶级专政下的继续革命更是有着不可估量的理论和实践意义。但是,仅就上述几个问题就可以看出,以"马克思主义理论家"自居的"四人帮",特别是其中的张春桥、姚文元,在《资本论》这个显微镜面前,完全暴露出反马克思主义的凶恶嘴脸。为了捍卫马克思主义、列宁主义、毛泽东思想,澄清"四人帮"在政治经济学理论上造成的混乱,我们必须系统地学习马列著作和毛主席著作,学习马克思的主要著作《资本论》。

(作者:洪远朋,原载《思想战线》1978年第1期)

"四人帮"炮制的《社会主义政治经济学》是怎样篡改马克思主义的？（例选）

一、反对发展社会生产力

林彪、"四人帮"是一伙鼓吹"精神万能"论的唯意志论者。林彪叫嚣要"发挥思想的力量来代替物质的力量"，"四人帮"则胡说什么"八亿人民主要是抓上层建筑"，只要"革命搞好了，生产就自然而然地上去了"。他们闭口不谈生产力，对马克思主义关于生产力在历史发展中起决定作用的原理，加以无耻篡改，肆意阉割。

例如，《社会主义政治经济学》在引证列宁《伟大的创举》一文中一段完整不可分割的话时，只引了前半段："为了完全消灭阶级，不仅要推翻剥削者即地主和资本家，不仅要废除他们的所有制，而且要废除任何生产资料私有制，要消灭城乡之间、体力劳动者和脑力劳动者之间的差别。这是很长时期才能实现的事业。"而把紧接着的后半段"要完成这一事业，必须大大发展生产力，必须克服无数小生产残余的反抗（往往是特别顽强特别难于克服的消极反抗），必须克服与这些残余相联系的巨大的习惯势力和保守势力"（《列宁选集》第4卷，人民出版社1972年版，第11页）一刀砍去，并且紧接着上半段引文后，加上了这么一段话："无产阶级的历史任务，就是要在社会主义公有制建立以后，特别注意调整人们的相互关系，限制资产阶级法权，破除资产阶级法权思想。"把列宁明明强调的要"大大发展生产力"砍去，而把什么"限制资产阶级法权""破除资产阶级法权思想"，强加在列宁讲话的后面。"四人帮"炮制的大毒草对马克思主义经典作家的论述阉割、篡改的卑劣手段，实在令人发指！

难道没有生产力的高度发展，就能够战胜资本主义，巩固无产阶级专政，消灭三大差别，最终消灭阶级，实现共产主义吗？不！不能！马克思说："阶级的存在仅仅同生产发展的一定历史阶段相联系。"（《马克思恩格斯选集》第4卷，人民出版社1958年版,第332页)恩格斯说:阶级的划分"是以生产的不足为基础的,它将被现代生产力的充分发展所消灭"(《马克思恩格斯选集》第3卷,人民出版社1957年版,第321页)。毛主席主持制定的《关于人民公社若干问题的决议》也明确指出:"我们既然热心于共产主义事业,就必须首先热心于发展我们的生产力"。"四人帮"肆意阉割马克思主义关于生产力在历史发展中起决定作用的原理,疯狂反对发展社会生产力,充分暴露了"四人帮"是唯心史观的吹鼓手。

二、否定社会主义商品生产

社会主义商品生产必然产生资本主义和资产阶级的谬论,最早是张春桥提出来的。他在一刻苦黑文中说:"只要有这两种所有制,商品生产,货币交换,按劳分配就是不可避免的","城乡资本主义因素的发展,新资产阶级分子的出现,也就是不可避免的"。这个谬论一经提出,"四人帮"控制下的舆论工具,就大肆宣扬。《社会主义政治经济学》更是卖力鼓噪,千方百计为之引经据典,乔装打扮。

大毒草《政治经济学》引了马克思在《资本论》第一卷第四章中这样一句话:"商品生产和发达的商品流通,即贸易,是资本产生的历史前提。"(《马克思恩格斯选集》第23卷,人民出版社1972年版,第167页)紧接着就说:"社会主义社会是从资本主义社会脱胎而来的,只要它仍然存在商品流通即 W—G—W,就会产生资本主义和资产阶级。"他们以为这样一篡改,就为社会主义商品生产和商品流通必然产生资本主义和资产阶级找到了所谓"理论根据"。可是,不对!这是对马克思主义的蓄意歪曲。

马克思在这里所说的商品生产和发达的商品流通,是资本产生的历史前提,指的是以私有制为基础的简单商品生产或小商品生产,根本不是指建立在公有制基础上的社会主义商品生产。为什么说简单商品生产和发达的商品流通是资本产生的历史前提呢?这是因为:第一,资本主义生产是在简单商品生产的基础上发展起来的。在简单商品经济中,由于价值规律的作用,商品生产者逐渐发生分化,一部分变成资本家,绝大部分丧失生产资料,沦为无产者。无产者不得不把自己的劳动力当作商品出卖,劳动力成为商品是货币转化为资本的基本前提。第二,资本是在商品流通中逐渐积累起来的。起初是少量的货币,后来是大量的货币。货币只有积累到一定数量之后,才能转化为资本。这要有相当发达的商品流通才有可能。可见,在封建社会末期,商品生产和发达的商品流通,已经成为资本主义产生的历史前提,资本主义的生产方式,已经在封建社会这个母胎中产生出来;到了资本主义社会,资本主义生产就成为商品生产的最高形式。至于社会主义商品生产,那是同资本主义商品生产有本质差别的。我们发展商品生产,不是为了利润,而是为了满足社会需要,为了巩固工农联盟,为了引导广大农民从集体所有制过渡到全民所有制。因而,社会主义商品生产应当大大发展。大毒草妄图从马克思主义著作中,为"四人帮"炮制的社会主义商品生产必然产生资产阶级的谬论寻找根据,那完全是徒劳的。

三、捏造"脑力劳动者统治体力劳动者"的谎言

大毒草《社会主义政治经济学》借分析人们在社会主义生产中的相互关系为名,歪曲社会主义社会人们的相互关系,胡说什么社会主义生产关系"最基本的仍然是无产阶级和资产阶级的阶级关系"。把劳动人民内部、脑力劳动者和体力劳动者之间的关系,统统归结为无产阶级和资产阶级的阶级对立关系。为了论证他们这一谬论,书中断章取义地引用恩格斯在《反杜林论》中的一段话:"在这个完全委身于劳动的大多数人之旁,形成了一个脱离直接生产劳动的阶级,它从事于社会的共同事务:劳动管理、政务、司法、科学、艺术等等。因此,分工的规律就是阶级划分的基础。"(《马克思恩格斯选集》第3卷,人民出版社1956年版,第321页)从恩格斯这段话的前后文来看,讲的是阶级的产生取决于生产力发展的水平,同时指出了在生产资料私有制条件下,脑力劳动者和体力劳动者的关系,是一种统治与被统治的关系。可是,大毒草的炮制者,一方面把恩格斯关于阶级的划分取决于生产力的发展水平这样重要的论述砍掉,另一方面却把恩格斯分析私有制条件下脑力劳动者与体力劳动者的那种统治与被统治的关系,完全套用到社会主义社会中来,胡说什么:"劳动者同生产资料的结合,还要受到脑力劳动和体力劳动这一旧的社会分工的束缚",而这种旧分工的存在,是产生"脑力劳动者统治体力劳动者的经济基础"。很明显,这是对恩格斯上述论点的无耻歪曲。

邓副主席在全国科学大会上对这个问题作了透彻的分析,他指出,在剥削阶级统治的社会里,有各种各样的脑力劳动者,有些人完全为反动统治阶级服务,他们同体力劳动者处于对立的地位。另一部分从事科学技术工作的知识分子,尽管浸透了资产阶级偏见,但他们本人并不是资本家,同那些绞尽脑汁直接为反动统治阶级出谋划策的政客是截然不同的。而在社会主义社会里,无产阶级自己培养的脑力劳动者,与历史上的剥削社会中的知识分子不同了。他们的绝大多数已经是无产阶级自己的一部分,他们同体力劳动者一样,也是社会主义社会的劳动者。因此,脑力劳动者与体力劳动者之间的关系不是统治与被统治、剥削与被剥削的关系,而是同志之间的互相合作关系。大毒草完全抹杀了资本主义私有制和社会主义公有制的根本区别,别有用心地把恩格斯关于私有制条件下脑力劳动者和体力劳动者的阶级对立关系的论述,作为他们论证社会主义社会也存在"脑力劳动

者统治体力劳动者"的根据,把脑力劳动和体力劳动的分工歪曲成为阶级对立,这是对马克思主义基本原理明目张胆的歪曲和篡改。其目的是为了打击迫害知识分子,破坏工人、农民和知识分子的联盟,破坏我们的社会主义革命和社会主义建设。

(作者:陈文灿、洪远朋,原载《文汇报》1978年7月29日)

关于社会主义积累的几个问题

一、社会主义一定要有积累

社会主义要不要积累？这本来是一个不成问题的问题。但是，"四人帮"为了篡党夺权的需要，却拼命反对和破坏社会主义积累，在理论上造成了很大的混乱，必须加以澄清。

恩格斯在《反杜林论》中指出："劳动产品超出维持劳动的费用而形成的剩余，以及社会生产基金和后备基金从这种剩余中的形成和积累，过去和现在都是一切社会的、政治的和智力的继续发展的基础。"① 积累是一切社会继续发展的基础，当然，也是社会主义社会继续发展的基础。社会主义社会不但要有积累，而且要有更多的积累。

第一，社会主义积累是扩大再生产的源泉。有了积累，才能进行基本建设，不断扩大再生产规模，把国民经济搞上去。敬爱的周总理在《关于发展国民经济的第二个五年计划的建议的报告》中曾经指出："国家建设的规模大小，主要决定于我们可能积累多少资金和如何分配资金。我们的资金积累较多，分配得当，社会扩大再生产的速度就会较快，国民经济就能够按比例地发展。"② 没有积累，不仅不能扩大再生产，弄得不好甚至连简单再生产也不能维持。

第二，社会主义积累是巩固和发展社会主义生产关系的重要条件。社会主义扩大再生产，不仅是物质资料的扩大再生产，而且也是生产关系的扩大再生产。随着社会主义扩大再生产的不断进行，社会主义公有制将日益巩固和发展，工人阶级队伍将不断扩大，城乡之间、工农之间、脑力劳动和体力劳动之间的本质差别将日渐

---

① 《马克思恩格斯选集》第3卷，第233页。
② 《新华半月刊》1956年第20期，第35页。

消失,从而,共产主义因素将日益发展,而资本主义的传统和痕迹将逐步缩小。这就可以为最后消灭阶级,实现"各尽所能、按需分配"的共产主义社会创造前提条件。

第三,社会主义积累是提高人民生活的一种手段。马克思和恩格斯在《共产党宣言》中指出:"在资产阶级社会里,活的劳动只是增值已经积累起来的劳动的一种手段。在共产主义社会里,已经积累起来的劳动只是扩大、丰富和提高工人的生活的一种手段。"[①]社会主义积累,取之于民,用之于民。随着社会主义积累的不断提高和再生产规模的不断扩大,给社会提供的产品日益增多,文化教育事业日益发展,广大人民的物质和文化生活水平必将逐步提高。

第四,社会主义积累是支援世界革命的物质基础。毛主席教导我们,"已经获得革命胜利的人民,应该援助正在争取解放的人民的斗争,这是我们的国际主义义务"[②]。社会主义国家为了履行无产阶级国际主义义务,争取对人类有较大的贡献,肩负着支援世界革命的重任。只有不断增加社会主义积累,才能有强大的经济力量,支援世界人民的革命斗争,实现伟大领袖和导师毛主席关于中国应当对人类有较大贡献的遗愿。

第五,社会主义积累是巩固国防的经济力量。当前,苏美两霸激烈争夺,战争因素正在增长,特别是苏修亡我之心不死,我们更要争时间、抢速度,尽快地把国民经济搞上去,加速国防现代化。要加速国防现代化,就必须增加社会主义积累。

总之,社会主义社会不仅要有积累,并且必须加速积累。这是高速度发展社会主义经济,早日实现四个现代化,巩固和捍卫无产阶级专政的需要;是贯彻执行毛主席关于"备战、备荒、为人民"的方针,完成社会主义所面临的政治、经济任务的需要。所以,社会主义积累不是一个可有可无的问题,而是非有不可的。

"四人帮"拼命反对和破坏社会主义积累。他们在理论上极力鼓吹积累有罪、亏损有理,积累就是资本主义,亏损才是社会主义的谬论,造成了理论上、思想上的混乱;在实践上,他们大肆侵吞国家财产,挥霍广大人民辛勤劳动积累起来的资金,造成了严重的恶果。我们必须反其道而行之:在理论上,充分认识社会主义积累的必要性,把"四人帮"搅乱了的理论是非重新颠倒过来;在实践上,努力增加社会主义积累,把"四人帮"破坏社会主义积累所造成的损失,尽快补回来。

二、剩余劳动是社会主义积累的唯一源泉

社会主义积累从哪里来?来源于剩余劳动。社会主义积累只能来源于社会主

---

① 《马克思恩格斯选集》第 1 卷,第 266 页。
② 转引自《人民日报》1963 年 8 月 9 日。

义社会物质生产部门劳动者的剩余劳动所提供的剩余产品。为什么社会主义积累只能来源于剩余劳动呢？

我们知道，社会总产品从价值构成来看，可以分为三部分：（1）在生产过程中消耗了的生产资料转移到新产品中的价值；（2）劳动者新创造的归自己的产品的价值，即劳动者的必要劳动所创造的必要产品所表现的价值；（3）劳动者所创造的归社会的产品的价值，即劳动者剩余劳动所创造的剩余产品所表现的价值。前一部分是旧价值的转移，后两部分是新创造的价值，形成国民收入。第一部分，在生产中消耗的生产资料，包括原料、材料、燃料和机器折旧等价值，是过去劳动所创造的，它是作为原有价值的补偿，转移到新产品中来，它根本不是新增加的价值，当然不能作为积累。第二部分，必要劳动所创造的必要产品的价值，是用来支付物质生产部门职工的工资和社员的劳动报酬的，也不能作为新增加的积累。第三部分，剩余劳动所创造的剩余产品所表现的价值，从这里扣除供给非物质生产部门的工作人员的个人消费需要和社会集体消费需要的开支（如用来支付国家行政管理和国防方面的开支，用来支付文化、科学、教育、保健等方面的开支，用来支付劳动保险、公费医疗和社会救济方面的开支等等）以后，余下的才能够作为积累。所以，社会主义积累只能来源于剩余劳动。而且，社会主义积累只能是剩余劳动的一部分。

在社会主义社会，劳动者为社会所提供的剩余劳动，还保留和采取利润的形式。社会主义积累主要来自社会主义企业所提供的利润和税收。因此，为增加社会主义积累，完成无产阶级国家所规定的计划利润，是每个企业的一项光荣职责。列宁曾经谈过，要"使每个国营企业不但不亏损，而且能够赢利"[1]。还说过，国家政权掌握在工人手中，国家开始获得利润，"就是从共产主义观点来看，也是好现象"[2]。社会主义企业严格遵守党的政策，认真执行国家计划，努力增产节约，降低成本，利润越多，为国家提供的积累也就越多，贡献也就越大。

由于"四人帮"到处挥舞"利润挂帅"的大棒，流毒所及，多年来有些同志一讲利润，就"谈虎色变"。其实，社会生产方式不同，利润的本质是不同的。在资本主义社会，利润是剩余价值的转化形式，它体现着资产阶级剥削无产阶级的关系。在社会主义社会，生产资料是社会主义公有制，劳动人民是国家和企业的主人，利润已经不是剩余价值，而是劳动者提供给社会统一使用的剩余产品的货币表现，不仅不具有剥削的性质，而且对劳动者来说也是必要的。因此，为增加社会主义积累而努力提高企业利润水平，完全理直气壮。

我们认为：为了从理论上搞清楚这个问题，在研究社会主义积累的时候，必须

---

[1] 《列宁选集》第4卷，人民出版社1972年版，第583页。
[2] 《列宁全集》第33卷，人民出版社1957年版，第364页。

承认社会主义社会还有剩余劳动。马克思说:"一般剩余劳动,作为超过一定的需要量的劳动,必须始终存在。"①又说:"如果我们把工资和剩余价值,必要劳动和剩余劳动的独特的资本主义性质去掉,那么,剩下的就不再是这几种形式,而只是它们的为一切社会生产方式所共有的基础。"②

剩余劳动不仅在奴隶社会、封建社会、资本主义社会存在,而且在社会主义社会以及它的高级阶段——未来的共产主义社会也存在。马克思在论述"保险基金"时说:"这也是在剩余价值、剩余产品,从而剩余劳动中,除了用来积累,即用来扩大再生产过程的部分以外,甚至在资本主义生产方式消灭之后,也必须继续存在的唯一部分。当然,这要有一个前提,就是通常由直接生产者消费的部分,不再限于它目前的最低水平。除了为那些由于年龄关系还不能参加生产或者已不能参加生产的人而从事的剩余劳动以外,一切为养活不劳动的人而从事的劳动都会消失。"③

总之,正确认识社会主义社会剩余劳动存在的客观必要性,正确理解社会主义剩余劳动还保留和采取利润的形式,对于澄清"四人帮"反对社会主义积累所造成的理论上的混乱,对于社会主义企业完成和超额完成国家规定的计划利润,为社会主义建设提供更多的积累具有重大意义。

三、积累是扩大再生产的主要来源

关于积累与扩大再生产的关系问题,是马克思关于社会再生产理论的重要组成部分。马克思在分析资本积累和扩大再生产的关系时指出:"剩余价值不断再转化为资本,表现为进入生产过程的资本量的不断增长。这种增长又成为不断扩大生产规模的基础,成为随之出现的提高劳动生产力和加速剩余价值生产的方法的基础。"④不仅如此,马克思有时甚至把积累同扩大再生产等同起来。马克思曾经说过:"积累就是资本的规模不断扩大的再生产。"⑤可见,积累与扩大再生产的关系非常密切,积累是扩大再生产的基础。马克思关于积累与扩大再生产关系的原理,对社会主义社会仍然适用。

社会主义的再生产,是不断地扩大再生产。社会再生产规模的扩大,就要增加新的生产要素,不论是增加生产资料,还是增加劳动力,都必须要有积累。社会主

---

① 《马克思恩格斯全集》第25卷,第925页。
② 同上书,第990页。
③ 同上书,第958页。
④ 《马克思恩格斯全集》第23卷,第685页。
⑤ 同上书,第637页。

义扩大再生产的规模和发展速度在很大程度上取决于积累的数量和增长速度。所以,社会主义积累仍然是扩大再生产的基础。但是,我们认为,积累并不是扩大再生产的唯一源泉。马克思非常明确地指出:"没有积累,还是能够在一定界限之内扩大它的生产规模。"[①]还指出,预付资本"在转化为生产资本之后,包含着生产的潜力,这些潜力的界限,不是由这个预付资本的价值界限规定的,这些潜力能够在一定的活动范围之内,在外延方面或内含方面按不同程度发挥作用"[②]。马克思在《资本论》中有很多地方,特别是第1卷第22章第4节和第2卷第18章第2节中,还详尽地分析了不增加积累仍然可以扩大再生产的各种因素,根据马克思在《资本论》中的提示,我们认为,在不增加积累的情况下,至少可以从下列的各方面来扩大再生产。

(1)提高劳动生产率。通过提高劳动者的熟练程度,改进生产组织和劳动组织,充分利用先进科学技术,在一定的设备和原材料下,努力提高劳动生产率,可以在耗费同等数量劳动的情况下,取得更多的成果。所以,它本身就是规模扩大的再生产。

(2)提高生产设备的利用率。合理增加设备的生产时间,提高生产设备的效率,延长生产设备的使用期限等,可以使同等的生产设备发挥更大的效率,从而扩大生产规模。

(3)节约使用劳动对象。不断地降低原料、材料和燃料的消耗,可以用同样多的原料、材料和燃料,生产出更多更好的产品。

此外,正确运用折旧基金(在固定资产更新之前,逐年提取折旧基金,用以购买新的生产资料和增加劳动力),扩大对某些自然资源的利用,提高产品质量,加速资金周转和采取把生产过程和消费过程的废料投回到再生产过程中去等措施,在一定程度和一定意义上都能扩大再生产。

在社会主义建设过程中,全面地、正确地理解积累与扩大再生产的关系,对加速社会主义建设的进程有重要意义。一方面,充分认识到积累是扩大再生产的主要源泉,这样就可以尽可能多地增加社会主义积累,通过增加基本建设来扩大再生产规模;另一方面,充分看到积累不是扩大再生产的唯一源泉,这样就可以充分利用现有的人力、物力和财力,充分发掘企业内部的潜力来增加生产。如果片面地认为积累是社会主义扩大再生产的唯一源泉,一提到扩大再生产,就伸手向国家要人、要钱、要物,这对加速社会主义建设的进程是不利的。

(作者:洪远朋,原载《经济研究》1978年第2期)

---

① 《马克思恩格斯全集》第24卷,第565页。
② 同上书,第395页。

积累不是扩大再生产的唯一源泉
——读《资本论》的体会兼答奚兆永同志

一、"积累是扩大再生产的唯一源泉"不是马克思主义的再生产理论

我在《关于社会主义积累的几个问题》一文中①，在分析积累与扩大再生产的关系问题时，首先讲了积累是扩大再生产的基础和主要来源，同时，也讲了积累不是扩大再生产的唯一源泉。我认为这是符合马克思主义再生产理论的基本原理的。但奚兆永同志却认为积累是扩大再生产的唯一源泉，才是马克思主义再生产理论的基本原理②。到底积累是不是扩大再生产的唯一源泉呢？在那篇文章中，我只把积累不是扩大再生产的唯一源泉的主要根据，简单地提了一下，没有作详细的引证和分析。既然奚兆永同志认为都是"很令人费解的"，就有必要作比较详细的引证和分析。

（1）奚兆永同志认为《资本论》第1卷第22章第4节，"是专门研究'几种同剩余价值分为资本和收入的比例无关但决定积累量的情况'的"，怎么会与不增加积累仍然可以扩大再生产有关呢？是的，马克思在这里是在分析剩余价值分为资本和收入的比例已定的情况下研究积累量的。在这种情况下，增加剩余价值量的因素，包括能够扩大再生产的各种因素也就是增加积累量的因素。但是，他不是重复前几篇已经分析过的决定剩余价值量的各种因素。"在这里我们对这些情况再作一次总括的说明，但是只限于它们在积累方面会提供新观点的范围。"③这里提供的新观点，就包括有不增加积累仍然可以在一定界限之内扩大再生产的原理。马克思在《资本论》第2卷有几处提到他在第1卷曾经分析过没有积累仍然可以扩大

---

① 《经济研究》1978年第2期。
② 奚兆永:《积累是扩大再生产的唯一源泉的原理不能否定》，《经济研究》1979年第9期。
③ 《马克思恩格斯全集》第23卷，第657页。

再生产。例如,马克思说:"但是正如第 1 卷已经指出的,由此决不能得出结论说,资本执行职能的范围,生产的规模——即使在资本主义的基础上——就其绝对的界限来说,是由执行职能的货币资本的大小决定的。"①又指出:"我们在第 1 卷还论述过,一定量的资本,没有积累,还是能够在一定界限之内扩大它的生产规模。"②据我理解,马克思在第 1 卷论述没有积累仍然可以扩大再生产,主要就是在第 22 章第 4 节。那么,马克思在这里分析的没有积累仍然可以扩大再生产有哪些因素呢?

① 通过延长工作日和提高劳动强度来扩大生产,从而增大积累量。我们知道,在一切产业部门中,如果要使生产过程能够顺利进行,劳动资料与劳动者人数之间必须保持一定的比例关系。但是,由劳动资料构成的不变资本部分,在扩大再生产的情况下,不一定要随所使用的劳动量按同一比例增加。例如,一个工厂原有工人 100 人,每人每天劳动 8 小时,共 800 个劳动小时,如果资本家要把生产规模扩大半倍,他可以通过再雇用 50 个工人来解决。这样就要追加资本,他不仅要在工资上预付新的可变资本,而且要在劳动资料上预付新的不变资本。但是,他也可以通过使原有的 100 个工人不是劳动 8 小时,而是劳动 12 小时的办法来解决。这样,资本家可以不追加可变资本,也不需要按比例地追加不变资本就可以扩大再生产。

② 利用劳动和自然结合的伸张力扩大生产规模。自然资源是生产的要素,但不是劳动的产物,没有价值。所以,它虽然是生产的要素,但不是价值要素。如果使同等数量的劳动力和劳动资料的使用更加紧张起来,那么,即使不追加资本,也可以增加对自然物质的利用程度。例如,在采掘工业中,劳动对象不是预付资本的组成部分,而是自然的无偿给予,因而这里的不变资本几乎完全是由劳动资料组成,它很容易容纳增加的劳动量。如果工人实行日夜轮班制,在其他条件不变的情况下,产品的数量就会同所用的劳动成正比例增加。在农业上也是这样。在加工工业上,情况要复杂一些,但是仍然可以不追加资本或不按比例追加资本而扩大生产规模。所以,"总的结论是:资本一旦合并了形成财富的两个原始要素——劳动力和土地,它便获得了一种扩张的能力,这种能力使资本能把它的积累的要素扩展到超出似乎是由它本身的大小所确定的范围,即超出由体现资本存在的、已经生产的生产资料的价值和数量所确定的范围"③。

③ 通过提高劳动生产率扩大生产规模。劳动生产率的提高就是同等劳动的耗费可以生产更多的产品,从社会来看,实际上也就是规模扩大的再生产。劳动生

---

① 《马克思恩格斯全集》第 24 卷,第 393 页。
② 同上书,第 565 页。
③ 《马克思恩格斯全集》第 23 卷,第 663 页。

产率的提高有许多因素,有一些因素,如实现生产过程的机械化、自动化,需要大量投资才能实现。但是,也有一些因素,如改善劳动组织、原材料的节约等,不增加投资或者只要少量投资就可以扩大再生产。马克思曾经指出:劳动生产率的提高,"在追加资本的价值不变甚至降低的情况下,积累仍然可以加快。不仅再生产的规模在物质上扩大了,而且剩余价值的生产也比追加资本的价值增长得更快"①。

④ 运用科学技术也可以扩大再生产。劳动生产力是随着科学技术不断发展的。在生产过程中,运用新的科学技术成果,可以使旧的机器、工具、器具等不断被效率更高、功能更大但价格更便宜的新机器、工具、器具所代替,从而使旧的不变资本也会以生产效率更高的形式再生产出来,从而增加产品数量。同样,原材料的再生产,也会因为农业生产上应用化学的进步,而不断提高产量和扩大用途。尤其是废料和废物的综合利用,无须追加资本,就能创造出新的资本材料。所以,"正像只要提高劳动力的紧张程度就能加强对自然财富的利用一样,科学和技术使执行职能的资本具有一种不以它的一定量为转移的扩张能力。同时,这种扩张能力对原资本中已进入更新阶段的那一部分也发生反作用。资本以新的形式无代价地合并了在它的旧形式背后所实现的社会进步"②。

此外,马克思还指出,由于所用资本与所费资本差额的扩大也可以扩大再生产。

(2) 奚兆永同志认为《资本论》第 2 卷第 18 章第 2 节是分析货币资本对生产资本的制约作用以及这种作用的限度,也是与不增加积累仍然可以扩大再生产是没有关系的。其实,马克思在这里是讲得很清楚的,"并入资本中的各种生产要素的扩大,在一定界限之内,不是取决于预付货币资本的量"③。那么,在这里,马克思指出的没有积累仍然可以扩大再生产有哪些因素呢?概括起来大致有以下八个因素:① 从外延或内含方面加强对劳动力的剥削;② 通过提高劳动力的紧张程度,从外延或内含方面加强对土地、海洋、矿山、森林等自然物质的利用;③ 用延长每天的使用时间或增加使用程度的办法,更有效地利用劳动资料;④ 利用科学技术更好地发挥自然力的作用;⑤ 加强劳动力在生产过程中的社会结合和提高劳动者的熟练程度;⑥ 提高劳动生产力;⑦ 改进劳动组织;⑧ 缩短周转期间。在作了以上分析后,马克思说,这一切显然和真正的货币资本问题无关,这只是表明:"预付资本……在转化为生产资本之后,包含着生产的潜力,这些潜力的界限,不是由这个预付资本的价值界限规定的,这些潜力能够在一定的活动范围之内,在外延

---

① 《马克思恩格斯全集》第 23 卷,第 663 页。
② 同上书,第 664 页。
③ 《马克思恩格斯全集》第 24 卷,第 393—394 页。

方面或内含方面按不同程度发挥作用。"①所以,马克思在这里分析了没有积累仍然可以扩大再生产是毋庸置疑的。

奚兆永同志认为提高劳动生产率、提高设备利用率、节约使用劳动对象等都要追加一定的人力、物力、财力,因此,积累只能是扩大再生产的唯一源泉。这个论断很难成立。我们不同意积累是扩大再生产的唯一源泉,并不是认为扩大再生产就可以不需要一定的人力、物力、财力。在实际生产过程中,情况是很复杂的,扩大再生产的积累源泉与非积累源泉往往同时并存、相互交织在一起,很难严格区分开来。在以积累为主的扩大再生产中包含有非积累的因素,在以非积累为主的扩大再生产中也包含有积累的因素。这种情况,只是说明作为扩大再生产的源泉来说,在不同场合各个源泉之间有主次之分,但决不能由此否认它们都是客观存在。奚兆永同志看到在以非积累为主的扩大再生产中,包含有一定积累的因素就否认非积累源泉的存在,这未免太绝对化了。

(3) 奚兆永同志对马克思指出的运用折旧基金可以扩大再生产也提出了疑义。但是,奚兆永同志并没有说出什么道理,用什么"一定意义"和"特定意义"的区分,并不能否定运用折旧基金可以扩大再生产。

那么,运用固定资本的折旧基金到底为什么可以引起规模扩大的再生产呢?这是因为固定资本的价值虽然按照它的损耗程度逐年转移到产品中去,但是,固定资本的物质要素并不因价值转移而丧失它的使用价值,它仍然在劳动过程中发挥原有的作用,而转移出来的价值,即折旧基金却可以从两方面引起生产规模的扩大。

一是用折旧基金购置新的生产资料和劳动力,来扩大生产规模。1867年8月24日马克思写信给恩格斯请教这个问题,3天之后,恩格斯做了回答,在他的回信中,列了两张表②。在第二张表中,恩格斯假定,工厂主每年把折旧基金立即投资购买新机器。这样,他年复一年地扩大了自己的机器设备。十年后,"他不从自己的利润中付出一文钱用于购置新机器,就能靠自己的旧机器,使自己的机器数量几乎增加百分之六十"③。

二是用折旧基金对原有机器设备进行革新改造,它可以提高原有机器设备的效率,从而扩大再生产。马克思说:"如果生产这些劳动资料的部门的劳动生产力发展了(劳动生产力是随着科学和技术的不断进步而不断发展的),旧的机器、工具、器具等等就为效率更高的、从功效来说更便宜的机器、工具和器具等等所代替。

---

① 《马克思恩格斯全集》第24卷,第395页。
② 《马克思恩格斯全集》第31卷,人民出版社1972年版,第332页。
③ 同上书,第335页。

撒开现有的劳动资料在细节上的不断改进不说,旧的资本也会以生产效率更高的形式再生产出来。"①

所以,不追加新的投资,而由于运用折旧基金会引起再生产规模的扩大,也是毋庸置疑的。"这种规模扩大的再生产,不是由积累——剩余价值转化为资本——引起的,而是由从固定资本的本体分出来、以货币形式和它分离的价值再转化为追加的或效率更大的同一种固定资本而引起的。"②

总之,积累是扩大再生产的主要来源,但并不是扩大再生产的唯一源泉。没有积累,仍然可以在一定限度内扩大再生产,这是马克思主义再生产理论的基本原理之一。而"积累是扩大再生产的唯一源泉"并不是马克思主义再生产的基本原理。

二、挖掘现有的生产潜力是扩大再生产的重要途径

积累是不是扩大再生产的唯一源泉,这不仅是一个理论问题,而且是我国实现四个现代化所必须解决的实践问题。我们要进行社会主义建设,实现四个现代化,当然需要增加积累,通过新的投资,进行基本建设,增添生产资料和劳动力,来扩大再生产。但是,如果片面认为积累是扩大再生产的唯一源泉,一提到扩大再生产,就要大搞基本建设,就要伸手向国家要人、要钱、要物,这对加速实现四个现代化是不利的。应该看到,扩大再生产还有非积累的因素,通过挖掘现有的生产潜力,用不花钱或少花钱的办法来增加生产,也是扩大再生产的重要途径。特别是在我国社会生产力水平还比较低,物质基础还不够雄厚,积累还很有限的情况下,注意通过挖掘现有的生产潜力来扩大再生产更为重要。下面着重从我国当前社会主义建设实践的角度来分析一下,没有积累仍然可以在一定限度内扩大再生产的一些因素。

(1)从调整国民经济中扩大再生产。目前我国国民经济的比例失调,严重地阻碍着生产规模的扩大。例如,现在原料、材料、燃料和动力供应不足,使我国的现有生产能力不能充分发挥。有些消耗低的企业因为缺乏燃料、动力、原材料而开工不足;可是消耗高效果差的企业却在大量浪费燃料、动力、原材料。如果电力供应充足的话,用不着投资新建工厂,光是现有企业产量即可以提高20%或30%。在这种情况下,如果下决心对原材料、燃料动力工业与加工工业的比例关系作必要的调整,先把原材料、燃料动力工业搞上去,或者决定择优供应,让那些消耗太高的企业

---

① 《马克思恩格斯全集》第23卷,第664页。
② 《马克思恩格斯全集》第24卷,第192页。

暂时停产整顿，我国的再生产规模就能很快地扩大。

（2）从体制改革中扩大再生产。现在我国经济管理体制中的严重缺点是权力过于集中，如果有领导地大胆下放权力，让地方和企业在国家统一计划指导下有较多的经营管理自主权，扩大企业在生产经营、资金使用、物资管理、劳动力安排、收入分配等方面的自主权，把企业收入的高低同经营的好坏密切联系起来，把劳动者报酬的多少同他们对国家对企业的贡献大小密切联系起来，也就是把国家、企业和个人的利益结合起来，就可以使生产单位和生产者个人有一个自觉发展生产的内部经济动力，从而就可以增加生产，扩大生产规模。据四川、江苏、上海等地扩大企业自主权的试点初步结果来看，都取得了企业生产扩大，职工收入提高，国家收入增多的显著效果。

（3）从加强企业管理中扩大再生产。加强企业管理，把劳动者、劳动资料、劳动对象三者合理组织起来，使它们充分发挥作用，提高效率，也可以增加生产，扩大生产规模。由于林彪"四人帮"的干扰和破坏，我国企业管理制度混乱，有些企业存在着消耗无定额，节约无制度，考核无标准，产品质量差、消耗高、浪费大的情况。我国现有企业的大部分是解放后新建的，有相当多的企业设备水平与国外一些先进企业的水平相比并不低，只要改善经营管理，不增加劳动力，不增添设备，产量就可以大幅度，甚至成倍增加。1978年，上海市冶金系统新增的生产能力很少，由于搞了一些技术革新，加上坚持了岗位责任制，实行了精神鼓励和物质鼓励相结合的制度，钢和钢材的产量分别比1977年增长16%和18%以上，节约了大量原材料和燃料，上缴利润增加了40%。实践证明，搞好企业管理，使生产的组织形式适应生产力的发展，确实是扩大再生产的有效途径。

（4）从提高现有设备的效率中扩大再生产。新中国成立以来，经过三十年的建设，我们工业的固定资产增加了20多倍。现在的这个基础是相当可观的。但是，我国现有企业的许多设备能力没有充分发挥。利用这个基础，通过挖潜、革新、改造，充分发挥现有设备的能力，是扩大再生产的一条重要途径。根据一些地区的实践经验，通过挖潜、革新、改造充分发挥老企业、老设备的效率有下列好处：① 投资少。改造老企业挖潜增产所需要的资金一般只占新建企业投资的1/3—1/4。② 速度快。通过革新改造把生产能力搞上去，一般只要新建企业形成生产能力所需时间的一半都不到。③ 材料耗用少，至多是新建企业需要的40%左右。可见，用挖潜、革新、改造老企业，充分发挥现有设备能力的办法加速现代化，是一条花钱少、见效快，能较快形成生产能力的途径。实现四个现代化，坐等投资来搞基本建设，是不切实际的。

（5）从提高产品质量中扩大再生产。产品质量的提高，一方面表现为生产过程中废品的减少，花费同样多的人力、物力，可以生产出较多的合格产品；另一方面产品性能好、效率高、经久耐用，实际上等于生产了更多的产品。而质量低劣则是最大的浪费。还应指出，在现代化生产中各个企业相互联系、相互制约，一个单位的生产，需要许多单位协作。因此，有些原材料、配件产品的质量好坏，往往会影响几个、几十个甚至几百个、几千个产品的数量和质量。目前我国有相当数量的工业企业的产品质量还没有恢复到历史最高水平。如果把产品质量都恢复到历史最高水平，就是一个很大的增产。

（6）从节约中扩大再生产。节约并不是消极的措施，节约可以促进生产。因为降低了消耗，就能用同样多的人力、物力生产更多的产品。例如，如果全国重点企业中二十项主要的燃料、电力消耗水平全部达到历史上的最低消耗水平，一年可以节约燃料100万吨，节约电力120亿度。如果全国小氮肥厂耗煤量降低20％，一年可节约煤炭422万吨，用这些煤又可以生产一百几十万吨合成氨。如果大家都来挖掘节约的潜力，现有的燃料、动力、原材料，就能为国家建设和人民生活创造出更多的物质财富。所以，节约也是增产。

（7）从加速资金周转中扩大再生产。资金是物资的货币表现。在社会主义再生产过程中，流动资金基本上处于物资储备形态，对工业企业来说，流动资金的很大比重是被占用在原材料和产品等物资储备上。在正常情况下，有一部分物资不直接参加生产过程是不可避免的。因为没有这部分处于储备状态的物资，社会产品的生产过程和流通过程就无法实现，但是，国家用于发展生产的资金是有一定限度的。如果处于储备的物资多了，那么，投入生产过程，用于扩大再生产的份额相应地就少了，结果会缩小生产规模；如果在保证生产需要的同时，最大限度地压缩储备，使较多的资金投入实际的生产过程，或者加速资金周转，使同样的资金发挥更大的作用，就会扩大生产规模。从全国来讲，如果每一个工业企业占用的流动资金恢复到历史较高水平，就可以腾出资金100多亿元。所以，努力压缩流动资金占用量，加速资金周转，也就等于扩大了再生产。

（8）从综合利用中扩大再生产。综合利用，可以发挥物资本身的效能，合理地使用各种物资，变无用为有用，变小用为大用，变一用为多用，变有害为有利。既可以物尽其用，避免浪费，又可以为社会创造更多的产品，扩大再生产规模。据估计，全国木材利用率，1978年平均为50％，如果总结推广统一加工、综合利用的办法，把木材利用率提高到90％以上。那么，全国只要有一半的原木利用率达到这个水平，一年就相当于增产木材500万立方米。由此可见，综合利用对扩大生产大有可为。

（9）合理运用折旧基金扩大再生产。现在的问题不是折旧基金能不能扩大再生产的问题，而是如何更好地运用它来促进再生产规模的扩大。我国提成的折旧基金率（指折旧基金同固定资产的比率）太低。工业发达国家为了搞好设备和产品的更新换代,折旧基金率都是比较高的,大体上在10%左右。而我国的折旧基金率平均不到4%,就是这为数不多的折旧基金,从中央到地方还要层层提成,企业得到的很少,缺乏更新改造设备的能力,影响企业生产能力的发挥。所以,为了发挥折旧基金在扩大再生产中的作用,一要提高折旧基金率;二要增加企业自留折旧基金的比率。

上面我从九个方面分析了在我国当前社会主义建设中,不追加投资或者不按比例追加投资,可以增加生产、提高产量的因素,也就是没有积累仍然可以扩大再生产的现实因素。这几个方面尽管是不完全的,但是,从这里我们已经可以看出,扩大再生产的门路很宽广。我们应该既通过增加积累来扩大再生产,也应该充分利用非积累的因素来扩大再生产。

(作者:洪远朋,原载《学术月刊》1980年7月)

三论积累不是扩大再生产的唯一源泉
——再与奚兆永同志商榷

关于积累不是扩大再生产唯一源泉的问题,我在《经济研究》1978年第2期《关于社会主义积累的几个问题》一文中初步进行了分析,后来奚兆永同志在《经济研究》1979年第9期上提出了异议,我在《学术月刊》1980年第7期作了答辩,最近又看到奚兆永同志在《群众论丛》1981年第2期有关文章,感到确有进一步讨论清楚的必要。

一、积累是扩大再生产的"唯一源泉"到底是不是马克思主义的再生产理论

我们与奚兆永同志的争论不在于积累是不是扩大再生产的源泉,我们不仅承认积累是扩大再生产的源泉,而且承认积累是扩大再生产的基础、是扩大再生产的主要源泉。但是,我们认为积累不是扩大再生产的"唯一源泉"。马克思在《资本论》中确有许多积累是扩大再生产的源泉的论述,但是,马克思从来没有讲过,更没有论证过积累是扩大再生产的"唯一源泉"。恰恰相反,马克思却有许多关于积累不是扩大再生产的唯一源泉、没有积累仍然可以扩大再生产的论述,既有明确提法,又有具体论证。然而,这一切奚兆永同志认为都是不存在的,或者是我们理解错了的。

众所周知,马克思关于没有积累仍然可以扩大再生产的论述,在《资本论》第1卷第24章第4节和第2卷第18章第2节,有非常明确和详尽的论述,这本来是不成问题的,但奚兆永同志在《经济研究》1979年第9期一文中认为这是令人费解的。就此我在《学术月刊》以及柯宗瑞同志在《江汉论坛》1980年第5期对奚文提出的异议,都作了比较详细的分析。虽然奚兆永同志在《群众论丛》中仍然持否定的态度,但是并没有提出新的实质性的问题。

鉴于奚兆永同志在《经济研究》那篇文章中,对马克思在《资本论》其他一些地

方也有没有积累仍然可以扩大再生产的论述,采取了否定的态度。所以,就这一方面再作点补充。马克思还说过:"我们在第一卷还讨论过,一定量的资本,没有积累,还是能够在一定界限之内扩大它的生产规模。"①"这种规模扩大的再生产,不是由积累——剩余价值转化为资本——引起的,而是由固定资本的本体分出来、以货币形式和它分离的价值再转化为追加的或效率更大的同一种固定资本而引起的。"②在生产资本循环中,即"p…p 中,p 能够用相同的,也许更小的价值来开始新的循环,但还是代表规模扩大的再生产"③,"由于资本抛弃它的商品形式和采取它的货币形式的速度不同,或者说,由于卖的速度不同,同一个资本价值就会以极不相同的程度作为产品形成要素和价值形成要素起作用,再生产的规模也会以极不相同的程度扩大或者缩小"。④ 可见,马克思关于积累不是扩大再生产的唯一源泉的论述是大量的、肯定的,应该是毫无疑问的。而奚兆永同志在《群众论丛》中引证的某些论述,作为积累是扩大再生产唯一源泉的根据,倒是值得商榷的。

关于"规模扩大的再生产(在这里,这种再生产只是指用较大的投资来进行的生产)与产品的绝对量无关"⑤。这里明明是说,只是就用较大投资来进行的扩大再生产而言,与产品的绝对量无关。从马克思的这句话不仅不能得出积累是扩大再生产的唯一源泉的结论,反而正好说明除了用投资来扩大再生产以外,还有别的途径来扩大再生产。

关于"C 单单是由于更有效地使用原有资本,还不是扩大再生产"。应该指出,这句话不仅不是马克思的,而且是对马克思原话的一种曲解。马克思的原话是"关于积累,关于收入转化为资本,关于扩大规模的再生产(就这种再生产的发生不单单是由于更有效地使用原有资本而言),情况就不同了"⑥。这句话的意思很清楚,既有积累引起的扩大再生产,也有更有效地使用原有资本引起的扩大再生产,怎么能作为积累是扩大再生产"唯一源泉"的根据呢?

关于"生产的扩大,要取决于剩余价值到追加资本的转化,也就是要取决于作为生产基础的资本的扩大"⑦。值得指出的是奚兆永同志把马克思这句话的前提:"这里要讲的是特定意义上的资本积累"⑧划去了,马克思的意思很清楚,特定意义上的资本积累的扩大再生产取决于资本的扩大,从一般意义上说,不能认为扩大再

---

① 《资本论》第 2 卷,人民出版社 1975 年版,第 565 页。
② 同上书,第 192 页。
③ 同上书,第 109 页。
④ 同上书,第 48 页。
⑤ 同上书,第 571 页。
⑥ 《马克思恩格斯全集》第 26 卷第 3 册,第 274 页。
⑦ 《资本论》第 2 卷,第 565 页。
⑧ 同上。

生产就是资本积累,也就是不能认为积累是扩大再生产的"唯一源泉"。

总之,积累不是扩大再生产的唯一源泉是马克思的再生产原理,而积累是扩大再生产的"唯一源泉"的提法,不是马克思的。

我们与奚兆永同志的分歧,说到底,是坚持马克思关于积累与扩大再生产辩证关系的论述,还是坚持斯大林关于"积累是扩大再生产的唯一源泉的原理"①的提法。我们认为斯大林的这个概括不完全符合马克思的原意,而且没有任何论证,实践也证明是站不住脚的。

在我国社会主义经济建设中,多年来往往只重视通过投资搞基本建设来扩大再生产,造成积累率过高,基本建设规模过大,使基本建设、当前生产和人民生活之间的比例关系失调,这当然有多方面的原因,但在理论上则是受斯大林"积累是扩大再生产的唯一源泉"的影响,一讲扩大再生产,首先想到的是增投资、增设备,而不注意发挥生产效率、提高经济效果。如果不在这个问题上正本清源,弄清马克思再生产理论,积累率偏高,基本建设规模过大的问题,就不能从根本上解决。

我国社会主义经济建设的历史还证明,并不是积累越多,生产规模越大。高积累,不一定带来高速度。例如,"一五"时期,积累并不很高,积累率为 24.2%,但生产发展速度很快,工业产值年平均增长 18%,农业产值年平均增长 4.5%。"二五"时期,积累率高达 30.8%,但生产发展速度很慢,工业产值年平均只增长 3.8%,农业产值年平均下降 4.3%。这是因为盲目追求高积累,致使基本建设战线过长,破坏了资金和物资的平衡,影响当前生产,影响人民生活,挫伤了群众的积极性,不仅不能扩大再生产,甚至使简单再生产也很难维持。

在当前我国国民经济调整时期,积累率下降,建设投资减少的情况下,我们不仅要维持简单再生产,而且要使再生产规模继续有所扩大,主要就是通过非积累的因素,充分发挥现有企业的潜力来扩大再生产,向挖潜、革新、改造要速度。我们这样做不仅是必要的,而且是完全符合马克思主义再生产原理的。这是因为积累不是扩大再生产的唯一源泉。如果按照积累是扩大再生产唯一源泉的观点,我们只能"束手无策",坐等减产。

所以,积累是不是扩大再生产的源泉,绝不是概念之争,而是有关社会主义经济建设和国民经济调整的一个重大原则问题。

二、什么是马克思所讲的扩大再生产的概念

要弄清楚积累是不是扩大再生产的唯一源泉,看来与理解什么是扩大再生产

---

① 斯大林:《苏联社会主义经济问题》,人民出版社 1952 年版,第 73 页。

有很大关系。奚兆永同志在《群众论丛》的那篇文章中,一再声称:"马克思所讲的扩大再生产是一个具有特定含义的科学概念,它和我们日常生活中所说的'增加产量''提高生产效率'等并不是一回事。""马克思所说的扩大再生产是具有特定含义的科学概念,指的是资本的规模扩大的再生产,与资本变化无关的生产数量的变化和扩大再生产并不是一回事","整个《资本论》也都是从资本扩大这个特定含义来使用扩大再生产这个概念的"。

事实并非这样。首先,我们知道,生产过程的不断更新,不断重复,就是再生产。再生产从规模上来说,又分为简单再生产和扩大再生产,生产在原来规模上重复就是简单再生产,生产在扩大的规模上进行,就是扩大再生产。但是,扩大再生产并不是资本主义特有的,而且整个《资本论》并不都是从资本扩大这个特定含义来使用扩大再生产这个概念的。马克思在《资本论》中曾明确指出:"在各种不同的社会经济形态中,不仅都有简单再生产,而且都有规模扩大的再生产,虽然程度不同。"①"在经济发展的一切阶段上都有一定的财富积累,也就是说,一部分采取扩大生产规模的形式,一部分采取货币贮藏之类的形式。"②而且,马克思对认为只有资本积累才有扩大再生产的人进行了批评,他说:"愚蠢的政治经济学家由此得出结论说:这种事情如果不在这种对抗的特殊形式上进行,就根本不可能进行。在他的脑子里,扩大规模的再生产是和这种再生产的资本主义形式——积累——分不开的。"③奚兆永同志认定:日常生活中所说的"提高生产效率",不是马克思所讲的扩大再生产。而马克思认为提高生产效率是扩大再生产的一种形式,他说:"如果生产场所扩大了,就是在外延上扩大;如果生产资料效率提高了,就是在内含上扩大。"④可见,奚兆永同志认为整个《资本论》都是从资本扩大这个特定含义来使用扩大再生产这个概念的说法,是没有根据的。

其次,即使是资本主义扩大再生产,也不是资本价值的扩大再生产,它也是物质资料的扩大再生产,还是资本主义生产关系的扩大再生产。马克思说过:"在追加资本的价值不变甚至降低的情况下,积累仍然可以加快。不仅再生产的规模在物质上扩大了,而且剩余价值的生产也比追加资本的价值增长得更快。"⑤还说过:"规模扩大的再生产或积累再生产出规模扩大的资本关系:一极是更多的或更大的资本家,另一极是更多的雇佣工人。"⑥这当然不是毫无联系的三个不同的扩大再生产,而是说扩大再生产可以从这三个方面反映出来;但是,它也不是完全一致的。

---

① 《资本论》第1卷,人民出版社1972年版,第656页。
② 《马克思恩格斯全集》第26卷第3册,第463页。
③ 同上书,第299页。
④ 《资本论》第2卷,第192页。
⑤ 《资本论》第1卷,第663页。
⑥ 同上书,第673页。

马克思说过:"提高了的生产率只能增加资本物质,而不增大资本价值;但以此它也就为价值增殖形成追加的材料。"①这就是说,有可能资本价值没有扩大再生产,而物质资料扩大了再生产。例如,不追加资本,或不按比例追加资本,通过加强对自然物质的利用,更有效地利用劳动资料,把自然力并入生产过程,劳动力在生产过程中的社会结合,劳动者熟练程度的积累,提高劳动生产率,物资的综合利用等等,都可以在一定界限之内从物质上扩大生产规模,所以,扩大再生产不只是资本价值的扩大再生产。

最后,再退一步,即使是资本价值的扩大再生产,也就是扩大再生产需要追加的资本价值,也不是全部来自剩余价值资本化的资本积累。除此而外,它还包括:(1)折旧基金。马克思说:"凡是使用许多不变资本,因而也使用许多固定资本的地方,补偿固定资本损耗的这部分产品价值就是积累基金,而且这部分积累根本不是从剩余价值中扣除的。"②(2)游离资本。马克思说:"由于生产要素,原料等等价格的下降,资本会游离出来。如果产业资本家不能直接扩大他的再生产过程,他的货币资本的一部分,就会作为过剩的货币资本从循环中排除出来,并转化为借贷货币资本。"③(3)资本集中。马克思说:"集中补充了积累的作用,使工业资本家能够扩大自己的经营范围。"④(4)消费基金。马克思说:"直接掠夺工人必要的消费基金对于剩余价值的形成,从而对于资本的积累基金的形成究竟起怎样的作用,已经由所谓家庭劳动(……)的例子说明了。"⑤

从以上《资本论》的许多引证中,我们可以看出,奚兆永同志所谓的,整个《资本论》都是从资本扩大这个特定含义来使用扩大再生产这个概念的说法,是没有根据的。而且,更重要的是,从马克思的这些论述中,我们可以得到许多关于社会主义扩大再生产的有益启示。

第一,按照马克思的再生产理论,资本主义生产是以扩大再生产为特征的,社会主义生产也是扩大再生产,决不能把扩大再生产仅仅理解为资本的扩大再生产。奚兆永同志认为,"坚持积累是扩大再生产的唯一源泉原理就能彻底揭露资本主义生产的剥削性质"。我们认为学习《资本论》注意领会马克思对资本主义剥削性质的揭露是很重要的,但是,认识资本主义剥削性质一定要承认积累是扩大再生产的唯一源泉,是令人费解的。不仅如此,我们现在学习《资本论》也不能仅仅局限在对资本主义剥削性质的认识上。在社会主义经济建设时期,我们学习《资本论》更

---

① 《资本论》第2卷第115页。
② 《马克思恩格斯全集》第26卷第2册,第548页。
③ 《资本论》第3卷,人民出版社1974年版,第573页。
④ 《资本论》第1卷,第688页。
⑤ 同上书,第661页。

应该着重掌握马克思揭示的人类社会经济运动的一般规律,特别是适用于社会主义经济运动的规律。学习《资本论》一定要为社会主义经济建设服务。

第二,社会主义扩大再生产,既是资金的扩大再生产,也是物质资料的扩大再生产,还是社会主义生产关系的扩大再生产,我们应该从多方面来扩大社会主义再生产。资金积累仍然是社会主义扩大生产的主要源泉。追加投资的扩大再生产,当然会引起物质资料的扩大再生产。但是,不能反过来说,物质资料的扩大再生产,就必然只是资金的扩大再生产,就一定要追加投资或按比例追加投资。由于社会主义生产的目的是满足人民日益增长的物质和文化需要,因此,在社会主义社会应该主要着眼于物质资料的扩大再生产。而物质资料扩大再生产的门路是很广的,除了积累的因素以外,还有许多非积累的因素。例如,通过调整经济结构、改革管理体制、加强企业管理、提高设备效率、提高产品质量、开展综合利用等等,都可以通过不花钱或少花钱的办法,达到物质资料的扩大再生产。

第三,即使是单就资金的扩大再生产而言,社会主义扩大再生产的资金来源也不只是积累。社会主义全部资金可以分为三个部分:补偿基金、消费基金和积累基金。补偿基金和消费基金按其本质来说,主要是用来维持简单再生产的。积累基金,主要是用来扩大再生产的。但是,补偿基金和消费基金中的一部分,如补偿基金中的固定资产折旧基金、流动资金的暂时闲置部分、消费基金中的储蓄部分,都可以在一定时期、一定界限之内用于扩大再生产。当然,运用这些基金是有界限的,需要认真研究、正确把握这个界限才能用于扩大再生产。但是,完全否定它是扩大再生产的一种补充来源,抱守所谓积累是扩大再生产的"唯一源泉"论,实际上是自己为自己阻塞扩大再生产的门路,对社会主义经济建设是不利的。

三、折旧基金不能用于扩大再生产吗

奚兆永同志在《经济研究》和《群众论丛》两篇文章中,都专门分析了折旧基金与扩大再生产的关系问题,在他看来,折旧基金是不能用于扩大再生产的。特别是后一篇文章他引证了马克思和恩格斯通信中对这个问题的探讨,从他的这些"引证"中,似乎马克思和恩格斯都是否定折旧基金可以用来扩大再生产的。但是,只要查对一下原文,就会发现奚兆永同志的"引证",不是把马克思和恩格斯讨论中的意见当作结论,就是没有把马克思和恩格斯的话引全,于是,就得出了与马克思和恩格斯原意相反的结论。

例如,马克思在与恩格斯通信讨论怎么运用折旧基金的过程中,是说过:"后来我发现,麦克库洛赫把这种折旧基金说成是积累基金。我确信麦克库洛赫决不会想出什么正确的东西来。所以就把这件事丢开了。"①这是马克思在探讨折旧基金过程中出现过的一种想法,而不是对这个问题下的结论。马克思在长期研究折旧基金后的结论是:"我认为,折旧基金,即补偿固定资本磨损的基金,同时也就是积累基金。"②"当机器的磨损只是在计算中而实际尚未发生作用的那段时间里,折旧基金本身也可以作积累之用。……麦克彼得(即麦克库洛赫——引者注)始终是一头蠢驴。这段话所以值得注意,只是因为这里说出了折旧基金本身就是积累基金这个思想。"③所以,很明显,马克思是同意和主张折旧基金是可以当作积累基金,用来扩大再生产的。

再如,奚兆永同志说:"恩格斯认为,用折旧基金购买新机器,'机器的总产值经过这一过程不可能增长'。"言下之意是恩格斯认为运用折旧基金不能扩大再生产。但是,只要一看全文,用不着作任何解释,就可以看出恩格斯也是认为运用折旧基金是可以扩大再生产的。原文是这样:"第二表假定,厂主每年把这些货币立即投资购买新机器。最后一行表明在十年的最后一天全都购置的机器的价值,从这里看出,厂主在这一天拥有的机器的价值没有超出一千英镑(而他也不可能拥有更多,因为本来他投入的价值正好等于损耗,因而机器的总价值经过这一过程不可能增长),然而他年复一年的扩大了自己的工厂,而且使用的机器设备十一年平均名义上值一千四百四十九英镑,也就是说,他所生产的和赚得的要大大超过最初的一千英镑。……他不从自己的利润中付出一文钱用于购置新机器,就能靠自己的旧机器,使自己的机器数量几乎增加百分之六十。"④

那么,在社会主义社会,折旧基金是不是可以用来扩大再生产呢?奚兆永同志在《经济研究》的那篇文章中,认为用折旧基金去扩大再生产不符合专款专用,"这种做法显然是不可取的,也是我们的财政制度所不允许的"。在《群众论丛》那篇文章中说法有点不同,但基本上是坚持原来的观点,我们认为奚兆永同志的这个观点才是不可取的。

折旧基金按照它本身的性质来说是属于补偿基金,是用来重新购置机器设备和厂房建筑物的。因此,折旧基金的运用首先应该用于固定资产的更新补偿,以保证简单再生产的顺利进行。但是,固定资产不到全部磨损和报废是不需要经常更新的。因此,暂时不用的固定资产折旧基金,可以通过购置新的生产资料,来扩大生产规模,也可以通过改建扩建原有企业或者进行革新改造来扩大生产规模。所以,折旧基金也是社会主义扩大再生产的资金来源之一,正确运用折旧基金可以达

---

① 《马克思恩格斯〈资本论〉书信集》,人民出版社1976年版,第226页。
② 《马克思恩格斯全集》第26卷第3册,第58—59页。
③ 同上书,第69页。
④ 《马克思恩格斯〈资本论〉书信集》,第228页。

到扩大再生产的效果。问题是过去我们没有认真研究折旧基金用于扩大再生产的界限,把折旧基金完全当作积累基金,全都由财政部门集中起来去搞基本建设,以至造成许多老企业的设备该更新的不能及时更新,该维修的不能维修,带病运转,影响了生产的效率,这确实是需要认真研究改进的。但是,也不能因噎废食,又来一个矫枉过正,把明明可以用来扩大再生产的资金来源闲置不用。

(作者:洪远朋,《经济研究丛刊〈社会主义再生产、所有制、商品价值问题〉》,经济研究编辑部编,山东人民出版社 1982 年 2 月版)

生产资料生产较快增长规律

这里所说的生产资料生产较快增长规律,就是过去人们通常所说的生产资料生产优先增长的规律,这是一个争议较多的问题,值得很好研究和思考。

一、应该为生产资料较快增长规律正名

关于"生产资料生产优先增长规律"的内容就是指生产资料生产的增长速度快一些,这一点长期以来理论界的争议不大,但是,这个规律的名字"优先增长"和实际内容"增长较快"是有矛盾的。这个形式和内容的不一致,大概是出自于斯大林的《苏联社会主义经济问题》,其中提到"关于在扩大再生产下生产资料生产的增长占优先地位的原理"[①],后来,苏联政治经济学教科书把它概括为"生产资料生产优先增长的规律"。我们认为这个长期流行的提法,理论上是没有根据的,实践上是有害的,要加以正名。

(一) 马克思和列宁的原意和提法都是生产资料生产增长较快,而不是优先增长

马克思在《资本论》中虽然没有明确提出生产资料生产增长较快的规律,但是已经有了这个思想。马克思曾经指出:"资本主义社会把它所支配的年劳动大部分用来生产生产资料。"(第 2 卷第 489 页)"为了从简单再生产过渡到扩大再生产,第Ⅰ部类的生产要能够少为第Ⅱ部类制造不变资本的要素,而相应地多为第Ⅰ部类制造不变资本的要素。"(第 2 卷第 560 页)"不变资本不断增加,从事不变资本再生产的总劳动的相对量也就不断增加。……必定表现为所使用的工人总数中相

---

① 斯大林:《苏联社会主义经济》,人民出版社 1961 年版,第 64 页。

对地有更大的部分从事生产资料的再生产。"(第 4 卷第 1 册,第 219—220 页)列宁发展了马克思的再生产理论,明确提出了生产资料生产增长较快的规律。他说:"即使没有马克思在《资本论》第二卷中所做的研究,根据不变资本有比可变资本增长得更快的趋势的规律也能得出上面的结论,因为所谓生产资料增长最快,不过是把这个规律运用于社会总生产时的另一种说法而已。"[1]"因此,制造生产资料的社会生产部类应该比制造消费品的部类增长得快些。"[2]"增长最快的是制造生产资料的生产资料生产,其次是制造消费资料的生产资料生产,最慢的是消费资料生产。"[3]

可见,生产资料生产优先增长规律的提法是不合马克思和列宁的再生产理论的。

(二)生产资料生产优先增长的提法不符合客观事物的本来面目,容易产生误解,对实践不利

经济规律应该是经济现象内在的、必然的趋势。人们对经济规律揭示和认识,并加以表述应力求符合客观事物的本来面目。从这个角度看,也是用"生产资料生产增长较快规律"为好。这是因为:

(1)"优先增长"带有人为作用的意思,是主观上的优先安排,而不是客观的趋势。而"增长较快"意味着是客观规律发展的趋势。

(2)"优先增长"体现不出社会生产两大部类之间相互制约,相互促进的辩证关系。似乎生产资料生产越快越好。而"增长较快"表明生产资料生产比消费资料生产发展要快些,但绝不是越快越好,而只是"较快",这比较符合客观实际。

(3)"优先增长"容易使人们理解为生产资料生产的发展好像可以脱离消费资料生产而孤立地发展生产资料。过去我们和其他一些国家两大部类比例失调,与"优先增长"这种片面的提法和认识不是没有关系的。

所以,我们认为首先要对这个规律加以正名,把"生产资料生产优先增长的规律"改为"生产资料生产增长较快的规律"。

二、生产资料生产增长较快是不是一个普遍规律

生产资料生产增长较快是不是一个普遍规律历来有争议,近年来国内讨论很热烈,大体上有四种意见:(1)生产资料生产增长较快是资本主义和社会主义都

---

[1] 《列宁全集》第 1 卷,第 71 页。
[2] 同上书,第 176 页。
[3] 同上书,第 71 页。

存在的再生产规律;(2)生产资料生产增长较快是资本主义的再生产规律,不是社会主义的再生产规律;(3)生产资料生产增长较快是社会主义的再生产规律,不是资本主义的再生产规律;(4)生产资料生产增长较快在资本主义社会和社会主义社会都不是客观规律。

我们认为,生产资料生产增长较快是资本主义和社会主义都存在的社会再生产规律。

生产资料增长较快是有条件的,这个条件就是技术进步、劳动生产率提高。只要技术进步、劳动生产率提高,生产资料生产增长就会较快。这是因为:

(1) 在技术进步、劳动生产率提高的条件下,生产中耗费的生产资料要比劳动生产率增长较快。马克思说:"只要生产资料的量比并入生产资料的劳动力相对增长,这就表示劳动生产率的增长。因而,劳动生产率的增长,表现为劳动的量比它所推动的生产资料的量相对减少。"(第1卷第683页)这就要求,生产资料生产比消费资料生产增长得较快一些。

(2) 在技术进步、劳动生产率提高条件下,不仅劳动力的技术装备程度要不断提高,劳动资料的生产要增长得快一些,而且原材料的消耗也要大量增加。因此,劳动对象的生产也要增长较快。马克思说:"从资本的总量来说,——在资本再生产时,——可变资本所占份额的减少,必定表现为所使用的工人总数中相对地有更大的部分从事生产资料的再生产,也就是说,从事机器设备(包括交通运输工具以及建筑物)、辅助材料(煤炭、煤气、机油、传动皮带等)和充当工业品原料的植物的再生产。"(第4卷(Ⅰ)第220页)

(3) 技术进步,劳动生产率提高是社会生产的普遍规律。恩格斯说:"劳动生产率的提高正是在于:活劳动的份额减少,过去劳动的份额增加,但结果是商品中包含的劳动总量减少;因而,所减少的活劳动要大于所增加的过去劳动。……加入商品的劳动总量的这种减少,好像是劳动生产力提高的主要标志,无论在什么社会条件下进行生产都一样。在生产者按照预定计划调节生产的社会中,甚至在简单的商品生产中,劳动生产率也无条件地要按照这个标准来衡量。"(第3卷第290—291页)所以,生产资料生产增长较快是普遍规律。

(4) 从大多数国家从长期趋势来看生产资料生产都比消费资料生产增长较快。英国从1700—1935年工业生产中,生产资料生产增长近1600倍,而消费资料生产增长不到650倍,是生产资料生产增长较快。美国在第二次世界大战结束初期,在工业中,生产资料生产占64.5%,消费资料占35.5%;到1967年,生产资料生产的比重上升为71.5%,而消费资料生产则下降到28.5%。苏联以1978年和1928年相比,生产资料生产增长了270倍,消费资料生产只增长了41倍。我国1978年与1949年相比,重工业增长了90多倍,而轻工业增长了约20倍。所以,客观事实也证明了生产资料生产增长较快是普遍的客观规律。

但是,对生产资料生产增长较快规律要有一个全面的辩证的理解,不能绝对化、片面化、孤立化。

第一,任何客观规律都是一种平均趋势的规律。马克思说过:"总的说来,在整个资本主义生产中,一般规律作为一种占统治地位的趋势,始终只是以一种极其错综复杂和近似的方式,作为从不断波动中得出的、但永远不能确定的平均情况来发生作用。"(第3卷第181页)生产资料生产增长较快规律,也是一种客观长期的趋势,不能绝对化地认为每年、每月生产资料生产都要比消费资料生产增长得快。某些年份,甚至某段时间消费资料生产可以快于生产资料生产的增长,这不是对生产资料生产增长较快规律的否定。

第二,生产资料生产增长较快,既包括劳动资料增长较快,又包括劳动对象增长较快,不能片面地以生产资料生产的一个部门,甚至一个品种的增长较快代替整个生产资料生产增长较快。长期以来,我们以"以钢为纲"代替生产资料增长较快是有很大片面性的。

第三,生产资料生产增长较快,不能脱离消费资料生产的增长而孤立地进行。生产资料生产的增长最终还要依赖消费品生产的增长,决不能孤立地发展生产资料生产。

(作者:洪远朋,《〈资本论〉难题探索》,山东人民出版社1985年版)

生产资料生产的增长最终必须依赖于消费资料生产的增长

长期以来,人们认为扩大再生产只有一个规律,即生产资料较快增长的规律。实际上扩大再生产还有第二个规律,即生产资料生产的增长最终必须依赖于消费资料生产的增长。马克思在《资本论》第二卷第二十一章指出:"就象第Ⅰ部类必须用它的剩余产品为第Ⅱ部类提供追加的不变资本一样,第Ⅱ部类也要在这个意义上为第Ⅰ部类提供追加的可变资本。就可变资本来说,当第Ⅱ部类以必要消费资料的形式再生产它的总产品的大部分,特别是它的剩余产品的大部分时,它就既为第Ⅰ部类又为它自己进行积累了。"(第2卷第584页)马克思在《资本论》第三卷第十八章更明确讲过:"不变资本和不变资本之间会发生不断的流通(甚至把加速的积累撇开不说也是这样)。这种流通就它从来不会加入个人的消费来说,首先不以个人消费为转移,但是它最终要受个人消费的限制,因为不变资本的生产,从来不是为了不变资本本身而进行的,而只是因为那些生产个人消费品的生产部门需要更多的不变资本。"(第3卷第341页)列宁在《市场理论问题述评》一文中也指出:"社会产品的第一部类(生产资料的制造)能够而且应当比第二部类(消费品的制造)发展得快。但是决不能由此得出结论说,生产资料的生产可以完全不依赖消费品的生产而发展,也不能说二者毫无联系。"①

生产资料生产的增长最终要依赖消费品生产的增长,这就是说,生产资料生产的较快增长不能离开消费品生产的增长而孤立地进行。生产资料生产的增长必须受消费品生产增长的制约;同时,消费品生产不只是消极地被动地适应生产资料生产的增长而增长,而且消费品生产的增长又能够积极地主动地促进和推动生产资料生产的增长。这是马克思分析了资本主义再生产过程而得出的关于社会再生产的科学结论。在各个不同的社会形态中,尽管社会生产有着不同的目的,例如资本

---

① 《列宁全集》第4卷,人民出版社1958年版,第44页。

主义的生产的目的是追逐剩余价值,社会主义的生产是为了不断满足人们日益增长的物质文化生活上的需要,但是,任何社会生产归根结底都是同消费联系着的。人们进行生产资料的生产,是为了适合于消费品生产的需要。社会生产发展的历史进程完全可以说明这个问题。

在原始公社,人们从事弓箭、石锤、斧头等等生产工具的制造,是直接为了满足农业、狩猎、畜牧和建造房屋等等的需要,这是非常清楚的。

在奴隶社会,奴隶主之所以要强迫一部分奴隶从事开发矿藏,进行金属工具制造等等生产资料的生产,也是为了直接满足奴隶主寄生性消费需要的消费品生产而进行的。

在封建社会,生产力比奴隶制时代有了较大的提高,生产技术也得到了改进,铁犁及其他铁制农具开始被广泛应用,生产生产资料的部门有了显著的增加。但是仍然可以看出,这时生产资料生产的发展,主要还是为生产消费品提供生产资料。

在资本主义社会,生产力比过去又有了巨大的发展,商品生产达到最高阶段。社会分工日趋复杂,工业部门日益繁多,特别是生产生产资料的部门的迅速扩大和发展,不仅有了生产消费品的生产资料部门,而且扩大了和发展了生产生产资料的生产资料部门。这就使生产资料生产的增长,在某种程度上和一定范围内可以依赖生产生产资料的部门本身扩大的需要,而不一定完全依赖于消费品生产部门需要的扩大。因此,在资本主义社会生产资料生产的增长最终要依赖消费品生产的增长就不是那么"显而易见"了。但是,归根到底,生产资料生产的增长总是以消费品生产的增长为转移的。

首先,我们知道,资本主义国家的工业化都是从轻工业开始的,只是由于轻工业的发展,产生了对新的生产设备、机器、工具等等的需要,才促进了生产消费品的生产资料部门如纺织机器业等的发展,等到生产消费品的生产资料部门的对煤、铁、工作母机等等又提出了新的更大要求时,生产生产资料的生产资料部门如采掘工业、冶金工业等部门才逐步建立和发展起来,从而完成了资本主义的工业化。所以,从资本主义工业化的发展过程可以看出,没有消费品的增长,生产资料生产的增长是不可能的。

其次,我们知道,资本主义生产的目的是为了追逐利润,资本主义生产方式的基本矛盾,必然会产生生产无限扩大的趋势和人民群众的消费水平日益缩小的对抗性矛盾,造成生产资料生产和消费品生产的严重脱节,造成生产过剩的经济危机。危机时期的生产过剩,是消费品和生产资料的全面过剩,但它首先是由群众购买力的相对萎缩所造成的消费品部门的生产过剩所引起的,生产资料部门的生产过剩,则是消费品部门的生产过剩的必然结果。同时,我们看到,在危机时期,受打击最严重的也是生产生产资料的部门。以1929—1933年的资本主义经济大危机为例,美国在这一期间(以1932年与1929年比较),整个工业生产下降了46.2%,其中,生产资料生产就下降了72.4%,而消费品生产只下降了24.1%。所以,我们从经济危机的产生以及危机期间生产资料部门受打击最严重这种状况来考察,也可以看出,在资本主义社会里,生产资料生产的增长最终也是要依赖消费品生产的增长的。

在社会主义社会,由于生产资料公有制的建立,社会生产的目的,是为了满足社会全体成员日益增长的物质文化生活上的需要,而达到这一目的的手段是不断扩大生产。因此,在社会主义社会,一方面生产资料生产的增长,其目的都是为了直接或者间接的生产日益增多的生产资料来装备消费品生产的部门,从而使消费品的生产能够不断增加;另一方面,人民需要的增长,消费品生产的扩大,同时又进一步要求和促进生产资料生产的不断增长。在社会主义社会里,生产资料生产的增长,在某种程度上和一定范围内,也可以由于本身扩大的需要而产生,而可以不完全依赖于消费品生产增长的需要。例如,重工业为本身提供各种设备、原料材料等,这些产品是间接地为消费品生产的需要服务的。这种情况就使生产资料生产的增长要依赖消费品生产的增长也不是那么"一目了然"。所以,这也就要求人们根据社会主义基本经济规律和国民经济有计划、按比例发展规律的要求,充分地认识并正确地运用这一原理。合理地安排两大部类之间的比例关系,使生产生产资料的部门和生产消费品的部门相互适应、相互配合,以促进整个国民经济的高速度发展。

生产资料生产的增长为什么最终必须依赖消费品生产的增长呢?有四个原因。

首先,生产资料生产最终是为消费资料生产服务的。生产生产资料的第Ⅰ部类生产的某些产品,可以不直接加入个人消费,而在第Ⅰ部类内部进行交换。例如,煤矿生产的煤炭可以与机器厂生产的机器相互进行交换。所以,生产生产资料的某些部门,在一定程度上可以直接依赖第Ⅰ部类生产的扩大为自己的产品找到出路,使生产得到发展。但是,绝不能由此得出结论说,生产资料的生产可以完全不依赖消费资料的生产而发展,也不能说二者毫无联系。生产资料的生产必须较快增长,但是生产资料生产的增长最终必须依赖消费资料生产和个人消费的增长。

其次,生产资料的生产归根到底不是为了满足本身发展的需要,而是为消费资料生产的发展提供必要的生产资料。例如,用钢铁可以直接制造纺织机械,但生产出来的纺织机械是用来生产消费资料棉纱棉布的。在扩大再生产的条件下,生产资料的生产必须较快增长。但是,如果生产资料的生产发展过快,超过了消费资料生产的需要,那么就会有部分生产资料卖不出去,这样生产资料的生产也就不能继续进行扩大再生产。列宁说："……归根到底生产资料的制造必然是和消费品的制造联系着的,因为生产资料的制造不是为了生产资料本身,而是由于制造消费品的工业部门对生产资料的需要日益增加。"①

再次,生产资料生产的扩大,除了必须有追加的生产资料以外,还必须有追加的消费品和劳动力。追加的生产资料可以由生产生产资料的部门本身来提供。但是,追加的消费品和劳动力,则主要是由农业和轻工业即消费资料生产的部门来提供的。如果没有消费资料生产的增长,没有消费资料生产部门为生产生产资料的部门提供日益增多的粮食、原料、劳动力等等,生产资料生产的增长也是不可能的。列宁在批判认为第一部类的扩大再生产可以不依赖消费资料生产时指出:"当然,说积累'不依赖'消费品的生产是不行的,因为要扩大生产就需要新的可变资本,因而也就需要消费品。"②

最后,在扩大再生产条件下,生产资料生产必须较快增长和生产资料生产的增长最终要依赖消费品生产的增长,实质上这是生产和消费(包括生产消费和生活消费)的关系问题。正如马克思所指出的:"没有生产,就没有消费,但是,没有消费,也就没有生产,因为如果没有消费,生产就没有目的。"③这在一切社会都是这样,不过不同社会有其不同的表现而已。在一切以生产资料私有制为基础的社会里,再生产规律都是自发地发生作用的。在社会主义社会,由于生产资料公有制的建立,人们可以充分发挥社会主义制度的优越性,自觉地有计划地运用它们来为社会主义建设事业服务。

(作者:洪远朋,《〈资本论〉难题探索》,山东人民出版社1985年版)

---

① 《列宁全集》第4卷,第143页。
② 《列宁全集》第1卷,人民出版社1955年版,第68页。
③ 《马克思恩格斯全集》第46卷上册,人民出版社1979年版,第28页。

关于社会利益问题的文献综述[*]

内容摘要：中国在改革开放之后，市场化改革和对外开放格局已显著改变了社会利益格局，中央提出的构建和谐社会战略正是对这种转变的一个积极回应。基于此，本文从构建和谐社会的角度对社会利益问题的相关文献进行了综述，基本内容包括利益概念的界定、社会利益及其内涵、社会利益的量化问题、对根本利益问题的认识、新时期基本利益关系的理解、社会利益关系发展的基本规律、社会利益和构建和谐社会的关系、社会利益问题与社会科学的关系八个方面，最后是概括性的总结。显然，现有文献的讨论，对于人们在理论把握的基础上深入认识中国社会利益问题都是大有裨益的。从本质上说，中国和谐社会的构建必须放置在科学、有效、适时进行社会利益关系协调的基础上才更有可能，而这必然要求社会科学领域将利益问题作为一个研究重点，并努力在学科交叉的前提下形成更有说服力的研究结论，基于这些结论所给出的政策含义无疑会显著促进和谐社会目标的实现。

当前中国经济正处于工业化和城市化加速推进的阶段，国际经验显示，这个阶段不仅是结构变化最为突出的时期，而且也是利益关系快速演变、社会矛盾最为尖锐、发展成本急剧上升的时期（刘伟，2006）。作为对这种背景的一个积极回应，中央政府提出贯彻科学发展观和构建社会主义和谐社会。理论上说，一切社会活动的中心是利益，一切社会关系的核心是利益关系（洪远朋、卢志强、陈波，2006），因此，构建和谐社会的要害是深入认识社会利益的演变轨迹和内在动因，并据此形成科学有效的利益表达机制和协调机制。事实上，近来从利益关系角度讨论构建和谐社会问题正逐渐成为学术研究的一个重要思路，并形成了一些有代表性和影响

---

[*] 本文是2005年度国家社会科学基金重大项目《新时期我国社会利益关系的发展变化研究》（项目批准号：05&ZD028，课题组首席专家：洪远朋教授）的一个阶段性成果。

力的学术成果。本文试图对这些成果作出尽可能系统的梳理,借以深化对和谐社会构建和利益关系演变等问题的研究和认识。

一、利益概念的界定

对利益的界定是分析利益问题的一个逻辑起点,尽管人们的行为均与利益紧密相关,但要给出一个准确、具有普遍意义的利益定义却是困难的,这源于人们对利益主体、客体及其相互关系的不同理解。概括起来,关于利益概念有六种代表性解释。

(1) 利益好处说,认为利益就是好处。《辞海》指出:利益就是"好处"。从词源学角度讲,"利"表示使用农具从事农业生产以及采集自然界果实或收割成熟庄稼,引申为对人有用处的行为和事物,它的含义在"好处",与"害处"相对,构成"利害"。"益"同"溢",指水漫出容器之外,引申为增加,增殖,它与"损"结合,构成"损益"。可见,"利"表达质的关系,表示对人有好处的物,而"益"表达量的概念,表示好处有所增加。这种理解能够得到其他文献的支持:霍尔巴赫(1964)认为"不论在任何时候和任何地方,都只是我们的好处、我们的利益驱使我们去爱或去恨某些东西";李上迪(2007)更是明确指出"利益其实就是好处,利益观就是一个人对好处所持的看法和态度"。

(2) 利益需要说,认为利益是人们的需要,利益实现是人们某种需要的满足。霍布斯(1964)从人的私利或个人需要的满足来解释利益,并将利益冲突视为历史动荡的根源。马克思主义利益理论也认为:任何一个社会首先必须满足人们的物质生活需要,即满足人们的物质利益要求,利益是社会发展的基础、前提和动力因素(王伟光,2001)。奥塔·锡克(1984)指出"利益是人们满足一定的客观产生的需要的几种的持续较长的目的;或者这种满足是不充分的,以至对其满足的要求不断使人谋虑;或这种满足(由于所引起的情绪和感情)引起人的特别注意和不断重复的,有时是更加强烈的要求"。庞德(1984)则强调利益"是人类个别的或在集团社会中谋求得到满足的一种欲望或要求"。N.T.弗罗洛夫(1989)指出利益是"表示客观上有意义的,为个人、家庭、集体、阶级、民族及整个社会所需要的东西的一个概念"。

(3) 利益价值说,认为利益是价值的实现或肯定。利益与需要满足有关,因此它自身便包含着价值评判的内容,可以作为一个表达人们在生活中产生的各种欲求满足程度的术语。因此,"利益本质上是一个主体对一个客体的享有,或主体对客体之间存在'某种关系'的一种价值形成,换言之,是被主体所获得或肯定的积极的价值。如此,利益和价值(感觉)产生密切的关联"(陈新民,2001)。利益和价值关联,而价值具有主观性并涉及个人的判断,这里"判断"是"一种利益的计算,一种价值的平衡,一种诉诸社团、群体与行业的经验、观点、道德和经济判断的呼求"(卡多佐,2002)。从法理学角度讲,在出现利益冲突时,"判断"主体是外力介入的干预者,包括了立法层面所谓利益评价取向及执法层面的个案平衡;"判断"客体是彼此冲突而又无法经由主体自发调节的利益取向;"判断"过程是将主体的自我感觉客观化的一个过程。

(4) 利益权利说,认为利益表达的是权利主体与满足其需要的客体之间的关系,利益实现与人们之间的权利安排有关,利益是权利形成和安排的本质属性。征汉年(2006)指出利益是权利的灵魂,也是解开权利之谜的"钥匙",权利的直接本质是利益,权利的本质形式是利益属性。对于主体的权利要求来说,利益是第一性的,主体的自由意志选择行为由利益决定,利益是主体自由活动的内在动力。原因是"权利是利益的抽象化和法律化的表达形式,通过利益范畴我们可以看到权利范畴的社会生活和人性底蕴"(沈促衡,2003),这是基于"追求利益是人类最一般、最基础的心理特征和行为规律,是一切创造性活动的源泉和动力"(张文显,2001)。

(5) 利益能力说,认为利益实现依赖于人的能力,人的能力使利益形成和实现更有可能。"权力最基本的定义是人类对物和对人的支配力。利益进一步的定义还应该有权力的内涵。于是利益应进一步定义为人类在拥有一定的对物和对人的支配权的基础上对自然和社会依赖关系的实现。"(余政,1999)这里权力指人们对物和对人的支配力,这是能力的一种主要形式。在市场经济背景下,对个人而言,这种能力与其财富创造能力有关,对社会而言,这种能力与生产力发展的水平有关。在特定时期,个人和社会利益的实现程度除取决于利益客体规模之外,更取决于利益主体对利益客体的支配能力。个人和社会的能力将直接决定着它可能实现的利益大小(朱鸣雄,2006)。

(6) 利益关系说,认为利益是一种社会关系、经济关系的体现。《中国大百科全书·哲学卷》认为利益是"人们通过社会关系所表现出来的不同需要",《马克思主义哲学全书》也认为利益是"社会化的需要,是人们通过一定的社会关系表现出来的需要,利益在本质上属于社会关系范畴"。基于此,王伟光(2001)强调"利益是需要主体以一定的社会关系为中介,以社会实践为手段,以社会实践成果为基本内容,以主观欲求为形式,以自然生理需要为前提,是需要主体与需要客体之间的矛盾得到克服,是需要主体之间对需要客体获得某种程度的分配,从而使需要主体得到满意。换言之,利益是对客观需求对象的更高理性上的意向、追求和认识,是需要在经济关系上的体现,它反映了人与人之间对需求对象的一种经济分配关系"。张晓明(2002)则强调"如果说,占有一定的有用物品以适应需要是人的利益的自然的质的规定性的话,那么,由于这种利益的实现必须借助一定的社会交换活动,占有这种社会联系就成为利益的确定不移的属性。利益在社会属性上是人与人的关系,是占有这种关系的需要"。

上述定义从不同方面阐述了利益概念,因此均具有特定角度的的真理性。将利益界定为对人们带来的好处、或者是满足人们的某种需要、或者是给人们的价值实现等,是从人们精神或物质需要的角度出发,强调利益客体对利益主体的意义,因此强调了利益的"自然属性",把握了利益形成中"人"与"物"的关系。将利益界定为权利形成的核心、或者是人们能力高低的测度基准、或者是人们某些社会关系的展示,则将人们需要的满足看成既定状态,着重说明不同主体在利益实现时的相互关系,因此强调了利益的"社会属性",突出了利益形成中"人"和"人"的关系。事实上,完整的利益概念应是上述两个层面的综合,需要对象是利益形成的存在前提和自然基础,而社会关系则是利益形成的展开方式和社会基础。就前者而言,"利益是社会主体的需要在一定条件下的具体转化形式,它表现了社会主体对客体的一种主动关系"(张文显,2002),于是,"利益是人们能满足自身需要的物质财富和精神财富之和,以及其他需要的满足"(洪远朋,1999)。就后者而言,利益的创造、交换、分享和实现俱取决于人们之间的相互关系,例如,经济利益是整个利益中最有代表性的部分,而"经济利益是人们在生产、流通、分配、消费过程中的利益。生产过程创造利益,流通过程交换利益,分配过程分享利益,消费过程实现利益"(洪远朋,1999)。

二、社会利益及其内涵

由于利益是人们需要的满足及其在此基础上形成的社会关系,因此利益问题往往会演化为社会利益问题,所谓社会利益即是从社会角度出发与人类活动有关的利益。在人类经济社会发展过程中,社会利益及其实现始终具有基础性的地位,这主要源于两个方面。一方面,人类的全部社会活动莫不与利益和人对利益的追求相关,人们之间的一切社会关系无不是建立在利益关系基础之上。利益问题是涉及人、群体存在和发展的根本性问题。人们在追求利益时会不可避免地存在着冲突,利益关系总是表现为矛盾与统一、冲突与协调的状态,而社会利益冲突的协调是推动经济社会持续发展的前置条件。另一方面,个人利益可能会与共同利益或公共利益出现不一致,而公共利益往往会在整合意义上影响经济社会的发展,"正是由于私人利益和公共利益之间这种矛盾,公共利益才以国家的姿态而采取一种和实际利益脱离的独立形式,也就是说采取一种虚幻的共同体的形式"(马克思,1984)。在这个意义上,"公共利益是人类社会形成的基础,国家、法律等政治设施都是基于人们的利益产生的,并且随着这种利益的变化而发生相应的变化"(爱尔修斯,1963)。显然,无论是从利益冲突化解还是从公共利益形成的角度讲,社会利益均有相对于原初意义上利益概念的重要性,从社会利益角度出发讨论利益问题也更有现实意义。

社会利益是从社会角度与人类活动有关的利益,而人类社会活动的复杂性意味着社会利益的分类可以采用多个基准。首先,从横向的角度看,根据利益层次的高低,特别是按照马斯洛需求层次理论,可以将利益分为政治利益、精神利益和物质利益。物质利益是最基本的利益,精神利益是较高层次的利益,政治利益是高层次的利益。人们只有满足了低一层次的利益,才可能持续不断地追求高一层次的利益(李长健,2005)。同时,人的生存和发展不能脱离自然环境,人类赖以生存和发展的自然条件就构成了与人类生活相关的自然环境,在工业化和城市化加速推进的背景下,人口、资源和环境之间的紧张关系日益凸现,此时,就要平衡协调人与人、人与群体、人与社会乃至人与自然之间所体现出来的利益关系(李仲生,2006)。由此可见,社会利益是一个系统性的概念,对这个系统概念的一般解释是:它包括经济、政治、文化利益,"在这种社会利益关系体系中,首要的、核心的就是经济利益关系;政治利益关系的稳定及均衡,是我们国家保障政治稳定的基础;文化利益是一个具有丰富内涵的概念,它是人们对于文化需求、文化生活条件、文化劳动权益的概括反映"(洪远朋、卢志强、陈波,2006)。

其次,从纵向的角度,社会利益体系可以分为宏观利益、中观利益和微观利益。例如,庞德把利益分为个人利益、公共利益与社会利益(庞德,1984),个人利益"直接涉及个人生活的要求或希望,并被断定为是这种生活的权利";公共利益"涉及一个政治上有组织的社会的生活的要求或需要或希望,并断定为是这一组织的权利";社会利益"即以文明社会中社会生活的名义提出的使每个人的自由都能获得保障的主张或要求"。随着市民社会与政治国家的相互渗透,社会利益可以说是个人利益与公共利益整合出来的一种特殊而又独立的利益。这里,个人利益作为私人利益可以视为一种微观的利益,公共利益作为国家利益可以视为一种宏观的利益,那么社会利益其实是一种中观的利益(董保华,2003)。其中,中观利益可表述为"以中观范畴的部门、行业、地方、阶层、阶级、民族作为经济主体为研究对象,是这些利益在生产、流通、分配、消费活动中获得能满足自身需要的物质财富和精神财富之和,以及其他需要的满足"(管跃庆,2006)。沿着这个思路,有学者将宏观利益、中观利益和微观利益推演为整体利益、局部利益和个体利益,或者国家利益、集体利益和个人利益(张玉堂,2001;朱鸣雄,2006),并指出个体利益中的个体主体对象主要是指个人,局部利益中的局部主体对象则主要是指集体或地方,而整体利益中的整体主体对象主要是指特定国家或地区。其中,整体利益或国家利益主要由安全利益、经济利益、政治利益和文化利益等构成,尤其是国家经济利益,表现为一个国家经济的发展、科技的进步、人民生活水平的提高以及社会繁荣等方面,它是基本的、最普遍的利益。进一步的,还可以从整体利益和集体利益的区分中,引申出区域意义上的中央利益和地方利益的对立与融合(管跃庆,2006)。

考虑到社会利益的层次性,尤其是将社会利益看成是共同利益和公共利益的代名词,那么需要解答的一个问题是:社会利益与个体利益之间是什么关系。根据李昌麒、李治(2005)的概括,存在这样四种观点:其一,社会利益与个体利益自然通约的观点,即认为社会利益可完全经由个体自主追求自身利益而自然达致。这一观点的典型代表是亚当·斯密的"看不见的手"的自由放任理论。其二,不承认社会利益的观点,即认为社会利益只会被干预者当作实现其个别特殊利益的"敲门砖"。这一观点的典型代表是哈耶克的自生自发的秩序理论。其三,个体利益之总和构成社会利益的观点,即认为社会所具有的利益不能独立于或对抗于个人的利益,社会利益意味着"组成社会的各个成员的利益之总和"(边沁,2000)。其四,社会的、共同的利益优于个体的、自我的利益,即认为在个人与社会关系之中,首要的是"强调道德共同体的价值高于道德个体的价值,并强调社会、历史、整体和关系等非个人性因素在人类道德生活中的基础性和必然性意义"(哈耶克,2003)。事实上:社会利益也是个人利益,但不能完全经由个人利益的自主实现而当然获致,社会利益并非个体利益之简单汇总,相对于个体利益亦并非处于绝对优位,社会利益与个体利益并非居于利益天平的两端,也不是模糊地交织而难以辨识,社会利益与个体利益间不能一劳永逸地划定绝对性的疆界。社会利益乃经由不确定多数之个体利益的协调与平衡而落实于具体、现实的利益(李昌麒、李治,2005)。

三、社会利益的量化问题

社会利益涉及社会层面上人们的需要满足及其形成的社会关系,考虑到利益主体的多元化、利益客体的多样化以及价值评价的差异性,因此,要精确计量社会利益往往是困难的,这是现有针对社会利益的研究侧重于定性分析的基本原因。我们认为,对利益问题进行数量分析是很有必要的,只有将定性分析和定量分析相结合才能揭示利益演变的基本规律,同时对利益的量化研究也有助于人们理解实践中的利益冲突和补偿机制。尽管量化利益在技术层面是困难的,但这不能否定探索的积极意义。对于利益的量化问题有三种基本观点:一是认为完全无法量化,因为利益主体和利益客体之间的对应关系在数量上无法把握;二是认为部分可以量化,经济利益可以量化,而政治利益和文化利益不能量化;三是认为完全可以量化,无论是经济利益、政治利益还是文化利益均可以从数量关系中把握其基本趋势和内在特征。显然,第一种观点将利益的定性和定量问题完全割裂,否定人们从数量或比较角度进行利益分析的可能性,这显然是不恰当的,它无法解释现实中人们为何会围绕利益多少而进行竞争或形成冲突。第二种观点对利益种类作了区分,并认为只有经济利益可以进行数量描述,这是符合直觉的,但它同样无法解释人们或者国家在政治和文化领域的利益比较这种现象。第三种观点认为三种利益均可量化,但没有说明量化利益的基本准则或方法,因此是不深入的。我们认为,社会利益在某种意义上是可以通过绝对数或相对数、直接指标或间接指标来测度的,对此可以从以下五个方面理解。

(1) 量化主体明确化。量化利益时首先要明确所讨论的利益主体,这是因为不同个人、群体和国家之间的利益往往一致性,它们之间的博弈经常不具有相互合作、共同获益的"合作博弈"性质,而是具有相互争夺、此多彼少的"零和博弈"性质,即使是合作博弈,不同利益主体也会存在支付成本和获利程度上的差异。因此,正如史蒂文斯(1999)所指出的,对不同的主体而言,各种选择结果既可以被看作收益,也可以被看作损失。同时,利益与自身需要的满足程度有关,而这种满足很大程度上是在跟周围人们比较的基础上形成的。这样,在量化社会利益时,首先要确定主体是谁,这包括两个含义:一是利益主体是个人、集体还是国家;二是利益主体是处于何种时代和什么地域,这两个方面共同对利益主体的指向性作了界定。

(2) 量化准则多元化。由于利益和与特定主体的需要满足程度有关,这种需要满足在很大程度上体现为价值实现和判断,而价值判断可以基于效率,可以基于公平,可以基于道德、伦理,也可以基于一种占据主导地位的社会正义感,还可以基于人类对环境生态良好的诉求。其中,效率和公平是价值准则的两大主要内容。因此,量化利益的准则具有多元化特征,量化利益也不可避免地需要解决量化准则的问题。就两个基本准则而言,以效率为导向的价值准则意味着将价值判断置于收益-成本的分析框架,比较某项决策的所得(收益)和损失(成本),且以货币进行评价,并在此后对其加以调整(史蒂文斯,1999),这是经济学家用以判断政府决策效用的主要标准。而以公平为导向的价值基准具有多维内涵,"它所指的对象可以是政治参与的权利、收入分配的制度,也可以是不得势的群体的社会地位和法律地位"(博登海默,1999)。

(3) 量化方法差异化。既然利益的实质是人们的需要满足程度,因此利益实现可以参考效用概念进行定量分析。由于效用可以从基数和序数两个角度理解,因此对利益的量化也可以区分为两种方法:基数测度法和序数测度法。基数测度法主要指对于经济利益,可以采用货币这种通约工具相对精确地展示人们利益的实现、冲突和补偿程度,例如谢虹(2003)试图从博弈论角度讨论保险企业和消费者的利益实现问题,孙立平(2006)也利用基尼系数等工具理解中国城乡利益关系演变。序数测度法主要是针对政治利益、文化利益和经济利益中某些不能精确计算的部分,采用排序方式把握社会利益的博弈和冲突。就各种利益主张而言,可以能对价值的位阶或利益的轻重作基本排序,问题是如何确定据以判断"序列"及"层次"的标准(李昌麒、李治,2005)。可以以利益之质与量作为标准,最优先次序的价值,必须是量最广且质最高的。所谓量最广是指受益人的数量最多,尽可能地使最大多数人能均沾福利;所谓质最高是以对受益人生活需要的强度而定,凡是对满足受益人生活愈需要的,与生活需要紧密性愈强的利益。

(4)量化指标体系化:对于利益主体而言,其利益实现具有系统化特征,这是由利益的内涵所规定的,因此,利益的测度指标也自然具有也应是体系化的,它不是一个单一指标、单一维度的概念,而是多个指标经过加权或平均处理后的综合结果。例如,就国家利益而言,它首先包括经济利益一级子系统、政治利益一级子系统和文化利益一级子系统;在经济利益一级子系统中,又可区分为总量经济二级子系统、居民生活二级子系统、增长持续二级子系统、科学技术二级子系统、资源环境二级子系统等;在总量经济二级子系统中,又可包括 GDP 指标、外贸进出口额指标、外资净流入指标、外汇储备指标等。对于其他利益,例如某地区的经济利益而言,也必须从多个角度、多个指标的角度去分析和测度。显然,只有从系统化的角度设计指标,才可能获得对利益问题的相对确切的认识,而指标体系化不是一些指标的简单堆积和随意组合,而是根据某些原则建立起来并能综合反映特定利益实现程度的指标集合。

(5)量化结果科学化:利益量化涉及利益主体和客体之间的某种"映射"关系,这种映射关系的复杂性特征要求指标选取具有系统性特征。然而,系统化仅是利益量化的前提条件,系统化的指标只有经过严格的"组织"才可能转变为科学的量化结果。从技术层面讲,利益测度指标的体系化必然要求四个原则:第一,完备性,即指标体系应反映和体现特定主体利益的内涵,从科学角度去系统而准确地理解社会利益的实质,由此选取的指标应尽量完备,它们作为一个整体应能基本反映利益的主要方面或特征;第二,有机性,即首先对特定利益主体的利益进行系统分析和辨识,而指标所要判断或度量的正是利益主体的主要方面或特征,指标体系通过其"总体"效应来刻画总体利益实现状况,这种总体效应是在理解不同因素相互关系的基础上经过加权或平均化处理的结果;第三,可得性,即指标数据在现有统计资料或调研范围内是可以获取的,不能设计或选择理论上完美、但实践中资料不可得的指标;第四,可比性,即测度指标、方法和数据在不同利益主体之间是可以通用的,由此可以通过一致化计算比较在不同主体的利益实现状况。

四、对根本利益问题的认识

从利益主体、利益客体及其相互关系的复杂性可以推断,社会利益是一个系统性概念。现实中利益资源是有限的,在一定历史阶段社会所能产生的利益产品是有限的,与社会群体对利益要求总是存在差距,同时,人们获取利益的能力有差别,这样就会形成利益差别、利益冲突和利益关系。客观分析中国社会利益关系的基本特点,据此把握利益系统中的根本利益和基本利益,是协调社会利益关系和实现和谐社会的前提条件。

从根本利益的角度讲,尽管中国社会各个阶层各群体有不同的利益需求,且对各种利益需求的紧迫程度和组合方式有着很大的不同。但总体上看,人民的整体利益是一致的,即要建设一个富强民主文明和谐的社会主义现代化国家。只有实现这一目标,才能从根本上保证各阶层人民的经济利益、政治利益、文化利益的实现(张阳文,2003;杨利民,2007)。这种理解能够得到相关文献的支持,例如,李抒望(2003)认为:中国各种利益关系的归结点是要实现人民的根本利益,这里人民的根本利益是一个总体性概念,是政治、经济、文化等各种利益的复合体,所有这些利益综合起来就是在经济不断发展的基础上,不断满足人民群众日益增长的物质生活、政治生活和精神文化生活的需要,使人们过上富裕、民主、文明的幸福生活。这是因为,人民的根本利益是由特定阶段的主要矛盾决定的,我国当前正处在并将长期处在社会主义初级阶段,面临的主要矛盾是人民群众日益增长的物质文化生活需要同落后社会生产之间的矛盾。尽管如此,从政策制定的角度讲,考虑到利益的结构性特征,还需要对根本利益进行再认识如下。

(1)从利益性质的角度讲,相对于政治利益和文化利益,经济利益往往被认为是根本利益(洪远朋,1999;王伟光,2001;李抒望,2003;洪远朋、卢志强、陈波,2006)。例如:洪远朋(1999)指出,在各种社会利益关系体系中,首要的、核心的就是经济利益关系,因此可以从经济利益关系出发进行社会主义市场经济利益关系的研究。洪远朋(2000)更是明确提出:"一切经济关系的核心是经济利益。在各种社会关系中,首要的就是利益关系,各种经济关系实质上都是经济利益关系。"而李抒望(2003)则指出:"人民群众的经济、政治、文化三大利益,构成了人民的根本利益的统一整体,在这三个有机整体中,经济利益是基础的,只有首先满足了物质生活这个基本的社会需求,人民群众才能更好的追求和享受政治利益和文化利益。"显然,从马克思主义生产力-生产关系-上层建筑的关系式理解,这种看法是正确的,因为属于生产关系和上层建筑的政治文化因素无非是作为生产力概念的经济因素的某种映射,因此,只有在经济利益有效满足的基础上,政治利益和文化利益才能得到更好的满足。当然,这并不意味着,经济利益的实现必然会自动导致政治利益和文化利益的实现,因为政治利益和文化利益的实现除取决于经济因素以外,还取决于整个社会的政治结构、文化资源、传统影响等多种因素。

(2) 从利益主体的角度讲,相对于个人利益和集体利益,国家利益往往被认为是根本利益(阎学通,1996;沈红,1996;石光荣,1997;张玉堂,2001;袁正清,2001;王逸舟,2002;朱鸣雄,2006)。理论上,国家利益、集体利益和个人利益可能是一致的,也可能是冲突的。就前者而言,国家利益为集体和个人利益的实现提供基本保障,而集体和个人利益的获得也有助于国家利益的积累,因此从宏观角度讲,国家利益和集体利益、个体利益是统一的。就后者而言,在某些特定背景下,国家利益、集体利益和个人利益有可能存在冲突,例如中国在"财政分权"改革背景下的中央-地方利益博弈。此时,在社会利益的优先序中,国家利益或整体利益往往被排在靠前位置,基本原因是"国家利益本质上是统治阶级的利益,是统治阶级各民族的利益,还同时具有社会公共利益的性质,因此从理论上说,它便代表了所有国民的共同利益,它具有最大的普遍性和最广泛的代表性。在逻辑上它就有压倒国内其他所有个人利益和集团利益的优先性"(朱鸣雄,2006)。为此,要站在全局的高度,以战略的眼光审视和谋划中国的改革和发展的大局,反对部门保护主义和地方保护主义,反对以各种名目扩张部门利益和地方利益给全局和整体的利益造成损失。然而,国家利益实现也应强调"合法、有利、适度、恰时"原则,不能通过随意和过度牺牲集体利益和个体利益从而抑制地方政府和微观主体的积极性来实现整体利益。

(3) 从利益实现的角度讲,相对于眼前利益或短期利益,长远利益往往被认为是根本利益(王伟光,2001;张玉堂,2001)。短期利益和长期利益的区分是在利益实现中引入时间变量,眼前利益就是利益主体当下的、现实的需要,是经过近期努力便可以实现的利益,而长远利益则是利益主体未来的、理想的需要,是经过长期的奋斗才能实现的利益。一般说来,由于长期是由若干短期构成的,因此短期利益和长期利益有一致性。但这并不否定短期利益和长远利益之间存在某种权衡关系,在很多情况下,短期利益的放弃可以看成是长期利益实现的一种"成本",未来的需要满足往往对经济主体而言更有意义,也更为重要,由此,在短期利益和长期利益的排序中,长期利益往往更具有根本性的意义。过分追求眼前利益而淡化长远利益,就会使人们失去远大理想和奋斗目标,最终影响人们的长远利益;相反,为了追求长远利益而忽视眼前利益,就会挫伤人们的积极性,必然会损害人们的长远利益。在现实中,我国的改革开放和现代化建设是一场全面而深刻的革命,它会引起各种利益关系的调整和社会矛盾的出现,化解这些矛盾在根本上需要通过深化改革和加快发展,让人民群众不断地得到实惠,在长期中享受改革与发展的成果。

但与此同时,必须通过就业岗位拓展、户籍制度改革、收入分配调整、财政支付转移等措施满足社会成员的短期利益,使其更有信心和稳定预期去追求长远利益。

综上,根本利益是一个相对概念,这包括两重含义。一是,从不同的角度理解就有相应的根本利益,经济利益作为根本利益是与政治利益、文化利益相比较而言的,国家利益作为根本利益是与集体利益、个人利益相对而言的,长远利益作为根本利益是与眼前利益、短期利益相对而言的。在这个意义上,不存在超越对应物的绝对意义上的根本利益,如果要说有绝对的根本利益,那么对中国这样的发展中大国,绝大多数人民群众的精神文化生活需要满足就是绝对的根本利益。二是,根本利益并不意味着其他次要利益不重要的,在特定时空背景下,根本利益和次要利益的位置是可以转化的。例如,从利益性质角度来看,在特定背景下,政治利益、文化利益往往具有相对于经济利益的优先性,而从马克思主义经济基础-上层建筑的关系来看:"在社会利益的庞大系统中,经济利益是根本利益,可以说是最重要的利益,维护和扩大经济利益是一个国家衡量各项工作的标准。但是,绝不能忽视政治利益和文化利益。在社会主义市场经济条件下,仍然必须遵循经济利益、政治利益、文化利益三兼顾的原则。"(洪远朋,1999)

五、新时期基本利益关系的理解

如果说根本利益展示的理论中何种利益最重要的话,那么基本利益关系则试图说明在实践中何种利益关系最重要。改革开放以来,在市场化体制改革和对外开放的共同驱动下,中国社会的利益格局已发生了深刻的变化,在此背景下,人们对新时期基本利益关系的认识可以概括如下。

一是认为基本利益关系是中央-地方利益关系(全治平、江佐中,1992;冯继康、蒋正明,1998;沈立人,1998;李对、王莉,1998;管跃庆,2000;李新安,2004),这种看法的依据是在财政"分权化"改革的背景下,计划经济时期形成的中央政府和地方政府之间控制指令-服从执行的模式受到了冲击,地方政府作为利益主体的特征得到彰显,这种状况有利于通过激励地方政府的相互竞争而推动整体经济的发展,但同时也导致地方政府和中央政府的利益博弈有所增强。例如:在环境治理、宏观调控、统一市场形成等方面,中央政府和地方政府的利益不一致时有发生,因此中国当前的基本利益关系是中央-地方利益关系。

二是认为基本利益关系是国家-个人利益关系(袁惠民,1997;姜洪,1998;柳新元,2002;朱光磊,2002)。这种看法的主要依据是:中国正处在从以中央集权、高度集中为特征的计划经济体制向以分散决策、市场竞争为特征的市场经济的过渡时期(盛洪,1994)。在此背景下,一方面国家或政府对经济资源仍有较强的动员和控制能力,其对经济社会的影响力依然较强;另一方面企业、居民等微观主体的追求私利的环境更为宽松,条件更为成熟,动机更为强烈。在此背景下,国家利益和个体利益之间的不一致就是一种普遍现象,例如:在市场化背景下,农村地区桥梁、道路、水利设施等"公共产品"提供严重短缺。因此,可以认为新时期的基本利益关系是国家-个人利益关系。

三是认为基本利益关系是城市-乡村利益关系(王春福,1997;牛飞亮,1999;陆学艺,2000;李昌平,2002;阎威、夏振坤,2003;李成贵,2004;常修泽,2005)。这种理解的出发点是:中国是世界上最大的发展中国家,存在以农业、农村为代表的传统部门和工业、城市为代表的现代部门对立的二元经济结构反差。在计划经济时期由于重工业优先发展战略以及户籍制度、人民公社制度和统购统销制度的实施,二元经济结构反差比其他国家更为强烈。在市场化改革背景下,城乡二元经济结构并没有表现出显著的收敛趋势,而是表现出波动、反复、徘徊甚至相对强化的趋势(高帆,2007)。同时,户籍制度改革的滞后使城乡居民在政治权利、社会福利等方面表现出显著的差异特征(课题组,2005),因此,确切地说中国当前存在的是城乡二元经济社会反差,这可以从城乡居民收入、消费、福利、社会保障、居住环境、政治待遇、教育程度等方面进行验证。由此,当前中国的基本利益关系是城市-乡村利益关系。

四是认为基本利益关系是资本-劳动利益关系(吴栋,2002;马艳,2002;潘必胜,2005;刘颖,2006;王辉,2006;刘金祥,2007;沈恒林,2007),劳资关系是劳动关系和谐的核心(姚先国,2005)。这种见解的基本依据是:改革开放之后,中国的"三资"企业和民营企业发展迅速,这些企业是在成本-收益的背景下依托要素市场进行要素配置的。基于此,近年来中国企业的权益结构与劳资关系正发生历史性变化:资方的权益明显上升,职工的权益则相对下降,明显的案例是民营企业中"农民工"的工作和生活条件较差,工资水平低且报酬获取缺乏保障。这种状况源于中国农村中存在"近乎无限供给"的剩余劳动力,相对于资本而言劳动是过剩的,企业中的"工会"组织并没有有效动员和整合职工的力量,这影响了劳动因素的市场谈判能力,导致资本利益对劳动利益的"过度侵蚀"。据此,新时期中国社会的基本利益关系是资本-劳动关系。

我们认为,上述理解分别抓住了中国当前社会利益体系的特定方面,这显示出新时期利益关系的复杂性特征。就中央-地方利益关系而言,随着市场化的不断推进,政府对经济社会的直接控制的范围和程度均将显著缩减,同时宏观调控方式的完善也有利于在中央和地方之间找到利益均衡点,因此将中央-政府利益关系作为基本利益关系必须考虑引入时间变量后的动态变化趋势。就国家-个人利益关系而言,作为一个以发展生产力和实现社会和谐正义为宗旨的社会主义大国,国家利益在本质上是要实现最广大人民群众的物质文化生活需要,不存在国家和个人利益之间的系统性偏差,况且随着市场化改革的不断推进,国家、政府、企业、居民之间会逐渐形成私人产品市场调节、公共产品政府提供的良性互动机制。就资本-劳动的关系而言,劳资关系的相对变化与"资本短缺、劳动过剩"有关,也与劳动的组织方式和集体行动能力有关,考虑到中国劳动力充裕主要源于农村剩余劳动力流出,而农村劳动力的组织化不仅关系到其在非农行业的利益表达和获取,也关系到在农业领域的劳动生产率和土地生产率,那么可以断定劳动-资本利益关系为取决于城市-乡村利益关系。中国正处于工业化、城市化加速推进的阶段,13亿人口中有9亿户籍农村人口,二元经济社会结构具有历史性、体制性成因,因此,可以认为新时期社会基本利益关系是城市-乡村利益关系,对这种利益关系的调整具有全局性意义,它连带着中央-地方利益关系、国家-个人利益关系和资本-劳动利益关系的相应变化。

六、社会利益关系发展的基本规律

社会利益源于人们物质精神需要的满足,由于人们对需要的追求是永恒的、绝对的,因此利益是"永恒的,是不以人的意志为转移的客观存在"(洪远朋、卢志强、陈波,2006)。但在现实中,"利益总是在一定的社会关系中,特别和首先是在经济关系中产生、存在和作用的。因此,利益在产生和形成上、在内容上、在实现程度上、在其实际运动中,总是由一定的社会关系,特别和首先是由生产关系决定的,从而表现出鲜明的历史性"(洪远朋、卢志强、陈波,2006)。显然,人们追求利益的绝对性和社会利益关系的演变性都是经济社会的一般规律。理论上,导致社会利益关系演变的基本动力来自两个方面:一是从利益客体的角度讲,人们的需求具有层次性和开放性,人们较低层次生存资料需要的满足必然会导致其追求更高层次的发展资料和享受资料的满足,且人们总是希望在更长的时间和更广的范围内满足其物质、精神等方面的需要;二是从利益主体的角度讲,随着生产力的发展,利益主体也会出现某种程度的重新组合和分化,个体、集体和社会作为利益主体的内涵和外延也会发生变化。利益客体和主体的动态演变特征必然导致社会利益关系作出相应的调整。由于调整时间不同,因此社会利益关系的演化可分为以下三种。

一是贯穿整个人类社会发展历史的利益演化的规律。社会利益关系的演化是贯穿人类社会发展的一个主线,问题的关键是社会利益演化的一般规律是什么。利益关系的演化不是无序的、随意的,"利益关系的演化是有一定规律性的,这首先取决于利益关系与生产力和生产关系的关系,因为利益关系是由社会生产力所决定的、是生产关系中最核心最本质的内容"(洪远朋、卢志强、陈波,2006)。据此,生产力-生产关系的演变也就决定了利益关系的演变特征和方向。由此，利益关系的演进有两种含义："一是既有利益关系中不同利益主体所获得的利益绝对量的变化，它意味着可支配的利益量的变化，从而改变利益主体的支出函数；其二是不同利益主体之间利益相对量的变化，即不同利益主体之间相对利益关系的变化。"（洪远朋、卢志强、陈波，2006）进一步的，利益关系发展的两重含义决定了利益关系演进的两重性质：利益关系的量变与利益关系的质变。利益关系量变是既有利益关系内部不同利益主体之间相对经济地位的改变，通常是处于优势的利益主体对相对弱势的利益主体作出妥协或让步；利益关系质变是新的利益关系形式取代了既有的利益关系，表现为原有劣势利益主体通过"剥夺"优势利益主体的利益而成为新的优势利益主体。以上利益发展规律是从长期的人类社会发展的角度出发得出的，可视为贯穿于整个人类社会发展历程，从而适合于不同社会形态利益发展的基本规律。

二是适合于特定社会形态或发展阶段的利益演化规律。如果从经济角度将社会发展划分成自然经济和市场经济两个阶段的话，那么就市场经济国家而言，人们往往从社会分层角度考虑利益发展的基本规律。李正东（2004）对社会分层和利益关系演变作了一个综述："社会分层是社会结构的重要组成部分，其实质是社会中社会资源的不均等分配，社会资源包括财产、权力、收入、教育、声望等，也可理解为经济、文化（人力）和社会资本等。对社会资源的占有量和获取机会上的差异构成社会不平等，社会不平等是一种社会结构内部的社会群体之间隐性化的关系，是对垂直分化所产生的各阶层之间关系的集中概括。"这里社会分层是与特定的利益关系相对应的。更多的文献指出，随着社会生产力的发展和生产关系的调整，中产阶层在整个社会分层和利益关系变化中的作用不断凸现，从而利益分配中那种"宝塔型"、"圆锥型"、"倒圆锥型"、"葫芦型"模式会逐渐演变为"橄榄球型"（何建章，1990；李培林，1992；周晓虹，2002；李强，2001），这能够得到实证资料的支持，周晓虹（2005）、李俊奎（2003）通过考察西方发达国家利益结构的变化特点及其影响，得出的结论是中间阶层的发展壮大使社会利益结构变成一个"中间大、两头小"的"橄榄球"形状，而中间阶层的充分发育是社会稳定和发展的重要基础。理论上说，市场经济国家利益模式变化的三个可能原因：一是市场经济体系比较健全，基于自由决策和充分竞争的制度框架比较健全，从而整个社会的职业和社会地位流转渠道比较畅通；二是产业结构升级加速而人力资本投资增加，促使更多社会成员的劳动生产率大幅度提升，在收入增加的背景下"白领"的队伍不断扩充；三是政府宏观调控能力较强，转移支付力度较高，政府在公共产品提供、社会福利制度、财税制度设计等方面为社会阶层的中产化提供了先决条件。

三是中国新时期社会利益关系发展的基本规律。新中国成立以来，中国社会的利益关系不是确定不变的,尤其是改革开放之后,市场化改革和对外开放不仅意味着资源配置方式的变化,也意味着社会利益格局的调整,因此中国社会利益关系,即利益客体、利益主体、利益来源、利益实现方式均发生了显著变化。人们的共识是:改革开放之后,原有的较单一的利益主体模式被打破,在社会生活中呈现出错综复杂的利益矛盾和冲突。伴随着经济体制的根本性改变和社会生产力水平的迅速提高,社会产生的增量利益日益庞大,具有不同的劳动特点、谋生手段、经济地位、利益取向和消费层次的人群便自然地联合起来,形成不同的利益群体以在更广阔的时空中展开利益争夺,使各阶段、集团以及个人之间的冲突亦随之空前激烈和尖锐起来,而中国复杂多样的自然和社会国情,使得利益关系更加复杂化(张薇,2001;杨山鸽,2003;宁健,2004;杨超,2004;周剑华、刘国强,2004;李长健,2005;彭劲松,2005;韩承鹏、潘明,2005;李景鹏,2006)。作为对上述理解的一个深化,洪远朋、卢志强、陈波(2006)从利益主体、利益来源、利益差距、利益关系的结构、利益关系的性质等维度,对计划经济时期、体制转型时期和市场经济时期的中国社会利益关系演变作了系统性解析,并将这三个时期的利益关系性质分别归结为:纵向权威式的利益关系、纵向和横向交叉的复杂利益关系和平等化与契约化的利益关系。沿着这个思路,陈波(2006)进一步考察了利益关系发生变化的原因,指出利益关系变化的根本原因是人们不断变化和丰富的利益需求同相对落后的社会生产力之间的矛盾,而直接影响因素包括经济增长、结构调整与制度变迁等。

七、社会利益和构建和谐社会的关系

社会利益关系的演化性意味着应从动态角度理解利益关系,尤其是,中国正处在体制转型和经济发展并行推进的时期,在此时期,利益主体的多元化、收入差距扩大化和利益关系复杂化必然导致社会出现某些现实的和潜在的不协调、不和谐因素。例如,陈光金(2007)将社会利益格局理解为引致当前中国社会种种不和谐的一个重要原因。作为对这种不协调、不和谐的一个积极回应,中央政府提出要以科学发展观统领全局,着力构建社会主义和谐社会。问题是:社会利益关系调整和构建和谐社会之间究竟是何种关系?绝大多数文献认为利益关系协调和构建和谐社会之间存在紧密关系,利益关系调整对于构建和谐社会而言具有至关重要的作用,但对这种重要性的认识却存在分歧,有如下六种观点。

(1)关键论。关键论认为协调利益关系是构建和谐社会的关键。例如,郭建宁(2007)指出我们正面临复杂多变的国际形势和十分艰巨的国内改革攻坚,既是发展机遇期,又是矛盾凸现期,社会利益矛盾更加复杂,协调好各方面利益关系的难度加大。面对经济体制深刻变革,社会结构深刻变动,利益格局深刻调整,思想观念深刻变化。建立科学的合理的利益协调机制,就显得尤为重要和十分迫切,它是构建社会主义和谐社会的关键。而陈福今(2007)也明确指出:构建和谐社会的关键是以解决人民群众最关心、最直接、最现实的利益问题为重点,统筹协调好与人民群众息息相关的各种经济利益关系,为社会公平提供保障。

(2) 动力论。动力论认为协调利益关系是构建和谐社会的动力。例如,赵金山、王彦坤(2002)从社会发展角度理解协调社会利益和构建和谐社会的关系,指出当前中国社会不合理的社会利益格局远未完全打破,突出表现为平均主义和贫富悬殊的分化的同时存在。在新时期,建立公平的、合理的社会利益格局和利益获取机制,才能使人民群众的生产积极性、创造性和聪明才智得到充分施展,将人们对个体利益的追求集中为对社会整体利益的共同追求,才能形成全国各个社会阶层、群体和成员在现代化建设中齐心协力、同心同德的强大合力。因此,社会利益协调,是新时期推进中国现代化建设和和谐社会构建的动力源泉。

(3) 重点论。重点论认为协调利益关系是构建和谐社会的重点。例如,孙立平(2006)认为协调利益关系,特别是建立市场经济条件下的利益均衡机制,是建立一个好的市场经济的重要组成部分。然而,中国的市场化改革虽建立了市场经济的基本框架,但应与市场经济相配套的种种利益均衡机制却没有建立起来,结果是社会利益格局的严重失衡以及由于利益格局失衡引致的各种社会矛盾的大量出现。在此背景下提出的和谐社会不是一个锦上添花的抽象理想,而是一个有着明确所指的现实战略构想。在目前情况下,和谐社会的最基本含义是在市场经济条件下形成一种大体均衡的利益格局。这样一种均衡的利益格局是和谐社会最主要的基础,也是关涉我们这个社会未来前景的根本之所在。可以说,建构和谐社会的重点是协调利益关系。

(4) 需要论。需要论认为协调利益关系是构建和谐社会的必然需要。例如,易宪容(2007)强调我们所要构建的社会主义和谐社会,是要使中国社会成为全体人民各尽其能、各得其所而又和谐相处的社会。它的主要特征是民主法治、公平正义、诚信友爱、充满活力、安定有序、人与自然和谐相处。这里各尽其能、各得其所而又和谐相处,其前提就是全体人民利益的协调;民主法治、公平正义、诚信友爱、充满活力、安定有序、人与自然和谐相处,其前提也是全体人民利益的协调。如果一个社会充满了利益矛盾,不可能使人们各尽其能、各得其所而又和谐相处;想使社会具备民主法治、公平正义、诚信友爱、充满活力、安定有序、人与自然和谐相处的特征,也只能是天方夜谭。可见,协调的利益关系,是构建和谐社会的迫切需要。

(5) 保障论。保障论认为协调利益关系是构建和谐社会的根本保障。例如,程竹汝(2007)认为和谐社会的实现机制问题可以转换为利益均衡和权利保障的实现机制问题。利益均衡和权利保障实现机制的建设,构成了社会主义和谐社会的两项基本任务或者说两个根本保障。原因是:利益均衡是和谐社会在社会生活的宏观领域、群体领域和实体上的基本要求和体现,它的基本价值是公平;而权利保障则是和谐社会在社会生活的微观领域、个体领域和程序上的基本要求和体现,它的基本价值是正义。只有当宏观与微观、群体与个体、实体与程序、公平和正义两方面的和谐机制都比较健全的时候,一个动态的、可持续发展的和谐社会才是可期待的。基于这种理解,新时期中国的和谐社会构建必须重视利益协调和均衡问题。

(6) 条件论:条件论认为协调利益关系是构建和谐社会的前提条件。例如,高红贵(2005)指出随着中国社会转型,旧的协调关系已经被打破,新的协调关系没有完全建立起来,人们之间的利益分化日渐凸显,利益纷争和利益冲突也有日益增多和激化的趋势,这严重影响了社会的和谐与稳定。因此,要建构社会主义和谐社会就必须首先协调好人们之间的利益关系,这是社会和谐的首要前提。而倪先敏(2006)强调利益整合是构建和谐社会的基本条件,为此必须确立和坚持公平、公正、统筹兼顾、民主法治的价值理念,要从建立利益表达机制、利益分配机制、利益均衡机制、利益冲突调解机制和利益观念导向机制等五个方面着手,来构建适应和谐社会要求的利益整合机制。

总而言之,上述论断从不同角度揭示了当前中国利益关系演化对社会经济结构转变的关键作用,以及科学有效的协调社会利益关系对构建和谐社会的重要意义,因此对解析社会利益关系,从而制定有效的利益整合和协调对策,并在此基础上实现人与自然、人与人、人与社会的和谐发展是有益的。然而,对重要性的理解仅仅是分析的开端,更重要的问题是:如何认识社会利益关系的结构性变化,以及如何确定协调利益关系的基本准则。针对这些问题,理论界已有了一些有益的探索,例如:课题组(2006)突出了执政党利益协调能力提升的重要性,王中汝(2004)强调了利益表达机制构建的必要性,王春福(2006)显示了公共政策调整对利益协调的积极意义。与此相对,更多的文献从利益表达、利益分配、利益协调、利益均衡等多个环节来考察中国当前社会利益调整的方向(殷焕举,2005;汪玉凯、黎映桃,2006)。值得强调的是,洪远朋(1995)较早从经济角度概括了市场经济背景下的十大利益关系:中央与地方的经济利益关系;国家、企业和个人的利益关系;地区与地区的经济利益关系;工农之间的经济利益关系;行业与行业的经济利益关系;企业与企业的经济利益关系;个人与个人之间的经济利益关系;脑力劳动和体力劳动的经济利益关系;要素与要素之间的经济利益关系;国内与国外的经济利益关系。围绕这些关系,洪远朋、卢晓云、陈波(2007)进一步提出了新时期协调我国社会利益关系的十大思路:利益增长的思路、利益统筹兼顾的思路、利益共享的思路、利益综合的思路、利益保障的思路、利益补偿的思路、利益关系制衡的思路、保证根本利益的思路、社会公平公正的思路、及时协调的思路。

八、社会利益问题与社会科学的关系

既然利益问题是贯穿于整个人类社会发展的基本问题,社会利益关系反映了特定发展阶段社会经济结构的基本特征,那么社会科学与社会利益问题就是紧密相关的。这种相关性可以从两个方面阐述如下。

(1)一切社会科学的核心归根到底是利益关系问题。原因是,作为利益关系中最重要的部分,经济利益是经济学的核心。由于一切经济关系的实质都是经济利益关系,因而,"无论是马克思主义经济学,还是资产阶级经济学,也不论是什么流派的经济学,都以经济利益关系为其研究的核心,所不同的只是由于其特殊的立场、人物或目的,对经济利益关系的研究具有不同的侧面,不同的角度,不同的方法而已"(洪远朋,1995)。进一步的考察显示:一切社会活动的中心是利益,一切社会关系的核心是利益关系,因此一切社会科学的核心归根到底是利益关系问题。原因是"不同的社会科学学科和不同的学者,对于同一社会问题往往有不同的甚而相反的解释,并得出不尽一致的思想结论和主张。根本原因在于社会科学学科和社会科学学者在研究、解释和试图解决问题时,往往自觉或不自觉地站在特定利益集团的立场上,代表和维护特定集团的权益,接受反映特定利益集团的意识形态,采取符合特定利益集团的价值判断"(洪远朋、卢志强、陈波,2006)。从这种理解出发,利益和利益关系是社会科学研究的基本范畴,对利益问题的考察应该是社会科学研究的基本对象。

(2)对利益问题的考察应强调多种社会科学之间的融合和交叉。作为整个社会科学研究核心,利益问题当然可以从经济学、社会学、政治学、法学、哲学等角度进行分别讨论,这种探讨为我们从不同角度深入认识利益的多个方面提供了可能。但是,社会科学之间的融合、交流和整合对全面理解利益问题更有意义,原因是利益关系具有复杂性、动态性特征,任何一个社会科学仅仅会把握这种复杂性、动态性的一个方面,而学科交融和整合可能更能接近于认识利益问题的全貌。例如:社会利益关系除了经济利益关系之外,还包括政治利益关系和文化利益关系,显然,单纯从经济学或政治学的角度去认识利益问题是不够的。此外,利益主体和利益客体的变化必然会引致社会利益关系的演变,而利益主体的变化涉及收入分配变化、社会阶层分化、利益集团形成、群体权力调整、成员心态转化、利益诉求转型等,显然这些也需要导入经济学、政治学、社会学、法学、哲学等多种因素。事实上,近来对社会利益关系的研究也体现出社会科学交叉和融合的趋势(卢斌,2006)。

九、简短的总结

马克思(1984)指出"人们奋斗所争取的一切,都同他们的利益有关",这不仅意味着社会利益问题在人类社会经济发展中的基础地位,也显示了社会利益问题研究在社会科学研究中的重要意义。中国在改革开放之后,市场化改革和对外开放格局已显著改变了经济社会的利益关系格局,而中央提出的构建和谐社会战略正是对这种转变的一个积极回应。基于上述背景,本文从构建和谐社会的角度对社会利益问题的相关文献进行了综述。显然,导源于利益问题的重要性,针对社会利益关系问题,尤其是中国新时期社会利益关系问题的研究成果是比较丰富的;导源于利益问题的复杂性,针对特定的社会利益问题不同的学科或学者往往会得出不同甚至相反的结论;导源于利益关系的演化性,针对新时期中国社会利益关系变化的表现、方向、效应以及协调利益关系的思路等问题的研究是一个热点问题。我们认为,现有文献的讨论,无论是理论的还是现实的,无论是国外的还是中国的,无论是过去的还是当前的,对于人们在理论把握的基础上深入认识中国社会利益问题都是大有裨益的。从本质上说,中国和谐社会的构建必须放置在科学、有效、适时进行社会利益关系协调上才更有可能,而这必然要求社会科学领域将利益问题作为一个研究重点,并努力在学科交叉和融合的前提下形成更有说服力的研究结论,基于这些结论所给出的政策含义无疑会显著促进和谐社会目标的实现。

参考文献:

1. 刘伟:《经济发展和改革的历史性变化与增长方式的根本转变》,《经济研究》2006年第1期。
2. 洪远朋、卢志强、陈波:《社会利益关系演进论——我国社会利益关系发展变化的轨迹》,复旦大学出版社2006年版。
3. 霍尔巴赫:《自然的体系》,商务印书馆1964年版。
4. 李上迪:《浅论新形势下党员干部的利益观》,《党史文苑》2004年第10期。
5. 霍布斯:《利维坦》,载《西方伦理学名著选译》,商务印书馆1964年版。
6. 王伟光:《利益论》,人民出版社2001年版。
7. 奥塔·锡克:《经济、利益、政治》,中国社会科学出版社1984年版。
8. 庞德:《通过法律的社会控制——法律的义务》,商务印书馆1984年版。
9. N.T.弗罗洛夫:《哲学词典》,广东人民出版社1989年版。
10. 陈新民:《2001德国公法学基础理论》,山东人民出版社2001年版。
11. 卡多佐:《法律的成长 法律科学的悖论》,中国法制出版社2002年版。
12. 征汉年:《利益:权利的价值维度》,《国家教育行政学院学报》2006年第7期。
13. 沈促衡:《西方法哲学利益观述评——兼论利益在法学理论研究中的意义》,《当代法学》2003 年第 5 期。

14. 张文显：《法哲学范畴研究》，中国政法大学出版社 2001 年版。
15. 余政：《综合经济利益论》，复旦大学出版社 1999 年版。
16. 朱鸣雄：《整体理论——以国家为主体的利益关系研究》，复旦大学出版社 2006 年版。
17. 张文显：《法理学》，高等教育出版社、北京大学出版社 2002 年版。
18. 张晓明：《伟大的共谋——市场经济条件下的利益关系研究》，中国人民大学出版社 2002 年版。
19. 洪远朋：《经济利益关系通论——社会主义市场经济的利益关系研究》，复旦大学出版社 1999 年版。
20. 马克思：《马克思恩格斯全集》第 3 卷，人民出版社 1984 年版。
21. 爱尔修斯：《十八世纪法国哲学》，商务印书馆 1963 年版。
22. 李长健：《论和谐社会与经济发展理念的平衡协调——以利益为分析起点》，《经济法学家》2005 年。
23. 李仲生：《人口经济学》，清华大学出版社 2006 年版。
24. 董保华：《论经济法的国家观——从社会法的视角探索经济法的理论问题》，《法律科学》2003 年第 2 期。
25. 管跃庆：《地方利益论》，复旦大学出版社 2006 年版。
26. 张玉堂：《利益论——关于利益冲突与协调问题的研究》，武汉大学出版社 2001 年版。
27. 李昌麒、陈治：《经济法的社会利益论纲》，《现代法学》2005 年第 5 期。
28. 边沁：《道德与立法原理导论》，商务印书馆 2000 年版。
29. 哈耶克：《个人主义与经济秩序》，上海三联书店 2003 年版。
30. 史蒂文斯：《集体选择经济学》，上海三联书店、上海人民出版社 1999 年版。
31. 博登海默：《法理学：法律哲学与法律方法》，中国政法大学出版社 1999 年版。
32. 谢虹：《保险利益论》，复旦大学出版社 1999 年版。
33. 孙立平：《建构和谐社会的重点是协调利益关系》，中国选举与治理网 2006 年。
34. 张阳文：《正确认识和把握人民利益的特性与要求》，《人民日报》2003 年 12 月 9 日。
35. 杨利民：《正确处理社会利益关系是和谐根本》，《人民论坛》2007 年第 9 期。
36. 李抒望：《社会对根本利益的认识》，《南方论坛》2003 年第 11 期。
37. 阎学通：《中国国家利益分析》，天津人民出版社 1996 年版。
38. 石光荣：《略论"国家利益"的基本内涵和本质特征》，《华中理工大学学报·社会科学版》1997 年第 3 期。
39. 沈红：《整体利益格局中的贫困》，《社会学研究》1996 年第 3 期。
40. 袁正清：《国家利益分析的两种视角》，《世界经济与政治》2001 年第 9 期。
41. 王逸舟：《国家利益再思考》，《中国社会科学》2002 年第 2 期。
42. 全治平、江佐中：《论地方经济利益》，广东人民出版社 1992 年版。
43. 冯继康、蒋正明：《论我国转型期中央政府与地方政府的职能界定及其耦合》，《东岳论丛》1998 年第 2 期。
44. 沈立人：《地方经济学缘起》，《经济学动态》1996 年第 7 期。
45. 李对、王莉：《市场体制下中央与地方利益关系论》，《江汉论坛》1998 年第 1 期。
46. 李新安：《我国中央、地方政府区域调控的利益博弈分析》，《财贸研究》2004 年第 4 期。

47. 管跃庆：《新时期中央与地方经济利益关系探析》，《山东社会科学》2007年第4期。

48. 袁惠民：《当代中国经济利益结构矛盾新论》，广东高等教育出版社1997年版。

48. 姜洪：《利益主体：宏观调控与制度创新》，经济科学出版社1998年版。

49. 柳新元：《利益冲突与制度变迁》，武汉大学出版社2002年版。

50. 朱光磊：《中国的贫富差距与政府控制》，上海三联书店2002年版。

51. 盛洪：《中国的过渡经济学》，上海三联书店、上海人民出版社1994年版。

52. 王春福：《利益调整中的政策取向问题》，《理论前沿》1997年第2期。

53. 牛飞亮：《体制改革、社会博弈与利益分配》，《探索》1999年第2期。

54. 李成贵：《国家、利益集团与"三农"困境》，《经济社会体制比较》2004年第5期。

55. 闫威、夏振坤：《利益集团视角的中国"三农"问题》，《中国农村观察》2003年第5期。

56. 陆学艺：《走出"城乡分治，一国两策"的困境》，《读书》2000年第5期。

57. 李昌平：《我向总理说实话》，光明日报出版社2002年版。

58. 常修泽：《和谐社会的体系、关键和经济着力点》，《中国经济时报》2005年3月8日。

59. 高帆：《交易效率、分工演进与二元经济结构转化》，上海三联书店2007年版。

60. 课题组：《建设社会主义新农村若干问题研究》，中国农业出版社2005年版。

61. 吴栋、黄英辉、吴晓明：《政治经济学要把劳资关系作为一个基本问题来研究》，《海派经济学论坛》2002年12月20日第4期。

62. 马艳：《论现代"剥削"关系的变异及其存在》，《上海财经大学学报》2002年第5期。

63. 刘金祥：《基于二元所有权架构的企业劳资关系研究》，《上海师范大学学报》2007年第2期。

64. 沈恒林：《中国企业的权益结构与劳资关系》，《理论界》2007年第1期。

65. 刘颖：《构建私营企业劳资关系的协调机制研究》，《科学社会主义》2006年第6期。

66. 王辉：《非公有制企业建立和谐劳资关系对策研究》，《毛泽东邓小平理论研究》2006年第12期。

67. 潘必胜：《转型时期的劳资冲突及其调节》，《学海》2005年第4期。

68. 姚先国：《民营经济发展与劳资关系调整》，《浙江社会科学》2005年第2期。

69. 李正东：《关于当前中产阶层研究的几个思考》，《天府新论》2004年第1期。

70. 何建章：《当代社会阶级结构和社会分层问题》，中国社会科学出版社1990年版。

71. 李培林：《另一只看不见的手：社会结构转型》，《中国社会科学》1992年第5期。

72. 李强：《关于中产阶级与中间阶层》，《中国人民大学学报》2001年第2期。

73. 周晓虹：《中产阶级：何以可能与何以要为?》，《江苏社会科学》2002年第6期。

74. 周晓虹：《全球中产阶级报告》，社会科学文献出版社2005年版。

75. 李俊奎：《关于当代西方国家中间阶层发展变化的几点思考》，《河南师范大学学报·哲社版》2003年第6期。

76. 张薇：《论利益分化及其社会控制》，《社会科学》2001年第4期。

77. 周剑华、刘国强：《关于当前社会利益矛盾的分析与思考》，《东岳论丛》2005年第4期。

78. 韩承鹏、潘明：《和谐社会与利益整合》，《兰州学刊》2005年第5期。

79. 杨山鸽：《利益结构的变化、利益集团的出现与中国的政治发展》，《兰州学刊》2004年第6期。

80. 宁健：《当代中国社会利益分化问题的思考》，《学术论坛》2003年第4期。

81. 杨超:《试论转型期利益关系的协调与政治稳定》,《毛泽东邓小平理论研究》2004 年第 5 期。
82. 李景鹏:《中国社会利益结构变迁的特点》,《北京行政学院学报》2006 年第 1 期。
83. 彭劲松:《当代中国社会利益结构解读》,《中州学刊》2005 年第 5 期。
84. 陈波:《我国社会利益关系的发展变化研究》,《上海财经大学学报》2006 年第 6 期。
85. 陈光金:《从社会主要矛盾分析入手,抓住建设和谐社会的重大理路》,《社会学研究》2007 年第 2 期。
86. 郭建宁:《试论利益协调与社会和谐》,《红旗文稿》2007 年第 4 期。
87. 陈福今:《统筹协调经济利益关系,努力构建社会主义和谐社会》,《国家行政学院学报》2006 年第 6 期。
88. 赵金山、王彦坤:《社会利益协调:21 世纪中国现代化建设的动力源》,《中共云南省委党校学报》2002 年第 1 期。
89. 易宪容:《和谐社会的实质是利益关系平衡》,每日经济新闻网 2006 年 10 月。
90. 程竹汝:《和谐社会的保障:利益均衡与权利保障》,《文汇报》2007 年 4 月 3 日。
91. 高红贵:《协调利益关系与构建社会主义和谐社会》,《统计与决策》2005 年第 24 期。
92. 倪先敏:《构建和谐社会必须强化党的利益整合功能》,《科学社会主义》2006 年第 2 期。
93. 课题组:《论不断提高党协调社会利益关系的能力》,《前沿》2006 年第 1 期。
94. 王中汝:《利益表达与当代中国的政治发展》,《科学社会主义》2004 年第 5 期。
95. 王春福:《和谐社会与公共政策的利益协调机制》,《学术交流》2006 年第 1 期。
96. 殷焕举:《社会利益协调机制建设的四个重点》,《理论前沿》2005 年第 23 期。
97. 汪玉凯、黎映桃:《当代中国社会的利益失衡与均衡——公共治理中的利益调控》,《国家行政学院学报》2006 年第 6 期。
98. 洪远朋:《论社会主义市场经济体制下的十大利益关系》,《复旦学报(社会科学版)》1995 年第 3 期。
99. 洪远朋、卢晓云、陈波:《协调新时期我国社会利益关系的十大思路》,《社会科学研究》2006 年第 6 期、2007 年第 1 期。
100. 洪远朋:《经济利益:经济学的核心》,载《社会主义市场经济论》,文汇出版社 1995 年版。
101. 卢斌:《当代中国社会各利益群体分析》,中国经济出版社 2006 年版。

(作者:洪远朋、高帆,原载《社会科学研究》2008 年第 2 期)

评 议 篇

鷗外 全集

马克思主义政治经济学述评

党中央关于实施马克思主义的理论研究和建设工程对繁荣哲学社会科学具有重大意义。"工程"之一是,撰写一本马克思主义政治经济学教材。这对经济理论界来说,是一个具有重要意义的大事。要编好一本马克思主义政治经济学教材,有必要把马克思主义经济理论有哪些基本内容梳理一下。并且,要具体说明在马克思主义政治经济学体系之中,哪些是必须长期坚持的马克思主义基本原理,哪些是需要结合新的实际加以丰富发展的理论判断,哪些是必须破除的对马克思主义的教条式的理解,哪些是必须澄清的附加在马克思主义名下的错误观点。本文试图对此进行探索。

一、具有科学体系的马克思主义政治经济学

这里说的马克思主义政治经济学,是指马克思主义创始人主要是马克思,也包括恩格斯的经济学理论。列宁、斯大林、马克思主义学者、各国共产党人对其也作了一些补充和发展。马克思主义政治经济学的科学体系体现在:其既包括人类社会普遍适用的一般经济理论,也包括商品经济社会适用的商品经济理论;既包括资本主义经济理论,也包括社会主义经济理论。

1. 一般经济理论

一般经济理论是指人类社会普遍适用的经济理论,包括经济范畴和经济规律。

(1)政治经济学的研究对象。马克思本人并没有直接论述过政治经济学的对象问题。后人主要是从《资本论》的研究对象来理解马克思关于政治经济学对象的观点。马克思在《资本论》第一卷第一版序言中说:"我要在本书研究的,是资本

主义生产方式以及和它相适应的生产关系和交换关系。"①对于马克思的这句话，我国经济学界有不同的理解。现在看来，多数人主张和同意《资本论》研究的是资本主义社会的生产关系。因而，政治经济学研究对象是生产关系。现在看来，要广义理解马克思主义政治经济学的研究对象：第一，马克思主义政治经济学，既要研究生产关系也要研究生产力，还要研究与经济密切相关的上层建筑；第二，马克思主义政治经济学，应该吸收古今中外一切经济理论的合理成分；第三，马克思主义政治经济学，既要研究宏观经济、微观经济，也要研究中观经济问题，以及吸收其他经济学科的精华。

（2）生产力的含义、要素和源泉的理论。什么是生产力？马克思在《资本论》中指出："生产力当然始终是有用的具体的劳动的生产力。"②这就是说，生产力是人的具体劳动创造使用价值、生产物质财富的能力。马克思认为，生产力构成的现实要素是劳动本身、劳动资料和劳动对象。马克思还认为，生产力的内在源泉是劳动力、科学力和自然力。长期以来，在马克思主义政治经济学教学和研究中，只讲生产力的现实要素，而不讲生产力内在源泉。而且，对生产力的要素的看法很不一致。有主张二要素论的、三要素论的、四要素论的、五要素论的，还有多要素论的……。如果把生产力要素和源泉统一考虑，这些争议就可迎刃而解。

（3）生产关系及其演变的理论。生产关系，即人们在社会生产中的关系，生产关系的总和构成社会的经济结构，即经济基础。关于人类社会生产关系的演变，即社会经济形态的变更，马克思说："大体说来，亚细亚的、古代的、封建的和现代资产阶级的生产方式可以看作是经济的社会形态演进的几个时代。"③这就是通常人们所说的人类社会历史发展到今天，已经经历的五种经济形态：原始公社、奴隶社会、封建社会、资本主义社会、社会主义社会（共产主义社会的初级阶段）。按照马克思的论述，政治经济学研究生产关系应该包括生产、分配、交换、消费四个环节的关系。这里涉及马克思主义政治经济学体系怎么建立的问题。一种意见认为，应按生产关系一般理论即按生产、交换、分配、消费四个环节来建立。另一种意见认为，应按当代两个主要生产关系即按资本主义和社会主义两大部分来建立。看来，需要综合两者的意见，可以考虑先讲经济学一般理论和商品经济理论，然后再按资本主义和社会主义两大部分分别论述，另外，还要考虑经济国际化的问题。

（4）人类社会发展的普遍规律。马克思把生产力和生产关系的对立统一关系概括为，生产关系一定要适合生产力发展的规律，这是人类社会发展的一条普遍规律。马克思指出："人们在自己生活的社会生产中发生一定的、必然的、不以他们的

---

① 《马克思恩格斯全集》第 23 卷，第 8 页。
② 同上书，第 59 页。
③ 《马克思恩格斯选集》第 2 卷，人民出版社 1995 年版，第 33 页。

意志为转移的关系,即同他们的物质生产力的一定发展阶段相适合的生产关系。……社会的物质生产力发展到一定阶段,便同他们一直在其中活动的现存生产关系或财产关系(这只是财产关系的法律用语)发生矛盾。于是这些关系便由生产力的发展形式变成生产力的桎梏。那时社会革命的时代就到来了。"① 历史证明,生产关系一定要适合生产力发展的规律是人类社会发展的普遍规律,是不可抗拒的。这是必须坚持的马克思主义政治经济学的基本原理。

(5)经济利益及其关系的理论。经济利益关系理论是马克思主义政治经济学的出发点,也是马克思主义政治经济学的核心。可以这样概括:一切经济关系的核心是经济利益;一切经济活动的核心是经济利益;一切经济学的核心是经济利益。我们认为:把经济利益作为经济理论体系的中心,对于推动马克思主义政治经济学的研究和发展是有益的。这是一个有不同看法的重要问题,可以讨论。但是有两点值得注意:第一,马克思主义政治经济学体系的建立应该有一个中心。经济利益是不是中心可以研究。但是,马克思主义政治经济学体系中不能没有经济利益理论。第二,资源配置不能成为马克思主义政治经济学的中心。但是,西方经济学家萨缪尔森认为,资源配置是经济学的中心。"经济学研究的是一个社会如何利用稀缺的资源以生产有价值的物品和劳务,并将他们在不同的人中间进行分配。"②

(6)所有制(权)的一般理论。马克思的所有制(权)范畴内容极为丰富,而且所有权本身是有可分性的。马克思认为:第一,所有权可以分解为所有、占有、支配、使用;第二,所有权有不同形式,如生产资料所有权、劳动力所有权及劳动产品所有权;第三,所有制(权)是经济关系的集中表现,并且是其他经济关系的基础。

(7)分配的一般理论。马克思、恩格斯在研究资本主义经济形态分配关系的基础上,在批判地继承古典政治经济学和空想社会主义分配理论的条件下,创立了科学的分配理论:第一,分配关系是生产关系的一个方面;第二,生产决定分配的原理。马克思还说过:广义的分配应该包括生产资料的分配、劳动力的分配、产品的分配。过去一般把分配仅仅局限于个人消费品的分配,也是很片面的。马克思主义政治经济学应该研究广义的分配。

(8)消费的一般理论。马克思、恩格斯在《经济学手稿:导言》和《资本论》等著作中有着极其丰富的消费思想,这里只概括地叙述五点:第一,生产和消费的同一性;第二,生产和消费的对立性;第三,消费资料的含义及其构成;第四,消费水平的变化规律;第五,消费力的决定因素和作用。马克思对消费问题作了大量论

---

① 《马克思恩格斯选集》第2卷,人民出版社1995年版,第32—33页。
② 保罗·萨缪尔森、威廉·诺德豪斯:《经济学》,人民邮电出版社2004年版,第2页。

述,其科学性大大超过了以往的经济学家,在消费理论发展史上具有划时代的意义。但是,长期以来,消费在政治经济学中是毫无地位的,现在看来应该给它一席之地。

(9) 农业是国民经济基础的理论。农业是整个国民经济的基础,马克思在《资本论》等著作中从多种含义上论述过:第一,农业劳动是一切剩余劳动的基础;第二,农业是人类生存和一切生产的首要条件;第三,农业的剩余劳动是社会分工的基础;第四,农业劳动对任何社会来说都是必要劳动;第五,超过劳动者个人需要的农业劳动生产率,是一切社会的基础。农业是国民经济的基础,是人类社会一切历史时期都发生作用的经济规律。马克思指出的农业是基础这一人类普遍适用的经济规律,在社会主义社会更加明显。

(10) 分工、协作和管理的理论。马克思认为:第一,社会分工是一切社会都存在的一般经济规律;第二,人类的任何生产活动都需要协作;第三,企业管理是大规模共同劳动的客观要求。马克思主义政治经济学也应该研究分工、协作和管理;既要研究资本主义社会的分工、协作和管理,也要研究社会主义社会的分工、协作和管理。

2. 商品经济的理论

马克思并没有用过"商品经济"的概念。但是,实际上《资本论》中用大量的篇幅论述了商品经济,其中有一些是直接论述商品经济一般,有一些在表面现象上谈的是资本主义商品经济,而实际上讲的是商品经济一般。《资本论》对商品经济一般的相关论述,是马克思主义政治经济学的重要组成部分。

(11) 商品理论。马克思认为:商品是用来交换的劳动产品。任何商品都具有两个要素:使用价值和价值。商品生产的产生和存在的条件是社会分工和私有制。关于商品经济范围的问题,马克思在《资本论》中指出,在资本主义商品经济条件下,商品关系是统治一切的,在那里,不仅物质产品是商品,甚至连劳动力、人的名誉和良心等等也都商品化了。关于商品经济历史命运的问题,马克思在《资本论》中曾明确指出,商品经济是一个历史范畴。商品经济是不是永恒的范畴?这是一个需要深入讨论的问题。但是,总不能把社会主义商品经济看作是一个短暂的历史过程,它至少是一个相当长的历史阶段。

(12) 货币理论。货币经济是一切商品经济所共有的。商品的交换要借货币为媒介,而货币本身也是一种商品,它是充当一般等价物的商品。马克思明确指出,货币有五种职能:价值尺度、流通手段、贮藏手段、支付手段和世界货币。关于货币流通规律,马克思在《资本论》中提出了流通所需的货币供应量公式,"就一定时间的流通过程来说是:商品价格总额/同名货币的流通次数=执行流通手段职能的货币量"。①

货币经济既然是一切商品经济所共有的。资本主义商品经济要重视,社会主义商品经济也要重视货币的各种职能和货币流通规律。

(13) 价值理论。有商品就有价值。价值规律是商品经济的内在规律。马克思的价值理论是科学的劳动价值论,是一个科学的体系,内容十分丰富,至少包括价值实体、价值量、价值形式、价值本质、价值规律、价格和价值的关系、劳动力的使用价值和价值、价值转形、国际价值、价值构成十个方面。把马克思的劳动价值论,仅理解为价值实体(即抽象劳动创造价值)和价值量(即社会必要劳动时间决定价值量)的理论,是很片面的,更不是用"劳动创造价值"这六个字就能解决的。马克思的劳动价值论是马克思主义政治经济学的基础,是我们必须坚持的马克思主义政治经济学的基础理论,不能否定。但是,马克思的劳动价值论必须发展,也能发展。

(14) 资本理论。资本是资本主义的特有范畴,还是商品经济的共有范畴?是不是存在资本一般?这是争议很大的问题。我认为资本的本质特征是增值价值。因此,资本的一般定义可采用马克思本来的提法:资本是自行增值的价值,或者说,资本是能够带来增值的价值。所以,资本最一般的本质特征是增值价值,能够带来增值的价值就是资本。资本是商品经济义中之词。资本有资本一般,也有资本特殊。资本主义商品经济有资本范畴,社会主义商品经济也有资本范畴。

(15) 剩余价值理论。剩余价值也是商品经济的概念,并不是资本主义的特有范畴。有商品,就有价值,也就有剩余价值。不少同志不承认有剩余价值一般,认为社会主义不应该有剩余价值,这主要是受苏联政治经济学教科书中关于剩余价值定义的束缚。"剩余价值是由雇佣工人所创造而由资本家无偿占有的超过劳动力价值的价值。"其实,这个定义并不是马克思的,而是由苏联政治经济学教科书以讹传讹而来的。马克思曾经说过:如果去掉剩余价值的独特的资本主义性质,它是一切社会生产方式所共有的基础。② 当然,也是社会主义生产方式的基础。承认剩余价值一般,区分资本主义社会的剩余价值和社会主义社会的剩余价值,从社会主义不存在剩余价值的禁锢中解放出来,对政治经济学的发展,对我国经济发展和改革将产生深远的影响。

(16) 市场理论。市场是商品经济的舞台,市场是商品经济的范畴。商品经济离不开市场,哪里有商品生产和商品交换,哪里就有市场。马克思说:"由于社会分工,这些商品的市场日益扩大;生产劳动的分工,使他们各自的产品相互变成商品,

---

① 《马克思恩格斯全集》第 23 卷,第 139 页。
② 《马克思恩格斯全集》第 25 卷,第 990 页。

互相成为等价物,使他们互相成为市场。"①市场是商品交换活动的场所,是商品经济的集中表现。市场多寡标志着商品经济发展的深度和广度。长期以来,把市场经济与资本主义画等号,这是一种误解。

(17) 信用理论。商品经济不能没有信用和银行。信用是一种信贷行为,是货币资金运动的一种形式。从货币信用关系发展起来的现代银行制度,是商品经济的高级形式。信用和银行是资本主义生产方式最精巧和最发达的产物,又是资本主义向社会主义过渡的有力杠杆。商品经济都要有发达的信用和银行制度。

(18) 竞争理论。商品经济是竞争型经济。竞争是商品经济的特征,只要存在着商品生产和商品交换,就会存在着竞争。马克思说:"社会分工则使独立的商品生产者互相对立,他们不承认任何别的权威,只承认竞争的权威,只承认他们互相利益的压力加在他们身上的强制。"②资本主义商品经济是竞争型的经济。社会主义经济仍然是商品经济,当然就挡不住竞争的洪流。竞争是商品经济活力之所在。

(19) 开放经济。商品经济是开放经济。商品经济离不开对外贸易和世界市场。马克思曾经提出:商品经济发展到一定阶段,就必然要突破国家和民族的界限,形成世界经济关系和世界市场。因此,要发展社会主义商品经济,不仅要重视国内流通和对内开放,同时要对外开放,不断发展对外经济交流。

(20) 经济周期理论。马克思的经济周期理论是科学的周期性危机理论,既揭示了资本主义经济周期的特殊性,又揭示了经济周期的一般性。资本主义商品经济有经济周期,社会主义商品经济也有经济周期。过去很长一段时期我们是不承认社会主义有经济周期的,认为经济周期是资本主义的产物。改革开放以来,部分经济理论工作者从实际出发研究社会主义经济周期问题,并已取得可喜成果。

3. 关于资本主义经济的理论

马克思关于资本主义经济的论述,是马克思主义政治经济学的重要组成部分,对于正确认识当代资本主义仍然具有重大意义,对研究社会主义经济理论也有启示。

(21) 资本主义发展阶段能不能跳越的问题。马克思在《资本论》第一卷第一版序言中说:"一个社会即使探索到了本身运动的自然规律。……它还是既不能跳过也不能用法令取消自然的发展阶段。但是它能缩短和减轻分娩的痛苦。"马克思这一段话是一条重要的历史唯物主义原理,讲的是规律的客观性和人的主观能动性的关系。规律是客观的,是不以人的意志为转移的。我们可以认识一个社会的

---

① 马克思:《资本论》第3卷,人民出版社1975年版,第718页。
② 马克思:《资本论》第1卷,人民出版社1975年版,第394页。

发展规律,但是不能跳过它,也不能用法令取消它,这就是说资本主义发展阶段是不能跳越的。但是,人的主观努力也不是完全无能为力的,由于人们认识了社会的规律,例如资本主义的发展规律,它能缩短或者减轻给人们造成的痛苦。

(22)资本原始积累与资本主义的产生。资本主义原始积累不是资本主义生产方式的结果,而是它的起点。资本主义原始积累,暴力起着巨大作用。对农民土地的剥夺,是形成资本原始积累全过程的基础。而"对他们的这种剥夺的历史是用血和火的文字载入人类编年史的"[1]。可见,资本原始积累过程是血和火的过程。但是,这个过程是不能跳过的,是不可避免的。

(23)资本主义经济的特征。马克思在《资本论》中指出:资本主义生产方式一开始就有两个特征[2]:第一,资本主义生产的产品是商品,资本主义生产方式的特征不在于生产商品,而在于商品生产占统治地位,特别是劳动力也成了商品;第二,资本主义生产的直接目的和决定动机是剩余价值的生产。资本本质上是生产资本的,但只有生产剩余价值,它才是生产资本。马克思认为,生产剩余价值是资本主义的绝对规律。马克思对资本主义特征的分析入木三分,揭示了资本主义的本质。社会主义的本质特征是什么,值得进一步探索。

(24)资本主义固有矛盾及其表现。恩格斯在《反杜林论》中指出:资本主义生产方式由于自己的起源而固有的矛盾是社会化生产和资本主义占有之间的矛盾。"新的生产方式愈是在一切有决定意义的生产部门和一切在经济上起决定作用的国家里占统治地位,并从而把个体生产排挤到无足轻重的残余地位,社会化生产和资本主义占有的不相容性,也必然愈加鲜明地表现出来。""社会化生产和资本主义占有之间的矛盾表现为无产阶级和资产阶级的对立。""社会化生产和资本主义占有之间的矛盾表现为个别工厂中的生产的组织性和整个社会的生产的无政府状态之间的对立。"[3]

(25)资本主义企业制度的演变。不同的企业制度可能反映不同的所有权形式,资本主义企业制度的发展在一定程度上反映了资本主义所有权的演变轨迹。第一,业主制企业。在19世纪中叶以前,业主制企业是典型的、占支配地位的私有企业形式,这也正是马克思着重考察的企业制度。第二,合伙制企业。第三,股份制企业。马克思指出:股份公司是资本主义生产方式在资本主义生产方式范围内的扬弃,是一种消极的扬弃。[4]

(26)资本主义社会的分配。马克思、恩格斯在全面研究资本主义经济形态的

---

[1] 《马克思恩格斯全集》第23卷,第783页。
[2] 《马克思恩格斯全集》第25卷,第994—997页。
[3] 《马克思恩格斯选集》第3卷,人民出版社1995年版,第621—624页。
[4] 《马克思恩格斯全集》第25卷,第497—498页。

过程中,对资本主义分配制度作了科学和深刻的分析。资本主义分配是一种剥夺雇佣劳动的分配形式。资本主义国民收入的分配是按照以下两条既相联系又相区别的原则进行的,即雇用工人按劳动力价值或价格分配必要价值,具体形式是工资;资本家按投入的资本或土地分配剩余价值,其形式是利润、利息和地租。

(27) 资本主义积累一般规律与无产阶级贫困。资本主义制度下无产阶级贫困的理论,是马克思和恩格斯剖析资本主义生产的性质和资本积累的一般规律,总结无产阶级实际状况而创立的科学理论。资本主义制度下的无产阶级贫困是资本主义制度的必然产物,存在着无产阶级贫困的规律。无产阶级贫困具有既是绝对的又是相对的两重性质。但是,在无产阶级贫困规律之外,不存在什么无产阶级绝对贫困化规律和无产阶级相对贫困化规律。而且,可以不再使用"绝对贫困化"和"相对贫困化"这两个含糊不清的经济范畴。

(28) 资本主义与世界市场。马克思指出:"世界贸易和世界市场在十六世纪揭开了资本的近代生活史。"①在马克思看来,"资产阶级社会的真实任务是建立世界市场……和以这种市场为基础的生产"。②"各国人民日益被卷入世界市场网,从而资本主义制度日益具有国际的性质。"③马克思的世界市场理论明确地揭示出世界市场的资本主义性质,对于认清经济全球化的本质等问题有重要的指导意义。值得注意的是,马克思建立的经济学体系中,无论是其"五篇计划"还是"六册计划"都把世界市场作为最后一篇,看来在马克思主义政治经济学体系中是不能没有世界市场及其相关的经济国际化问题的。

(29) 资本主义社会内部可以产生社会主义经济因素。马克思多次指出,资本主义社会内部可以产生社会主义经济因素。马克思在《资本论》第三卷第二十七章中指出:"工人自己的合作工厂,是在旧形式内对旧形式打开的第一个缺口,……。这种工厂表明,在物质生产力和与之相适应的社会生产形式的一定发展阶段上,一种新的生产方式怎样会自然而然地从一种生产方式中发展并形成起来。"④但是,在许多政治经济学著作中几乎都有这样的论断:以生产资料公有制为基础的社会主义生产关系,不可能在资本主义内部产生;只有在无产阶级夺取政权、建立无产阶级专政后,社会主义生产关系才可能逐步建立起来。这个论断并不一定是马克思主义的,也不完全符合实际。

(30) 资本主义必然灭亡的规律。马克思是从生产力同生产关系的矛盾中,揭示资本主义生产关系产生、发展和灭亡规律的。在《资本论》第一卷,马克思在论

---

① 《马克思恩格斯全集》第 23 卷,第 167 页。
② 《马克思恩格斯全集》第 29 卷,人民出版社 1972 年版,第 248 页。
③ 《马克思恩格斯全集》第 23 卷,第 831 页。
④ 《马克思恩格斯全集》第 25 卷,第 497—498 页。

述资本主义积累的历史趋势时作了这样的论断:"资本主义私有制的丧钟就要响起来了。"①马克思关于"资本主义私有制的丧钟就要响起来了"的论断,可能预计早了一点,现在资本主义还没有灭亡,但已经不断被代替。马克思揭示的资本主义必然灭亡的趋势,是不以人的意志为转移的客观规律。

4. 关于社会主义经济的预见

马克思、恩格斯没有社会主义经济建设的实践,也没有给我们留下一部社会主义政治经济学。但是,马克思在他的宏伟巨著——《资本论》以及《哥达纲领批判》等光辉著作中,对社会主义经济作了许多科学的预见;恩格斯在《反杜林论》《共产主义原理》等著作中对社会主义经济理论,又作了许多重要的补充。这是一份对建设马克思主义政治经济学有重大指导意义的宝贵资产。

(31) 社会主义革命的道路问题。马克思和恩格斯都认为无产阶级社会主义革命的道路有两种可能性:暴力革命和和平手段。这是后来国际共产主义运动史上争议很大的一个重大问题。以伯恩斯坦、考茨基为代表的第二国际主张和平手段、议会道路是无产阶级社会主义革命的唯一道路;以列宁、斯大林为代表的第二国际主张暴力革命、武装夺取政权是无产阶级社会主义革命的唯一道路。现在看来,还是马克思和恩格斯的两种可能性是正确的,唯一道路的看法都有片面性。关于社会主义革命的道路问题,还是中国共产党人说得好:"社会主义事业正在向前发展,并且必将通过各国人民自愿选择的、适合本国特点的道路,逐步在全世界取得胜利。"

(32) 社会主义必须建立在生产力高度发展的物质基础之上。马克思说:"去发展社会生产力,去创造生产的物质条件;只有这样的条件,才能为一个更高级的,以每个人的全面而自由的发展为基本原则的社会形式创造现实基础。"②马克思不仅指出社会主义社会必须建立在社会生产力比资本主义更高的物质基础上,而且指出社会主义也可能使生产力得到更快的发展。我们必须充分发挥社会主义制度的优越性,大力发展生产力,使社会主义获得日益增强的物质基础。

(33) 社会主义生产的目的是为了满足全体成员的需要。恩格斯在《共产主义原理》中指出,"有社会全体成员组成的共同联合体来共同而有计划地利用生产力;把生产发展到能够满足所有人需要的规模"③,"社会就将生产出足够的产品,可以组织分配以满足全体成员的需要"④。在《反杜林论》中也指出:"通过社会生

---

① 《马克思恩格斯全集》第23卷,第831—832页。
② 同上书,第649页。
③ 《马克思恩格斯选集》第1卷,人民出版社1995年版,第243页。
④ 《马克思恩格斯选集》第1卷,人民出版社1972年版,第222页。

产,不仅可能保证一切社会成员有富足的和一天比一天充裕的物质生活,而且还可能保证他们的体力和智力获得充分的自由的发展和运用。"①

(34) 社会主义社会的所有制。马克思、恩格斯关于所有制的论述主要是针对当时资本主义社会的,但他们对未来社会主义社会也作了预言:社会主义就是要消灭私有制;社会主义实行生产资料公有制;社会主义所有制首先采取国家所有制的形式;建立合作制。马克思关于社会主义所有制的设想,并不是后来人们所说的"公有制"或者"一大二公"一句话就可以概括的,实际上是比较复杂的,提法也比较多,有"公有""社会占有""共有""国有""合作占有",等等。我们不能以某些人的概括代替马克思的论述,更不能把社会主义在所有制问题上的失误加在马克思的头上。

(35) 社会主义有计划分配劳动和组织生产。马克思恩格斯认为:在社会主义社会,由于生产资料公有制的建立,有计划地分配社会劳动,使各个生产部门保持一定的比例关系,不仅更加必要了,而且有了可能。但这是在生产力高度发展、社会占有生产资料、消除商品生产的条件下才能实现的。现实的社会主义,生产力还没有高度发达,生产资料社会只部分占有,还有商品生产与交换。因此,现在还不可能实行马克思的设想,更不应该是我国在改革开放以前那种高度集权的计划经济体制。

(36) 社会主义的分配。马克思恩格斯认为,未来的社会主义社会是一个不存在商品货币关系的社会,并以此为基础预测了社会主义的分配,提出了:第一,社会主义个人消费品实行按劳分配的原则;第二,复杂劳动创造的更多的价值应归于社会;第三,巴黎公社原则。马克思恩格斯关于社会主义分配的理论是很丰富的,例如按劳分配的基本原则也是正确的。但某些具体原则,如复杂劳动创造的更多的价值应归于社会的原则,巴黎公社原则等不宜机械搬用。

(37) 社会主义更加需要经济核算。马克思说:"在资本主义生产方式消灭后,但社会生产依然存在的情况下……簿记将比以前任何时候都更重要。"②马克思在这里所说的簿记就是,对生产经营过程中人力、物力、财力的各种消耗,进行认真的记录、分析和核算。这种簿记工作,就是我们现在所指的经济核算。

(38) 社会主义社会是"以每个人的全面而自由的发展为基本原则的社会形式"③。"在那里,每个人的自由发展是一切人的自由发展的条件。"④在社会主义社会"通过社会生产,不仅可能保证一切社会成员有富足的和一天比一天充裕的物质

---

① 《马克思恩格斯选集》第3卷,人民出版社1995年版,第633页。
② 《马克思恩格斯全集》第24卷,第152页。
③ 《马克思恩格斯全集》第23集,第649页。
④ 《马克思恩格斯选集》第1卷,人民出版社1995年版,第294页。

生活,而且还可能保证他们的体力和智力获得充分的自由的发展和运用"①。

（39）社会主义是一个存在旧社会残余需要经常变化和改革的社会。马克思在《哥达纲领批判》中指出:"我们这里所说的是这样的共产主义社会,它不是在它自身基础上已经发展了的,恰好相反,是刚刚从资本主义社会中产生出来的,因此他在各方面,在经济、道德和精神方面都还带着它脱胎出来的那个旧社会的痕迹。"②社会主义社会不是一成不变的。恩格斯说得好:"我认为所谓'社会主义社会'不是一种一成不变的东西,而应当和任何其他社会制度一样,把它看成是经常变化和改革的社会。"③社会主义只有在经常变化和改革中才能前进。我们要在坚持社会主义制度的前提下,改革生产关系和上层建筑中不适应生产力发展的经济体制。

（40）社会主义社会是共产主义的初级阶段。社会主义社会是共产主义的初级阶段,以后还要发展到高级的共产主义社会。马克思在《哥达纲领批判》中指出,共产主义社会的初级阶段——社会主义社会,它还要向共产主义的高级阶段发展。看来,马克思主义政治经济学中不提共产主义恐怕是不行的。

马克思主义政治经济学,根据约定俗成,即除了马克思主义的创始人马克思以及恩格斯以外,还包括列宁、斯大林等的经济理论。

列宁对马克思主义政治经济学的贡献,主要包括撰写了《帝国主义是资本主义的最高阶段》,以及关于社会主义经济的论述。列宁并没有一本关于社会主义经济的专门著作,他所探讨的社会主义经济理论分散在许多著作中,如《苏维埃政权的当前任务》《论"左派"幼稚性和小资产阶级性》《伟大的创举》《无产阶级专政时代的经济和政治》《论粮食税》《论合作社》《论我国革命》《怎样改组工农检察院》《宁肯少些,但要好些》以及其他一些著作。列宁在这些著作中,初步总结了苏联社会主义建设的一些经验,丰富了马克思主义政治经济学。

斯大林的《苏联社会主义经济问题》是马克思主义关于社会主义经济理论的第一部系统的著作,也可以说是第一本社会主义政治经济学。这是对马克思主义政治经济学的重大贡献。但是,斯大林总结的是苏联一个国家社会主义建设的经验。斯大林逝世前苏联社会主义建设只有三十多年,他对社会主义经济规律的认识不可避免地带有历史的局限和一国的特殊性。因此,斯大林在为社会主义政治经济学创立的第一个体系——《苏联社会主义经济问题》中,有很多正确的东西,也有不确切的,甚至错误的东西。对马克思主义政治经济学某些理论也有不确切

---

① 《马克思恩格斯选集》第3卷,人民出版社1995年版,第633页。
② 同上书,第304页。
③ 《马克思恩格斯全集》第37卷,人民出版社1971年版,第443页。

的解释,需要澄清。

二、中国共产党人对马克思主义政治经济学的贡献

中国共产党人在领导中国社会主义经济建设和改革过程中,以马克思主义政治经济学为指导,同时吸取西方经济学中的有用成分,结合我国社会主义实际,大大丰富和发展了马克思主义政治经济学。

1. 毛泽东对马克思主义政治经济学的贡献

毛泽东是伟大的马克思主义者。毛泽东在《论十大关系》、《关于正确处理人民内部矛盾的问题》等著作中,关于社会主义经济建设的思想,对马克思主义政治经济学作出了重大贡献。

(41)社会主义社会的基本矛盾。马克思、恩格斯、列宁都未提及社会主义社会基本矛盾的问题。毛泽东在《关于正确处理人民内部矛盾的问题》中首次提出:"在社会主义社会中,基本的矛盾仍然是生产关系和生产力之间的矛盾,上层建筑和经济基础之间的矛盾。不过社会主义社会的这些矛盾,同旧社会的生产关系和生产力的矛盾、上层建筑和经济基础的矛盾,具有根本不同的性质和情况罢了。"①

(42)在社会主义社会社会生产和社会需要之间的矛盾将会长期存在的思想。毛泽东提出:"在客观上将会长期存在的社会生产和社会需要之间的矛盾,就需要人们时常经过国家计划去调节。"②因此,党和国家工作的重点必须转移到以经济建设为中心的社会主义现代化建设上来,大力发展社会生产力,以逐步解决人民日益增长的物质文化需要同落后的社会生产之间的矛盾。

(43)社会主义经济是为人民服务的经济。毛泽东在研读苏联《政治经济学教科书》时指出:社会主义经济是"为人民服务的经济"。③ 这就明确表达了社会主义经济的目的是为广大人民的利益服务的。这与马克思主义经典作家都曾坚持把满足整个社会及其成员的需要,作为社会的生产目的,一脉相承,但是,更加言简意赅。

(44)调动一切积极因素建设社会主义的思想。毛泽东提出了调动一切积极因素,化消极因素为积极因素,以便团结全国各族人民建设社会主义强大国家的战略思想。在《论十大关系》中指出:"我们一定要努力把党内党外、国内国外的一切

---

① 《毛泽东选集》第5卷,人民出版社1977年版,第373页。
② 同上书,第375页。
③ 中华人民共和国国史学会编:《毛泽东读社会主义政治经济学批注和谈话》,1998年编印。

积极的因素,直接的、间接的积极因素,全部调动起来,把我国建设成为一个强大的社会主义国家。"①

(45) 正确处理国家、集体、个人三者利益关系的思想。毛泽东多次提出要对全国城乡各阶层统筹安排和兼顾国家、集体、个人三者利益。在《关于正确处理人民内部矛盾的问题》中指出:"在分配问题上,我们必须兼顾国家利益、集体利益和个人利益。对于国家的税收、合作社的积累、农民的个人收入这三方面的关系,必须处理适当,经常注意调节其中的矛盾。国家要积累,合作社也要积累,但是都不能过多。我们要尽可能使农民能够在正常年景下,从增加生产中逐年增加个人收入。"②

(46) 社会主义工业化道路的思想。毛泽东总结苏联和东欧国家的经验,在《关于正确处理人民内部矛盾的问题》中明确提出,正确处理农、轻、重的比例关系是工业化道路的问题。他指出:"我国的经济建设是以重工业为中心,这一点必须肯定。但是同时必须充分注意发展农业和轻工业。"③这是对社会主义建设理论的一个重要贡献。

(47) 社会主义经济波浪式前进的思想。毛泽东1956年11月《在中国共产党第八届中央委员会第二次全体会议上的讲话》中指出:我们的经济建设"有进有退,主要地还是进,但不是直线前进,而是波浪式前进"。④ 他还说,波浪式就是一系列的波浪,可从波峰到波谷,从波谷到波峰都是起伏不平的。但是在波峰与波峰、波谷与波谷之间又是相对平衡的。显然,毛泽东对社会主义经济周期是肯定的。社会主义经济波浪式前进的思想,揭示了经济发展的客观规律。

(48) 两参一改三结合的思想。1960年3月,毛泽东在对中共鞍山市委《关于工业战线上的技术革新和技术革命运动开展情况的报告》的批示上,强调工人是企业的主人,要实行干部参加劳动、工人参加管理,改革不合理的规章制度和技术人员、工人、干部三结合。这是毛泽东同志对社会主义企业管理理论的丰富和发展。

(49) 关于价值规律"是一个伟大的学校"的思想。在《对"关于五级干部会议情况的报告"的批语》一文中,毛泽东提出,价值规律"这个法则是一个伟大的学校,只有利用它,才可能教会我们的几千万干部和几万万人民,才有可能建设我们的社会主义和共产主义。否则,一切都不可能"。⑤ 这里,实际上包含了三层意思:第一,只有利用价值规律,才能建设社会主义和共产主义;第二,利用价值规律

---

① 《毛泽东选集》第5卷,第288页。
② 同上书,第380页。
③ 同上书,第400页。
④ 同上书,第314页。
⑤ 《毛泽东文集》第8卷,人民出版社1999年版,第34页。

是广大干部和群众共同的事;第三,学会利用价值规律,不但要从书本上学,而且要通过工作实践。这是毛泽东对马克思主义价值理论的新贡献。

(50)坚持自力更生,同时争取外援的思想。毛泽东早在新民主主义革命时期就提出,"我们的方针要放在什么基点上? 放在自己力量的基点上,叫做自力更生。"①"我们是主张自力更生的。我们希望有外援,但是我们不能依赖它,我们依靠自己的努力,依靠全体军民的创造力。"②在《论十大关系》中进一步提出要学习外国先进经验。"我们的方针是,一切民族、一切国家的长处都要学,政治、经济、科学、技术、文学、艺术的一切真正好的东西都要学。"③

2. 中国共产党对马克思主义政治经济学的贡献

中国共产党对马克思主义政治经济学(主要是指社会主义经济理论)作出了重大贡献。

(51)生产力根本论。邓小平对社会主义经济学的贡献,很重要的一条就是指出了"社会主义阶段的最根本任务就是发展生产力"。④ 而且,提出了生产力是检验一切工作成败的根本标准。邓小平还提出了科学技术是第一生产力等重要论断,丰富了马克思主义政治经济学。

(52)经济建设中心论。邓小平一再指出:"说到最后,还是要把经济建设当作中心。离开了经济建设这个中心,就有丧失物质基础的危险。"⑤社会主义建设必须以经济建设为中心,这一科学认识来之不易。以经济发展为中心,这是硬道理。迅速把经济搞上去,我们就能立于不败之地。

(53)公有制主体论。邓小平一再指出,公有制占主体是我们所必须坚持的社会主义的根本原则。他说:"一个公有制占主体,一个共同富裕,这是我们所必须坚持的社会主义的根本原则。"⑥还说过:"我们允许个体经济发展,还允许中外合资经营和外资独营的企业发展,但是始终以社会主义公有制为主体。"⑦邓小平提出的这些论点既保证了我国经济建设和改革开放的社会主义方向,又体现了所有制要适合生产力发展要求的理论,从而丰富和发展了马克思主义政治经济学。

(54)共同富裕论。邓小平非常明确地指出:"社会主义的目的就是要全国人

---

① 《毛泽东选集》第 4 卷,人民出版社 1991 年版,第 1132 页。
② 《毛泽东选集》第 3 卷,人民出版社 1991 年版,第 1016 页。
③ 《毛泽东选集》第 5 卷,人民出版社 1977 年版,第 285 页。
④ 《邓小平文选》第 3 卷,人民出版社 1993 年版,第 63 页。
⑤ 《邓小平文选》第 2 卷,人民出版社 1994 年版,第 250 页。
⑥ 《邓小平文选》第 3 卷,第 111 页。
⑦ 同上书,第 110 页。

民共同富裕,不是两极分化。""走社会主义道路,就是要逐步实现共同富裕。"①邓小平关于允许一部分地区、一部分企业、一部分人先富裕起来,然后带动全体人民共同富裕的思想,极大地丰富和发展了马克思主义的社会主义分配理论。

(55) 市场经济手段论。长期以来,人们把市场经济看作是属于社会基本制度的范畴,认为搞市场经济,就是搞资本主义。邓小平始终把市场作为调节经济的一种手段和方法,而不是作为社会基本制度的问题。他说:"计划多一点还是市场多一点,不是社会主义与资本主义的本质区别。计划经济不等于社会主义,资本主义也有计划;市场经济不等于资本主义,社会主义也有市场。计划和市场都是经济手段。"②这个精辟论断,从根本上解除了把计划经济和市场经济看作属于社会基本制度范畴的思想束缚,使我们在计划与市场关系问题上的认识有了新的重大突破。市场经济手段论,是邓小平同志对马克思主义政治经济学的重大贡献。

(56) 改革是必由之路论。邓小平说:"改革是中国发展生产力的必由之路","要发展生产力,经济体制改革是必由之路"③。社会主义制度巩固和发展的希望在于改革,社会主义经济发展的根本出路在于改革,我们国家富强人民富裕的希望在于改革。改革才有出路,改革才有希望。革命是为了解放生产力,是马克思主义的一个重要观点。改革也是解放生产力,是邓小平对马克思主义的重要发展。

(57) 现代化建设三步论。为了迅速发展我国的生产力,邓小平根据我国国情,提出了实现我国现代化分三步走的战略部署:第一步,到 1990 年,实现国民生产总值比 1980 年翻一番;第二步,到 20 世纪末,使国民生产总值再增长一倍多;第三步到 21 世纪中叶,人均国民生产总值达到中等发达国家的水平。④ 这不仅是步骤,它涉及马克思主义政治经济学关于经济发展的理论。

(58) 速度与效益统一论。速度与效益的关系是经济发展的核心问题,也是国民经济持续、快速、健康发展的关键。邓小平总结我国社会主义建设的经验,认为速度与效益要统一起来,并且要在提高经济效益的前提下讲速度。他说:"讲求经济效益和总的社会效益,这样的速度才过得硬。"⑤这是对经济增长理论的发展。

(59) 对外全面开放论。邓小平在带领我国人民进行社会主义建设过程中,十分重视对外开放。邓小平不仅主张对外开放,而且主张全面对外开放。在空间上应该是全方位的。在形式上,是多种多样的,除对外贸易外,还包括利用外资、引进国外先进技术与设备、引进国外先进管理知识与智力,以及在国内建立经济特区,

---

① 《邓小平文选》第 3 卷,第 110—111、373 页。
② 同上书,第 373 页。
③ 同上书,第 136、138 页。
④ 《邓小平同志建设有中国特色社会主义理论学习纲要》,学习出版社 1995 年版,第 32 页。
⑤ 《邓小平文选》第 3 卷,第 143 页。

开放沿海城市等一套整体布局。邓小平的对外全面开放的思想,是建设中国特色社会主义理论的重要组成部分,极大地丰富了马克思主义对外开放的思想宝库,对马克思主义政治经济学作出了重大贡献。

(60) 物质和精神共抓论。1980年12月,邓小平在中央工作会议上就指出:"我们要建设的社会主义国家,不但要有高度的物质文明,而且要有高度的精神文明。"①邓小平同志"两个文明建设一起抓"的思想,体现了物质文明和精神文明建设辩证发展的客观规律,是对马克思主义的发展,丰富了马克思主义政治经济学。

(61) 建设有中国特色的社会主义。1982年9月召开的党的第十二次全国代表大会,提出了"把马克思主义普遍真理同我国的具体实际结合起来,走自己的路,建设有中国特色的社会主义"②的命题,"建设有中国特色社会主义"的命题是科学的马克思主义的命题。中国搞社会主义,强调要有中国特色。中国人写马克思主义政治经济学也要体现中国特色。中国马克思主义政治经济学社会主义部分,实际上就是有中国特色的社会主义经济学。

(62) 社会主义初级阶段。社会主义初级阶段理论是在党的十一届三中全会以后逐步形成和发展的。1987年党的十三大是社会主义初级阶段理论形成的标志。十三大报告明确指出:"我国正处在社会主义的初级阶段。这个论断,包括两层含义:第一,我国社会已经是社会主义社会,我们必须坚持而不能离开社会主义。第二,我国的社会主义还处在初级阶段,我们必须从这个实际出发,而不能超越这个阶段。"③党的十五大又进一步论述了社会主义初级阶段的基本路线和纲领。在党的纲领中明确提出社会主义初级阶段的科学概念,这在马克思主义发展历史上是第一次。正确认识我国社会现在所处的历史阶段,是建设有中国特色的社会主义的首要问题,是我们制定和执行正确的路线和政策的根本依据。也是马克思主义政治经济学社会主义部分的基本立足点和基本依据。

(63) 社会主义的根本任务是发展生产力。党的十一届三中全会以来,我们党对社会主义经济理论的突破,首先是突破了过去长期以来以阶级斗争为纲的左倾路线,明确我国仍然处在社会主义初级阶段,必须以经济建设为中心。十五大报告指出,"社会主义的根本任务是发展社会生产力。在社会主义初级阶段,尤其要把集中力量发展社会生产力摆在首要地位。"

(64) 以公有制为主体,多种所有制经济共同发展的基本经济制度。党的十一届三中全会以来,在邓小平理论的指导下,我们党的历届代表大会大都对社会主义经济理论有重大发展。十五大对经济理论的突破主要体现在所有制理论上,十五

---

① 《邓小平文选》第2卷,第367页。
② 《中国共产党第十二次全国代表大会文件汇编》,人民出版社1982年版,第3—4页。
③ 《中国共产党第十三次全国代表大会文件汇编》,人民出版社1987年版,第8页。

大提出：公有制为主体、多种所有制经济共同发展，是我国社会主义初级阶段的一项基本经济制度。十五大把个体经济、私营经济、外资经济等非公有制经济不再作为"补充"，而是作为"重要组成部分"，这是所有制理论的一个重大变化。

（65）社会主义市场经济体制。党的十四大是在社会主义经济运行上突破了原来的计划经济体制，明确提出我国经济体制改革的目标是建立社会主义市场经济体制。党的十四届三中全会还通过了《中共中央关于建立社会主义市场经济体制若干问题的决定》，对社会主义市场经济体制的基本框架作了具体规划。党的十六届三中全会制定了《中共中央关于完善社会主义市场经济体制若干问题的决定》。我们党关于建立社会主义市场经济体制的几个决定，反映了我们党对社会主义市场经济认识不断深入和日益成熟，丰富和发展了社会主义经济理论。

（66）按劳分配为主体、多种分配方式并存的制度。在传统观念中，我们一直认为按劳分配是社会主义社会的基本特征，在实践中长期实行单一的分配方式，否认和排除其他分配方式的存在。十五大、十六大和2004年修改的中华人民共和国宪法都进一步明确坚持和完善"按劳分配为主体，多种分配方式并存的制度"。这是对社会主义分配理论的发展。

（67）新型工业化道路。在人类历史工业化过程中，曾经出现过资本主义优先发展轻工业的工业化道路，苏联优先发展重工业的工业化道路。毛泽东也提出过，以农、轻、重为序的工业化道路。"十六大"报告提出了新型工业化道路。这就是："坚持以信息化带动工业化，以工业化促进信息化，走出一条科技含量高、经济效益好、资源消耗低、环境污染少、人力资源优势得到充分发挥的新型工业化路子。"我们党提出的新型工业化道路是对马克思主义工业化道路理论的发展，丰富了马克思主义政治经济学。

（68）社会主义的科学发展观。党的十六届三中全会提出："坚持以人为本，树立全面、协调、可持续的发展观，促进经济社会和人的全面发展。"[1]这就是我们党新的中央领导集体从党的十六届三中全会以来，强调的社会主义的科学发展观。"科学发展观，第一要义是发展，核心是以人为本，基本要求是全面协调可持续，根本方法是统筹兼顾。"[2]党中央提出的科学发展观是对马克思主义的发展理论的继承和重要发展，丰富了马克思主义政治经济学。

（69）全面协调各种经济利益关系。2003年10月14日，中国共产党十六届三中全会通过的《中共中央关于完善社会主义市场经济体制若干问题的决定》第三条"深化经济体制改革的指导思想和原则"中有五个坚持，其中第四个就是"坚持

---

[1] 《中共中央关于完善社会主义市场经济体制若干问题的决定》，人民出版社2003年版，第12—13页。
[2] 《胡锦涛在中央党校发表重要讲话》，新华网，2007年6月25日。

统筹兼顾,协调好改革进程中的各种利益关系"。① 在十六届四中全会通过的《中共中央关于加强党的执政能力建设的决定》中指出,"协调各方面的利益关系,正确处理人民内部矛盾。"②党的十六届三中和四中全会关于协调利益关系的论述,是对马克思主义经济利益理论的丰富和发展,是对马克思主义政治经济学的一个新的贡献。

（70）全面建设小康社会和构建社会主义和谐社会。党的十六大提出了全面建设小康社会的目标:"我们要在本世纪头二十年,集中力量,全面建设惠及十几亿人口的更高水平的小康社会,使经济更加发展、民主更加健全、科教更加进步、文化更加繁荣、社会更加和谐、人民生活更加殷实。"③十六大确立的全面建设小康社会的目标,实际上也就是建设利益共享、共同富裕、人和社会全面发展的社会。这是对马克思政治经济学的发展理论的贡献。党的十六届六中全会指出,"社会和谐是中国特色社会主义的本质属性","我们要构建的社会主义和谐社会,是在中国特色社会主义道路上,中国共产党领导全体人民共同建设、共同享有的和谐社会"。胡锦涛同志指出,"贯彻落实科学发展观,要求我们始终坚持'一个中心、两个基本点'的基本路线,积极构建社会主义和谐社会。"我们党提出构建社会主义和谐社会影响深远,同时必须认识到,国民经济中占主体和主导地位的公有制经济是中国特色社会主义本质上实现和谐的经济基础。

（作者：洪远朋,《马克思主义研究》2007 年第 8 期、第 9 期）

---

① 《中共中央关于完善社会主义市场经济体制若干问题的决定》,第 13 页。
② 《中共中央关于加强党的执政能力建设的决定》,人民出版社 2004 年版,第 24—25 页。
③ 《江泽民文选》第 3 卷,人民出版社 2006 年版,第 543 页。

正确认识马克思主义政治经济学

什么是政治经济学？怎样正确认识马克思主义政治经济学？这本来是一个不成问题的问题。现在看来，还有必要给马克思主义政治经济学再行定位，并对各种不同的理解作简要分析。

一、给马克思主义政治经济学的定位

要建立马克思主义政治经济学的体系，首先必须弄清马克思主义政治经济学的地位。

（1）从学科来说，马克思主义政治经济学是经济学的三级学科。一级是经济学，二级是理论经济学，政治经济学是理论经济学的分支，是三级经济学科。

理论经济学是相对于应用经济学的。经济学按其研究领域和适用范围的不同，可分为理论经济学和应用经济学。

理论经济学是研究经济学中的一般理论问题，揭示经济活动一般规律的科学。在资产阶级经济学和无产阶级经济学中，都使用理论经济学这一概念。

在资产阶级经济学中，斯密的《国富论》和李嘉图的《政治经济学和赋税原理》对资本主义生产关系的内部联系作了初步的分析，发现了若干重要的一般经济规律，可以算是资产阶级古典理论经济学的代表作。但是，第一次提出理论经济学这一概念的，是19世纪中叶奥地利学派创始人卡尔·门格尔，他在反对德国历史学派抛弃经济理论时，首次提出把经济学分为理论经济学、应用经济学和历史统计经济学的主张。

在无产阶级经济学中，马克思的《资本论》揭示了资本主义经济运动的规律、人类社会经济运动的一般规律,以及社会主义经济运动的主要规律,是无产阶级理论经济学的代表作。在马克思主义经典作家中,恩格斯曾经在《反杜林论》一书中明确使用过"理论经济学"这一概念。

长期以来,人们往往把政治经济学和理论经济学当作同义语,这只能说是狭义的理论经济学。广义的理论经济学,除政治经济学外,还应包括生产力经济学、比较经济学、世界经济学、经济理论史等等。

应用经济学是运用经济理论研究某一具体经济领域的特定经济问题并加以应用的科学。

应用经济学以理论经济学在经济实践中的应用为研究目的,涉及的范围十分广泛,其分支学科十分繁多。一般将部门经济学科(如工业经济学、农业经济学、商业经济学等等)、专门经济学科(如劳动经济学、市场经济学、分配经济学、消费经济学等等)、数量经济学科(如经济数学、统计学、会计学、审计学等等)、边缘经济学科(如科学经济学、信息经济学、文化经济学、教育经济学等等)都列入应用经济学。它随着社会经济的发展,将不断分化和发展。

所以,政治经济学不等于理论经济学,更不等于经济学。因此,不能把理论经济学的任务,特别是整个经济学的任务,都压到政治经济学上。

(2)从阶级属性来说,政治经济学要涉及各个阶级的经济利益,所以,不同的阶级为了维护本阶级的利益,都有自己的经济学。当今世界主要有两大阶级,所以,从阶级属性来划分,主要有资产阶级政治经济学和无产阶级政治经济学。

马克思主义经济学就是无产阶级经济学,是为无产阶级利益服务,也就是为大多数人利益服务的经济理论。资产阶级经济学,是为资产阶级利益服务,也就是为少数人利益服务的经济理论。所以,经济理论的两大思想体系,严格说应该是无产阶级政治经济学和资产阶级政治经济学,或者说是劳动的经济学和资本的经济学。现在,已经习惯把无产阶级经济学称为马克思主义经济学或政治经济学,把资产阶级经济学称为西方经济学,只好约定俗成。

马克思主义政治经济学和西方经济学是两种有本质区别的经济理论体系,总体说来主要有六个方面的区别。

第一,代表的经济利益不同。马克思主义政治经济学公开声明是为无产阶级利益,即大多数人利益服务的。所以,人们把马克思主义经济理论的代表著作《资本论》称为"工人阶级的圣经"[①]。西方经济学虽然打着种种旗号,但实质上是为资

---

① 《马克思恩格斯全集》第23卷,第36页。

产阶级利益,即少数人利益服务的经济理论。正如凯恩斯所说:"在阶级斗争中会发现,我是站在有教养的资产阶级一边的。"①

第二,马克思主义政治经济学着重揭示事物的本质和经济运动的规律,正如马克思在《资本论》中所说的:"本书的最终目的就是揭示现代社会的经济运动规律。"②西方经济学不敢深入到经济事物的本质,往往只是在经济现象的表面联系中兜圈子,具有很大的表面性。

第三,马克思主义政治经济学着重研究经济活动中的社会关系,即人与人的关系,西方经济学却着重研究经济活动中的物质方面,即人与物的关系、物与物的关系。恩格斯说过:"经济学所研究的不是物,而是人和人之间的关系,归根到底是阶级和阶级之间的关系;可是这些关系总是同物结合着,并且又作为物出现。"③列宁也说过:"凡是资产阶级经济学家看到物与物之间的关系(商品交换商品)的地方,马克思都揭示了人与人之间的关系。"④

第四,马克思主义政治经济学着重研究经济发展的客观因素,是以辩证唯物论为基础的。正如马克思所说的:"我的辩证方法。从根本上来说,不仅和黑格尔的辩证方法不同,而且和它截然相反。在黑格尔看来,思维过程,即他称为观念而甚至把它变成独立主体的思维过程,是现实事物的创造主,而现实事物只是思维过程的外部表现。我的看法则相反,观念的东西不外是移入人的头脑中改造过的物质的东西而已。"⑤西方经济学比较重视经济发展的主观因素、心理因素,回避或不重视经济发展的客观因素,具有很大的主观性。

第五,马克思主义政治经济学侧重于资本主义经济关系矛盾和对立的揭示;西方经济学则侧重于资本主义经济关系的和谐与统一。

第六,马克思主义政治经济学也很重视经济活动的数量分析,但着重于经济活动的定性分析;西方经济学特别是当代西方经济学也有经济活动的定性分析,但偏重于经济活动的定量分析。

在社会主义经济建设和经济改革中,怎样对待马克思主义政治经济学和西方经济学是一个有争议的问题,有各种不同的态度。

在一段时期内,对西方经济理论采取完全否定的态度,不学习,不研究,冠以"资产阶级的"、"庸俗的",甚至"反动的"帽子一概加以拒绝,这当然不是正确态度。

---

① 凯恩斯:《劝识集》,商务印书馆1962年版,第244—245页。
② 《马克思恩格斯全集》第23卷,第11页。
③ 《马克思恩格斯选集》第2卷,人民出版社1995年版,第44页。
④ 《列宁选集》第2卷,人民出版社1995年版,第312页。
⑤ 《马克思恩格斯全集》第23卷,第24页。

在另一段时期内,有一部分人又把西方经济理论捧上了天,采取"全盘西化"的态度,没有认真学习和研究,一知半解,食洋不化,不作具体分析,一概加以接受,这也不是正确的态度。

在两者中以马克思主义政治经济学为主,或者说为指导,同时借鉴和吸收西方经济理论中的合理成分,为社会主义建设服务。我们认为,这才是应该采取的正确态度。

西方经济学,虽然有各种各样的学派,但总的来说,都是为资产阶级的利益服务的,我们对西方经济学不能采取一概排斥的态度,也不能把它们神化而采取照抄照搬的态度,而应该采取分析研究比较的态度,吸收借鉴其有用的合乎科学的东西,拒绝其错误的东西。

总之,我们对待马克思主义政治经济学不能采取教条主义的态度,对西方经济理论也不能采取教条主义的态度。

(3)从马克思主义的组成部分来说,无产阶级政治经济学是马克思主义的三个组成部分之一,是马克思主义的主要内容,是无产阶级制定纲领、路线、方针和政策的理论基础,是引导工人阶级和劳动人民推翻资本主义,建设社会主义的强大思想武器,也是其他经济学科的理论基础。

我们知道,马克思主义是由哲学、政治经济学、科学社会主义三个部分组成的。

马克思主义哲学,就是辩证唯物主义和历史唯物主义。它是研究自然界、人类社会和思维发展的最一般的规律,是无产阶级的世界观。马克思主义政治经济学,是研究社会生产关系,阐明人类社会各个发展阶段经济运动的规律。科学社会主义,是研究无产阶级革命和无产阶级专政的理论和策略,阐明社会主义和共产主义必然胜利的条件、实现的途径和无产阶级的伟大历史使命。它们虽然各有自己的研究对象,但又是密切联系的。

马克思主义的产生,是哲学、政治经济学以及其他社会学说的伟大革命。马克思、恩格斯首先创立了辩证唯物主义,并把这一哲学的基本原理应用于人类社会生活,从而创立了历史唯物主义。辩证唯物主义和历史唯物主义是无产阶级政党的世界观,是马克思主义的理论基础,也是政治经济学的理论基础。马克思就是运用辩证唯物主义和历史唯物主义的基本观点,分析和研究了资本主义的生产关系,并亲自参加了当时无产阶级反对资产阶级的斗争实践,才创立了马克思主义的政治经济学。

马克思主义政治经济学的创立又进一步充实和丰富了马克思主义哲学的内容,使辩证唯物主义和历史唯物主义得到最广泛的运用和证明。历史唯物主义是马克思发现的,早在1845年春,马克思对唯物史观就作了明确的表述。但是,当时提出的唯物史观仍然是一种假设,还没有得到具体的证明。政治经济学,特别是《资本论》的问世,弄清了资本主义的矛盾运动及其发展规律之后,唯物史观才得到了科学的论证。列宁曾经指出:"自从《资本论》问世以来,唯物主义历史观已经不是假设,而是科学地证明了的原理。"①可见,政治经济学是辩证唯物主义和历史唯物主义的证实和应用。

哲学的历史唯物主义和政治经济学的剩余价值理论,同时又为科学社会主义奠定了基础,使社会主义从空想变为科学。恩格斯曾经指出,关于剩余价值来源"这个问题的解决是马克思著作的划时代的功绩。它使明亮的阳光照进了经济学领域,而在这个领域中,从前社会主义者像资产阶级经济学家一样曾在深沉的黑暗中探索。科学社会主义就是以此为起点,以此为中心发展起来的"②。

可见,马克思主义是哲学、政治经济学、科学社会主义三个部分组成的一个整体。

政治经济学是马克思主义三个组成部分之一,在马克思主义理论宝库中占有很重要的地位。恩格斯说过:无产阶级政党的"全部理论内容来自对政治经济学的研究"③。列宁也说过:"……现代社会生活中最重要的问题都同经济学问题有最直接的关系","历史上和现实中的各种最紧要的问题,都是同经济问题密切联系着的,这些问题的根源就在社会的生产关系中"。④ 列宁还曾经指出,马克思的经济学说是马克思主义的主要内容,并说,"使马克思的理论得到最深刻,最全面,最详尽的证明和运用的是他的经济学说。"⑤政治经济学之所以在马克思主义理论体系中具有如此重要的地位,就是由于它是研究生产关系,阐明社会经济发展规律的科学,它深刻地反映了马克思主义理论的实质,对于人们正确地认识世界和改造世界有着极其重要的意义。

马克思花费40年心血写成的伟大著作《资本论》,是马克思主义的百科全书,是马克思主义三个组成部分的有机结合和辩证统一。《资本论》不仅完成了政治经济学的伟大革命,而且还是一部哲学巨著和科学社会主义的光辉文献。

马克思主义三个组成部分之间有着密切的联系,学习政治经济学有助于我们更好地学习马克思主义哲学和科学社会主义理论。因此,为了全面地系统地掌握和理解马克思主义,提高我们的马克思主义理论水平,就必须学习政治经济学。

当前,认真学习政治经济学,对提高马克思主义理论水平,认清历史发展趋势,建设具有中国特色的社会主义,促进社会主义经济的全面发展,都具有重大的现实意义。

---

① 《列宁选集》第1卷,人民出版社1995年版,第10页。
② 《马克思恩格斯选集》第3卷,人民出版社1995年版,第548页。
③ 《马克思恩格斯选集》第2卷,人民出版社1995年版,第37页。
④ 《列宁全集》第4卷,人民出版社1958年版,第33、36页。
⑤ 《列宁选集》第2卷,人民出版社1995年版,第428页。

二、对政治经济学各种理解的简评

什么是政治经济学？一下子还很难说清楚,从专业的经济学家到普通的老百姓,有各种各样的理解或解释,试简评之。

1. 评政治经济学就是经济学

不少人,包括各种派别的经济学家基本上都认为政治经济学与经济学这两个词是可以互相替用的,实际上政治经济学不等于经济学,两者是有区别的。

第一,如果我们对经济学的历史演进进行考察,可以发现政治经济学与经济学在研究内容上存在着明显的区别。当色诺芬第一次使用经济学这个名词时,经济学仅指研究奴隶主家庭经济管理的学问,经济学并不涉及政治因素。但是,当蒙克莱田在经济学之前加上政治两个字从而第一次运用政治经济学这个名词时,它的含义已经发生了巨大的变化。政治经济学所研究的范围已经超出了自然经济的范围,已涉及国家或社会经济问题。事实上,在此后的二百多年中,政治经济学一直作为一门社会科学、作为一门研究社会范围内的经济关系和经济问题的科学而存在。

第二,从经济科学的发展和学科分类来看,政治经济学与经济学有着很大的区别。如果说在经济科学诞生的初期,整个经济科学就是政治经济学,那么,在经济科学严重分化的今天,经济科学已发展成为一个多层次的庞大的学科体系,政治经济学或现有的各种应用经济学都仅仅是其中的一门学科,都仅仅是经济学的一种。

2. 评马克思主义政治经济学就是政治经济学

现在已经习惯把马克思主义政治经济学就等同于政治经济学。例如：在高等学校所讲授的政治经济学,实际上就是马克思主义政治经济学,但这是不能画等号的。政治经济学从阶级属性来区分,就有工人阶级政治经济学和资产阶级政治经济学之分。工人阶级政治经济学,也就是为工人阶级利益,或者说为大多数人利益服务的政治经济学,即马克思主义政治经济学。资产阶级政治经济学,也就是为资产阶级利益,或者说为少数人利益服务的政治经济学,即现在俗称的西方经济学。所以,现在俗称的西方经济学,实际上就是资产阶级政治经济学。所以,不能把马克思主义政治经济学等同于政治经济学,马克思主义政治经济学实际上是工人阶级政治经济学,也就是劳动人民政治经济学,或者说"穷人"政治经济学。

3. 评马克思主义政治经济学就是资本主义政治经济学

有人说,马克思主义政治经济学就是资本主义政治经济学。理由很简单,马克思的主要著作,伟大的政治经济学著作《资本论》就是揭示资本主义产生、发展、灭亡规律的著作,是资本主义政治经济学。我最近看到一本叫作《政治经济学原理》的书,而且是作为大学政治类教材教育大学生的,打开一看确实只有政治经济学的资本主义部分,是《资本论》不像样的压缩本。

以研究资本主义社会经济运动规律为内容的狭义政治经济学在18、19世纪确实存在过。但是,现在是21世纪,马克思的政治经济学已经经过列宁、斯大林、毛泽东、邓小平等,以及其他理论工作者的丰富发展到马克思主义政治经济学。正如恩格斯所说的:"政治经济学作为一门研究人类各种社会进行生产和交换并相应地进行产品分配的条件和形式的科学,——这样广义的政治经济学尚有待于创造。"[①]现代的马克思主义政治经济学,不能只有资本主义部分,而没有社会主义部分。

4. 评马克思主义政治经济学就是社会主义政治经济学

在讨论我国现在是创建一本"马克思主义政治经济学"教材,还是创建一本"中国特色社会主义政治经济学"教材的过程中,有人主张先写一本"马克思主义政治经济学"教材,有人主张先写一本"中国特色社会主义经济学"教材,还有人认为二者差不多,还是叫马克思主义政治经济学为好,这是有一定道理的。二者确实有许多共同点,但也有不少差别。作为马克思主义政治经济学,从前面5个字来看,马克思主义政治经济学应该既包括资本主义部分又包括社会主义部分,从后面5个字来看,马克思主义政治经济学,范围又窄一些,政治经济学主要是研究生产关系的,比经济学要窄一些。作为中国特色社会主义经济学来看,从前面8个字来看范围窄一些,它不包括政治经济学的资本主义部分,但从后面3个字来看,经济学所研究的范围要比政治经济学宽得多。不管怎么样,马克思主义政治经济学作为一门研究社会经济制度的科学,必须结合本国的实际来展开,要有自己的特色。现在,我们建设马克思主义政治经济学,就是要建立有中国特色的马克思主义政治经济学。

5. 评马克思主义政治经济学是革命的理论,不是建设的理论

怎么理解马克思主义政治经济学,有一种说法:马克思主义政治经济学是革命的理论,不是建设的理论。这是一种误解,这里涉及马克思的政治经济学和马克思主义政治经济学的区分,马克思的经济学是指马克思主义创始人的理论,主要是马克思以及恩格斯的理论,特别是马克思的政治经济学代表作《资本论》所揭示的

---

① 《马克思恩格斯全集》第20卷,人民出版社1973年版,第163页。

资本主义产生、发展、灭亡规律。因此,有人说,马克思主义政治经济学是指导工人阶级革命的科学,不能解决社会主义建设的问题。这是一种误解,马克思的政治经济学当然是揭示了资本主义运动的规律,但是,在马克思的主要政治经济学著作《资本论》中,不仅揭示了资本主义经济运动规律,指导工人阶级革命,同时还揭示了人类社会和商品经济共同适用的一般经济理论以及社会主义经济运动的规律。这些经济理论对社会主义建设是有指导作用的。

如果是说马克思主义政治经济学,那么,还要加上列宁、斯大林、毛泽东、邓小平等的经济理论,这些经典作家的经济理论,主要是讲社会主义建设的理论。所以,马克思主义政治经济学既是革命的理论又是建设的理论。

6. 评政治经济学是政治加经济学

一些人看到政治经济学中有政治两个字,就认为政治经济学是搞政治的。这也是一种误解。政治经济学绝不是政治学,也不是简单的政治加经济学。但是,政治经济学确实不能离开"政治"。

从系统论角度讲,社会经济系统是由政治、经济、社会、文化、生产力等子系统互相作用而构成的大系统。由政治经济体制、社会结构、文化规范等组成的社会经济运行机制决定着一国经济发展的历程。粗略地说,现代经济理论中有两种大的研究取向。一是把经济系统放在整个社会大系统中来研究,因为他们认为经济系统是一个开放的、动态非均衡系统,只有同时把政治、文化、制度等因素对经济系统运行的影响统统加以考虑,才能对经济现象和经济运动作出科学的解释。如马克思所说的研究生产关系必须联系生产力和上层建筑。二是假定制度、文化、政治等因素是外生的、给定的,仅仅分析在既定的制度文化背景下经济系统是如何运行的,分析稀缺资源是如何有效配置等问题。

可以说,马克思主义政治经济学一直坚持第一种研究取向。100多年来的西方经济学则以第二种研究取向为主导,但20世纪六七十年代以来,由于西方主流经济学"失灵",研究政治、经济、文化等制度因素怎样影响经济发展的新制度经济学便应运而崛起。同时,西方经济学界也出现了"古典主义"复兴的热潮。复兴的政治经济学的一个重要特点就是,把其研究领域拓展到对政治行为作经济分析。它试图拆除经济学与政治学之间的壁垒,把经济、政治、社会、文化等融为一体,试图把传统经济学看作是外生的政治、文化、制度因素内部化,纳入经济学模型之内予以分析。描述政治、文化因素怎样以非经济、超经济的力量践踏"看不见的手"的机制,构成新政治经济学的一个重要主题。

可见,无论是对西方学者来说还是对中国学者来说,把政治、经济、社会、文化诸因素纳入政治经济学的分析框架之中,是大势所趋。因为只有这样,才能科学地揭示经济制度更迭和内部变革的规律。

7. 评政治经济学是争权夺利的学问

有人说,政治经济学是争权夺利的学问。这个看法当然是不正确的。不过,这种说法倒也说出了问题的要害,政治的核心是"权力",经济的核心是"利益"。但是,这样笼统地说,忽略了政治经济学的社会性和阶级性。从社会性来看,资本主义社会确实是争权夺利的社会,资产阶级凭借国家权力,拼命榨取剩余价值,剥夺无产阶级的利益。资产阶级政治经济学实际上也是"教导"资产阶级怎样去"争权夺利"。然而,社会主义社会就不同了。在社会主义社会,是无产阶级国家政权,维护最广大人民群众的根本利益。马克思主义政治经济学,应教导广大人民群众在社会主义社会怎样实现"共享利益"。

8. 评政治经济学是阶级斗争的科学

政治经济学当然是有阶级性的。如前所述,马克思主义政治经济学公开声明为工人阶级利益,即大多数人的利益服务。所以,人们把马克思主义的代表著作《资本论》称为"工人阶级的圣经"。西方经济学虽然打着种种旗号,但实质上是为资产阶级利益,即少数人利益服务的经济理论。正如凯恩斯所说:"在阶级斗争中会发现,我是站在有教养的资产阶级一边。"但是,不能简单、笼统地说,马克思主义政治经济学是阶级斗争的科学。

马克思在《资本论》中揭示了资本主义社会人们在生产过程中的相互关系归根到底是阶级关系,是整个资产阶级剥削整个工人阶级的阶级对抗关系。"每一单个资本家,同每一个特殊生产部门的所有资本家总体一样,参与总资本对全体工人阶级的剥削,并参与决定这个剥削的程度,这不只是出于一般的阶级同情,而且也是出于直接的经济利害关系。"[1]但是,在一个阶级内部,正像马克思所反复论证的,他们的根本利益是一致的。在激烈的竞争中,资产阶级争权夺利,尔虞我诈。但从对整个工人阶级的剥削来说,他们的根本利益是一致的。马克思说得好:"资本家在他们的竞争中表现出彼此都是虚伪的兄弟,但面对着整个工人阶级却结成真正的共济会团体。"[2]因此,马克思一再强调工人应该以整个阶级来反抗整个资产阶级的剥削和压迫。马克思主义政治经济学告诉我们,在资本主义社会,工人阶级与资产阶级的矛盾要用阶级斗争的方法来解决。

在社会主义社会,建立了社会主义公有制,社会主义生产中人与人之间的相互

---

[1] 《马克思恩格斯全集》第25卷,第220页。
[2] 同上书,第221页。

关系发生了根本的变化。旧社会处于被剥削被压迫地位的广大劳动人民，变成了社会生产的主人，广大劳动人民内部在根本利益一致的基础上形成了互助互利关系。但是，社会主义社会广大劳动者除了人民内部共同一致的根本利益之外，还有各自特殊的利益，有时甚至会产生矛盾，但这是社会主义社会的人民内部矛盾。马克思主义政治经济学要告诉人们，社会主义社会人民内部的利益矛盾，不能用阶级斗争的办法，而要用妥善协调各方面的利益关系，正确处理人民内部矛盾，建立利益共享的社会主义和谐社会。

9. 评政治经济学是法权经济学

政治经济学的研究对象是生产关系，这是马克思在《资本论》中反复说明了的基本观点。但是，"四人帮"却把政治经济学研究的对象篡改为资产阶级法权。张春桥首先攻击社会主义生产关系充满着资产阶级法权，胡说什么："我们的经济基础还不稳固，资产阶级法权在所有制方面还没有完全取消，在人们的相互关系方面还严重存在，在分配方面还占统治地位。""四人帮"授意编写的那本《社会主义政治经济学》就公然声称："在社会主义生产关系中……资产阶级法权……存在于社会的生产分配、交换和消费的整个过程中。"有人还这样鼓吹："社会主义政治经济学集中到一点就是关于资产阶级法权的理论"，"政治经济学研究的对象是资产阶级法权"。一门研究生产关系的科学，却把上层建筑当成研究对象，这是惊人的颠倒。

10. 评政治经济学是算账学

"政治经济学"这个概念已经出现了几百年。但是，什么是政治经济学？它是研究什么的？到现在还没有弄清楚。理论界，还在打官司、争论，在社会上还不普及，不少青年同志，甚至包括一些已有多年工作经验的老同志，对政治经济学也不是很熟悉和了解的。例如，有些人看到政治经济学中有经济两个字，就认为政治经济学仅仅是算账的。记得有一年，有一位同志进了我们学校的政治经济学系，他告诉我，在他离开工作岗位入学的前夕，不少亲友给他送礼、赠言。有个朋友送给他一把算盘，希望他好好学会算账，单位领导人嘱咐他要学会记账，以后回来当会计。其实，这是一种误解。政治经济学当然也要算账，但它不是教我们怎样具体算账，而是教我们懂得算账的原理。学会具体的算账那是会计学的任务。也有些人认为政治经济学是研究生产关系的，与算账毫无关系，这也是一种误解。其实，政治经济学不仅要注重质的分析，而且也要注重量的分析。

(作者：洪远朋，《马克思主义研究》2009年第7期)

经济学的发展与创新

一、政治经济学与经济学

要研究经济学的发展问题,首先必须区分政治经济学与经济学。

第一,如果我们对经济学的历史演进进行考察,可以发现政治经济学与经济学在研究内容上存在着明显的区别。当色诺芬第一次使用经济学这个名词时,经济学仅指研究奴隶主家庭经济管理的学问,经济学并不涉及政治因素。但是,当蒙克莱田在经济学之前加上政治两个字从而第一次运用政治经济学这个名词时,它的含义已经发生了巨大的变化。政治经济学所研究的范围已经超出了自然经济的范围,已涉及国家或社会经济问题。事实上,在此后的二百多年中,政治经济学一直作为一门社会科学,作为一门研究社会范围内的经济关系和经济问题的科学而存在;政治经济学的研究也从未停止有关政治、文化伦理因素如何影响经济现象和经济关系的研究。只是到边际学派产生以后,由于资源配置问题得到高度重视和数学分析的大量增加,才在杰文斯的倡导下,马歇尔于1890年正式启用经济学这个名称。同时,经济学也从社会科学中"分化"出来,成为一门"纯技术科学",从此经济学不再研究政治文化因素。

但是,20世纪以来的经济实践和理论研究表明,经济学所要解决的问题,绝非是"纯技术问题"。它不像物理学、化学可以置人与人之间的关系而不顾,进行纯技术处理。经济学正是基于个人决策、个人行为和人与人之间的经济关系之上的,所以自20世纪70年代以来,西方经济学界掀起了一股新古典主义复兴的浪潮,政治经济学这一名词再度流行。在回答经济学下一步将走向何处这一问题时,80年代以来已有许多经济学家认为,无论如何,下一代经济学家无疑地还将是政治经济学家。政治经济学不仅要包括从世界经济到微观经济的广泛现实,而且要包括有关民族国家和政治现实在内。可见,从历史上看,政治经济学与经济学的研究对象是不同的,是有差别的。

也就是说,尽管自亚当·斯密以来,各种派别的经济学家基本上都认为政治经济学与经济学这两个词是可以互相替用的。但是,各派经济学家对政治经济学或经济学的定义和研究对象从来就是没有统一过。有的认为经济学是研究生产关系的,有的认为经济学是研究资源最优配置的,有的认为经济学是研究选择的科学,有的认为经济学是研究价格、产量、货币、利率、资本、财富和失业问题及变化趋向的等等。他们基于各自对研究对象的不同认识,而分别选用了政治经济学或经济学作为学科名称。比如,主张联系生产力和上层建筑来研究生产关系的马克思主义经济学一直选用政治经济学作为学科名称,而主张研究资源配置的现代西方经济学则选用了经济学作为学科名称。显然,马克思主义的政治经济学与西方的现代经济学,不仅在学科名称上存在差别,而且在研究对象上也存在很大差别。这在一定程度上也说明,政治经济学与经济学,它们是有区别的。

第二,从经济科学的发展和学科分类来看,政治经济学与经济学有着很大的区别。如果说在经济科学诞生的初期,整个经济科学就是政治经济学,那么在经济科学已严重分化的今天,经济科学已发展成为一个多层次的庞大的学科体系,政治经济学或现有的各种经济学都仅仅是其中的一门学科,都仅仅是理论经济学的一种。如果我们考察一下经济科学的分类,就可以看得一清二楚。据我们大致概括,经济科学可分为下列类别:

在基础经济理论方面,有政治经济学、西方经济学、宏观经济学、微观经济学、生产力经济学、比较经济学、发展经济学等。

在应用经济理论方面,有工业经济学、农业经济学、商业经济学、运输经济学、建筑经济学、财政学、货币银行学、劳动经济学、投资学、土地经济学、地区经济学、空间经济学、流域经济学、城市经济学、山区经济学、乡镇经济学等。

在经济理论工具方面,有国民经济计划学、经济统计学、会计学、审计学、计量经济学等。

在经济理论边缘科学方面,有生态经济学、经济控制论、人口经济学、环境经济学、经济法学、卫生经济学、教育经济学、科学经济学等。

在经济史学方面,有中国经济史、美国经济史等国别史,以及各种经济学说史。

尽管经济科学已成为门类最多、范围最广、影响最大、问题最多的一门社会科学,但是习惯上我们把所有经济分类学科统称为经济学。事实上,我们却没有一门能够综合反映所有经济分类科学或反映经济科学全貌的经济学。我们上文已指出,政治经济学和现有的"经济学"都仅仅是一种理论经济学,是经济学的一个分支学科,不是真正意义上的经济学,因为它们不能反映和综合经济学的全貌。过去,在经济学分化之前,我们通常用政治经济学或西方的经济学来代替真正意义上的经济学。显然,时代的变迁和我国经济发展的现实,不再允许我们把政治经济学与经济学混为一谈了。

可见,我们现在研究如何发展经济学的问题,既要研究政治经济学的发展问题,也要研究经济学的创新问题。

二、政治经济学的发展与创新

现在有人认为,政治经济学已经过时,已经完成了它的历史使命。我们并不赞成这种观点。政治经济学是一门革命的、发展的学科。

的确,我们生活的时代与马克思主义政治经济学创立时的时代背景已大不相同。马克思、恩格斯生活在19世纪中叶这个风雨飘摇的动荡时代,其时代的主旋律是革命与战争,其历史使命是指导无产阶级成功地推翻资本主义制度。这样,马克思主义政治经济学尽管对资本主义市场经济的运行进行了详细的、历史的分析,但是其目的是为了证明资本主义制度是不公平的、低效率的,其自身矛盾运动必然导致资本主义走向灭亡。尽管马克思对未来的社会主义进行了初步设想,但对未来的社会主义如何才能茁壮成长却论之甚少。问题是,我们时代的主题已不再是革命与战争,而是和平与发展。对如何发展社会主义经济、如何建立一个社会主义新世界、如何诊治在社会主义经济建设中出现的各种疾病从而使社会主义经济健康持续地成长,马克思并没有提供现成的答案。可见,尽管马克思主义政治经济学的基本精神仍可应用于今天,但是在新的时代背景和历史使命下,如果仅停留在套用马克思原有的理论体系,对马克思主义采取教条主义的态度,那么我们的政治经济学就不可能具有现实的洞察力和说服力。正因为传统的政治经济学缺少创新,使得它不能适应新时代提出的新要求。

中国传统政治经济学的"失灵",使得许多学者(尤其是年轻学者)转而求助于西方经济学。的确,一百多年来,西方经济学为诊治资本主义经济相继出现的各种病痛而多方努力,为建立健康而有序的市场经济积累了丰富的经验,形成了系统的理论体系。如果说在传统的计划经济体制中,我国经济的运行机制完全不同于市场机制,从而对以市场经济为分析核心的西方经济学有一种天然的排斥力,那么改革开放以来中国经济的迅速市场化就使得西方经济学在中国有了生存的土壤。西方经济学可以用来弥补我们在市场经济理论与运作方面的知识不足。但是,中国是在特定的制度文化背景下搞市场经济,教条地套用西方经济理论同样不可能具有现实的洞察力和解释力。而且,西方经济学本身也处于混乱和危机之中,对医治西方各国面临的各种病痛已显得力不从心,更何况对制度截然不同的社会主义国家。

由上可见，教条式地搬用马克思政治经济学或西方经济学均难以解决中国迅速变化着的现实问题，政治经济学面临着发展与创新。

对中国政治经济学的发展，学者们从不同的角度进行了探索。仁者见仁，智者见智。限于篇幅，我们不打算对各家观点进行述评。下面就如何发展政治经济学，谈谈我们的看法。

第一，政治经济学不能离开"政治"。从系统论角度讲，社会经济系统是由政治、经济、社会、文化、生产力等子系统互相作用而构成的大系统。由政治经济体制、社会结构、文化规范等组成的社会经济运行机制决定着一国经济发展的历程。而且，政治、经济、文化、社会等子系统又是由一些更小的元素组成的，这些元素可以有不同的特征，这样具有不同特征的元素组合在一起而构成的子系统往往具有多种不同的运行模式。由于每个国家的历史背景不同，其政治、经济、社会、文化等系统往往各具特色，由此而组成的社会经济运行机制也各不相同，其运行效率从而对经济发展的影响也不同。但是，由于认识的差异，并非所有经济理论派别都会对这些方面进行综合考察。粗略地说，在现代经济理论中有两种大的研究取向：一是把经济系统放在整个社会大系统中来研究，因为他们认为经济系统是一个开放的、动态非均衡系统，只有同时把政治、文化、制度等因素对经济系统运行的影响统统加以考虑，才能对经济现象和经济运动作出科学的解释。如马克思所说的研究生产关系必须联系生产力和上层建筑；二是假定制度、文化、政治等因素是外生的、给定的，仅仅分析在既定的制度文化背景下经济系统是如何运行的，分析稀缺资源是如何有效配置的等问题。

可以说，马克思主义政治经济学一直坚持第一种研究取向，但在如何结合社会主义制度背景进行政治经济学创新方面做得并不理想。近一百年来的西方经济学则以第二种研究取向为主导，但六七十年代以来由于西方主流经济学的"失灵"，研究政治、经济、文化等制度因素怎样影响经济发展的新制度经济学便应运而崛起。同时，西方经济学界也出现了"新古典主义"复兴的热潮。复兴的政治经济学的一个重要特点就是把其研究领域拓展到对政治行为作经济分析。它试图拆除经济学与政治学之间的壁垒，把经济、政治、社会、文化等融为一体，试图把传统经济学认为是外生的政治、文化、制度因素内部化，纳入经济学模型之内予以分析。描述政治、文化因素怎样以非经济、超经济的力量践踏"看不见的手"的机制，构成新政治经济学的一个重要主题。

可见，无论是对西方学者来说还是对中国学者来说，把政治、经济、社会、文化诸因素纳入政治经济学的分析框架之中，是大势所趋。因为只有这样，才能科学地揭示经济制度更迭和内部变革的规律。

第二，政治经济学作为一门研究社会经济制度的科学，必须结合本国的实际来展开,要有自己的特色。现在,我们讲政治经济学的发展,就是要建立有中国特色的政治经济学。

政治经济学是对特定经济制度中经济现象和经济活动规律的揭示,因此它总是与不同国家的特定制度中社会实践活动紧密联系在一起的,脱离现实背景的政治经济学不可能具有生命力。事实上,马克思《资本论》是对19世纪中叶英国资本主义经济实践活动的概括;斯密《国富论》是对英国资本主义上升时期社会经济实践活动的概括;萨缪尔森《经济学》是对美国现代资本主义各种经济活动和经济现象的概括。相应地,中国的政治经济学必须根植于当前中国现实经济背景之中。虽然我国经济体制改革是市场经济取向的(这为我国政治经济学吸收西方经济理论提供了体制背景),但是我国经济活动背景毕竟与世界上其他国家存在很大差异,具有自己的独特性。首先,我国是处于初级阶段的社会主义大国。以社会主义公有制为主体的多种所有制形式并存的格局,必然使得企业和个人等微观经济组织的经济行为不同于资本主义国家微观组织的行为;共同富裕的理想也使得政府追求大多数公民的基本利益,而不同于资本主义政府仅是大资产阶级的代言人。其次,我国生产力发展水平低下,市场经济刚起步。即使在20世纪末我国顺利地实现了向市场经济过渡,我国也只能处于市场经济发展的中早期阶段,我国的二元经济结构或三元经济结构相当明显,市场机制在不同地区不同领域的作用程度以及作用方式也将不同。这与已经建立起现代市场经济的西方诸国存在很大差异。再次,我国具有独特的文化背景。英美文化是以个人主义为主导的文化,文化规范着重强调个人自由、个人利益;而我国在几千年的历史上形成了强调集体主义的文化背景,强调服从国家利益,强调节俭、勤劳。这两种文化对经济行为的影响是截然不同的。

正因为我国有独特的制度文化背景,有独特的经济环境,决定了中国经济学必须解决许多现有经济理论从未遇到过的问题,从而需要我们进行理论创新,建立适合中国国情、具有中国特色的社会主义政治经济学。

第三,应明确政治经济学的研究对象是生产关系,但应根据时代特色和新的历史使命,进行理论创新,建立新的政治经济学体系。我们认为,如果对政治经济学的研究对象进行调整,势必把政治经济学弄得不伦不类。其实,生产关系以外的各种经济问题均可归入经济学的分析之中,这样政治经济学才有其学科特色。由于时代背景和历史使命的不同,与传统政治经济学相比,新的政治经济学尽管也以研究生产关系为主,但理论分析的切入点和视角将不同,理论分析的最终目的也将不同。比如,我们总的结论仍将是生产力与生产关系的矛盾运动将导致社会经济制度的不断更替,但在同一社会经济制度内生产力与生产关系的矛盾运动是如何引起经济制度的渐变或经济体制的不断变革的呢?经济体制演变的价值目标和效率目标是什么？如何理解近一百多年来资本主义内部的体制更迭及其演进趋势？如何理解社会主义内部体制变革的规律及其趋势？由于在可预见的将来，社会经济制度在世界范围内发生重大变化的可能性并不大，但同一制度内的体制创新将持续不断地发生，因此政治经济学关注后一类问题的现实意义更加巨大。

基于上述认识，我们主张应根据时代特色和新的历史使命，创立新的政治经济学体系，以取代传统的由资本主义部分和社会主义部分两大块构成的政治经济学旧体系。

新的政治经济学体系应由下列六个部分组成。

第一部分，经济制度的更迭和内部变革。以马克思主义生产力与生产关系矛盾运动的基本原理为基础，吸收西方新制度经济学的合理成分，运用现代经济学分析工具，以经济利益为核心和出发点，以生产力发展从而优化资源配置为中介目标，对历史上经济制度内部变迁的机制及经济制度更迭的机制进行描述。当某种制度的运行成本过高且阻滞了生产力发展时，该制度内部就可能发生体制创新；当体制创新均无法促进生产力发展、降低运行成本时，就会发生经济制度创新或更迭。然而，生产、交换、分配、消费每一个环节的运行机制和效率均将影响整个经济社会的生产力水平及其发展状况，也将影响该经济制度的运行成本。因此，要详细揭示经济制度更迭及内部变革的机制，必须从生产、交换、分配、消费四个方面展开论述。

第二部分，生产过程。这一部分将首先描述生产过程的基本要素，生产要素的不同组织方式决定了不同的生产组织并构成不同经济制度的基础。其次，以分工为起点，描述历史上分工和技术进步怎样导致了生产力的发展和生产组织形式从氏族、家庭、手工作坊、机器大工业到现代企业制度的更迭，以及这一系列更迭过程怎样促进了经济制度运行费用的节约和效率的提高，从而怎样促进了经济制度的变革和演进。再次，对生产过程本身进行描述，揭示生产过程中的经济关系，在不同制度背景下主要是资本主义经济制度和社会主义经济制度下的特点、表现形式及其经济实质。最后，分析社会主义中国的生产过程。

第三部分，交换过程。首先，分析分工水平怎样决定交换和市场的规模，并进而决定经济形态和社会经济制度的；揭示市场体系是怎样随着分工和生产的发展而逐步形成的，以及市场体系的逐步完善对经济制度的变迁的影响。其次，描述市场机制的运作机制，分析市场机制在资本主义社会和社会主义社会的具体形态及配置资源的效率、优缺点。再次，描述市场机制的制度环境以及政府干预市场运行的必要性和规则。

第四部分，分配过程。首先，分析生产力水平怎样决定历史上分配方式的更迭，并探讨各种分配方式存在的前提和制度背景。其次，探讨在资本主义经济制度和社会主义经济制度下分配方式是怎样影响公平和效率的。再次,探讨分配方式的公平程度和效率程度怎样影响生产力发展并引起经济制度更迭和变革的。

第五部分,消费过程。首先,分析生产力水平是怎样决定消费的性质、水平和结构的,特别是资本主义经济制度和社会主义经济制度下在消费性质、水平和结构上的差异。其次,分析消费水平和结构怎样引起需求、投资、生产等水平和结构的变化。再次,分析消费对社会经济制度变迁的作用。

第六部分,政治经济学发展史。首先,介绍马克思以前的政治经济学的产生和演变过程。其次,描述马克思主义政治经济学的发展历程。再次,综述"边际革命"以来西方政治经济学的演变史。最后,叙述社会主义政治经济学的发展史。

(作者:洪远朋、金伯富,《中国社会科学》1997年第3期)

试谈经济结构的外延和内含
——学习《资本论》的一点体会

根据马克思《资本论》中关于经济结构的有关论述,我们就经济结构的外延和内含以及有关问题谈一些不成熟的看法。

一、经济结构的外延

现在大家都在谈论经济结构的改革,但是,经济结构的外延和内含是什么?看法并不一致。过去很长一段时间,有些同志把经济结构仅仅理解为就是生产关系的问题。近来,一些谈论经济结构的文章中,又把经济结构说成主要是生产力的问题。另外,还有一部分同志认为经济结构既包括生产力的结构,又包括生产关系的结构。最近,我们重读马克思的《资本论》,感到以上这些看法都不够全面。

马克思在《资本论》中指出:"这种生产的承担者对自然的关系以及他们互相之间的关系,他们借以进行生产的各种关系的总和,就是从社会经济结构方面来看的社会。"①生产的承担者对自然的关系,也就是人对物的关系,这是生产力的问题。所以,经济结构首先应该包括生产力的结构。生产的承担者互相之间的关系,这是生产关系的问题。所以,经济结构当然也应该包括生产关系的结构。马克思在《资本论》中还说过:"从直接生产者身上榨取无酬剩余劳动的独特经济形式,决定着统治和从属的关系,这种关系是直接从生产本身产生的,而又对生产发生决定性的反作用。但是,这种由生产关系本身产生的经济制度的全部结构,以及它的独特的政治结构,都是建立在上述的经济形式上的。"②所以,经济结构还应包括经济制度的结构。

---

① 《马克思恩格斯全集》第25卷,第925页。
② 同上书,第891页。

因此,经济结构的外延从完整的意义上说来,应该包括:(1)生产力的结构;(2)生产关系的结构;(3)经济制度的结构。我们在研究经济结构,考虑经济结构的调整时,要从生产力、生产关系、上层建筑的各个方面去研究经济结构是由哪些方面构成的,如何构成的,以及这些方面的地位、作用和相互关系。

有人认为,经济结构既包括生产力的结构,又包括生产关系的结构,还包括经济制度的结构,范围过于广泛,几乎囊括了全部经济问题。我们认为这样的范围既是广泛的,又是狭窄的,并没有囊括全部经济问题。从结构的角度来看,它是广泛的,既包括生产力的结构,又包括生产关系的结构,还包括经济制度的结构。从全部经济问题来说,它又是狭窄的,因为它只是就经济中的结构这个角度来研究生产力、生产关系和经济制度中与结构有关的问题,而不是研究生产力、生产关系、经济制度中的全部问题。正如管理就它研究人对物的管理是生产力问题,研究人对人的管理是生产关系问题,研究管理的规章制度是上层建筑问题一样,不能由此就认为管理囊括了全部经济问题,因为它也是就管理这个角度来研究与生产力、生产关系、上层建筑有关的问题。

还有人认为,把经济制度的结构列入经济结构的范围,就是把经济结构和经济体制等同起来,混淆二者的区别。当然,经济体制不能等同于经济结构,它们二者是有区别的。但是,它们绝不是截然分开、毫不相关的,而是既有联系又有区别的两个范畴。它们的关系实际上是整体与部分,一般与特殊的关系。经济体制是经济结构的一个组成部分,完整的经济结构应该包括经济体制在内。经济结构中生产力结构、生产关系结构是经济体制的前提和基础,当然,经济体制也反作用于生产力结构和生产关系结构,二者相互联系,相互影响。如果经济体制的改革,离开了作为经济结构基础的生产力结构和生产关系结构,经济体制的改革就会失去依据、迷失方向,必然越改越乱。所以,在完整的经济结构中不能没有经济制度的结构。

以上,我们首先分析了经济结构的外延,下面分别简要分析一下各种经济结构的内含。

二、生产力的结构

马克思在《资本论》中指出:"生产力当然始终是有用的具体的劳动的生产力。"[①]这就是说,生产力就是人的具体劳动创造使用价值、生产物质财富的能力。生产力由三个要素构成:劳动力、劳动对象、劳动资料。生产力三要素构成完整的

---

① 《马克思恩格斯全集》第23卷,第59页。

生产力,其中每一个要素在生产力中都占有重要的地位和作用,在完整的生产力中不能缺少任何一个要素。研究生产力的结构,就是考察生产力各要素的构成、地位、相互关系及其量的比例,建立合理的生产力结构,以促进生产力的发展。

劳动力就是指人在进行物质资料生产时运用的体力和脑力的总和。在生产力结构中首先不能没有劳动力。它是生产力结构中能动的要素,是人能动地认识、征服、改造自然,是人发明和运用科学,是人制造和改造工具。马克思说:"机器不在劳动过程中服务就没有用。不仅如此,它还会由于自然界物质变换的破坏作用而解体。铁会生锈,木会腐朽。纱不用来织或编,会成为废棉。活劳动必须抓住这些东西,使它们由死复生。"①劳动力本身也有结构问题,包括:体力劳动和脑力劳动的结构;简单劳动和复杂劳动的结构;劳动的质和量的结构;工人、管理人员和工程技术人员的结构等。随着社会生产的发展,在劳动力构成中,对脑力劳动、复杂劳动的要求愈益增加,对劳动力质量的要求愈来愈高。

劳动资料是劳动者在劳动过程中用以改变或影响劳动对象的一切物质资料和物质条件。劳动资料中最主要的是生产工具。劳动资料是生产力结构中的重要因素。"劳动资料不仅是人类劳动力发展的测量器,而且是劳动借以进行的社会关系的指示器。"②劳动资料本身的结构,也就是通常所说的技术结构,主要是指生产的自动化(半自动化)、机械化(半机械化)、手工工具的构成。随着社会生产的发展,技术构成有不断提高的趋势。但是,每一个国家怎样的技术构成才算合理,要根据各国生产力发展水平和具体情况而定。

劳动对象是人们在物质生产过程中将劳动加于其上的一切东西。它是生产力结构中不可缺少的要素。没有劳动对象就不可能形成现实的生产力。马克思说:"劳动者没有自然,没有感性的外部世界就不能创造什么。感性的外部世界是材料,他的劳动在材料上实现自己,在材料里面进行活动,从材料里面,并且利用材料进行生产。"③劳动对象由没有经过人类劳动加工的自然和经过人类劳动加工过的原材料两部分构成。自然又由自然力(如风力、水力、电力、太阳能、地热等能源结构)和自然物(如矿藏、水中的鱼、森林中的树木等)两部分构成;原材料又是由原料(经过人类劳动初步加工的物质)和材料(经过人类劳动进一步加工的物质)两部分构成。随着社会生产的发展,原材料在劳动对象结构中的比重将会逐步扩大。

生产力就是由劳动力、劳动资料和劳动对象这三个要素构成的,而且这三者必须按一定的比率恰当地结合起来,才能形成现实的生产力。生产力水平的高低,在很大程度上就是这三个要素结合得好不好决定的。所谓生产力结构是否合理,实

---

① 《马克思恩格斯全集》第 23 卷,第 207 页。
② 同上书,第 204 页。
③ 《经济学——哲学手稿》,人民出版社 1958 年版,第 53 页。

际上就是指三要素结合的比例是否适当。马克思在《资本论》中曾经指出："第一个比率是建立在技术基础上的,它在生产力的一定发展阶段可以看作是已定的。例如,要在一天之内生产一定量的产品,也就是说,推动一定量的生产资料,机器、原料等等,在生产中把它们消费掉,就必须有一定数目的工人所代表的一定量的劳动力。一定量的生产资料,必须有一定数目的工人与之相适应。"①

那么,在生产力结构中,我国三要素及其内部结合的现状怎样呢？我国生产力结构中最主要的问题,就是人与物,即劳动力和生产资料(包括劳动资料和劳动对象)不成比例。劳动力很多,但劳动力质量不高；资源丰富,但作为劳动对象的原材料、燃料相当缺乏；资金少、技术水平低,但作为劳动资料的一般机械却相对过剩。具体表现在以下几方面：

第一,人口问题是我国生产力结构中的一个突出问题。解放以来,我国对人口出生率没有适当控制,致使人口增长过快。旧中国从1840年到1949年的109年中,全国只增加人口一亿三千万,而新中国成立后的三十年,净增人口四亿三千多万人。现在全国人口近十亿,其中约有五亿劳动力。从数量上看,我国拥有世界上最丰富的劳动力资源,但这样多的劳动力与生产资料的现状不成比例。我们没有那么多的生产资料和生活资料,用以保证每个有劳动能力的人都就业。从质量上看,我国劳动人民勤劳智慧,但是科学文化技术水平较低。现在待业人员那么多,但有些企业添置了新的设备,却找不到合格的工人去操作。

第二,自然资源丰富,但是很多资源还没有探明和开采,还没有成为现实的劳动对象。原材料、燃料动力不足是生产力结构中又一个突出问题。许多企业因此而停工待料或开工不足。例如,我国煤、电、石油严重不足,每年缺煤上千万吨,缺石油几百万吨,缺电上千万千瓦,拖了国民经济的后腿；建材工业比重过小,赶不上国民经济发展的需要,水泥每年缺口五百万吨左右,木材缺口三四百万立方米,平板玻璃只能满足工矿建设和城市需要量的40%左右；纺织工业1979年有30%的原料要靠进口；糖的生产能力由于原料不足只能生产二百多万吨。

第三,资金少,技术水平低,但作为劳动资料的一般机械却相对过剩。我国底子薄,资金积累有限,我国劳动资料的数量和质量与工业发达国家比较是相当差的。农业生产的劳动资料大多数还是手工工具,工业生产的自动化、机械化水平也不高。但是,根据我国生产力现有水平,在生产力结构中,作为劳动资料的机械工业与作为劳动对象的原材料、燃料工业相比,相对说来却有过剩。由于原材料、燃料供应不足,我国约有半数机床闲置没用；由于机械工业内部结构不合理,型号落后,质次价高,货不对路,全国机电产品库存已达六百亿元。

---

① 《马克思恩格斯全集》第25卷,第162页。

形成我国当前生产力结构不合理的原因很复杂,但从理论上、指导思想上看,主要有两个问题。一是片面宣传生产力只有两个要素,说生产力就是两项,即人和工具,不承认劳动对象也是生产力的一个要素,因此长期以来不注意自然资源的勘探和开采,不重视发展原材料工业,造成原材料、燃料供应不足;二是片面强调人在生产力中的作用,认为只要有了人什么人间奇迹也可以创造出来,等,因此对人口的增长不但不加控制,反而对主张控制人口的人横加批判,致使人口的增长与生产资料的增长不相适应。

那么,怎么来调整这种不合理的生产力结构呢?

第一,调整经济结构,首先一个重要的问题,就是要求得人的生产和物的生产的平衡。我们必须记取以往片面认识人口问题的经验教训,采取严格的措施,切实控制人口的增长。同时,还要加强对劳动力的培养和训练,提高劳动力的质量,充分发挥现有劳动力多的优势,多发展劳动密集的行业,不断向生产的深度和广度进军。在引进先进技术时,也要充分估计到我国劳动力资源丰富这个特点,适当引进一些用人多、价格便宜的中间技术,控制那些用人少而价格昂贵的技术。

第二,加强原材料工业,实行能源的开发和节约并举,迅速改变劳动对象相对落后的状态。原材料、燃料是发展国民经济的重要物质基础。列宁说过:"作为社会主义社会基础的大工业,只有在矿物燃料的基础上才能牢固地建立起来。"[1]因此,要改变我国不合理的生产力结构,必须加强原材料、燃料工业,扩大品种,提高质量,大力开展综合利用。

第三,调整劳动资料特别是机械工业的结构,以适应生产力发展的需要。解决我国当前机械工业已经相对过剩问题的关键,就是要主动改变机械工业的服务方向,把一些自我服务的机械工业转为农业、轻工业生产劳动资料;要大力发展能源省、原材料消耗少的机电产品,加快对耗能高、原材料消耗大的机电产品的更新换代。同时,从我国劳动力资源丰富的实际出发,在技术结构实行自动化、机械化、手工工具并举的前提下,为了适应现代化建设的需要,对某些确实必需的资金密集的高精尖的机械工业还是要适当发展一些。

第四,扬长避短,发挥优势,建立合理的生产力配置结构。生产力还有个地区分布的问题,也就是地区经济结构。过去要求各个省、市都要建立完整的经济体系,在没有煤铁的地区硬要建立煤铁工业基地,在畜牧、经济作物区也要粮食自给,违背了自然规律和经济规律,结果受到了惩罚。现在,中央指出,扬长避短,尽可能发挥各地的优势,各个省市都要根据自己的自然、经济的具体条件,安排与之相适应的经济结构,然后,在全国范围内互通有无,这是非常必要的。这样做,不仅各省

---

[1] 《列宁全集》第33卷,第139页。

市可以发展得更快一些,而且整个国民经济也可以发展得更快一些。

三、生产关系的结构

马克思说过,生产关系的总和构成社会的经济结构。所谓生产关系的结构也就是生产关系的总和;按照马克思在《政治经济学批判》导言中讲的,就是生产、分配、交换、消费四个环节的总和。研究生产关系的结构,就是考察生产关系各个环节的构成、地位、相互关系及其比例,建立合理的生产关系结构,以促进生产力的发展。

生产在社会再生产过程中居于支配地位,它决定分配、交换、消费的性质、形式和数量。生产本身的结构错综复杂。其中,最主要的是产业结构或部门结构,即生产资料生产与消费资料生产两大部类之间的关系,也就是我们通常所说的农业、轻工业、重工业的关系,其中包括农业、工业各部门内部的关系。比如,农业内部有农、林、牧、副、渔之间的关系;工业内部有冶金、机器制造、化工、轻工等之间的关系。生产按范围的大小,还有规模的结构,即大型、中型、小型企业各占多大比重。从生产的结果来看,又可以有产品结构,如初级产品、中间产品、最终产品各占多大比重等等。

分配是联结生产和消费的不可缺少的中间环节。分配包括生产资料的分配、劳动力的分配和产品的分配。生产资料的分配实际上就是投资结构。比如,产业部门之间投资的分配,生产性建设和非生产性建设之间投资的分配,还有新建企业和改造原有企业投资的分配,文化、教育、科研投资的分配等等。劳动力分配实际上就是就业结构,是指劳动力在工业、农业、商业、服务业、文教卫生、科学研究等部门分布的结构。产品分配主要是国民收入中处理积累与消费的关系。

交换也是社会再生产中不可缺少的中间环节,它是联系生产与生产、生产与消费的桥梁和纽带。从总体上看,流通过程是由活劳动交换、产品交换、商品交换和货币交换交织组成的。从商品流通的结构来说,不仅有农产品流通、日用工业品流通,还有生产资料的流通。与交换相联系的还有价格结构,要正确处理计划价格、议售价格和浮动价格以及自由价格的关系,工农业产品比价关系、工业品比价关系、农产品比价关系。此外,还有内贸和外贸的关系等等。

消费是社会生产过程的终点,任何生产,归根到底是为了消费。马克思说过:没有消费,生产就没有目的。消费包括生产消费和个人消费。生产消费是指生产过程中生产资料和活劳动的消费,它本身包含在生产之中。个人消费是指人们为满足个人生活需要而消费各种物质资料和精神产品。通常所谈的消费是指个人消费。恩格斯在马克思《雇佣劳动与资本》导言中把消费资料分为三部分,即生存资料(食、衣、住、用、行等)、发展资料(文化教育、体育等)和享受资料(文娱、疗养、旅游等)。

马克思主义社会再生产的原理告诉我们,任何社会的再生产,都是由生产、分配、交换和消费这些既相互联系又相互制约的环节组成的对立统一体,作为生产关系的结构,不能缺少其中任何一个环节。马克思说过:"在每个历史时代中所有权以各种不同的方式、在完全不同的社会关系下面发展着。因此,给资产阶级的所有权下定义不外是把资产阶级生产的全部社会关系描述一番。"[①]这就是说,从某种意义上说,生产关系就是所有制关系。所以,研究生产关系的结构还不能不研究所有制的结构。

那么,我国生产关系结构现状的问题在哪里呢?

第一,在产业结构上,我国当前是重轻农式的重型经济结构。我国重工业并不发达,许多重工业产品远远不能满足国家建设的需要。但是,相对农业和轻工业来说,重工业过分突出了。由于重工业长期优先发展,挤了农业和轻工业。农业的发展落后于工业发展的需要,甚至难于满足人口增长的需要。轻工业的发展速度远远落后于重工业,许多轻工业品长期供不应求。这样的结构不改变,农、轻、重不可能协调地发展。

第二,忽视生产关系结构中的流通环节。长期以来,不承认生产资料是商品,不准进入流通,只能调拨,大大缩小了流通范围。生活资料虽然在理论上承认是商品,但实行的也是统购包销,或者定量凭证供应,也限制了商品流通。我国社会主义经济的某种呆板、不灵活,一个重要原因就是在经济结构中忽视流通过程。

第三,在分配结构上,长期以来在我国经济工作中一直存在着一种倾向,认为积累率越高,生产发展得就越快。因此,处理积累和消费的关系时,总是先考虑积累,然后处理消费,而且积累率长期偏高,这是违背社会主义基本经济规律,本末倒置的一种做法。

第四,不承认消费是经济结构的一个组成部分。生产单位不按消费需要安排生产,为生产而生产,生产出来的东西没有用,造成很大浪费。在理论上,政治经济学很少甚至根本不研究消费问题。长期以来,人民生活的改善不太大。

第五,在所有制结构上,片面强调"一大二公",公有化程度越高越好,急于改变全民所有制、集体所有制、个体所有制并存的结构。在农村搞"穷过渡",急于从以生产队为基本核算单位过渡到大队核算;在城镇不适宜地把"小集体"过渡到"大集体","大集体"过渡到全民;把个体经济斥之为"资本主义尾巴"大砍特砍。

造成我国生产关系结构不合理的原因也很复杂,但从理论上、指导思想上看,

---

① 《马克思恩格斯选集》第1卷,第144页。

主要是：(1)只承认斯大林的生产关系三方面，即生产资料所有制、相互关系和产品分配；不承认马克思的生产关系四环节：生产、分配、交换、消费。因而，片面强调生产资料所有制，不重视流通和消费。(2)实际上不承认社会主义经济仍然存在商品生产，人为地限制商品流通、限制价值规律，不发挥市场调节的作用。(3)把生产资料较快增长的规律绝对化，脱离消费资料的生产孤立地发展生产资料，造成重轻农式的重型经济结构。

怎样改变这种不合理的生产关系结构，建立合理的生产关系结构呢？

第一，要打破部门的束缚、地区的束缚以及所有制的束缚，走联合之路，积极组织各种形式的经济联合。生产关系各个环节，所有制各种形式，环环相扣，联系紧密，要联合起来，才能共同发展。可以组织生产与生产的联合（工农业的联合）、生产与交换（工商）的联合、地区与地区的联合、全民与集体的联合、全民与全民的联合、集体与集体的联合。总之，按照生产关系结构的内在联系组织经济联合，就可以扬长补短、发挥优势，提高经济效果，加快社会主义建设的步伐。

第二，在社会主义公有制占绝对优势的前提下，允许各种经济成分和多种经营形式并存。所有制形式归根到底取决于生产力的发展水平。我国生产力水平总的说来还很落后，而且存在多层次的生产力水平，差异很大，很不平衡。在这种情况下，不分地区、不分部门、不分企业，要建立单一的全民所有制是不行的；应该建立以社会主义公有制占优势的、适应多层次生产力水平的所有制结构，让国营经济、集体经济、国家资本主义经济、个人经济并存。

第三，大力发展社会主义商品经济，重视流通，重视价值规律，重视市场，把社会主义经济搞活。要打破行政部门和行政区划的限制，按经济原则、经济手段、经济区域合理组织生产资料和消费品的流通。办好物资交流会、批发市场、贸易中心、贸易货栈等商品流通形式，以促进工农业生产，更好地为人民生活服务。

第四，以消费为出发点，安排积累与消费的关系。社会主义生产的目的是为了满足人民不断增长的物质文化生活的需要。因此，在生产发展的基础上，必须使人民的生活水平逐年有所提高。为此，应该首先确定消费基金，然后确定积累基金。处理积累和消费的关系，关键不在于先确定积累率，而在于先确定合理的适当的消费基金增长率。

四、经济制度的结构

经济制度的结构是生产力结构和生产关系结构的具体化和制度化，实际上就是经济管理的体制问题。整个国民经济是一个整体，各种经济结构纵横交错：既有纵的关系，又有横的关系；既有从全社会经济构成的宏观结构，又有从企业的经济构成的微观结构。作为生产力结构和生产关系结构制度化的经济制度结构,都要从制度上反映这些错综复杂的关系,建立合理的经济体制。

经济体制从纵的方面来说,主要是中央、地方、企业之间经济利益和权限的划分问题。经济制度纵的结构可以是中央高度集中的体制,也可以是中央集权、地方分权、企业具有一定自主权的体制,也可以是中央仅有一定的监督职能,主要实行企业自治的体制。采取什么体制要按照各国生产力结构和生产关系结构的具体情况而定。

经济体制从横的方面来说,主要是生产关系各个环节,即生产、分配、交换、消费之间的联系如何制度化的问题。由于社会主义经济仍然是一种商品经济,因此这种联系主要表现为一种商品货币关系。具体说来,横的联系就是如何通过价格、利润、税收、信贷、市场等杠杆,把经济搞活。

经济体制从宏观的结构来说,主要是如何正确安排好整个国民经济各种主要比例:劳动力和生产资料的比例,农、轻、重之间的比例,积累与消费的关系以及地区布局等。把宏观经济结构安排好,是国家经济管理机关的重要任务。

经济体制从微观的结构来说,主要是解决企业的供产销、人财物的权限问题。诸如,生产计划权、经营管理权、产品销售权、劳动工资权、民主管理权等。

可见,经济制度的结构是纵横交叉、宏观和微观相结合的。如果只注意纵向联系,就会在经济工作中产生主观随意性和瞎指挥;如果只注意横向联系,也会造成经济上盲目竞争,引起国民经济比例失调;如果只注意宏观联系,就会使中央权力过分集中,影响企业的积极性;如果只注意微观联系,也可能造成分散主义、各自为政。因此,经济制度的结构,要在横向联系的基础上注意纵向联系,要在纵向联系的指导下加强横向联系;在微观联系的基础上注意宏观联系,在宏观联系的指导下加强微观联系。同时,把横向联系和纵向联系、宏观联系和微观联系有机地结合起来。

我国现行的经济体制是一种高度集中的、以行政管理为主,只注意纵向联系、宏观联系,而不注意横向联系、微观联系的经济体制。这种经济体制是五十年代从苏联学来的。这种经济体制强调中央的集中统一领导,实行以部门为主的垂直管理,生产建设任务由国家统一下达,物资统购包销,财政统收统支,外贸进出口统一管理,物价统一规定,劳动力统一安置。这种经济体制的缺陷和弊端,主要表现为权力过于集中,国家政权直接运用行政手段统得太多、管得太死。在管理工作中党政不分、政企不分,使企业很难建立独立的生产指挥系统和独立的经营管理系统,割断了企业与企业之间、部门与部门之间、地区与地区之间的经济联系,束缚了地方和企业的积极性。

产生我国当前经济制度结构不合理的原因也很复杂,但从理论上、指导思想上看主要也有两个问题：一是过分夸大上层建筑对经济基础、生产关系对生产力的反作用，以党代政，以政代企，使经济体制与生产力结构和生产关系结构不相适应；二是片面认为经济结构就是生产关系的问题，而生产关系中又片面强调生产资料所有制形式的公有化程度越高越好，因此管理越集中越好，从而造成中央权力过分集中，地方权力太小，企业没有自主权。这种经济体制非改革不可。但是，经济体制改革非常复杂，牵涉面很广，一定要作周密的考虑和准备，审慎地、有步骤地进行。

那么，怎样改革我国经济管理体制呢？我们认为：

第一，改变国家集权过多的管理体制，扩大企业的自主权。中央、地方、企业的管理权限要恰当地加以划分。中央主要管计划、经济发展方向、方针、政策和经济立法等；地方主要管各项事业发展、生活服务、城市建设等；要使企业在国家计划指导下，在人财物、供产销方面拥有一定自主权，中小企业实行独立核算、国家征税、自负盈亏。

第二，在公有制基础上，实行计划经济，同时发挥市场调节的辅助作用。国家主要制订长远规划和年度计划，指导国民经济按比例发展，着重搞好综合平衡。在此基础上充分发挥价值规律的作用，更多地运用价格、利润、税收、利息等杠杆调节生产和流通。

第三，把主要依靠行政组织、行政办法管理经济，改为主要依靠经济组织、经济办法管理经济。按照经济合理原则，把企业从部门所有制、地区所有制中解放出来，根据自愿互利原则，实行企业的专业化、联合化，建立各种专业公司、联合公司，并使这类公司成为真正的企业，按照经济发展自身的要求来组织经济活动。

第四，把生产力结构和生产关系结构制度化后的经济体制，用立法形式固定下来，加强经济立法和经济司法。要认真研究总结国内外经济建设方面的经验教训，按照我国经济结构的实际情况、经济发展的方针和政策，逐步制定一系列社会主义经济管理的法规，如计划法、工厂法、土地法、资源法、能源法、劳动法、合同法等等。

五、建立全面的合理的经济结构

综上所述，所谓经济结构，是指生产力、生产关系以及经济制度等各个方面的构成及其相互联系、相互制约的关系。全面的经济结构是生产力结构、生产关系结构和经济制度结构的辩证统一，三者缺一不可。考察经济结构，不能只考察生产力的结构，而丢掉生产关系和经济制度的结构；也不能只考察生产关系的结构，而丢掉生产力和经济制度的结构；更不能只考察经济制度的结构，而丢掉生产力和生产关系的结构。但是，三者也不是并列的。生产力结构是最基本的，生产关系结构是第二位的,经济制度结构是第三位的。首先是生产力结构决定生产关系结构,其次是生产力和生产关系结构决定经济制度的结构。

有什么样的经济结构,就有什么样的比例。不合理的经济结构,就有不合理的比例。合理的经济结构才能使国民经济持久地、按比例地、高速度地发展。那么,合理的经济结构的标准是什么呢?在一定的历史时期,在一定的客观条件下,最能促进生产力发展的经济结构,就是最合理的经济结构。任何合理的经济结构都以一定的时间、地点、条件为转移。这就是说,在这个时间、地点、条件下是合理的,到另一个时间、地点、条件下就可能不合理了;对这个国家是合理的,对另一个国家不一定合理。不存在绝对不变的合理的经济结构。但是,在一定时期、一定国家它又是相对稳定的,不能不断地调整经济结构。

经济结构的改革一定要通盘考虑,全面进行。不能说先进行生产力结构的改革,然后进行生产关系结构的改革,最后进行经济制度结构的改革;也不能倒过来,先进行经济制度结构的改革,然后进行生产关系结构的改革,最后进行生产力结构的改革;更不能在经济结构中先任意选择一种具体结构进行改革,其他按兵不动。因为国民经济是一个整体,动一发必牵全身,孤立地先作任何一种具体结构的改革不仅是行不通的,而且会造成新的紊乱。经济结构的改革,一定要积极、慎重,通过试点,准备工作宁可时间长一点。但是,这并不是说,经济结构的改革只能毕其功于一役,而是可以分阶段进行的。从全局考虑有计划地分阶段进行,与零打碎敲是不同的。

经济结构的研究既要从实际出发,重视调查研究,也要重视理论的指导,否则容易就事论事,急功近利,或者抓了芝麻,丢了西瓜,产生片面性。马克思在《资本论》中,对生产力诸要素,对资本主义生产关系的生产、分配、交换、消费各个环节作了细致的深刻的分析,其中不少是社会化大生产共同适用的,这是我们必须认真继承的理论遗产。在研究如何在我国建立全面的合理的经济结构时,认真学习马克思的《资本论》将会是受益不浅的。

(作者:洪远朋、周建平,《经济研究参考资料》总503期1981年7月11日)

关于经济增长方式转变中的若干辩证关系

《关于国民经济和社会发展"九五"计划和2010年远景目标纲要》中指出：经济增长方式从粗放型向集约型转变是实现今后十五年奋斗目标的关键之一。因此，研究经济增长方式的转变问题是很有现实意义的。最近，看了一些关于研究和宣传经济增长方式转变的文章，很受启发。但是，如何辩证地，而不是绝对化地；全面地，而不是片面地理解和实现经济增长方式的转变，不刮一阵风，不搞一刀切，是一个值得注意的问题，下面谈经济增长方式转变的十个辩证关系。

一、扩大再生产方式转变和
经营方式转变的关系

现在较多的人认为，经济增长实际上就是扩大再生产的问题，按照马克思的再生产理论，扩大再生产有两种基本方式，即外延型扩大再生产和内含型扩大再生产，也就是我们现在所说的粗放型经济增长方式和集约型增长方式。因此，外延与粗放是一致的，内含与集约是一致的。有些同志还查阅外文，说明在外文里外延和粗放本来是同一个词，内含和集约也是同一个词。有些同志不同意这种看法，认为外延不等于粗放，内含不等于集约。还有些同志认为，这两对词既有联系又有区别。在这两对概念之争中，我们最近重读《资本论》有一个新启示。

马克思在分析扩大再生产时提出："如果生产场所扩大了，就是在外延上扩大；如果生产资料的效率提高了，就是在内含上扩大。"① 又说："积累，剩余价值转化为资本，按其实际内容来说，就是规模扩大的再生过程，而不论这种扩大是从外延方

---

① 《马克思恩格斯全集》第24卷，第192页。

面表现在为旧工厂之外添设新工厂,还是从内含方面来表现为扩充原有的生产规模。"①可见,马克思是在论述扩大再生产时分成外延和内含两种再生产类型的。马克思在分析农牧业经营方式时指出:"在经济学上,所谓耕作集约化,无非是指资本集中在同一土地上,而不是分散在若干毗连的土地上。"②"发展集约化来耕作,也就是说,在同一土地上连续进行投资"③。"在作为独立的生产部门的牧羊业或整个畜牧业中,几乎都是共同利用土地,并且一开始就是粗放经营。"④可见,马克思在论述经营方式时分成粗放和集约两种经营方式。因此,我们现在提由粗放经济增长方式转变为集约经济增长方式,最好理解为,既包括扩大再生产方式的转变,也包括经营方式的转变,不要只理解为只是扩大再生产方式的转变。而且,扩大再生产方式的转变用外延和内含为好,经营方式的转变用粗放和集约为好。确切地说,经济增长方式的转变,应包括以外延为主的扩大再生产方式向以内含为主的扩大再生产方式转变,二者不可偏废。

二、粗放型增长方式和集约型增长方式的关系

粗放型增长和集约型增长,从来都是同时存在的。转换经济增长方式,不是只要这个增长方式,不要哪个增长方式的问题,而是以哪个经济增长方式为主的问题。所以,如果说我国现阶段经济增长方式的转变,最好是由以粗放型为主的经济增长方式转变为以集约型为主的经济增长方式。是从过去主要依靠铺新摊子,上新项目,扩大建设规模,转变到主要立足于现有基础,把建设的重点放在现有企业的改造、充实和提高上;主要从依靠大量投入增加生产要素的数量来实现增长转变到主要通过提高生产要素的效率来实现增长。不能片面地认为,转变经济增长方式就不能再搞外延扩张,也不要再增加投资。经济增长,不增加投入,不适当扩大生产规模是不行的。内含增长主要靠内部挖潜,如果只是拼设备、拼人才,忽视进行技术改造等的必要投入也是不行的。中国目前的国情是资金短缺、劳动力过剩。过去,我国经济增长中有相当大的部分是靠增加劳动力投入取得的。今后,转变经济增长方式,要主要通过提高劳动生产率来取得经济增长,但是,考虑我国就业的压力,不适当通过增加劳动力的投入来取得增长也是不现实的。

---

① 《马克思恩格斯全集》第24卷,第356页。
② 《马克思恩格斯全集》第25卷,第760页。
③ 同上书,第766页。
④ 同上书,第761页。

三、经济增长方式和经济增长的关系

经济增长方式转变,不是不要经济增长。有种说法,转变经济增长方式就是数量型转变为质量型,速度型转变为效益型。似乎转变经济增长方式后,就是不要数量只讲质量,不要速度只要效益。"发展是硬道理。"中国是大国,而且仍然是发展中的国家,有十几亿人口需要吃、住、行、用,没有数量的增长是不行的。为使我国尽快跻身于世界发达国家之林,也必须加快经济增长。在现实经济中,不存在没有数量的质量,也不存在没有速度的效益。但是,不能只追求数量,还要注意产品质量、性能和品种,使产品适销对路。也不能没有速度,速度太低了也不行。速度不仅要适当,不能盲目追求速度,而且要讲求效益。既要提高结构优化效益,又要提高规模经济效益。转变经济增长方式绝不是不要经济增长,而是使经济增长得更快、更好、更有效益。既要增加数量,又要提高质量;既要速度快,又要效益高。

四、"粗放"中有"集约","集约"中有"粗放"

外延粗放型经济增长方式是指通过增加生产要素的数量来扩大再生产,但粗放中包含着集约的因素。马克思曾经说过:"单单资本的量的增加同时也就包含资本的生产力的增加。如果说资本的量的增加是生产力发展的结果,那末反过来说,一个更广阔的、扩大了的资本主义基础又是生产力发展的前提。这里存在着相互作用。因此,在更加广阔的基础上进行的再生产即积累,即使它最初只表现为生产在量上的扩大(在同样的生产条件下投入更多的资本),但在某一点上也总会质上表现为进行再生产的条件具有较大的效率。"[①]因此,在外延粗放型增长中,要讲究内含,增加生产要素的数量要是国内基础弱而且急需的产业,不能盲目搞重复建设;增加投入要考虑投入产出比,要以最少的投入取得最大的产出;扩大生产所需的能源、原材料、劳动力,要注意降低消耗、减少浪费。内含集约型经济增长方式主要是通过提高现有生产要素的质量和效益来扩大生产规模,目的还是为了增加产品的数量,提高产品的质量,为社会提供更多更好的产品。但是,内含集约中伴随有粗放,要提高生产要素的质量和效率也需要适当投入必要的资金用于现有企业设备的技术改造,依靠科技进步和提高劳动者素质也要增加对科学和教育事业的投入。

---

① 《马克思恩格斯全集》第26卷第2册,第596页。

五、不同地区之间的关系

我国地域辽阔,各地区经济发展很不平衡,特别是东、中、西部差距的扩大,已经是摆在我们面前的一个十分尖锐的问题。

经济增长方式的转变从全国来说,应该实现从粗放外延型为主的经济增长方式向以集约内含为主的经济增长方式转变。但是,不同地区应根据各个地区的实际情况,进行具体分析。东部地区可以说是我国的发达地区。改革开放以来,国家充分利用东部沿海地区资金、技术、人才、地缘等优势,实行向东部沿海地区投资倾斜政策,外延增长较多,今后应主要以内含增长为主,不宜再增加过多的投入,再上过多的新项目,应主要通过技术进步发展高新技术产业和出口创汇产业。

中部地区可以说是我国的较发达地区。我国中部地区是介于东部发达地区和西部欠发达地区的中间地带,经济发展程度次于东部,又高于西部。在相当一个时期内,经济增长方式以粗放外延型和集约内含型并重为宜。

西部地区可以说是我国的欠发达地区,经济落后、交通闭塞、投资环境差、人口素质低,现在经济增长还只能主要依靠劳动、资金等生产要素投入的增加,以粗放外延的经济增长方式实现经济增长。国家应加强对西部的投入,大力发展资源开发型产业、劳动密集型产业,并鼓励和促进东部发达地区劳动密集型产业和高耗能、高耗原材料产业向西部欠发达地区转移,待将来经济发达了才能逐步向集约内含型经济增长方式转移。

同时,在东、中、西部地区内部也不能一刀切。在东部实行以集约内含为主的经济增长方式,其中也可能有些地方和产业还只能实行以粗放外延型为主的经济增长方式。在西部实行以粗放外延型为主的经济增长方式,其中也可能有些地方(例如重庆、成都、兰州、西安等)和产业实行以集约内含型为主的经济增长方式。

六、不同产业之间的关系

不同产业,不同行业,在国民经济中的作用大不相同,增长方式也应有所区别。从不同部门来说,大多数部门,特别是大量轻纺工业和一般机械加工工业等在我国国民经济中占有重要地位。但是,已有一定规模,有些已经出现供大于求的情况,这些部门应以内含增长为主,进行结构调整和优化,推动技术进步,提高质量,不能再铺新摊子,上新项目。基础产业,如农业、能源工业、原材料工业,它们代表国家经济实力,是国民经济发展的基础。但是,它们的现状同我国社会主义现代化建设要求仍不适应,制约着我国国民经济的发展,需要加强建设,仍然要有外延的扩大。

支柱产业,如电子工业、石油化工、汽车工业是我国国民经济的支柱,代表国家发展的后劲。还有高技术产业,如生物工程、海洋工程等,它们代表国家的技术水平。它们的总量不是已经很大,在国民经济的比重还小,需要加快发展,还不能主要只靠内含增长,仍要外延的扩大。粗放外延型经济增长方式是以劳动密集型产业为主的,要转变为集约内含型经济增长方式,要逐步由劳动密集型产业为主逐步过渡到以资本密集产业为主,还要进一步发展到以技术密集型产业为主。

七、不同时期之间的关系

经济增长方式转变是一个动态变换过程,是不能一蹴而就的。因此,还要处理好不同时期经济增长方式之间的关系。从最终目标来说,我国应实行以集约内含型为主的经济增长方式。但是,要实现这一目标对我们中国来说,要有一个相当长的过程。从时期来说,可分阶段实施。第一阶段即现阶段我国经济增长方式实际上是以粗放外延型为主的。这种经济增长对我国经济发展起过重要作用,功不可灭。但是,这种经济增长方式有许多弊病,如产业结构不合理,技术和管理水平落后,生产成本高,国民经济的整体素质提高不快,突出的是经济效益低。所以,当我国已具备一定工业化基础后,中央及时提出要从粗放型为主的经济增长方式向集约型为主的经济增长方式转变是非常必要和及时的。经过一段时间的努力,将会进入第二阶段,即实际上是粗放和集约这两种增长方式并行的阶段,恐怕在进入中等发达国家以前,不能改变这种状况,以后再经过若干年的经济发展才会进入第三阶段,以集约内含型为主的经济增长方式阶段。

从不同时期来说,经济发展还是有周期的,要经历萧条、调整、复苏、高涨等阶段。一般说来,在萧条、调整、复苏等阶段应以充分发挥现有生产要素的潜力,实现内含增长为主,在经济高涨阶段外延的扩大会多一些。

八、宏观经济增长方式和微观
经济增长方式的关系

有一种说法:转变经济增长方式的任务在企业。似乎只有微观经济增长方式转变的问题,不存在宏观经济增长方式转变的问题。其实,经济增长方式的转变既有微观领域的问题,也有宏观领域的问题,要处理好二者的关系,不能偏废,应该说转变经济增长方式既是企业的任务,也是政府的任务。

单项资源的配置、劳动生产率的提高、技术含量的增加,是微观经济增长方式的问题。微观经济增长方式的转变主要取决于技术进步。但是,不能单打一,要综

合考虑。实现微观经济增长方式转变的任务在企业。只有每个企业大大推进技术进步、加强管理、降低成本、提高质量、增加效益,才能实现微观经济增长方式的转变。一个企业如果投入少、产出多,那就是最好的微观经济增长方式。

不同地区的协调发展,不同产业结构的优化,资源配置和再配置效率的提高,是属于宏观经济增长方式的问题。宏观经济增长方式转变要在调整产业结构、行业结构、产品结构上下功夫。我国要实现宏观经济增长方式的转变,政府除了制订经济政策、运用经济杠杆以外,还要政府的财力支持。实现宏观经济增长方式转变的任务在政府。

九、经济体制和经济增长方式转变的辩证关系

从计划经济体制向社会主义市场经济体制转变,经济增长方式从粗放型向集约型转变,是实现今后十五年奋斗目标的关键所在。正确处理这二者的关系非常重要。现在有一种说法,经济体制是经济增长方式转变的前提,甚至有人说,经济体制决定经济增长方式。按照这种看法,似乎只有实现了经济体制的转变才能实现经济增长方式的转变。这里涉及一个根本性的理论问题,即生产力与生产关系和上层建筑的关系问题。大家知道,经济体制是属于生产关系和上层建筑的问题,经济增长是属于生产力发展的问题。生产力决定生产关系和上层建筑,生产关系和上层建筑反作用于生产力,相互促进,相互制约。两个转变关系密切,应该说经济增长方式的转变会促进经济体制的转变,经济增长方式的转变,通过提高经济效益增强国家的财力和物力,这样才能强化国家宏观调控力度,为经济体制改革创造一个较为稳定和宽松的经济环境。经济体制的转变也会对经济增长方式的转变发生影响,经济体制的转变,产权关系的明确,经济活动主体之间的利益关系的理顺,有利于经济增长方式的转变。因此,二者要同步前进,决不能认为只要进行经济体制的转变就自然而然地会实现经济增长方式的转变。

十、马克思主义经济学与西方经济学的关系

转变经济增长方式还有个以什么经济理论为指导的问题,有不少同志明确指出,转变经济增长方式应以马克思主义的再生产理论为指导。但是,我们也看到一些论述经济增长方式的文章通篇都是西方经济增长理论的翻版,似乎马克思主义经济理论与经济增长方式转变毫无关系,这里就有一个在学习、研究和宣传转变经济增长方式时,正确处理好马克思主义经济学和西方经济学的关系问题。

我们是主张学习、研究和宣传转变经济增长方式应以马克思主义再生产理论为指导,同时注意吸取西方经济增长理论合理成分的。马克思主义的再生产理论是一个丰富的宝库,是与经济增长直接有关的理论,例如,关于把再生产分为简单再生产、扩大再生产和缩小再生产三种类型的理论;关于区分个别资本再生产和社会总资本再生产的理论;关于扩大再生产区分为外延和内含的理论;关于积累是扩大再生产的主要源泉但不是唯一源泉的理论;关于扩大再生产分为生产资料生产和消费资料生产两大部类及其副类的理论;关于简单再生产和扩大再生产实现条件的理论;关于扩大再生产条件下生产资料较快增长和生产资料生产的增长最终必须依赖于消费资料生产增长的理论等等,对于转变经济增长方式都是很有指导意义的。所以,我们建议为了更好地理解和实现经济增长方式的转变,有必要在全党和广大干部中重新学习马克思主义再生产理论。

西方对于经济增长理论的研究也很重视,而且也取得了一定成果,在过去20多项的诺贝尔经济学奖中,就有五六项是关于经济增长理论的。但是,情况比较复杂,不能照搬,要作具体分析。其中,某些成果他们也承认是来自马克思的再生产理论。例如,萨缪尔逊多次鼓吹马克思是俄裔美国经济学家里昂惕夫投入产出理论的先驱;琼·罗宾逊认为马克思的扩大再生产图式是解决凯恩斯问题的基础,又是哈罗德——多玛的长期经济发展理论的基础。有些西方学者认为经济增长会带来各种问题,特别是生态平衡问题,他们认为经济继续增长,因为环境污染、粮食不够、人口过多、自然资源耗尽,将出现世界末日,所以,他们提出所谓零增长理论,主张从现在起实现零经济增长率,这种悲观论调是不可取的。近年来,有些西方学者面对经济增长中出现的问题提出的最优增长理论,特别是可持续发展理论,主张改变单纯经济增长,忽视生态环境保护的传统发展模式;要综合考虑社会、经济、资源与环境效益;通过开发新技术、调整产业结构等提高资源效率,由资源型经济过渡到技术型经济等,这些具有积极意义的东西,我们在转变经济增长方式中可以吸取。

(作者:洪远朋、邵平、陈磊,《当代经济研究》1997年第2期)

试论发展综合生产力

社会主义的根本任务是发展生产力,已有共识。但是,是发展什么生产力?说法不一。有的说,是发展社会生产力;有的说,是发展劳动生产力;有的说,是发展科学生产力,等等。我们在综合经济学研究中,综合古今中外的经济理论,综观古今中外经济发展的史实,得出一个结论:一个民族、一个国家的繁荣富强依靠的不是单一生产力,而是由许多力量形成的综合力量。我们把它称为综合生产力,也就是马克思所说的"发展一切生产力"①。由此我们认为:社会主义的根本任务是发展生产力,是发展综合生产力,是发展一切生产力。

一、既要发展社会生产力,又要重视发展自然生产力

社会生产力是指人们通过一定的社会结合方式形成的创造物质财富的能力。自然生产力是指大自然给人类无偿提供的并入生产过程,用以生产物质财富的力量。马克思说:"各种不费分文的自然力,也可以作为要素,以或大或小的效能并入生产过程。"②自然力包括:(1)自然界本身就存在的一种力量(如,风力、水力、水蒸气、电力、原子力等);(2)自然条件的生产率。自然不仅给生产劳动提供对象,而且给生产劳动提供手段。把巨大的自然力并入生产过程必然大大提高生产力。

人类社会在其发展的不同阶段,社会生产力与自然生产力具有不同的地位与作用。社会越发展,社会生产力的作用逐渐增大,而自然生产力的作用则相对缩小。但是,人类在发展社会生产力的同时,却在破坏自然生产力,最终又影响了社

---

① 《马克思恩格斯全集》第46卷,第173页。
② 《马克思恩格斯全集》第24卷,第394页。

会生产力的发展。比如,集约农业加剧土地侵蚀,因而影响将来的农业生产;用水处理废物降低了水资源维持生态系统的价值,增加了为供给生活及工商业用水进行水处理的费用;空气用于处理废物也会影响它维持生命的价值。而且,土地、水和空气三者之间一种资源的直接利用又会影响其他两种资源的潜在价值。如工业和交通运输用地影响了空气的质量;农药提高了土地农业生产力,但降低了水质。进一步,自然生产力又是和劳动力及科学力相结合而发挥作用的。所以,自然生产力的发展又与劳动力和科学力密切相关。总之,如何保护和发展自然生产力,是物理学、化学、生物学等自然科学和工程科学,以及心理学、社会学、人类学和政治学等社会科学和经济学乃至哲学、美学和历史学等人文科学的共同任务。

经济学要研究的是怎样的制度安排才能有利于自然生产力的发展。比如,农业生产制度对土地生产力的保护和发展至关重要。我国农业生产制度改革初期,由于承包期过短,引发了对土地的掠夺性经营,农民只愿使用无机肥而不愿使用有机肥,造成土地生产力的下降。而延长土地承包期则会使农民设法保护土地生产力,以谋求更长久、更大的土地经济收益。我国当前农业用地出现大片抛荒,则又是与制度的不完善有关。自然生产力与其他生产力一样,也必须在一定合理的形式下才能得以发展。由于自然生产力是与其他生产力相结合而发生作用的,所以不可能形成单一的自然生产力发展的形式。但是,各种生产力结合起来的综合生产力的发展则必须考虑内在的自然生产力的要求。

自然生产力的提高,不仅可以通过组织制度,还可以运用市场体系。我国当前土地市场的建设就是为了使土地生产力能得到更有效的配置。从这个意义上讲,土地生产力的利用程度取决于市场体系的完善程度。当代经济学一般把研究自然生产力的资源经济学看作微观经济学的一个分支。它与其他生产力相比,其作用的发挥更需要借助政府的力量。因此,我国宏观经济体制的改革必须考虑自然生产力发展的要求。

二、不仅要重视微观生产力的发展,还要十分重视宏观生产力的发展

微观生产力是指微观经济主体创造物质财富的能力,包括个人生产力和企业集体生产力。宏观生产力则是由国民经济总体产生的创造物质财富的能力。宏观生产力由微观生产力综合而成,不能简单地理解为微观生产力的算术和。由微观生产力综合而成的宏观生产力的大小取决于国民经济的协调状况,即在全社会范围内采用怎样的组织形式来实现经济资源的有效配置。从人类社会迄今的实践看,宏观经济资源配置不外乎两种形式:一种是纵向的资源配置系统,另一种是横

向的资源配置系统。社会主义各国原先所实行的计划经济就是一种纵向的资源配置系统。它将所有的生产力,即社会生产力和自然生产力、个人生产力和集体生产力、现实生产力和潜在生产力以及物质生产力和精神生产力等统统纳入国家这一行政组织之中。然而,几乎所有的社会主义国家的实践都得出了一个同样的结论:如此庞大的科层组织,无法形成资源有效配置所必要的健全的信息机制和激励机制。资本主义各国在其经济发展的初期,企图依靠亚当·斯密所谓的看不见的手的作用,实现微观生产力自动均衡为宏观生产力,即企图通过市场的横向力量将各企业的微观生产力综合为宏观生产力。资本主义的经济危机表明了横向资源配置系统的负效率。从当今世界经济发展的总趋势看,只有把看不见的手与看得见的手结合起来,形成纵横交错的资源配置系统,才能实现宏观生产力的发展。在此,我们无法提供这一系统的全景,但有一点值得指出:我们不能企图照搬任何一国的模式。尽管有时我们可以把各国的宏观生产力发展系统划分为几种模式。但是,进一步研究,可以说每一个国家都是一种模式,因为每一个国家的微观生产力状况各不相同。我们又必须学习每一种模式。为什么世界经济的中心会不断转移,没有一个国家可以是永远的最强国? 我们认为,这正是社会经济技术结构变迁的结果。生产力的发展是在由一定的社会的、经济的和技术的关系所构成的结构中实现的。这种结构越完善,就越有利于生产力的发展。但这一结构在完善过程中会逐渐走向封闭。此时,生产力的再发展,便有赖于结构的创新。这种结构越完善,创新所需的时间越长、过程越复杂、成本或费用越高。如果我们照搬某一模式则有可能永远落后。反之,如果学习各种模式的长处,并结合本国实际进行综合,则有可能经过一个时期成为最强者。

发展宏观生产力既要面向世界,又要立足本国。历史上相对落后的德国的李斯特的国家主义与世界主义的争斗,当代发展中国家普雷维什、萨米尔·阿明等人的依附学派对中心资本主义的对抗,都是为了形成独立的宏观生产力。我们在对外关系中必须坚持国家宏观生产力的发展,否则中国便不能真正屹立于世界民族之林。

三、不仅要发展现实生产力,还要大力发展潜在生产力

现实生产力是实际投入生产过程,创造物质财富的能力,也可以叫直接生产力,如劳动者运用劳动资料作用于劳动对象而产生的生产力。潜在生产力则是要通过一个乃至一系列中介环节才能创造物质财富的能力,也可以叫间接生产力。科学力、自然力是潜在生产力或间接生产力。科学力和自然力如果不与劳动力相

结合，便不能生产任何使用价值，即不能创造任何物质财富，因而不能形成直接的或现实的生产力。

科学作为生产力是指科学是一种潜在的或间接的生产力。但是，科学可以通过生产工具、劳动者、劳动对象等转化为现实的或直接的生产力。科学从潜在的生产力到现实的生产力是有条件的，必须经过一定的中介环节，通过科学——技术——生产的转化过程。历史上，中国人的四大发明曾在欧美转化为巨大的生产力。"火药把骑士阶层炸得粉碎，指南针打开了世界市场，并且建成了殖民地，而印刷术则变成了新教的工具，总的来说变成了科学复兴的手段，变成对精神发展创造必要前提的最强大的杠杆"[1]，从而预告资产阶级社会的到来，"资产阶级在它不到一百年的阶级统治中所创造的生产力，比过去一切世代创造的生产力还要多，还要大"[2]。

现代科学技术的发展，科学技术转化为生产的时间加速。现代科学技术在现代生产力中已起着第一位的作用，使科学成了第一生产力。

潜在生产力转化为现实生产力的途径与形式不外乎两种：一是通过市场；二是通过组织。一般来说，能表现为实物形态的潜在生产力可以通过市场进入生产力领域转化为现实生产力。我国古代四大发明没有在我国转化为现实生产力的一个原因就是缺少市场机制作中介。那些不能表现为实物形态的潜在生产力则凝结在潜在生产力主体劳动力上，可以通过一定的组织形式使之转化为现实生产力。组织形式可以多种多样。我国正在进行的企业制度改革必须考虑如何具备最大限度将潜在生产力转化为现实生产力的功能。

四、既要发展客体生产力，也要重视发展主体生产力

从人类社会生产力诞生之日起，就"既有表现为个人特性的主观生产力，也有客观生产力"[3]。客体生产力是指包括劳动资料和劳动对象在内的物质要素的生产力。主体生产力则是指人的劳动生产能力，包括体力、脑力及劳动技能。客体生产力是现实生产力中物的部分；主体生产力则是现实生产力中人的部分。我们在此要着重说明的是如何在市场经济条件下发展主体生产力。对主体生产力，长期以来我国不可谓不重视，但我们所重视的只是劳动力的数量，因而不是完整意义上的主体生产力。特别是随着生产方式由劳动集约型向资金集约和技术集约型转

---

[1] 《马克思恩格斯全集》第 47 卷，人民出版社 1979 年版，第 427 页。
[2] 《马克思恩格斯选集》第 1 卷，第 256 页。
[3] 《资本论》第 1 卷，第 204 页。

化，主体生产力水平的高低已主要不是决定于其数量，而是决定于其质量。提高主体生产力，除了继续坚持70年代以来一直执行的计划生育政策，通过减少劳动者数量来促使劳动者质量提高外，在经济上还应该利用市场经济这一形式。

首先，要使我国的劳动力具有主体性，使之成为真正的主体生产力。在计划经济条件下，我国的劳动力被认为属国家所有，至今劳动力在很大程度上还为部门或企业所有。一个人只有待在一个单位，就会有诸如住房、医疗、休养等各种物质待遇，否则就没有。所以，当前发展主体生产，劳动力必须进入市场，使人真正成为主体生产力。主体生产力只有与客体生产力具有相同的市场化程度，才有可能既充分运用客体生产力，又充分发挥主体生产力。从我国目前的状况看，两者发展很不平衡：客体生产力市场化程度正在向国际化拓展，而主体生产力，由于行政、户籍管理等限制，"集市贸易"的水平尚未达到。

发展主体生产力不仅要利用商品形式，还可以进一步通过资本形式来实现。就像生产资料私有权使产品成为商品，生产资料的私有权、经营权通过市场与劳动力的使用权结合起来，使之成为资本一样，承认劳动力的个人所有权，就意味着承认劳动力商品，进一步允许劳动力所有权、使用权通过市场与生产资料的经营权相结合，就必然要承认劳动力资本。在我国市场经济的形成过程中，客体生产力的资本形式已为人们所接受。主体生产力即劳动力采取资本形式也已经是一个不能回避的现实和理论问题。

五、既要发展个人生产力，又要重视发展集体生产力

个人生产力是指个人所具备的一般劳动能力，包括智力和体力。集体生产力即总体生产力，是通过劳动组织管理而形成的集体力。马克思说"通过协作提高了个人生产力，而且创造了一种生产力，这种生产力本身必然是集体力"，又说，分工"造成了社会生产过程的质的划分和量的比例，从而创立了社会劳动的一定组织，这样就同时发展了新的社会的劳动生产力"[1]。可见，集体生产力是由分工协作所产生的，集体生产力的发展又是通过组织管理形式的一定的变迁而实现的。

马克思在《资本论》第一卷中，从生产力和生产关系两个方面分析了相对剩余价值怎样经历了简单协作、工场手工业再到机器大工业的变化，从而使集体生产力得以不断的发展。实际上，这种集体生产力正是来自生产力与生产关系的相互作用。因为分工协作要以一定的组织（如企业）形式来实现的，所以集体生产力取决

---

[1] 《资本论》第1卷，第362、403页。

于企业制度效率的高低。企业制度同时包含了人与物、人与人两个方面的关系,因而也就具备了生产力和生产关系的双重属性。事实上,企业制度是生产力与生产关系的中介。资本主义企业制度形式经过了个人业主制、合伙制和股份制的演变,在这一过程中实现了生产关系社会化与生产力社会化的统一,从而大大促进了集体生产力的发展。

如何改革我国企业制度来发展集体生产力? 1984 年《中共中央关于经济体制改革的决定》就已把增强企业活力作为以城市为重点的整个经济体制改革的中心环节。但是,至今仍然没有实质性的进展。我国原来的国有国营企业不是一个纯粹的经济组织,它同时又是一个行政组织,而且还是一个社会组织。它具有生产力、生产关系和上层建筑的多重属性。所以,它不仅要中介生产力与生产关系的相互作用,又要中介经济基础与上层建筑的相互作用。作为生产力与生产关系的中介,它的首要功能是发展集体生产力。但是,作为经济基础与上层建筑的中介,其首要功能则是稳定社会经济。所以,我国的国有企业具有双重的任务。我国国有企业在迄今的改革中,稳定的功能削弱了,而发展的功能没有得到应有的增加。进一步的改革,应除了小部分国有企业继续保留其稳定社会经济的功能以外,绝大部分国有企业则应解除其上层建筑的属性,让其承担应有的经济发展功能。唯其如此,才能使集体生产力得到发展。

六、不仅要发展物质生产力,还要大力发展精神生产力

物质生产力是人们创造物质财富的能力。这种我们通常意义上理解的生产力,在饱尝多年生产力停滞之苦果后,已经引起了人们的充分的重视。但是,精神生产力则尚未引起人们的足够注意。

所谓精神生产力是劳动者支出脑力劳动而形成的生产力。或者说,精神生产力是人们在精神生产领域中运用符号系统从事信息生产的能力。精神生产以信息加工为本质内容,具体包括科学研究、教育、文学、艺术和管理等。人类社会正处于由工业社会向信息社会过渡,以加工信息为内容的精神生产力正在取代物质生产力扮演财富生产的主角。

科学是精神生产的主要部门。马克思就曾说:"科学的力量也是不费资本家分文的另一种生产力。"[1]不仅自然科学是生产力,社会科学也是生产力。因为,第一,社会科学可以提高作为生产力主体要素的劳动者的素质,正如马克思所说的,

---

[1] 《马克思恩格斯全集》第 47 卷,第 553 页。

"教师的劳动物化在劳动能力中"①;第二,经济管理科学可以在资源配置,生产要素微观组织协调、宏观调控过程中创造出新的生产力。

精神生产力,有的可以表现为有形的精神产品。例如,有的理论经过实验转化为技术进入生产过程成为物质生产力。而另一些精神生产力则不能表现为有形的产品。例如,精神文明也是一种精神生产力,它在个人、企业和国家多个层次上发挥作用。个人的精神文明,如劳动者的敬业精神,可以大大提高个人生产力;企业精神则是凝聚劳动者的力量,它可以提高企业生产力;爱国主义精神则可以加强国民及各民族的团结,提高国家生产力。从我国的实际看,当前应着重于企业精神建设——形成企业精神生产力。我国国有企业长期以来作为国家行政机构的附属物,因而无独立的企业精神。至今我国的国民精神仍然没有摆脱爱国家等于爱国加爱家的程式。在市场经济条件下,还要加上一项爱企业的内容。企业精神正是劳动者实现爱国的中介。这样,劳动者在企业中不仅作为一个"经济人"追求经济利益,使之具有物质动力;而且作为一个"组织人",又追求精神利益,使之具有精神动力。从而,发挥劳动力的最大作用。

(作者:洪远朋、余政,原载《生产力研究》1995年第1期)

---

① 《马克思恩格斯全集》第26卷第1册,第210页。

试析马克思的劳动价值理论

关于马克思劳动价值论到底应该包括哪些内容,似乎是一个很简单的问题,其实不然。从国内外有关劳动价值论内容的书籍和文章看来,看法很不一致,如果排列一下,可达十多种。

但是,如果归纳一下,大体上有三类看法:

第一类看法认为,劳动价值论就是价值实体和价值量的理论。也就是说,马克思的劳动价值理论,主要体现在《资本论》第一卷第一章第一、二两节。

第二类看法认为,劳动价值论应该包括价值实体、价值量、价值形式、价值本质四个方面。也就是说,马克思的劳动价值理论主要体现在《资本论》第一卷第一篇第一章或整个第一篇。

第三类看法认为,劳动价值论除了包括《资本论》第一卷第一篇所讲的价值实体、价值量、价值形式、价值本质以外,还应包括《资本论》第一卷第一篇以后的,特别是《资本论》第三卷关于价值的有关理论,如劳动力价值理论、价值转形理论、虚假的社会价值理论等。

现在看来,第一种看法太偏窄了。如果把马克思的劳动价值理论,仅仅理解为价值实体和价值量,可能是把劳动创造价值的内容,即价值的内容与整个劳动价值理论相混淆了。这可以说是最狭义的劳动价值论。

第二种看法,比第一种看法要宽得多,但仍然是仅就《资本论》第一卷第一篇而言的。第一篇一共三章,体系就是以劳动价值论为中心建立起来的。第一章第一节商品的两个因素,中心是讲价值实体和价值量。第二节劳动的二重性是分析形成价值的劳动,是抽象劳动形成价值。第三节价值形式,顾名思义是讲价值问题。第四节商品拜物教,实际上是讲价值的本质问题。第二章、第三章,讲货币是作为价值形式来论述的。所以,第一篇是紧紧围绕价值来论述的,是以劳动价值论为中心的。这可以说是广义的劳动价值论。但是,不能认为马克思的劳动价值理论仅仅限于《资本论》第一卷第一篇的内容,这不能代表马克思劳动价值论的全部内容。这里实际上讲的是劳动价值理论一般,还未涉及劳动价值论在资本主义社会的运用和展开。《资本论》第三卷在论述剩余价值分配理论的同时,对劳动价值论有重大的发挥和补充,当然也应该包括在劳动价值论以内。

综观《资本论》第一至四卷,最广义的劳动价值论至少应包括十个方面的内容。

一、价值实体

价值实体就是抽象人类劳动。理解价值实体必须注意以下三点:

(1) 形成价值实体的抽象劳动不是个别的私人劳动,而是共同的社会劳动。这是"它们共有的这个社会实体的结晶"[①]。(2) 形成价值实体的抽象劳动是看不见摸不着的,但是客观存在的东西。"它们剩下的只是同一的幽灵般的对象性。"[②] (3) 抽象劳动的凝结才形成价值。"使用价值或财物具有价值,只是因为有抽象人类劳动体现或物化在里面。"[③] 可见,价值和价值实体是有区别的,价值实体就是抽象劳动,而价值是抽象劳动的凝结。

抽象劳动形成商品价值,具体劳动生产使用价值,是马克思对劳动价值论的重大贡献。马克思自己说过:"商品中包含的劳动的这种二重性,是首先由我批判地证明了的。这一点是理解政治经济学的枢纽。"[④]

二、价值量

价值量决定于社会必要劳动时间。马克思说:"只是社会必要量,或生产使用价值的社会必要劳动时间,决定该使用价值的价值量。"[⑤] 理解价值量必须注意以下三点。

(1) 价值量决定于社会必要劳动时间,即社会平均劳动时间,而不是个别劳动时间。怎样平均呢?马克思说:"严格地说,每一单位商品或商品总量的每一相应部分的平均价格或市场价值,在这里是由那些在不同条件下生产的商品的价值相加而成这个总量的总价值,以及每一单个商品从这个总价值中所分摊到的部分决定的。"[⑥] 这就是说:一个商品的价值,是由该部门各种生产条件下的个别劳动时

---

① 《资本论》第 1 卷,第 51 页。
② 同上。
③ 同上。
④ 同上书,第 55 页。
⑤ 同上书,第 52 页。
⑥ 《资本论》第 3 卷,第 205 页。

间的总和除以该商品总量的平均数。

（2）社会必要劳动时间有两种含义：第一种是指"在现有的社会正常的生产条件下，在社会平均的劳动熟练程度和劳动强度下制造某种使用价值所需要的劳动时间"。① 第二种是指社会总劳动的分配上所必需的劳动时间。"不仅在每个商品上只使用必要的劳动时间，而且在社会总劳动时间中，也只把必要的比例量使用在不同类的商品上。"②"社会劳动时间可分别用在各个特殊生产领域的份额的这个数量界限，不过是整个价值规律进一步发展的表现，虽然必要劳动时间在这里包含着另一种意义。为了满足社会需要，只有这样多的劳动时间才是必要的。"③第一种含义的社会必要劳动时间决定商品的价值量，第二种含义的社会必要劳动时间实现商品的价值量。

（3）社会正常的生产条件是指：① 劳动资料是正常的一般的；② 原材料具有正常的品质；③ 原材料和劳动资料的消耗也是正常合理的；④ 平均劳动时间是指简单平均劳动，复杂劳动要还原为简单劳动。"在每一个价值形成过程中，较高级的劳动总是要化为社会平均劳动，例如一日较高级的劳动化为×日简单的劳动。"④

三、价 值 形 式

价值形式指商品价值的表现形式。它有时指交换价值："交换价值只能是可以与它相区别的某种内容的表现方式，'表现形式'。"⑤有时是指货币，即价值形式的最终表现。有时是指价格，即价格是价值的表现形式，或者说用货币表现商品的价值就是价格。

分析价值形式是非常重要的。马克思说过："对资产阶级社会来说，劳动产品的商品形式，或者商品的价值形式，就是经济的细胞形式。在浅薄的人看来，分析这种形式好像是斤斤于一些琐事，这的确是琐事，但这是显微镜下的解剖所要做的那种琐事。"⑥马克思又说："关于价值形式的发展对全书来说是太有决定意义了。"因为"20码麻布=一件上衣这一……最简单的商品形式……就包含着货币形式的全部秘密，因此，也就包含着萌芽状态的劳动产品的一切资产阶级形式的全部秘密。"⑦

---

① 《资本论》第1卷，第52页。
② 《资本论》第3卷，第716页。
③ 同上书，第717页。
④ 《资本论》第1卷，第224页。
⑤ 同上书，第49页。
⑥ 同上书，第8页。
⑦ 《马克思恩格斯全集》第31卷，第311页。

马克思通过价值形式的分析,揭示了货币的本质和起源,论证了商品和货币的内在联系,建立了科学的货币理论。恩格斯曾经指出:"马克思进而研究商品和货币的关系,并且论证了商品和商品交换怎样和为什么由于商品内在的价值属性必然要造成商品和货币的对立。他的建立在这个基础上的货币理论是第一个详尽无遗的货币理论。"①

四、价值本质

价值不是物,而是生产关系,它体现商品生产者之间的社会关系。理解价值本质要注意以下三点:第一,价值是社会属性,不是自然属性。因而是历史范畴,而不是永恒范畴。第二,商品价值关系实际上是人与人之间交换劳动的关系。第三,价值体现的人与人之间的关系是被物的外壳所掩盖着的。

马克思在《资本论》第一卷第二版的一个注中指出:"当加利阿尼说价值是人和人之间的一种关系时,他还应当补充一句:这是被物的外壳掩盖着的关系。"②列宁指出:"凡是资产阶级经济学家看到物与物之间的关系的地方(商品交换商品),马克思都揭示了人与人之间的关系。"③

五、价值规律

根据马克思在《资本论》第一卷第一篇的有关论述,价值规律的表述,至少应该包括以下三个方面的内容。

(1) 价值规律首先应该是价值决定的规律,即社会必要劳动时间决定商品价值量的规律,这就是马克思所说的:"生产这些产品的社会必要劳动时间作为起调节作用的自然规律强制地为自己开辟道路,就像房屋倒在人的头上时重力定律强制地为自己开辟道路一样。"④

(2) 价值规律还应包括价值交换的关系,即等价交换的原则,也就是商品的交换,要同生产这个商品时所花的社会必要劳动时间相适应。正如马克思所说的:"一种商品的价值同其他任何一种商品的价值的比例,就是生产前者的必要劳动时间同生产后者的必要劳动时间的比例。"⑤

---

① 《资本论》第 2 卷,第 22 页。
② 《资本论》第 1 卷,第 91 页。
③ 《列宁选集》第 2 卷,第 444 页。
④ 《资本论》第 1 卷,第 92 页。
⑤ 同上书,第 53 页。

(3) 价值规律还应包括价格围绕价值上下波动的关系。马克思说过:"价格和价值量之间的量的不一致的可能性,或者价格背离价值量的可能性,已经包含在价格形式本身中。……在这种生产方式下,规则只能作为没有规则性的盲目起作用的平均数规律来为自己开辟道路。"①恩格斯说过:"商品价格对商品价值的不断背离是一个必要的条件,只有在这个条件下并由于这个条件,商品价值才能存在。只有通过竞争的波动从而通过商品价格的波动,商品生产的价值规律才能得到贯彻,社会必要劳动时间决定商品价值这一点才能成为现实。"②

所以,我们认为不能以马克思的某一句话作为价值规律的全部表述,而应该全面地把马克思有关论述综合起来加以考察。综上所述,价值规律可以简单地概括为:价值生产、交换和实现的规律。价值生产——社会必要劳动时间决定价值量;价值交换——等价交换;价值实现——价格围绕价值上下波动。

六、价格和价值的关系

马克思的劳动价值论还应该包括价格与价值的关系。总的说来,价值是价格的基础,价格是价值的货币表现。具体说来,价格与价值的关系,大致有三种情况:

(1) 价值决定价格。价值规律要求商品的价格与商品内在的价值相一致。商品价格的变动是由商品价值和货币价值二者的变动的关系来决定。有时商品价值并未变动,商品价格却因货币价值变动而发生了变动,这种情况仍然是价格和价值相一致。

(2) 价格和价值量的背离。在实际上,每个个别场合价格和价值并不正好相符,而是经常背离的。这是因为价格作为商品价值量的指数,是商品同货币的交换比例的指数,但不能由此反过来说,商品同货币的交换比例的指数必然是商品价值量的指数,价格和价值量的偏离是存在于价格形式之中的。"但这并不是这种形式的缺点,相反地,却使这种形式成为这样一种生产方式的适当形式。"③

(3) 价格和价值之间质的背离。价格形式不仅可以在量的方面与价值相偏离,而且可以在质的方面完全背离。价格可以完全不是价值的表现。有的东西本身并不是商品,如良心、名誉等,但是也可以被它们的所有者出卖以换取金钱,并通过他们的价格,取得商品形式。因此,没有价值的东西在形式上可以具有价格。这种虚幻的价格表现又能掩盖实在的价值关系及其派生关系。

---

① 《资本论》第 1 卷,第 120 页。
② 《马克思恩格斯全集》第 21 卷,第 215 页。
③ 《资本论》第 1 卷,第 120 页。

七、劳动力的使用价值和价值

劳动力,像其他商品一样,不仅有使用价值,而且有价值。

劳动力的使用价值,就是劳动力的使用,也就是劳动,它是价值的源泉,它能创造价值,而且能够创造比它自身的价值更大的价值。

劳动力的价值和其他各种商品的价值一样,是由生产它,从而再生产它所必需的劳动时间决定的。劳动力只是作为活的个体的能力而存在的。但一个活的个体要生存就必须有一定的生活资料,所以生产劳动力所需要的劳动时间,可以化为生产这些生活资料所需要的劳动时间,也就是说,劳动力价值就是维持劳动力所有者需要的生活资料的价值。它包括三个因素:(1)劳动者本人所必需的生活资料价值;(2)劳动者子女所必需的生活资料价值;(3)劳动者一定的教育和训练的费用。

劳动力价值与其他商品价值比较,具有许多鲜明的特点。

(1)和其他商品不同,劳动力价值包括一个历史的和道德的因素。所谓历史和道德的因素,是指:"所谓必不可少的需要的范围,和满足这些需要的方式一样,本身是历史的产物,因此多半取决于一个国家的文化水平,其中主要取决于自由工人阶级是在什么条件下形成的,从而它有哪些习惯和生活要求。"①

(2)劳动力价值有一个最低限度,也就是维持身体所必不可少的生活资料的价值。假如劳动力的价格降到它的价值以下,劳动力就只能在萎缩的状态下保持和发挥。

(3)劳动力的价值和劳动力的使用价值是分开的。劳动力的价值是在流通领域实现的。但是,劳动力的使用却是在生产领域。劳动力的使用过程才是商品和剩余价值的生产过程。

(4)劳动力的使用价值和劳动力价值是可以通约的。其他商品的使用价值和价值都是不可通约的。例如,一丈布可以做两件衣服,和一丈布花了 10 小时劳动,值 10 元,这是不可以通约的。而劳动力的价值值 10 元,和劳动力的使用价值,即劳动创造的新价值值 20 元,这是可以通约的,而且正由于可以通约而产生的差额,揭示了剩余价值的来源。

我们知道,劳动价值论是剩余价值理论的基础,如果劳动价值论不包括劳动力价值的理论,那是无法揭示剩余价值来源的。马克思关于劳动力价值与使用价值的理论,解决了导致李嘉图学派破产的一个难题,即所谓价值规律与资本和劳动交

---

① 《资本论》第 1 卷,第 44 页。

换的矛盾。马克思论证了资本与劳动力商品的交换是按照价值规律进行的,由于劳动力的使用价值(即劳动)所创造的价值大于劳动力本身的价值,这样资本家就可以在不破坏价值规律的情况下获得剩余价值。恩格斯说:"他以劳动力这一创造价值的属性代替了劳动,因而一下子就解决了使李嘉图学派破产的一个难题,也就是解决了资本和劳动的相互交换与李嘉图的劳动决定价值这一规律无法相容这个难题。"①

八、价值转形理论

马克思在《资本论》第三卷第二篇揭示了价值到生产价格的历史过程,建立了生产价格理论,即价值转形理论。

马克思说:"竞争首先在一个部门内实现的,是使商品的各种不同的个别价值形成一个相同的市场价值和市场价格。但只有不同部门的资本的竞争,才能形成那种使不同部门之间的利润率平均化的生产价格。这后一过程同前一过程相比,要求资本主义生产方式发展到更高的水平。"②

商品按价值交换和按生产价格交换不是一回事,而是两回事。无论在理论上还是在历史上,商品按价值交换都是先于按生产价格交换。马克思说:"商品按照它们的价值或接近于它的价值进行的交换,比那种按照它们的生产价格进行的交换,要求的发展阶段要低得多。而按照它们的生产价格进行的交换,则需要资本主义的发展达到一定的高度。"③

商品按价值进行交换只要具备以下三个条件:(1)商品交换不是偶然暂时的现象,而是经常的大量的现象;(2)商品生产者双方生产的商品量大体与需要量一致;(3)没有垄断,可以自由贸易。

但是,商品要按生产价格进行交换,就必须具备更多的条件:第一,资本可以自由转移;第二,劳动力可以自由转移。而资本可以自由移动又必须有三个前提:(1)社会内部已经有了完全的商业自由,消除了除了自然垄断以外的一切垄断;(2)信用制度有了很大发展;(3)所有的生产部门都已被资本家控制。劳动力的自由转移又必须具备五个前提:(1)废除了一切妨碍工人从一个生产部门转移到另一个生产部门的法律;(2)工人对自己的劳动内容是无所谓的;(3)一切生产部门的劳动都已最大限度地化为简单劳动;(4)工人抛弃了一切职业的偏见;(5)特别是工人受资本主义生产方式的支配。

---

① 《资本论》第2卷,第22页。
② 《资本论》第3卷,第196页。
③ 同上书,第198页。

生产价格的形成并没有违背劳动价值论,而是劳动价值论在资本主义社会的具体表现。这是因为生产价格等于成本价格加平均利润。因此,一个商品生产价格发生变化,归结起来,只能有两个原因:第一,一般利润率发生变化。这或者是由于劳动力的价值降低或提高;或者是由于所占有的剩余价值的总额和预付社会总资本的比率发生变化。第二,商品价值的变动。这又可能由于:(1)生产商品的劳动增加或减少了;(2)生产商品本身的劳动生产率发生了变动;(3)生产资料部门的劳动生产率发生了变动。商品生产价格的一切变动最终都可以归结为价值的变动,但并不是商品价值的一切变动都要表现为生产价格的变动,因为生产价格不只是由特殊商品的价值决定,而且还由一切商品的总价值决定。不管个别部门生产价格和价值有怎样的背离,而从全社会来说,生产价格总和与价值总和总是相等的。正如列宁所说的,马克思"在《资本论》第三卷里,解决了在价值规律的基础上形成平均利润率的问题","这样,价格离开价值和利润平均化这个众所周知的、无可置辩的事实,就为马克思根据价值规律充分说明了,因为一切商品的价值总量是与价格总和相等的"①。

马克思关于价值转化为生产价格的理论,解决了导致李嘉图学派破产的又一个难题,即价值规律与等量资本取得等量利润的矛盾,这也是马克思对劳动价值论的进一步补充和发展。

资产阶级庸俗经济学家往往利用生产价格来攻击马克思,胡说什么,生产价格理论与劳动价值论是矛盾的,实际上,他们不懂得生产价格不过是价值的转化形式,生产价格理论是马克思劳动价值论的重要组成部分。

九、关于虚假的社会价值

马克思在《资本论》第3卷第三十九章分析级差地租时提出了一个"虚假的社会价值"的概念。虚假的社会价值是由于农产品的市场价值是由最劣等土地的个别价值决定的,因此,农产品市场价值的总和,总是大于农产品个别价值的总和。这个超过额,马克思称为"虚假的社会价值",也就是提供级差地租的那部分价值。

关于虚假社会价值的形成,马克思指出:"这是由在资本主义生产方式基础上通过竞争而实现的市场价值所决定的;这种决定产生了一个虚假的社会价值。这种情况是由市场价值规律造成的。"②这就是说,虚假的社会价值是由资本主义生

---

① 《列宁选集》第2卷,第594、595页。
② 《资本论》第3卷,第744—745页。

产方式和价值规律发生作用的结果。第一,因为在资本主义生产方式下,农产品的市场价值是由最劣等土地的个别价值决定的。农业部门内部的竞争,使各级土地的农产品都按照最劣等土地产品的个别价值决定的社会价值来出售;第二,是因为土地的资本主义经营垄断。由于土地有限特别是优等地更加有限,一旦优等地被某些资本家垄断经营后,其他资本就不能自由移入,致使他们的超额利润固定化。

虚假的社会价值,对社会来说,是对土地产品支付了过多的价值。所以是虚假的,是负数。但是,对土地所有者来说,它是获得级差地租的来源,所以是实在的,是正数。

十、价值构成的理论

马克思把商品价值分为三个组成部分:(1)代表生产上消费掉的,按其价值来说只是转移到产品中去的不变资本(C)的价值部分;(2)补偿可变资本(V)的部分;(3)剩余价值(m)的部分。"因此,每一部类的全部年产品的价值,和每个个别商品的价值一样也分成 $C+V+m$。"①

这些价值组成部分还有其转形和分割。马克思在《资本论》第三卷着重分析价值各个组成部分的转形和分配。首先,$C+V$转化为成本价格;其次,剩余价值转化为利润,因此,"商品价值=成本价格+利润"。② 再次,利润转化为平均利润,平均利润还要分割为企业主收入和利息;最后,超过平均利润以上的余额转化为地租。因此,价值的组成和分割可图示如下:

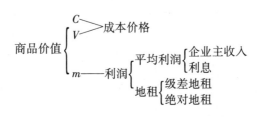

价值的这种构成和分割,并没有违背价值规律,是马克思劳动价值论的进一步展开,仍然属于劳动价值论的内容。马克思说:"商品价值分成各个特殊的组成部分,这些价值组成部分进一步发展成各种收入形成,转化为不同生产要素的不同所有者对这些个别的价值组成部分的关系,并按一定的范畴和名义在这些所有者之间

---

① 《资本论》第 2 卷,第 439 页。
② 《资本论》第 3 卷,第 44 页。

进行分配,这丝毫也不会改变价值决定和价值决定的规律本身。"①

所以,马克思的劳动价值论是极其丰满的,通常只以《资本论》第一卷第一篇作为劳动价值论的内容显然是不全面的。

(作者:洪远朋,原载《马克思主义研究》丛刊,经济科学出版社1985年第1期)

---

① 《资本论》第3卷,第956页。

关于劳动和劳动价值理论的十点认识

现在全国上下都在热烈讨论劳动和劳动价值理论问题。我对这个问题没有系统的研究,只有零碎的感想,概括起来一共有十点认识。

一、深化对劳动和劳动价值理论的认识,首先要认真学习和研究马克思主义经济学,特别是马克思的《资本论》。马克思的劳动价值理论是一个科学的系统,内容非常丰富,不是"劳动创造价值"这六个字就能解决的。据我的学习认识,马克思的劳动价值论至少包括价值概念、价值实体、价值本质、价值量、价值转形、价值规律、特殊价值、价值构成等。我看到和听到的有关深化对劳动价值论认识的一些文章和讲演,有的自称讲的是马克思的观点,实际上马克思并没有讲过;有的说是对马克思劳动价值论的发展,实际上马克思早就讲过。我认为要深化对马克思劳动和劳动价值理论的认识,首先要把马克思主义经典作家的原意搞清楚。所以,认真学习马克思主义经济学,特别是《资本论》,是很重要的。有些人没有好好研究马克思主义经济学,《资本论》也没有好好看过,却到处写文章做报告,自称发展马克思主义的劳动价值论,这种治学态度是不严肃的。

二、深化对劳动和劳动价值理论的认识,也要好好学习和了解西方经济学。劳动价值论并不是马克思创立的,西方经济学中早就有了。从配第、斯密到李嘉图,都可以说是劳动价值论的创立者。后来,劳动价值论经过不断发展和分化,有"一般意义上的劳动创造价值"说,有"活劳动创造价值"说,有"物化劳动创造价值"说,还有"积累劳动创造价值"说等,真是五花八门。除了劳动价值论外,还有许多价值理论,如供求决定论、效用价值论、要素或生产费用价值论、边际效用价值论、资本创造价值论、科技价值论、均衡价值论、创新价值论、信息价值论、知识价值论等,可以说是花样百出,有的有明显错误,有的有借鉴意义。但是,在有些报纸、杂志中,有的把被马克思甚至资产阶级经济学家早有批判的供求价值论当作新发展大加宣扬;有的把知识价值论也当作自己的创造。据我了解,美国社会预测家约翰·奈斯比特早在 1982 年发表的《大趋势——改变我们生活的十个新方向》一书中就声称："我们必须创造一个知识价值论来代替劳动价值论","在信息经济社会里,价值的增长不是通过劳动,而是通过知识实现的"①。这些所谓的新发现、"新创造",普通百姓可能不了解,但是在理论界、在国外要成为笑话,还可能造成知识产权的纠纷。所以,要深化对劳动和劳动价值论的认识,也要好好学习和了解西方经济学。

三、关于创造价值的劳动。劳动价值论简单地说就是劳动创造价值的理论。这种通俗的说法可以作为宣传的术语,但绝不是严格的科学术语。(1)马克思把劳动首先分为具体劳动和抽象劳动,抽象劳动创造价值,具体劳动不创造价值。马克思说:"一切劳动,从一方面看,是人类劳动在生理学意义上的耗费;作为相同的或抽象的人类劳动,它形成商品价值。一切劳动,从另一方面看,是人类劳动力在特殊的有一定目的形式上的耗费;作为具体的有用劳动,生产使用价值。"②(2)马克思还把劳动区分为有用劳动和无用劳动;有用劳动创造价值,无用劳动不创造价值。(3)马克思还把劳动分为活劳动和物化劳动。活劳动创造价值,物化劳动不创造价值。(4)马克思还把劳动分为生产劳动和非生产劳动、生产劳动创造价值、非生产劳动不创造价值。(5)马克思还把劳动分为体力劳动和脑力劳动,体力劳动和脑力劳动都创造价值。(6)马克思还把劳动分为简单劳动和复杂劳动,简单劳动是计算价值的基础,复杂劳动是倍加的简单劳动,可以创造更多的价值等。马克思对创造价值的劳动这些具体的分析是很有价值的:有些是对劳动价值论甚至是对政治经济学的重大发展;有些可以深化研究,如简单劳动和复杂劳动;有些可以继续发展,如生产劳动的概念。

四、关于劳动价值论和价值规律是一般规律还是特殊规律的问题。马克思和恩格斯都将劳动价值论和价值规律视为商品经济的一般规律,而不是人类社会的一般规律。马克思说过:"商品价值由商品中包含的劳动时间决定这个一般规律。"③恩格斯说过:价值规律是商品经济的基本规律。人类社会从奴隶社会、封建社会开始就有了小商品经济,有商品就有价值,劳动价值论和价值规律就起作用。资本主义经济是发达的商品经济,劳动价值论和价值规律起更大作用,现阶段我国处在社会主义初级阶段,实行社会主义市场经济(一定意义上讲是社会主义商品经济),劳动价值论和价值规律当然起作用。但是,不同社会劳动价值论和价值规律有不同的表现形式、不同的特点以及不同的作用。现在有一种观点提出,要区分社

---

① 约翰·奈斯比特:《大趋势——改变我们生活的十个新方向》,中国社会科学出版社 1984 年版,第 15 页。
② 《资本论》第 1 卷,第 60 页。
③ 《资本论》第 3 卷,第 349 页。

会主义劳动价值论和资本主义劳动价值论。我认为这种提法值得进一步推敲。我主张提出，在资本主义社会劳动价值论有什么特点，起什么作用；在社会主义社会劳动价值论有什么特点，起什么作用。如果提出资本主义劳动价值论和社会主义劳动价值论，那么，还要有奴隶社会和封建社会的劳动价值论了。

五、关于资本家和资本是否创造价值的问题。这个问题现在有两个完全相反的意见。一种意见认为，资本家和资本绝对不可能创造价值，而且把相反意见戴上非马克思主义的帽子；另一种意见认为资本家和资本能够创造价值，并声称这是对新情况的研究和新发展。我认为这两种观点都比较绝对化，对这个问题不能笼统地讲，要具体分析。马克思本人对这个问题的分析是这样的：

对资本家是否创造价值的问题，马克思是这样说的："凡是直接生产过程具有社会结合过程的形态，而不是表现为独立生产者的孤立劳动的地方，都必然会产生监督劳动和指挥劳动。不过它具有两重性。一方面，凡是有许多人进行协作的劳动，过程的协作和统一都必然要表现在一个指挥的意志上，表现在各种与局部劳动无关，而与工场全部有关的职能上，就像一个乐队要有一个指挥一样。这是一种生产劳动，是每一种结合的生产方式中必须进行的劳动。另一方面……凡是建立在作为直接生产者的劳动者和生产资料所有者之间的对立的生产方式中都必然会产生这种监督劳动。这种对立越严重，这种监督劳动所起的作用也越大。"这种指挥和监督劳动是"对别人的无酬劳动的剥削即占有"。① 所以，马克思的意思很清楚，资本家的监督和指挥劳动具有两重性：作为对生产过程的指挥和监督是生产劳动，从而创造价值；作为无酬劳动的剥削的指挥和监督不是生产劳动，从而不创造价值。

关于资本是否创造价值的问题，马克思从价值增值的角度，把资本分为不变资本和可变资本。"变为生产资料即原料、辅助材料，劳动资料的那部分资本，在生产过程中不改变自己的价值量。因此，我把它称为不变资本部分或简称不变资本。相反，变为劳动力的那部分，在生产过程中改变自己的价值。……因此，我把它称为可变资本部分或简称可变资本。"② 根据马克思的这句话，可以理解为：不变资本不创造价值，可变资本可以创造价值。

所以，不能笼统地说资本家和资本创造价值或不创造价值，这对分析社会主义条件下的相关问题，我认为是有意义的。

六、关于价值创造、价值形成、价值实现、价值分配的区分。我认为这四者是必须也可以区分的。现在某些争论是与这四者区分不清导致的。

---

① 《资本论》第 3 卷，第 431—433 页。
② 《资本论》第 1 卷，第 235—236 页。

1. 价值创造或者说价值决定、价值源泉。价值只能是由劳动创造的,劳动是价值的唯一源泉。

2. 价值形成或者说价值转形。这是与价值创造不一样的,价值形成或价值转形是多要素的,最基本的有劳动、资本和土地,这三个要素在价值形成中都起作用。所以,马克思在《资本论》第 3 卷论述了价值的三个转形:(1) 价值由于等量资本要求取得等量利润转化为生产价格。(2) 价值由于商品纯粹流通费用的加入,形成名义价值。(3) 价值由土地所有权的参与形成虚假的社会价值。

3. 价值实现,实际上就是价格的问题。影响价格的因素就很多,有经济的、政治的,还有心理的,但最重要的是供求关系。

4. 价值分配。价值分配是一个复杂的问题,参与价值创造、价值形成、价值实现的因素实际上都参加价值分配。现在所说的要素分配论,就带有这个意思。但是,这个提法似乎不精确,不是要素参加分配,而是要素所有者参加分配。劳动力所有者凭借劳动力所有权参与分配,获得工资,资本所有者凭借资本所有权参与分配,获得利润,土地所有者凭借土地所有权参与分配获得地租等。

七、承认劳动价值论必须承认剩余价值论。这个问题长期以来是个禁区,一直认为剩余价值是资本主义的特有概念。最近,有的同志对这个问题正在进行很有意义的探讨。这个问题在我们国内是有不同看法的。我本人倾向于社会主义经济仍然可以有剩余价值范畴。

1. 剩余价值是商品经济的概念,有商品、价值就会有剩余价值。资本主义是商品经济,有剩余价值;社会主义仍然存在商品经济,商品价值仍然应当由 $C+V+M$ 三个部分组成,所以也有剩余价值,这是客观事实,不承认不行。

2. 现在商品经济的范畴,如商品、货币、价值、剩余劳动、剩余产品、利润、生产价格等。在社会主义经济中都运用了,唯独剩余价值不用,是不符合逻辑的,特别是作为剩余价值转化形式的利润都用了,而不用剩余价值是说不通的。试问,利润是什么的转化形式呢?现在不敢用剩余价值而用剩余产品的价值,但这实际上是一回事,剩余产品的价值不是剩余价值又是什么呢?

3. 社会主义不应有剩余价值的观点是因为受苏联政治经济学教科书中关于剩余价值定义的束缚。通常政治经济学读物中所说的:"剩余价值是由雇佣工人所创造而由资本家无偿占有的超过劳动力价值的价值。"[①]其实,这个定义并不是马克思的。

4. 其实,马克思说过,如果去掉剩余价值的独特的资本主义性质,它是一切社会生产方式所共有的基础。马克思说:"如果我们把工资和剩余价值,必要劳动和

[①] 《政治经济学教科书》,人民出版社 1954 年版,第 115 页。

剩余劳动的独特的资本主义性质去掉,那么,剩下的就不再是这几种形式,而只是它们的为一切社会生产方式所共有的基础。"①

八、关于剩余价值与剥削的关系问题。自己不劳动而是凭借各种权力无偿占有别人劳动创造的剩余价值,当然是剥削。但是,参加剩余价值分配的并不都是剥削,例如,马克思认为流通领域是不能创造价值和剩余价值的,因此,商业职工的劳动也是不创造价值和剩余价值的,那么,商业职工的工资是哪里来的呢?仍然源于剩余价值的扣除。但是,这不是剥削。马克思说过:"商业劳动是使一个资本作为商人资本执行职能,并对商品到货币和货币到商品的转化起中介作用所必要的劳动。这种劳动实现价值,但不创造。""商业工人不直接生产剩余价值。""这种劳动的增加,始终是剩余价值增加的结果,而绝不是剩余价值增加的原因。"但是,对商业资本家来说,"它所购买的商业劳动,对它来说,也是一种直接的生产劳动"②。

当代西方经济学最近一些新的理论,如舒尔茨的人力资本论、斯拉法的分享论认为,劳动者除了领取工资外,还可以凭借人力资本获取利润,或者通过职工持股的方法,取得红利,这实际上是认为当代资本主义国家的劳动者也是参加剩余价值分配的。这当然不能算剥削。

现在,在我国社会主义市场经济条件下,老百姓参加储蓄获取利息,还有一些干部和群众参与股票、债券交易,从中获取的股息、红息,可以说,仍然源于剩余价值,但我认为也不能算是剥削。这是剩余价值的再分配。

我最近和几个同志一起出了一本书《共享利益论》,我们主张至少在股份制、股份合作制企业资本和劳动应该共享劳动创造的价值,包括剩余价值。

在我国当今社会主义市场经济条件下,存在不存在剥削呢?我认为确实存在剥削。不是凭自己的劳动,而是凭借各种权力,包括经济权力和政治权力,无偿占有别人劳动创造的剩余价值,当然是剥削。现在,不是是否存在剥削的问题,我看我国目前不仅有经济剥削,而且有超经济的剥削,甚至个别的剥削还很残酷。问题是,承认不承认剥削,允许不允许剥削。我认为不承认事实是不对的,现在不允许剥削也做不到,要从"三个有利于"来考虑这个问题。但是,对超经济剥削要限制,对残酷剥削要制裁。

九、不要轻易否定马克思劳动价值论。在深化对劳动和劳动价值理论认识的研讨中,有个别人认为,劳动价值论就是不能成立;还有个别人认为,马克思的劳动价值论当时是正确的,现在已经过时了。我认为不能这样轻易地否定,马克思的劳动价值论本身不是尽善尽美的,还有许多问题值得我们探讨和完善,现在,又出现

---

① 《资本论》第3卷,第990页。
② 《马克思恩格斯全集》第25卷,第332—333页。

了许多新情况需要研究和发展。但是,总体上不能轻易否定劳动价值论。这是因为劳动价值论是马克思主义政治经济学的基础,如果我们真正要坚持马克思主义,就必须坚持马克思劳动价值论。

马克思说过:"商品价值由商品中包含的劳动时间决定,这个一般规律是政治经济学的基础。"① 马克思也说过:"商品中包含的劳动的这种二重性(指具体劳动和抽象劳动,是首先由我批判地证明了的。这一点是理解政治经济学的枢纽)。"② 马克思还曾经引用过这样一句话:"驳倒价值理论是反对马克思的人的唯一任务,因为如果同意这个定理,那就必然要承认马克思以铁的逻辑所做出的差不多全部结论。"③ 所以,不要轻易否定马克思的劳动价值论。

十、马克思的劳动价值论必须发展,也可以发展。这是因为:第一,马克思的劳动价值论本身就留下了不少问题,需要我们继续研究和完善;第二,当代世界经济情况发生了很大变化,需要根据新情况、新变化,研究和发展马克思的劳动价值论;第三,现在,我们发展社会主义市场经济与马克思当时面对和研究的情况有很大不同,应该结合我国新的实际,深化对社会主义社会劳动和劳动价值理论的研究和认识。那么,马克思的劳动价值论有哪些问题需要继续深化认识、深入研究加以发展呢?例如:

(1) 马克思当时认为只有生产劳动才能创造价值,非生产劳动不能创造价值;当代生产劳动与非生产劳动的界限已经很难分清了,特别是服务业即第三产业发展所占比重已经很大,服务劳动不创造价值吗? 科技、教育劳动等不创造价值吗? 我在思考能不能说,一切劳动都创造价值? 问题是如何给"劳动"下定义。有人说,消耗了体力和脑力的就是劳动。我认为,恐怕不能这样说。杀人抢劫也要消耗体力、脑力,能算劳动吗? 有人说,对社会有用的体力和脑力耗费就算劳动,这种说法可以考虑;我进一步想能不能说,有利于生产力的发展的人类体力和脑力的耗费就算劳动?

(2) 资本家的指挥和监督劳动有二重性。一方面是生产劳动,创造价值;另一方面又是剥削活动,不创造价值。马克思只是从质的方面来说,具体在量上,如果计算的问题没有解决,这又涉及阶层的划分问题,到底哪些人属劳动者,哪些人属小业主,哪些人算资本家?

(3) 马克思说的劳动创造价值是以简单劳动为基数的,复杂劳动、熟练劳动、强度劳动、科技劳动、知识劳动,怎么折算为简单劳动的问题,理论上、实践上都没有解决。

---

① 《马克思恩格斯全集》第 25 卷,第 349 页。
② 《马克思恩格斯全集》第 23 卷,第 55 页。
③ 《马克思恩格斯全集》第 16 卷,人民出版社 1964 年版,第 353 页。

（4）关于价值转形的问题,这是一个世界之谜,是经济学的哥德巴赫猜想,经济学的三大难题之一。

（5）马克思关于劳动生产力与价值量成反比的论断,与当代现实有很大差距。随着劳动生产率的提高,社会财富巨大增长,就业人数相对减少,但是,如果按照马克思的论断,社会价值总量在减少,这是一个很大的矛盾。这个问题的关键在于价值量与使用价值量的关系。我正在试图通过价值论的概念来解决这个问题。

马克思的劳动价值论值得研究的问题还很多,难度也很大,发展的余地也很宽广。我认为这些问题在短期内是难以解决的。不要轻易讲发展,也不要轻易过早地下结论。科学就是科学,理论就是理论,要通过艰苦的劳动探索,还需要实践的检验。我想最后还是要重复一下马克思的话:"在科学上没有平坦的大道,只有不畏劳苦沿着陡峭山路攀登的人,才有希望达到光辉的顶点。"①

（作者：洪远朋、马艳,原载《理论内稿》,《复旦学报》(社会科学版)2001年第4期）

---

① 《马克思恩格斯全集》第23卷,第26页。

关于剩余劳动概念的问题

马克思在《资本论》第一至四卷都有关于剩余劳动的论述,尤其在第三卷第七篇有比较多的论述。但是,怎样理解剩余劳动,社会主义有没有剩余劳动,长期以来国内外争论颇多。有的认为剩余劳动是资本主义的特有范畴;有的认为剩余劳动是剥削社会的共有范畴,持上述两种看法的同志,都认为社会主义不应有剩余劳动的概念。有的认为剩余劳动是一般范畴,任何社会都存在剩余劳动,社会主义也存在剩余劳动,各家都引经据典,都有根据。应该怎样看待这个问题呢?

综观《资本论》第一至第四卷马克思从多种含义上论述了剩余劳动。所以,社会主义到底存在不存在剩余劳动要看是哪种含义的剩余劳动。

一、一般剩余劳动

这是指超过一定的需要量的劳动,是任何社会都存在的。关于这种含义的剩余劳动,马克思在《资本论》第三卷第七篇有比较多的论述。如马克思说:"一般剩余劳动,作为超过一定的需要量的劳动,必须始终存在。……为了对偶然事故提供保险,为了保证必要的、同需要的发展以及人口的增长相适应的累进的扩大再生产(从资本主义观点来说叫作积累),就需要一定量的剩余劳动。"(第3卷第925页)"在任何社会生产(例如,自然形成的印度公社,或秘鲁人的较多是人为发展的共产主义)中,总是能够区分出劳动的两个部分,一个部分的产品直接由生产者及其家属用于个人的消费,另一部分即始终是剩余劳动的那个部分的产品,总是用来满足一般的社会需要,而不问这种剩余产品怎样分配,也不问谁执行这种社会需要的代表的职能。"(第3卷第992—993页)马克思还说过:"如果我们把工资和剩余价值,必要劳动和剩余劳动的独特的资本主义性质去掉,那么,剩下的就不再是这几种形式,而只是它们的为一切社会生产方式所共有的基础。"(第3卷第990页)

作为超过一定需要量的剩余劳动,不仅任何社会都存在,而且对社会的发展具有重要作用,它是一切社会发展的基础。恩格斯曾经说过:"劳动产品超出维持劳动的费用而形成的剩余,以及社会生产基金和后备基金从这种剩余中的形成和积累,过去和现在都是一切社会的、政治的和智力的继续发展的基础。"①

作为超过一定需要量的剩余劳动,一切社会都有,当然社会主义也有。而且,马克思明确指出,社会主义存在这种剩余劳动。"在一个更高级的社会形态内,使这种剩余劳动能够同一般物质劳动所占用的时间的较显著的缩短结合在一起。"(第3卷第926页)"剩余劳动时间,即使没有资本存在,社会也必须不断地完成这个剩余劳动时间。"(第4卷(Ⅰ)第89页)社会主义为什么必须存在这种剩余劳动呢?

第一,社会主义扩大再生产必须有剩余劳动。马克思说:"即使劳动条件归工人所有,他自己也必须用总产品的一部分补偿这些劳动条件,以便按原有的规模继续再生产或者扩大再生产。"(第4卷(Ⅱ)第388页)

第二,社会主义为了防止和应付意外事故必须设立保险基金。"这种基金是收入中既不作为收入来消费也不一定用作积累基金的唯一部分。它是否事实上用作积累基金,或者只是用来补偿再生产上的短缺,取决于偶然的情况。这也是在剩余价值、剩余产品、从而剩余劳动中,除了用来积累,即用来扩大再生产过程的部分以外,甚至在资本主义生产方式消灭以后,也必须继续存在的唯一部分。"(第3卷第958页)

第三,社会主义为了养活由于年龄关系还不能参加生产的人也必须有剩余劳动。社会主义还存在"那些有劳动能力的人必须为社会上还不能劳动或已经不能劳动的成员而不断进行的劳动"(第3卷第990页)。

所以,作为超过一定需要量的剩余劳动是社会主义社会不可缺少的。否认社会主义社会有这种剩余劳动是完全站不住脚的。

二、共有剩余劳动

这是指一切剥削社会劳动者为养活不劳而获的剥削者而从事的劳动。这种剩余劳动是一切人剥削人的社会,包括奴隶社会、封建社会、资本主义社会都存在的。马克思曾经说过:"资本并没有发明剩余劳动。凡是社会上一部分人享有生产资料垄断权的地方,劳动者,无论是自由的或不自由的,都必须在维持自身生活所必需的劳动时间以外,追加超额的劳动时间来为生产资料的所有者生产生活资料,不论

---

① 《马克思恩格斯选集》第3卷,人民出版社1972年版,第233页。

这些所有者是雅典的贵族,伊特剌斯坎的僧侣,罗马的市民,诺曼的男爵,美国的奴隶主,瓦拉几亚的领主,现代的地主,还是资本家。"(第1卷第263页)

社会主义社会是消灭人剥削人的社会,所以,社会主义不应该存在这种含义上的剩余劳动。马克思也明确讲过:"除了为那些由于年龄关系还不能参加生产或者已不能参加生产的人而从事的剩余劳动以外,一切为养活不劳动的人而从事的劳动都会消失。"(第3卷第958页)

三、特有剩余劳动

这是指资本主义社会特有的超出生产劳动力价值的而为资本家无偿占有的那部分劳动。马克思在《资本论》第一卷第七章分析的剩余劳动就是这种含义的剩余劳动。马克思说:"工人在生产劳动力日价值(如3先令)的工作日部分内,只是生产资本家已经支付的劳动力价值的等价物,就是说,只是用新创造的价值来补偿预付的可变资本的价值,所以,这种价值的生产只是表现为再生产。因此,我把进行这种再生产的工作日部分称为必要劳动时间,把在这部分时间内耗费的劳动称为必要劳动。……劳动过程的第二段时间,工人超出必要劳动的界限做工的时间,虽然耗费工人的劳动,耗费劳动力,但并不为工人形成任何价值。这段时间形成剩余价值,剩余价值以从无生有的全部魅力引诱着资本家。我把工作日的这部分称为剩余劳动时间,把这时间内耗费的劳动称为剩余劳动。"(第1卷第243页)

这种剩余劳动体现着资本主义剥削关系,是资本主义特有的剩余劳动概念。社会主义社会不应有资本主义剥削关系,工人的劳动力不再是商品,因此社会主义不存在这种含义的剩余劳动。马克思在《资本论》第一卷第十五章第四节所说的"一旦资本主义制度被消灭,剩余劳动就会消失"(法文版中译文第545页),这里所说的剩余劳动就会消失,就是指的资本主义特有的剩余劳动。有些同志,总是喜欢引用这句话作为根据说社会主义社会不存在剩余劳动,这是以偏概全。

四、以社会分工为依据的剩余劳动

这是指工人阶级为生产全部生活资料以外所从事的劳动。马克思说:"和一个工人的劳动分为必要劳动和剩余劳动一样,工人阶级的全部劳动也可以这样划分:为工人阶级生产全部生活资料(包括为此所需的生产资料)的那部分,完成整个社会的必要劳动;工人阶级所有其余部分所完成的劳动,可以看作剩余劳动。……并且,从社会的观点来看,一些人只从事必要劳动,因为其他的人只从事剩余劳动,反之亦然。这只是他们之间的分工。"(第3卷第713页)

马克思没有明确论述这种含义的剩余劳动在社会主义社会是否存在的问题。但是,从社会主义社会仍然存在分工来看,这种含义的剩余劳动仍然存在。而且,这种划分对社会主义社会劳动的合理分配也是有意义的。

　　由此可见,马克思在不同场合所讲的剩余劳动有不同的含义,我们不能简单地说社会主义存在不存在剩余劳动,而应该具体分析,哪些含义的剩余劳动在社会主义社会仍然存在,哪些含义的剩余劳动在社会主义社会已经不存在了。根据以上分析,我们认为超过一定需要量的剩余劳动和以社会分工为依据的剩余劳动,在社会主义社会仍然存在,而为一切不劳而获的剥削者所从事的剩余劳动和在资本主义社会超过劳动力价值为资本家无偿占有的剩余劳动,在社会主义社会已经不存在了。

（作者：洪远朋,《资本论难题探索》,山东人民出版社1985年版）

对社会主义社会中资本范畴的理解

在过去的政治经济学教科书及有关文件中,是不承认社会主义社会存在资本范畴的。党的十四届三中全会通过的《中共中央关于建立社会主义市场经济体制若干问题的决定》和党的十五大文件中,提出了"资本""资本市场""公有资本"等概念,这绝不是偶然的。关于社会主义社会中的资本范畴,在理论上和认识上还有一些不同看法。在这里,谈一点个人的理解。

一、资本的本质特征是增殖价值

长期以来,不承认社会主义社会还存在资本范畴,是与对资本的概念及其本质特征的理解有关的。据我们所知,在迄今为止的所有政治经济学教科书中,几乎都是这样给资本下定义的:资本是能够带来剩余价值的价值。这样一个定义,在特定的意义上如在"资本主义"的意义上是正确的,但是,它是不是反映了资本的最一般的本质特征呢?这是一个值得深入思考的问题。现在,还有不少人不理解社会主义社会仍然存在资本范畴,其中的一个原因就是认为既然"资本是能够带来剩余价值的价值",而现今在中央文件和报告中,我们还没有提出社会主义剩余价值的概念,那么,怎么会有"能够带来剩余价值的价值"的资本呢?

为了消除这个误解,有必要弄清资本的最本质特征和资本一般的含义。马克思在《资本论》中论述资本是以资本主义社会的资本为对象的,很多场合讲的都是资本主义社会的资本。"资本是能够带来剩余价值的价值"可以说是资本主义社会资本的特定含义。但是,马克思在论述特定的资本主义社会中的资本时,也涉及资本一般或者一般资本的含义和资本最基本的特征。马克思说:"资本一般,这是每一种资本作为资本所共有的规定,或者说是使任何一定量的价值成为资本的那种规定。"①

根据我学习和研究《资本论》的体会,我认为资本的本质特征是增殖价值。因此,资本的一般定义可采用马克思本来的提法:资本是自行增殖的价值,或者说,资本是能够带来增殖的价值。马克思在研究资本流通公式时说:"这个过程的完整形式是 $G—W—G'$。其中的 $G' = G+\Delta G$,即等于原预付货币额加上一个增殖额。"② G' 是资本流通告一段落后增大了的价值,G 是预付价值,ΔG 是增殖。所以,资本是能带来增殖额的价值。马克思在《资本论》第二卷第四章对资本界定了一个全面而又确切的定义,即资本是自行增殖的价值。马克思说:"资本作为自行增殖的价值,不仅包含着阶级关系,包含着建立在劳动作为雇佣劳动而存在的基础上的一定的社会性质。它是一种运动,是一个经过各个不同阶段的循环过程,这个过程本身又包含循环过程的三种不同的形式。因此,它只能理解为运动,而不能理解为静止物。"③马克思还说过:"价值成了处于过程中的价值,成了处于过程中的货币,从而也就成了资本。"④"当他把活的劳动力同这些商品的死的物质合并在一起时,他就把价值,把过去的、物化的、死的劳动变为资本,变为自行增殖的价值。"⑤

所以,资本最一般的本质特征是增殖价值,能够带来增殖的价值就是资本。研究社会主义社会是否还存在资本,就是看是否还存在带来增殖的价值,而不能按照资本主义社会资本的特定含义来判定。至于社会主义社会是否还存在剩余价值,这是一个尚待进一步研究的问题。

二、社会主义社会存在资本的客观性

社会主义社会是否还存在资本,就是要看社会主义社会是否还存在增殖的价值。社会主义社会是否还有、是否还需要增殖的价值呢?第一要看,社会主义社会是否还需要增加生产物的总量,是否还需要积累,是否还需要扩大再生产;第二要看,社会主义社会的产品及其增量是否还需要采取商品价值的形式。

第一个需要是肯定的。任何社会要继续向前发展就必须有生产的增量,或者说要有剩余价值作为积累用于扩大再生产。马克思说得很清楚:"一般剩余劳动,作为超出一定的需要量的劳动,必须始终存在。"⑥恩格斯指出:"劳动产品超出维

---

① 《马克思恩格斯全集》第46卷(上),第444页。
② 《马克思恩格斯全集》第23卷,第172页。
③ 《马克思恩格斯全集》第24卷,第122页。
④ 《马克思恩格斯全集》第23卷,第177页。
⑤ 同上书,第221页。
⑥ 《马克思恩格斯全集》第25卷,第925页。

持劳动的费用而形成的剩余,以及社会生产基金和后备基金靠这种剩余而形成和积累,过去和现在都是一切社会的、政治的和智力的发展的基础。"① 积累是一切社会发展的基础,当然也是社会主义社会继续发展的基础。

首先,社会主义积累是扩大再生产的主要源泉。社会主义国家建设规模的大小,主要取决于积累多少以及积累使用是否得当。如果没有增量用于积累,不仅会影响扩大再生产,甚至连简单再生产也不能维持。

其次,社会主义积累还是巩固和发展社会主义生产关系的重要条件。社会主义扩大再生产,不仅是物质资料的扩大再生产,而且也是生产关系的扩大再生产。随着社会主义扩大再生产的不断进行,社会主义公有制将日益巩固和发展。

再次,社会主义积累是提高人民生活水平的一种手段。随着社会主义积累的不断增加和再生产规模的不断扩大,给社会提供的产品日益丰富,文化教育事业日益发展,广大人民的物质和文化生活水平必将逐步提高。

所以,社会主义社会需要生产的增量,需要积累,需要扩大再生产。

第二个需要也是肯定的。社会主义社会的产品及其增量仍然需要采取商品价值形式,这也是由客观经济条件决定的。首先,是由于我国正处于并将长期处于社会主义初级阶段,坚持以公有制为主体、多种所有制经济共同发展的基本经济制度,并正在逐步建立和完善社会主义市场经济体制,各企业法人和市场主体都是自主经营、自负盈亏的,它们之间要获得对方的产品,只能通过商品交换的形式,按照等价交换的原则来实现;其次,在社会主义公有制内部,如从生产资料的所有权来说,每一个国有企业是属于国家的,但是从经营权来看,它们都是相对独立的自主经营、自负盈亏的经济实体,它们相互之间的关系,也必须遵守价值规律,实行等价交换的原则,通过市场进行商品交换来实现。因此,在社会主义初级阶段,仍然存在商品、货币、价值,以及增殖的价值。社会主义社会的产品及其增量都必须用价值来表现。所以,仍然存在价值和增殖的价值。当然,也就存在资本了。

所以,资本是一种价值形态,是能增殖价值的预付价值。用中国的俗话说,它就是"能生蛋的本钱"。它最大的特点就是会增殖,在运动过程中不断增殖。可见,资本是市场经济的产物。只要在市场经济条件下,就会有商品、有价值,当然也会有自行增殖的价值——资本。市场经济不能没有资本和资本市场。我国要建立和完善社会主义市场经济体制,当然也应有资本和资本市场。在社会主义政治经济学中,"资本"的范畴要讲,并应讲清楚。

---

① 《马克思恩格斯全集》第 3 卷,人民出版社 1995 年版,第 538 页。

三、在社会主义社会中公有资本占主体

在社会主义初级阶段资本仍然存在,大家基本上已达成共识。但是,仍有一些人一提起资本,就马上想到了"私",想到了资本主义。

其实,资本不等于"私",这要看资本归谁所有。资本不是物,而是一种社会生产关系。资本具体反映了什么样的社会生产关系,那是由同它联结的所有制性质决定的。在资本主义社会,资本是同占统治地位的资本家私人所有制相联结的。因此,在资本主义社会以私人资本为主体并占统治地位。

在社会主义初级阶段,由于公有制经济占主体地位,决定了公有资本必然占主体;当然,多种所有制经济共同发展,也决定了资本是多元的。在社会主义市场经济条件下,资本属于国家所有的,形成国有资本,即资本国有权;资本属于劳动者集体所有的,形成集体资本,即资本集体所有权;资本属于个人所有的,形成私人资本,即资本私人所有制。对股份制资本要作具体分析。江泽民在党的十五大报告中指出:"股份制是现代企业的一种资本组织形式,有利于所有权和经营权的分离,有利于提高企业和资本的运作效率,资本主义可以用,社会主义也可以用。不能笼统地说股份制是公有还是私有,关键看控股权掌握在谁手中。国家和集体控股,具有明显的公有性,有利于扩大公有资本的支配范围,增强公有制的主体作用。"国有资本、集体资本、股份资本中的公有成分共同形成公有资本。在社会主义市场经济条件下,虽然有私人资本,但我们坚持以公有制为主体,它不可能占主体地位,占主体地位的只能是社会主义的公有资本。所以,不能笼统地说资本是私人资本还是公有资本,也不能笼统地说资本等于资本主义。资本主义是以资本私人所有制占统治地位的社会经济形态。在资本主义社会以前,就已经有商人资本和高利贷资本,在中国古代也早有资本和资本概念,但由于资本私人所有制不占统治地位,所以,都不是资本主义社会。在社会主义初级阶段,既然有商品、有货币、有价值,仍然存在作为增殖价值的资本也就不足为奇了。当然,在社会主义社会也可以存在私人资本,但只要私人资本不占统治地位,资本的存在就不会导致资本主义。所以,资本和资本主义不能画等号。

四、承认社会主义社会存在资本的积极意义

承认社会主义社会仍然存在资本,不仅是个概念和理论问题,而且对社会主义现代化建设和国家发展具有重大的现实意义。

第一,发展资本市场,有利于培育和健全社会主义市场经济体系。在党的十四

届三中全会通过的《中共中央关于建立社会主义市场经济体制若干问题的决定》中指出:"资本市场要积极稳定地发展债券、股票融资。"资本市场主要包括债券市场和股票市场,这是直接融资的主要渠道。确立资本市场的概念,有助于人们摆脱传统观念的束缚,树立投资增殖、风险投资等现代市场观念;发展资本市场,有助于建立包括商品、劳动力、土地、技术和资本等完整的社会主义市场体系,有利于国内市场和国际市场的接轨,从而为我国引进外资创造良好的环境。

第二,推进国有资产的资本化经营,有利于提高经济效益。资本经营是发达商品经济必然采取的主要经营方式。资本经营以价值增殖为目的,要求注重价值的创造,力求以最小的耗费获得最大的经济利益;要求注重价值的实现,努力扩大市场,拓展销路,加速资本循环和周转,以实现更多的价值;要求重视价值分配,允许和鼓励资本、技术等生产要素参与收益分配,以调动各种要素所有者的积极性。国有经济从国有资产经营向国有资本经营转变,就是确立以利益最大化为经营目的和经营中心。国有资本是全国人民的"血汗钱",能否经营得好,能否增殖,关系到全国人民的根本利益,也关系到社会主义的前途。

第三,国有资本重组,有利于增强国有经济的控制力和竞争力。江泽民在党的十五大报告中指出:"把国有企业的改革同改组、改造、加强管理结合起来,要着眼于搞好整个国有经济,抓好大的,放活小的,对国有企业实施战略性改组。以资本为纽带,通过市场形成具有较强竞争力的跨地区、跨行业、跨所有制和跨国经营的大企业集团。采取改组、联合、兼并、租赁、承包经营和股份合作制、出售等形式,加快放开搞活国有小型企业的步伐。"国有企业的重组实际上就是国有资本重组。国有资本重组,以增殖价值为目的,可以促进结构调整,提高规模效益,加快新技术、新产品的开发,增强国有经济的控制力和竞争力。

(作者:洪远朋,原载《思想理论教育》2000 年第 3 期)

我国当前收入分配中的问题与治理探析

改革开放以来,中国经济快速发展,人民生活水平显著提高。与此同时,收入差距持续扩大,分配问题变得越来越严重。可以说,当前我国收入分配中存在的问题已经到了必须加以妥善解决的时候,否则将使社会矛盾激化,影响社会的稳定。下面就收入分配方面的两个问题谈一些看法。

一、正确对待公平与效率的关系

公平与效率的关系是一个老问题,但仍然是一个需要认真研究和解决的问题。首先要搞清楚什么是公平?我们认为,公平是社会个体基于主流价值观的自我与他人所受待遇的合理性判断。也就是说,公平与否是社会个体的判断,这个判断是以主流价值观为基础的,判断是否公平取决于自己断定所受待遇是否合理。在我国,主流价值观就是社会主义价值观,它是被绝大多数中国人认同的价值观,基于此的个人对公平与否的判断才具有现实意义。如果绝大多数人感觉公平,那社会就趋于公平;如果绝大多数人感觉不公平,那社会就是不公平的。显然,当前我们社会中的很多人感觉到不公平。既然公平问题变成了主要矛盾,就需要认真解决。

党的十四大提出了"效率优先、兼顾公平"的原则,那是在公平问题没有成为社会主要矛盾的情况下,这种提法在当时是正确的。十七大报告则提出"初次分配和再次分配都要处理好公平与效率的关系,再次分配更加关注公平",这是在公平问题日趋严重的情况下提出来的。当时公平问题虽然不是主要矛盾,但已经成为重要矛盾,需要缓解,因此十七大的提法是符合当时社会发展的客观要求的,是正确的。

总结公平与效率的理论,.有"效率优先论""效率与优先并重论""公平与效率统一论""效率第一,公平第二论"等。我们不能笼统地说哪个理论正确,哪个理论错误,应结合社会现实来分析。当公平问题不是主要矛盾时,"效率优先论"、"效率第一,公平第二论"等理论是可行的;当公平问题成为重要问题时,"效率与优先并重论""公平与效率统一论"是可行的;当公平问题成为社会主要矛盾时,就应该"公平第一、效率第二",以彻底解决公平问题。不管在何种情况下,公平与效率问题都是社会主义社会收入分配中很重要的一个理论问题,又是很重要的一个实践问题,更是一个很复杂的问题,必须统筹兼顾。为此,我们需要按照三个原则处理公平与效率问题。

第一,按照生产决定分配的原理来思考相关对策。在通常情况下,收入分配应该是"效率优先",这有两层含义:首先,要考虑分配者对生产已经做出的贡献大小。效率高、贡献大的应该多得;效率低、贡献小的应该少得。其次,还要看对未来生产效率促进的大小。对未来生产效率促进大的多得,促进小的少得。

第二,初次分配和再分配都应处理好效率与公平的关系。初次分配着重关注效率,努力实现劳动报酬增长和劳动生产率同步提高。再分配更加关注公平,努力缩小城乡、地区、行业收入分配的差距。

第三,处理效率和公平的关系在不同时期应该有所区别。在平均主义盛行、收入平均化的时期,要注重效率;在收入差距太大、贫富严重不均的时候,要关注公平。

总之,在收入分配上,要处理好效率和公平的关系,必须统筹兼顾、适当安排。

二、缩小收入差距,实现共同富裕

根据国家统计局公布的数据,可以看出,我国当前收入分配不公、差距过大集中体现在城乡居民之间、工农之间、行业之间,特别是垄断性行业与竞争性行业劳动者之间差距过大。这严重影响了劳动力资源的合理流通与优先配置,甚至还影响着社会的和谐。

首先,看城乡之间的差距。1985年,城乡居民人均可支配收入为农村居民人均纯收入的1.89倍,此后呈现逐年上升态势[①];2007年为3.33倍,达到城乡收入差距的极大值。此后,一直在收入差距峰值左右徘徊,2010年后城乡居民收入差距稍有回落,但是仍在高位运行。

其次,看行业之间的差距。按社会98个行业大类分,最高与最低行业之间的收入差距由2005年的7.8倍扩大到2009年的13.2倍。特别是垄断性行业与竞争性行业之间的差距,更是难平民心。垄断性行业资源配置优先,价格可以自己决

---

① 数据资料来源:中华人民共和国国家统计局发布的《全国年度统计公报》,1985—2015年,见http://www.stats.gov.cn。本文所引数据,除特别说明外,均源于此,不再一一标明。

定,"风平浪静",没有竞争性行业的风险,但是收入却是相当高。而在竞争性行业,资源配置有竞争,产品销售有竞争,风里来雨里去,风险很大,而其收入却比垄断性行业低得多。相关研究指出,垄断性行业与其他行业的实际收入差距在5~10倍之间①。

再次,从城乡居民五等份收入分组进行比较来看城镇的最高收入组与最低收入组的收入差距,在2000年、2005年、2007年、2008年分别是3.6倍、3.7倍、5.5倍、5.7倍。农林的最高收入组与最低收入组的收入差距,对应以上四个年份,分别是6.5倍、7.3倍、7.3倍、7.5倍。城镇最高收入组(约1.2亿人)与农村最低收入组(约1.4亿人)的收入差距,则由2000年的14.1倍急剧扩大到2005年的21.5倍、2007年的21.9倍、2年的23.1倍②,且近年来在进一步扩大。

从国家层面讲,倘若基尼系数太大,则不仅影响劳动者的生产积极性,而且关系到整个社会的和谐。如表1所示,2003—2012年全国居民收入基尼系数一直维持在0.47~0.50的高位,远超国际公认的0.4的警戒线。

表1 2003—2012年全国居民收入基尼系数

年份	2003	2004	2005	2006	2007	2008	2009	2010	2011	2012
基尼系数	0.479	0.473	0.485	0.487	0.484	0.491	0.490	0.481	0.477	0.474

资料来源:周振华等著:《新机遇、新风险、新选择》,格致出版社2013年版,第146页。

那么,如何看待收入差距拉大这一敏感的事实呢?邓小平同志早就指出,拉开地区收入差距只是为了"激励和带动其他地区也富裕起来,并且使先富起来的地区帮助落后地区更好地发展",而"提倡人民中一部分人先富起来,也是同样的道理"。③ 针对收入差距拉大这一具体现象,他又指出,我们还处于社会主义初级阶段,根本任务是发展生产力,不应对它做出过多限制。"我们坚持走社会主义道路,根本目标是实现共同富裕,然而平均发展是不可能的。"④他坚信,只要坚持社会主义道路,就不会出现两极分化。我国当前收入分配问题比较突出,彰显了公平问题的重要性与紧迫性。

共同富裕是千百年来中国人民孜孜以求的理想境界,也是社会主义特征之一。邓小平在1992年的南巡讲话中,就明确提出了"社会主义本质,是解放生产力,发展生产力,消灭剥削,消除两极分化,最终达到共同富裕"。⑤ 在这一重大理论问题

---

① 陈承明等:《中国特色社会主义经济理论教程》,上海财经大学出版社2013年版,第83页。
② 胡鞍钢等:《中国:走向2015年》,浙江人民出版社2010年版,第96—97页。
③ 《邓小平文选》第三卷,人民出版社1993年版,第111页。
④ 《邓小平文选》第三卷,第155页。
⑤ 同上书,第373页。

中,他把共同富裕摆在了这样一个高度:它不仅是社会主义的本质特征,而且是社会主义社会的最终奋斗目标。共同富裕是社会主义社会区别于其他一切剥削社会的根本特征,"一个公有制占主体,一个共同富裕,是我们所必须坚持的社会主义根本原则"。① 社会主义理论与核心价值观告诉我们,两极分化不是社会主义,社会主义归根结底要实现公平,要消除两极分化,实现共同富裕。

邓小平关于共同富裕的构想最初产生于 1978 年,当时他的具体想法是:"在经济政策上,我认为要允许一部分地区,一部分企业,一部分工人农民,由于辛苦努力成绩大而收入先多一些,生活先好起来。一部分人生活先好起来,就必然产生极大的示范力量,影响左邻右舍,带动其他地区、其他单位的人们向他们学习。这样,就会使整个国民经济不断地波浪式地向前发展,使全国各族人民都能比较快地富裕起来。"②他不仅提出了共同富裕这一奋斗目标,而且明确提出了实现这一目标的具体形式、方法和步骤。

共同富裕的思想包含着重大的理论价值和现实意义。第一,社会主义作为人类历史发展的崭新阶段,不能建立在贫穷基础上。要运用一切手段来发展生产力,积累丰富的社会财富,尽可能为人民提供更多的经济利益,扩大可提供人民分配和消费的产品范围。第二,共同富裕是社会主义的根本目的,是社会主义社会的本质特征和奋斗目标。共同富裕这一概念既指出了目标,又指出了实现目标的途径;既指出了内容,又指出了形式,具有严格的科学性。第三,指出了实现共同富裕的具体步骤。为人民提供更多的经济利益是一个过程,一部分地区、一部分人先富起来,是实现共同富裕的第一步,目的是更快地实现共同富裕。不仅如此,先富起来的地区和个人,有义务帮助落后地区和个人,这是避免两极分化的根本方法。

邓小平关于允许一部分地区、一部分企业、一部分人先富起来,然后带动全体人民共同富裕的思想,极大地丰富和发展了马克思主义的社会主义分配理论。

但是,如何正确认识和处理缩小差距和共同富裕的问题,仍然是一个比较复杂的问题。当前,我们需要解决公平问题,消除两极分化的苗头,应该按照下述原则去做,逐步解决公平问题。

第一,我们这里的缩小差距,不是消灭差距。在社会主义初级阶段,绝大部分差距还是缩小的,是不能消灭的,到了共产主义高级阶段仍会存在差距。

第二,缩小差距是一个过程,是一个逐步的过程。有些缩小可以早一点、快一点。例如,城市工人和农民工的差距;有些则不能着急,要一步一步地来,如城乡差别。

---

① 《邓小平文选》第三卷,第 111 页。
② 同上书,第 152 页。

第三,很多差距至少在社会主义阶段是不能消灭的。没有差别,没有矛盾,没有竞争,没有不同利益的追求,人类社会就不会进步,社会主义就不会前进。

第四,共同富裕不是所有人同等富裕。一个国家的人民之富裕程度应该是一个标准的,到了一定标准,就可以算富裕了,但是,不同人群的富裕程度还是会有差别的,不能搞绝对平均主义。

第五,共同富裕也不是同步富裕。一部分地区、一部分人先富裕起来,然后再带动大家共同富裕。

第六,共同富裕不是靠恩赐的,当然要有顶层的设计,依靠社会的支持,没有"上帝"和"皇帝",全靠自己救自己,要靠自己的劳动致富。

毛泽东同志说得好:"要是全体青年们懂得,我们的国家现在还是一个很穷的国家,并且不可能在短的时间内根本改变这种状态,全靠青年和全体人民在几十年的时间内,团结奋斗,用自己的双手创造一个富强的国家。社会主义制度的建立给我们开辟了一条到达理想境界的道路,而理想境界的实现还要靠我们的辛勤劳动。"①

三、既要分配"蛋糕",更要做大"蛋糕"

我国分配不合理,差距过大,对此大家看法比较一致。但如何解决,则分歧很大。如果把分配比作一个"蛋糕",那么有人认为应该首先分好"蛋糕",以体现公平;有人则认为应该做大"蛋糕",因为"蛋糕"做大了,大家才能有多分;有人则反驳说,"蛋糕"分不好,有人极多,有人极少,会影响人们做"蛋糕"的积极性,蛋糕就难以做大。真是"公说公有理、婆说婆有理",那怎么办呢?

"做蛋糕"和"分蛋糕",不应看作截然对立的两码事,而是可以相互促进的一回事。它们之间不是水火不容的关系,而是能相互促进的辩证关系。

"做蛋糕",直接体现劳动者付出的劳动能否得到兑现,如能根据每个人付出的劳动数量和质量,取得相应的"蛋糕",劳动者就认为这是公平的、合理的,能从心底里激发起再劳动热情,进一步把"蛋糕"做好。这就是党的十八届三中全会决定中所说的"着重保护好劳动所得"的问题。如果劳动者付出的劳动(包含质与量),不能获得相应的"蛋糕",就会挫伤劳动者的积极性,从而影响把"蛋糕"做好。特别是初次分配,对每一个劳动者的影响最大。如果初次分配不合理,那么从再分配中纠正过来的程度就会十分有限。因为初次分配是整个分配的大头,之后的再分配充其量只能算小头。从这点讲,"分蛋糕"是很重要的,一定要做好公平、公

---

① 《毛泽东选集》第五卷,第386页。

正、合理有序。

"分蛋糕"是重要的,但有一定的局限。它解决的是在一定量的"蛋糕"下怎样做到分配公平,但无法解决整个分配量的扩大问题。从而就要有第二层次的努力,即把"蛋糕"做大。

做大"蛋糕"有着更为重大的意义。比如,原来只有一斤重的"蛋糕",十个人分,每人的劳动数量与质量都一样,严格实行公平分配,每个人所得"蛋糕"仅为一两。现在把"蛋糕"做大,个人的劳动数量和质量仍然相同,每个人所得的就不再是一两,而可能是半斤、一斤。这半斤、一斤从何而来?不是天上掉下来的,而是劳动生产率提高的缘故。由此可见,劳动者的劳动报酬要不断增长,只能是建立在劳动生产率提高的基础上,实现劳动报酬的增长和劳动生产率的提高同步。提高劳动生产率的渠道有很多,而最基本的有下列六个方面。

(1) 劳动者劳动热情的高涨。这是提高劳动生产率的最起码也是最基本的办法。所谓劳动者的"劳动热情高涨",就是做到既出工又出力,尽心尽力做好工作时间内的每一分钟。它与出工不出力形成鲜明的对照。有些劳动者,身在工作中,但是做事情慢吞吞,有气无力,当然难以提高劳动生产率,甚至连原来的劳动生产率也难以保证。

(2) 劳动者技术熟练程度的提高。因技术熟练程度不一样,故劳动效率是不一样的,这是生产常识。因此,欲提高劳动生产率,每个劳动者就要努力学文化、学技术,尽快提高自身的技术或者操作水平。

(3) 工艺流程的合理。一个企业的生产,产品越多、工艺越复杂,内设分厂或车间就越多,车间内有诸多工段,工段内又有很多小组。这个分厂或车间如何设置、产品加工如何流转、车间内工段之间如何衔接、工段与小组之间如何协作,就显得至关重要。如果程序不顺、流转不畅,那生产效率就必定不高。

(4) 设备的更新改造。设备的先进程度直接和劳动生产率有关。先进的设备能够创造高的劳动生产率。"李鸿章时期的设备"当然不可能有今天 21 世纪的效率。所以,提高劳动生产率,积极但不盲目地采用先进设备是很重要的。如果没有或者买不到先进设备,对原有设备进行改造,也能起到提高生产率的作用。

(5) 科学技术创新。创新驱动、转型发展,这不仅是国家战略,也是企业战略。一个企业要不断提高劳动生产率,就必须善于科技创新。对企业来说,主要有两个方面:一是工艺创新,工艺直接关系到产品的加工时间、间隙时间,直接关系到劳动生产率;二是设备革新,设备生产率的提高直接关系到劳动生产率,如能在不降低产品质量的前提下,革新设备、改进工艺,缩短加工时间,简化加工程序,那就能提高劳动生产率。

(6) 管理创新。向管理要效率,通过管理创新实现人尽其才、物尽其用,通过管理创新提高营销水平,加快周转速度,从而极大地提高生产效率。当前,我们需引进最先进的信息管理系统,利用先进的计算机技术实现有效的管理。通过利用和挖掘大数据、积极采用云技术、拓展知识管理与知识创新等手段,使管理水平处在世界前列。

四、规范分配秩序,形成合理、有序的分配格局

(一) 合理:改变不合理分配的现状

在我国现有分配中,存在不合理的情况,需要通过规范分配程序逐渐加以解决。一要提高劳动报酬在初次分配中的比重。初次分配的本质是要求市场在各种生产要素的定价机制中起到决定性的作用,以充分体现生产要素按"贡献和价值大小"进行分配,即功能性收入分配的原则。倘若初次分配中消费所占的比重过低,致使要素(特别是劳动收益)分配未被合理分享,也就是没有做到"保护劳动者所得"。二要完善工资决定和正常增长机制。对于工资与生产的关系,过去有一个形象化的说法:"生产长一寸,盈利长一分。"意即生产增长与劳动报酬有一个合理的比例关系。生产增长了,工资也应有所增长。可我国长期以来对此没有界定一个科学、合理的比例关系,今后应予以改正。三是缩小城乡、区域和行业间的分配差距。在这些方面差距过大,是我国当前分配的一个突出问题。解决之道,既需要具体分析、对症下药,又要通盘考量、整体推进。如缩小城乡之间的差距问题,就既需要从解决城乡二元结构入手,又需要提高农业劳动生产率,解决农民收益问题。此外,要改变收入分配不合理的现状,还需要调节过高收入,清理与规范隐性收入,取缔非法收入。

(二) 有序:建立规范化分配秩序

在我国现有分配中存在的另一个问题,就是某些部门、地区、行业、人员之间分配不规范,随意性太大。谁有钱,谁就可以加工资、发奖金;谁有权,谁就可以无序升级、加薪,明里不加暗里加;工资不能加,就乱发奖金、津贴。对于这些情况,必须采取果断措施,加以清理、取缔和规范。

建立规范化的分配秩序,首先,要建立劳动、资本、知识、技术和管理等生产要素价格由市场决定的机制。分配要公平,绝不是搞平均主义。不分要素对生产者或经济发展做出贡献的大小搞平均主义分配,这其实是最大的不公平。根据生产要素各自对生产或经济发展的作用,给予不同的报酬,是合理的、公平的,必须坚持。应制订出一套各要素贡献比值的工资机制,如过去企业中的八级工资制、公务

员中的职务工资制等。其次,要完善最低工资和工资支付保障制度。特别对劳动者来说,由于各人的天赋不同、体质不同,总有些人取得的报酬低,难以维持生活。对于此类劳动者,国家有关部门应完善最低工资和工资支付保障制度,使他们能维持生活,或不再陷于讨薪之苦。再次,要完善企业工资集体协商制度。劳方和资方有矛盾,这是客观存在的。劳方要求获取与所付出劳动相适应的报酬,资方总想能尽量少付出一些,以增加剩余价值,这样双方就会发生矛盾,甚至变为对抗。怎样解决较好?既不能是资方说了算,也不能是劳方说了算,双方通过协商谈判是解决矛盾的最好办法。这就要求国家有关部门积极引导,给予必要的监督,促使企业尽快建立以雇主为一方和以工会为另一方的谈判小组,以完善企业工资协商制度。

(三) 目标: 逐步形成橄榄型分配格局

对一个国家来说,分配格局可有三种类型。第一种是宝塔型。富裕人员很少,大多为不同程度的穷苦人民。解放前的旧中国,可称谓这种情况。第二种是倒宝塔型。大家都很富,只是富裕程度逐步递减,穷人只是极少数,这可能在少数发达国家中存在。第三种是橄榄型。极富裕和极贫穷的都只是少数人,而大多数为中产阶层,很富裕,但不是极富。在这三种形态中,我国追求第三种,这就是党的十八届三中全会所说的:通过各种努力,"逐步形成橄榄型分配格局"[①]。为实现这个目标,除了上述"合理"、"有序"的措施外,还需有下列措施:

一是完善收入再分配制度。由于"市场失灵"和要素局限,在分配中会出现暴富和贫困的情况。对于这种情况,就需看得见的手——政府——来调节。事实上,在市场经济条件下,从本质上看,再分配是政府职能的体现,是政府对"市场失灵"的弥补。怎么弥补?这就需要"以完善税收、社会保障、转移支付为主要手段的再分配调节机制,加大税收调节力度"[②]。从富人那里获取税收,资助低收入的劳动群众。通过再分配,缩小贫富差距。

二是加快推进新型城镇化。城乡差距过大、工农差别悬殊,是当前我国分配中两个突出问题。如何解决?这就需要"推进以人为核心的城镇化,促进城镇化和新农村建设协调推进"[③]。新型城镇化的核心是人,目标是要解决农民苦、农村穷、农业真落后的"三农"问题。这就需要坚持工业反哺农业、城市支持农村和对农业多予少取的政策,加快实现城乡一体化。

三是多渠道增加居民的财产性收入。上述第一条措施是"控富",第二条措施是"补贫",第三条措施,就是针对绝大多数的人来说,怎样使他们成为橄榄型中的

---

① 《中国共产党第十八届中央委员会第三次全体会议文件汇编》,人民出版社2013年版,第66页。
② 同上。
③ 同上书,第42页。

"中富"。这就需要按照党的十八届三中全会所指出的那样,"要多渠道增加居民财产性收入"。① 比如,有的人可以通过"扩展投资和租赁服务等途径"来扩大收入,有的人可以通过"优化上市公司投资者回报机制"来增加收入,有的人可以通过保护"中小投资者合法权益"来稳定和扩大收入,等等。

综上所述,应有效利用政府规制与市场机制。解决收入分配问题的根本路径是在市场机制的基础上有效整合政府规制。也就是说,把政府规制与市场机制有机结合起来,建构相关产业政策、收入政策等,建立科学、合理的由政府规制来约束的市场机制。在这种市场机制下,收入分配就会日趋合理,从而实现社会公平。

(作者:戎生贤、洪远朋、陶友之,原载《复旦学报》(社会科学版)2014年第5期)

---

① 《中国共产党第十八届中央委员会第三次全体会议文件汇编》,人民出版社2013年版,第66页。

关于当前世界经济危机的十点思考

2008年,从美国开始的金融危机和经济危机席卷全球,其范围之广、影响之深,历史上少见。全球——无论是美洲,还是亚洲、非洲;各界——无论是政界、商界,还是学界,很多人在考察,在思考,在寻找原因,在寻求对策,其中高见不少,很受启发,我也来谈十点思考。

一、给这次经济危机定性

2008年爆发的这次空前的危机,到底是什么性质的危机,众论纷纷。通常的或官方的说法是金融危机;有的说是商业危机;较多的学者说是经济危机。我认为这次危机是一个金融危机和经济危机交织在一起的危机。

这次危机是从金融领域开始的,人们把它定为金融危机是很好理解的,但这是一个表面现象。

马克思在《资本论》中曾经提出过两种货币危机的理论,在第一卷第三章一个附注中说:"本文所谈的货币危机是任何普遍的生产危机和商业危机的一个特殊阶段,应同那种也称为货币危机的特种危机区分开来。"所以,马克思在这里实际上提出了两种货币金融危机的理论。

(1)作为经济危机一个阶段或表现的货币危机。这种货币危机是指资本主义生产过剩的危机在货币信用领域里的反映。它的主要表现是现金奇缺,利息率猛涨,有价证券价格暴跌,银行大批倒闭,信用极端紧缩等。

资本主义的货币信用危机是在生产过剩的危机的基础上爆发的。但它反过来使生产过剩的危机进一步加深。这是因为,货币信用危机迫使资本家为了追逐现金而不得不勉强出卖商品,从而使物价下跌,企业得不到贷款,只能进一步缩减生产,而银行的破产又会激起工商业新的倒闭风潮。这一切都使经济危机进一步加深。

2008年的这次危机也具有作为经济危机一个阶段或表现的货币金融危机的特征。

（2）它是独立于经济危机而发生的货币危机。这种独立于周期性经济危机以外爆发的货币信用危机,是由于灾荒、战争等特殊的政治经济原因而引起的货币信用危机。

在帝国主义阶段,随着资本主义政治经济危机的不断加深,资本主义的货币信用危机不断尖锐化,发展成为全面的金融货币危机。金融货币危机同周期性经济危机中的货币信用危机不同,它具有经常性的特点,不仅在生产过剩的危机时,可以同时爆发金融危机,而且在生产过剩危机之前或之后,甚至在经济回升阶段,也会爆发。

2008年的这次危机也具有独立于经济危机而发生的货币金融危机的特点。

现在看来,2008年开始爆发的这次危机不只是独立于经济危机而发生的单纯货币金融危机,又不只是作为经济危机一个阶段或表现的货币金融危机,而是兼而有之。它具有马克思所提示的典型的资本主义生产过剩的周期性经济危机的特征,它又具有独立于经济危机的货币金融危机的许多特点,是一次金融危机和经济危机交织在一起的危机。所以,我把这次危机定性为一场金融危机和经济危机交织在一起的危机。可以简称为经济危机,因为经济危机可以包括金融危机。不能简称为金融危机,因为金融危机不能包括经济危机。

二、给这次经济危机定量

这次危机范围到底多大,说法不一。有的说,是美国的金融领域的危机;有的说,是资本主义世界金融领域的危机;有的说,是资本主义世界的经济危机;有的说,是资本主义世界的金融危机和经济危机;还有的说,是世界性的金融危机和经济危机,或者说,是世界范围内的虚拟经济危机和实体经济危机。

这些说法,是随着危机的发展而逐步扩大的,现在危机还没有见底,还很难下结论。我认为看来这次危机是经济危机史上范围最广的,也就是涉及的面最大的一次危机,是全世界范围的虚拟经济危机和实体经济危机,是世界范围的金融危机和经济危机。

（1）这次危机始于金融领域,是次贷危机引起的,但不只是金融信贷个别领域的危机,信贷扩展到证券、保险,是整个金融领域的危机。它又不纯是金融领域的危机,还有房地产领域的危机,是整个虚拟领域的经济危机。它又不仅是虚拟经济的危机。它由虚拟经济向实体经济蔓延,又是实体经济的经济危机。在实体经济中它不只是传统老产业(钢铁、纺织、汽车)等产业的危机,而且包括新兴产业(电子、信息)等产业的危机,这次危机量大面广涉及经济领域的各个领域、各个方面,是经济领域的全面危机。

(2)这次危机从美国开始,逐步蔓延到资本主义重要发达国家(欧洲、日本),再扩展到发展中国家、新兴经济国家,不仅包括资本主义大国,也包括资本主义小国,如冰岛整个国家面临破产。因此,它是整个资本主义社会世界的全面危机。而且,它不只是资本主义世界的经济危机,也包括社会主义国家,主要标志是社会主义中国也卷进去了。1929—1933年危机,因为当时经济尚未全球化,当时的社会主义苏联与资本主义世界的经济联系不密切,没有卷入那次大危机。所以,这次危机是范围最大的既包括资本主义又包括社会主义世界的全世界范围的金融危机和经济危机。

三、给这次经济危机定级

2008年从美国开始爆发的这次危机,是1929—1933年资本主义大危机以后最深刻的经济危机。

其深刻程度从其表现来看是全方位的。

(1)货币金融领域动荡。国际金融市场罕见恐慌,全球股市狂泻,各类债务利差扩大,信用空前收缩,短期融资市场冻结,一片乱象,触目惊心。据国际货币基金组织统计,全球银行有毒资产为2万多亿美元,但欧洲各国部长最近的一次会晤则估测高达16万亿美元,超过了美国或欧盟27国国内生产总值。

(2)生产萎缩。战后危机生产萎缩主要表现为生产增长幅度下降,而这次危机是生产指标负增长。据估计2009年全球GDP即收缩1.3%,美联储预测美国经济2009年下降1.3%~2%。欧洲央行新预测,欧元区16国的经济活动2009年将萎缩4.6%。这都是罕见的。

(3)大规模失业。据国际劳工组织预计到2009年年底,全球约有2.3亿失业人口,比2008年增加5 000万人,美国的失业率达到了25年以来最高的8.9%。国际劳工组织总干事称:全球就业危机可能持续6至8年。这是二战后少见的。

(4)企业倒闭严重。国际知名金融机构:雷曼、美林、AIG纷纷破产。美国通用汽车公司2009年6月1日在纽约申请破产保护。"通用"曾作为美国经济力量和活力标志的"百年老店",这次破产是美国制造业有史以来规模最大的破产案。

其深刻程度从时间来看危机时间长。

这次危机到现在还没有见底。何时复苏?各种预计大体有三种观点:一是乐观派,2009年年底可以见底;二是谨慎的乐观派,3~5年见底;三是悲观派,要十年左右才能真正走出低谷。哪种预测正确要让实践来检测。但就最乐观的估计：2009年年底见底来看，这次危机也就够长了。这次危机一般认为在2008年开始的，实际上2007年底在美国已经显现，如果从2007年底到2009年底算起来这次危机期间就已达两年，这已可算二战后危机期间最长的一次了。

四、给这次经济危机寻根

关于这次经济危机的根本原因，说法颇多。有金融祸害论、创新周期论、产能过剩论、道德问题论、新自由资本主义缺陷论，等等。这些看法，从每个角度看都有一定的道理。但是，都不能很好地解释这次经济危机的根本原因，都没有找到真正的病根。要真正找到病根，还是马克思主义政治经济学所揭示的，资本主义经济危机的根本原因在于生产社会化与资本主义占有之间的矛盾。

关于资本主义经济周期性危机的根本原因在于资本主义生产方式的内在矛盾。马克思、恩格斯早就指出："几十年的工业和商业的历史，只不过是现代生产力反抗现代生产关系，反抗作为资产阶级及其统治的存在条件所有制关系的历史。要证明这一点，只要指出在周期性的循环中愈来愈危及整个资产阶级社会生存的商业危机就够了。"斯大林明确提出了经济周期的根源在于资本主义经济制度，即生产的社会性和生产成果的资本主义占有形式之间的矛盾。资本主义生产的社会性与占有的个人性之间的矛盾，一方面表现为个别企业生产的有组织性和整个社会的无政府状态的矛盾，另一方面表现为生产无限扩大的趋势和劳动人民有支付能力需求相对缩小的矛盾。这种矛盾引起的强烈对抗，必须不断地通过危机来克服。进一步分析，资本主义经济周期的深层原因在于资本主义经济利益关系的背离阻碍了社会生产力的发展。

恩格斯在《在爱北斐特的演说》中指出，资本主义社会的利益关系是对立的，因此导致了商业不景气等一系列困难处境。他说："商业的不景气……是由什么引起的呢？就是人们的利益彼此背离。"资本主义社会经济利益关系的对立包括多个方面。最重要的利益对立是资产阶级和无产阶级的经济利益关系的对立。马克思在《资本论》中所揭示的资本主义积累的一般规律：一极是资本家财富的积累，一极是工人阶级贫困的积累，集中体现了这种利益关系的对立。资本积累必然导致经济危机，就在于这种利益关系的对立。其次，重要的利益对立关系还包括资本家之间的对立。马克思指出，在危机时期，"每个资本家的利益和资本家阶级的利益之间的对立就显示出来了"。据新华社消息，这次危机的祸首之一，美国全国金融公司前董事长兼首席执行官安杰洛·英齐洛于2009年6月4日受民事欺诈和内幕交易指控非法获利超过1.39亿美元，成为金融危机后美国政府起诉的最引人注目的被告。因为各个资本家都是其自身利益即私利的追求者,为了追求更多的利润,各产业、各部门的资本家不断进行竞争,资本转移,其结果不可避免地出现了生产过剩,爆发了危机。

五、给这次经济危机"下药"

关于经济危机的应对措施,西方经济学为"熨平"经济周期进行了长期的探讨,针对经济危机问题提出了多种多样的治理性政策措施,有许多药方。比如说,用以反周期的财政政策、货币政策、科学技术政策和市场竞争机制等。在治理经济周期性波动时,必须注意不同政策措施的合理搭配,以求能达到预期的效果,如何进行搭配西方经济学提供了某些有益的思考。对出台实施的政策措施应当客观地全面地评价其多方面的效应,尽量减少决策过程中的片面性,这方面西方经济学进行过不少的研究。当然,这些问题西方经济学理论不可能有现成的正确答案。

应对这次经济危机,仍然可以有分析地加以借鉴。应对经济危机,给经济危机"下药",实质上是一个利益再分配的问题,也就是"劫贫济富"还是"劫富济贫"的问题。

在应对这次危机中也有不同的观点和措施:有的主张拯救富人、为资本家谋利;有的主张拯救穷人、为劳动者维利。美国保险业美国国际集团,因经营困境累计接收1 700亿美元的政府救助。但它的首席执行官竟拿出1.56亿美元,给"起祸"的高管发奖金,人们对金融垄断寡头的贪婪非常愤慨,人们无法理解。其实,不难理解,读一点马克思主义政治经济学,就会知道,这是资本的本性。马克思曾引用登宁的一段话说得好:"资本的本性就是追求利润。'资本害怕没有利润或利润太少,就像自然界害怕真空一样,一旦有适当的利润,资本就胆大起来。如果有10%的利润,它就保证到处被使用;有20%的利润,它就活跃起来;有50%的利润,它就铤而走险;为了100%的利润,它就敢践踏一切人间法律;有200%的利润,它就敢犯任何罪行,甚至冒绞首的危险。'"

经济危机不可避免。资本家、资产阶级政府以及资产阶级经济学家对此无能为力。但是,资本家为了摆脱经济危机,他们想靠牺牲商品主要消费者的利益,牺牲工人的利益,牺牲农民的利益,牺牲劳动者的利益来摆脱危机。其结果不是摆脱危机而是加深了危机,积累了引起更加剧烈的新危机的新前提。因此,我们认为应对经济危机应该"劫富济贫",首先拯救穷人,维护劳动者的利益。其实,这也是促进消费的一种手段。

但这些都是治标的对策。治本要涉及资本主义经济制度。

六、这次危机的特点

这次危机与资本主义世界历次经济危机,特别是与1929—1933年的资本主义大危机比较有什么特点,由于这次危机还没有见底,现在还不能完全看清楚,初步看来,至少可能有以下三个特点。

(1)虚拟经济危机与实体经济危机交织在一起。以往的资本主义经济危机基本上是实体经济的周期性经济危机,就连1929—1933年的大危机也基本如此。但是,这次从美国金融危机开始迅速蔓延,金融领域的危机依然存在,实体经济危机的种种特征逐步显现。看来,不是单纯的金融危机乃至整个虚拟经济的危机,而且是实体经济的同期性经济危机,是虚拟经济危机和实际经济危机交织在一起的危机。这是这次危机的新现象、新特点。

(2)科技创新的长周期和中短期的商业同期交织在一起。资产阶级经济学家熊彼特研究资本主义经济发展新情况,提出了一个技术创新周期理论。这一理论认为每一个重大技术创新的周期也就会出现一个经济波动的周期。而一个重大技术创新的周期是比较长的,通常是40—60年,也就是长周期。根据这一理论,资本主义世界是从20世纪50年代以来,以电子、信息、技术创新为支柱的长周期到现在(21世纪初),将可能进入新的科技创新。例如,以新能源创新技术为标志的新周期。这次危机正是这次长周期转型的标志。同时,从中短同期的商业危机来说,1990年—1995年间主要西方国家经历了一次经济危机(即中短期商业周期危机),到了2007年差不多是10年左右。这次危机正好在长周期的科技创新和中短期的商业周期危机交织在一起,这是这次危机的第二个特点。

(3)资本主义世界的周期性经济危机和社会主义国家的周期性经济危机交织在一起。1929—1933年的资本主义世界危机,当时的社会主义苏联没有卷入,这次大危机社会主义的中国却卷入了。有人认为,中国的危机只是输入的。恐怕不能这样讲,中国的这次危机还有内在的因素,也是社会主义中国自身发展中的一个周期的低谷。中国经济的长期发展正面临着一个产业结构调整的周期。资本主义世界的周期性经济危机和社会主义中国的周期性危机交织在一起,是这次危机的第三个特点。

七、这次经济危机与中国

(1)中国也卷进去了。这次世界经济危机的一个重要特点,是社会主义中国也卷进去了。

2008年世界经济危机爆发后,中国的GDP从2007年的13%,2008年下降为9%,跌了4个百分点,2008年第四季度更严重,同比只增长6.8%,进出口总额大幅下降,中小企业关闭较多,就业严峻,农民工返乡2 000—3 000万,大学毕业生就业难,等等。

中国卷进去的主要原因是资本主义因素的作用。这是因为经济全球化的发展和我国的对外开放使我国经济逐步地卷入资本主义发达国家主导的市场经济轨道,对外依赖度越来越大,对外贸易依存度达到60%以上,出口依存度近40%。这样,我国就不可避免地卷入了资本主义世界的周期经济危机,这是外部原因。

同时,我国经济的市场化改革,市场经济不可回避的周期波动也不可避免,我们经济30年的改革开放,经济快速增长,经济结构失衡,纺织、钢铁等传统产品大量过剩,房市股市扩张的周期波动,这是我们卷入这次世界性经济危机的内因。我国面临的可能是外部输入型危机和内部自生性危机交织作用的复杂局面。

(2) 我国相对较轻。这次世界经济危机,中国虽然也卷进去了,但是,与其他国家比较起来相对较轻,GDP增长幅度下降了,但是没有负增长;金融领域基本稳定,银行、大企业没有出现倒闭现象,等等。

中国相对较轻,是社会主义因素的作用,是强大的能掌握国家经济命脉的国有经济和强有力的国家宏观调控体系在起作用。还有我们在对外开放中,资本项目没有开放,人民币没有自由兑换,等等。

(3) 中国起什么作用。在这次世界经济危机中,中国应起什么作用,脑子不能太热。① 中国不应该也不可能拯救资本主义;② 中国不应该也不可能拯救全世界;③ 中国主要应该自己救自己;④ 中国也应该做一个负责任的国家。多做有利于中国、有利于中国人的实事和好事,如果可能,也应该做一些力所能及的有利于别国人民的好事。

我国这次卷入的经济危机既有外因,更有内因。主要是生产过剩和需求不足。需求不足有内需不足和外需不足。资本主义世界经济危机,使外需更加不足,更加要依靠内需。而内需又有投资需求和消费需求。扩大内需,投资需求依然重要,但是,改革开放以来,贫富差别不断扩大,消费需求更加不足,因此,增加贫困居民的收入,增长消费需求更加重要。扩大投资,投向哪里,又是问题。投向已经产能增剩的钢铁、纺织业,越投越过剩,危机将越来越深,只有投向新兴产业,如新能源、新材料等,才有出路。

美国出台的救市计划是为了美国的利益。美国出台7 870亿美元的经济刺激计划,有一个"买美国货"条款,将美国政府采购的范围限定在本国产品,例如在进行基础设施建设时只能使用美国钢铁企业的产品。外国人包括中国人得不到好处。

我国的救市计划也应该是为了中国的利益。我们没有必要为了外国人包括美国人的利益去买单。当然,如果能够双赢,是最好的。

八、经济危机与经济学

2008年从美国开始金融危机和经济危机席卷全球后,欧洲重新出现了马克思热、《资本论》热。在德国,书架上沉睡多年的《资本论》重新畅销,柏林卡尔·迪茨出版社出版的《资本论》到2008年10月已卖出1500套,是2007年全年销量的3倍。在影界,德国新电影之父河历山大·克鲁格正准备将《资本论》拍成电影。在政界,法国总统萨科奇和德国财政部长施泰因布吕克也开始在阅读马克思的著作《资本论》等。现在《资本论》的新读者还有一批比较年轻的读者群,德国左翼党下属的社会主义民主大学生联合会,在德国30多所高校组织了《资本论》研读会,还有中学生看到海报后要求加入研读会。德国"马克思纪念图书馆"还专门编辑了供年轻人学习的《资本论》简读本。近来,欧洲的这股《资本论》热,绝不是偶然的。这是因为《资本论》是分析资本主义制度最深入、最详尽的著作,人们企望从中找到资本主义弊端的原因,并找到对策和出路。

在中国,人们在研究和分析这场席卷全球的金融危机和经济危急中,有识者也想到了马克思,想到了《资本论》。

2008年12月中旬的一个休假日,我在上海郊区工作休假,突然接到一个出版社编辑打来的电话,希望我再版20多年前出版的《通俗〈资本论〉》,这个突然的信息,使我"惊讶"、"惊喜"。

其实,这些现象绝不是偶然的,2008年的世界经济危机爆发以后,国内外许多人包括政界、商界、学界都在思考一些重大问题:危机是偶然的政策失误,还是制度的缺陷;怎么"救",是救富人还是穷人;新自由主义不灵了,人们便想到马克思主义;私有化出问题了,人们便想到国有化;资本主义不怎么美妙了,人们便想到社会主义,等等,这些涉及马克思主义政治经济学的基本问题。

现在,不是在倡导人们在战胜这次经济危机时要读书吗,问题是读什么书。当然,读什么书不要规定得太死,但是,在战胜危机中主要应该读什么书,还是要明确的。

第一,应该多读经济学的书。经济危机是属于经济领域的问题,要懂得什么是危机,根源何在,如何应对,没有经济学的基本常识是不行的,特别要提倡党政领导干部要多读经济学。

第二,应该主要读马克思主义经济学。马克思主义经济学,特别是马克思的《资本论》,对经济周期或经济危机理论有一个完整的理论体系,是我们认识经济危机,治理经济危机的指导思想。

第三,还要学西方经济学。西方经济学对经济危机也有很多的研究,也有不少可供借鉴的见解。如经济周期类型中关于长波经济周期、中波经济周期、短波经济周期的分析;如熊彼特的技术创新周期理论,如凯恩斯反经济周期的政策措施,等等。

九、经济危机与经济学家

在这次经济危机中,出现了一个新现象。经济学家的话语权增加了,出场费提高了,百年一遇的"经济危机"使经济学家身价倍增。听说,现在宣讲"经济危机"的出场费,最高可达 12 万元。同时对经济学家的议论也多了。

2009 年我国全国人大和政协会议是在世界经济危机和我国经济下滑的情况下召开的,一些全国人大代表和政协委员,公开指名道姓批评某些主张新自由主义的经济学家,并提出要部分经济学家辞职。这是一个好现象。现在的人大代表和政协委员可以从经济学的角度问政、参政,说明人大代表和政协委员素质的提高。另一方面指名道姓公开批评,说明全国人大、政协会议的民主氛围在提高。但是,一是中国的经济学家无论是马克思主义经济学家还是新自由主义经济学家真正能进入决策圈的有多少,能不能把现在的经济问题算在经济学家身上。二是能不能把新自由主义一棍子打死。现在的新自由主义经济学渊源于资产阶级古典政治经济学,它的"老祖宗"是亚当·斯密,现代的马克思主义经济学家,渊源于马克思创立的无产阶级经济学,老祖宗是马克思。马克思建立的科学的无产阶级经济学是在吸收英国古典政治经济学的合理成分的基础上形成的,现代的马克思主义政治经济学难道不也可以从新自由主义经济学中吸取合理成分吗?对新自由主义经济学"神化",照搬照抄是不对的,全部否定恐怕也是不可取的。

经济学家当然在"经济危机"中应该有更多的话语权,起更好的作用。

首先,政府、社会应多听听经济学家的见解。现在,外国的经济学家在中国的话语权很大,有人到处演讲,但是不了解中国情况,不得要领。在国内不少从事西方经济学研究的经济学家也有作为"座上宾"被官员请去咨询。但是,马克思主义经济学家的话语权还不够,有待提高。

其次,经济学家要自爱。现在专门研究经济周期和经济危机的经济学家很少见了。应该有有志者从事专门研究,也应该有更多的经济学家关注这个问题。在这次危机中,有些经济学家没有研究,出了不好的主意。当然会引起人们的不满。

经济学家宣讲经济危机理论也要有"德性",不能单纯为了"人民币"。我曾经与一个同事开玩笑:你是靠上一次危机(1997 年东南亚金融危机)起家,靠这次危机发家。

十、这次经济危机的深层次思考

这次世界经济危机和金融危机是一件坏事,也是一件好事。它教我们深层次思考问题,教我们重新认识资本主义,重新认识社会主义。

一段时间以来,特别苏联、东欧社会主义国家解体后,有一种议论:资本主义万古长青,社会主义已被战胜。这次危机告诉我们,资本主义并不是理想的制度,资本主义也不会万古长青。

这次危机也告诉我们新自由主义宣扬的私有化、市场化、自由化,也不是拯救资本主义的灵丹妙药。

随着2008年开始的经济危机的深化,欧美许多国家掀起国有化的浪潮,"百年老店"通用汽车公司实际也国有化了。也引起了关于国有化的争论。有人赞成,有人反对,有人称之为"暂时国有化"。但是,无论如何,国有化成了拯救危机的一个举措,至少是一个临时举措。它说明了私有制不能拯救危机。资本主义"国有化",国家干预的加强,国家垄断资本主义的发展,没有改变资本主义本质,但是,正如列宁所指出的,"国家资本主义是社会主义的最完备的物质准备,是社会主义的入口"。资本主义国有化是资本主义社会内部社会主义经济因素的成长。它告诉我们社会主义是不可抗拒的,条条道路通向社会主义。

如果说,通过这次危机,资本主义即将灭亡了,那也太天真了。美国《金融时报》2009年3月13日报道,耶鲁大学历史学教授保罗·肯尼迪认为:目前(2008年开始爆发的)经济危机,使"资本主义的形式会有所改变,但不会消失"。

这次危机也告诉我们,社会主义优越于资本主义,特别是中国特色社会主义具有很大的生命力,社会主义必将战胜资本主义也是不可抗拒的历史潮流。但是,社会主义也不是完美无缺的,它还有经济周期波动,甚至还会出现经济危机,需要我们不断的改革和调整。

(作者:洪远朋,原载《探索与争鸣》2009第7期)

改革开放 30 年来我国社会主义经济理论和实践的回顾与展望

以中国共产党第十一届三中全会为标志,中国进入改革开放的历史新时期。从 1978 年到 2008 年正好三十周年。改革开放 30 年来,中国社会主义经济理论和实践,进行了许多重大的突破和转变,社会主义经济建设取得了巨大的成就。纪念改革开放 30 周年,回顾过去,展望未来,从社会主义经济理论和实践的研究和创新的角度来说,我们还有许多课题值得进一步研究。我把改革开放 30 年来我国社会主义经济理论和实践的回顾与展望概括为三十条:十大转变、十大成就、十大课题[①]。

一、十大转变

改革开放三十年来,我国对社会主义理论和实践有很多突破和转变,我把它概括为社会主义经济理论和实践的十大转变。

(一)从追求又高又纯的社会主义到确立社会主义初级阶段的转变

中华人民共和国成立后,经过三大改造,我们逐步建立了社会主义经济制度。但是,在一段相当长的时期内,特别是"文化大革命"中推行极"左"的路线,割资本主义尾巴,消灭资本主义残余,搞向共产主义的"穷过渡",追求又高(级)又纯(粹)的社会主义,使我国经济处于崩溃的边缘。1978 年改革开放后,我们党实事求是地提出了社会主义初级阶段的理论,正确地指明我国所处的历史阶段。

社会主义初级阶段理论是在党的十一届三中全会以后逐步形成和发展的。

---

① 根据 2008 年 11 月 29 日在"全国高校社会主义经济理论与实践研讨会第 22 次年会"上的闭幕词整理。

1987年党的十三大是社会主义初级阶段理论形成的标志。在党的十三大召开前夕,邓小平就指出:"党的十三大要阐述中国社会主义是处在一个什么阶段,就是处在初级阶段,是初级阶段的社会主义。社会主义本身是共产主义的初级阶段,就是不发达的阶段。一切都要从这个实际出发,根据这个实际来制订规划。"十三大报告明确指出了"我国正处在社会主义初级阶段。这个论断,包括两层含义:第一,我国社会已经是社会主义社会,我们必须坚持而不能离开社会主义;第二,我国的社会主义还处在初级阶段,我们必须从这个实际出发,而不能超越这个阶段。"

我国社会主义初级阶段"不是泛指任何国家进入社会主义都会经历的阶段,而是特指我国在生产力落后、商品经济不发达条件下建设社会主义必须要经历的特定阶段"。"总起来说,我国社会主义初级阶段,是逐步摆脱贫穷、摆脱落后的阶段;是由农业人口占多数的手工劳动为基础的农业国,逐步转变为非农业人口占多数的现代化的工业国的阶段;是由自然经济半自然经济占很大比重,变为商品经济高度发达的阶段;是通过改革和探索,建立和发展充满活力的社会主义经济、政治、文化体制的阶段;是全国奋起,艰苦创业,实现中华民族伟大复兴的阶段。"

党的十五大又进一步论述了社会主义初级阶段的基本路线和纲领。党的十七大又重申:"我们必须始终保持清醒头脑,立足社会主义初级阶段这个最大的实际。"

正确认识我国社会主义所处的历史阶段——社会主义初级阶段,是社会主义经济理论和实践的基本立足点和根本依据,是建设中国特色社会主义经济的首要问题。

(二)从斯大林经济模式到中国特色社会主义经济模式的转变

1949年,中华人民共和国成立以后,我国逐步走上了斯大林模式的社会主义道路,建立的是以斯大林《苏联社会主义经济问题》为指导的社会主义经济模式。文化大革命前,我们党已经开始意识到斯大林经济模式的弊端并试图改革,但一直没有真正的突破。

1978年改革开放后,我们党逐步引导我们从斯大林经济模式到中国特色社会主义经济模式的转变。1982年9月党的第十二次全国代表大会提出"把马克思主义普遍真理同我国的具体实际结合起来,走自己的路,建设有中国的特色社会主义"的命题。"建设有中国特色社会主义"的命题是科学的马克思主义的命题。

1987年10月党的十三大把建设有中国特色的社会主义理论概括为12个方面,构成了建设有中国特色社会主义理论轮廓,党的十四大、十五大、十六大进一步丰富和发展了中国特色社会主义理论。十七大又明确指出:"改革开放以来,我们取得的一切成绩和进步的根本原因,归结起来就是:开辟了中国特色社会主义道路,形成了中国特色社会主义理论体系。"

中国特色社会主义理论,包括中国特色社会主义经济理论,回答在中国这样一个经济文化落后的国家怎样建设社会主义的问题。以中国特色社会主义理论为指导建立的中国特色社会主义经济模式,既不是苏联的斯大林模式,也不是"华盛顿共识"的美国模式,而是在中国共产党领导的以科学发展观为指导的国家宏观调控的中国特色社会主义市场经济模式。

从斯大林模式到中国特色社会主义经济模式的转变,是中国共产党人对马克思主义的重大贡献。

(三)从以阶级斗争为纲到以经济建设为中心的转变

党的十一届三中全会以来,我们党对社会主义经济理论的突破,很重要的是突破了过去长期以来以阶级斗争为纲的左倾路线,明确我国仍然处在社会主义初级阶段,必须以经济建设为中心,社会主义的根本任务是发展生产力。这是对社会主义经济理论和实践的重大贡献。"社会主义的根本任务是发展社会生产力。在社会主义初级阶段,尤其要把集中力量发展社会生产力摆在首要地位。我国经济、政治、文化和社会生活各方面存在着种种矛盾,阶级矛盾由于国际国内因素还将在一定范围内长期存在,但社会的主要矛盾是人民日益增长的物质文化需要同落后的社会生产之间的矛盾,这个主要矛盾贯穿我国社会主义初级阶段的整个过程和社会生活的各个方面。这就决定了我们必须把经济建设作为全党全国工作的中心,各项工作都要服从和服务于这个中心。只有牢牢抓住这个主要矛盾和工作中心,才能清醒地观察和把握社会矛盾的全局,有效地促进各种社会矛盾的解决。发展是硬道理,中国解决所有问题的关键在于依靠自己的发展。"

党的十七大又告诫全党:"要牢牢抓住经济建设这个中心,坚持聚精会神搞建设、一心一意谋发展,不断解放和发展生产力。"

(四)生产资料所有制从片面追求"一大二公",到以公有制为主体多种所有制共同发展的转变

改革开放前,我国的生产资料所有制形式曾片面追求"一大二公",使所有制形式越来越大,越来越公。党的十一届三中全会以来,在邓小平理论的指引下,我们党的历届代表大会都对社会主义所有制理论有所突破。

我国的社会主义所有制改革最早是从农村开始的。党的十一届三中全会以后,我们党尊重农民的首创精神,率先在农村发起改革,建立了以家庭承包经营为基础,统分结合的双层经营体制。这实际上是土地所有权与使用权相分离的农村

土地制度改革,促进了农业生产的发展,改善了农民的生活。30年后的今天,2008年党的十七届三中全会《中共中央关于推进农村改革发展若干重大问题的决定》,又提出"允许农民以转包、出租、互换、转让、股份合作等形式流转土地承包经营权"。这又是农村土地制度改革的一个重大进展,必将进一步促进农业的发展,增加农民的利益。

我国对社会主义所有制理论的突破,主要是在党的十五大上。十五大提出,公有制为主体、多种所有制经济共同发展,是我国社会主义初级阶段的一项基本经济制度。关于所有制问题,在党的文献中,直到十四届三中全会《中共中央关于建立社会主义市场经济体制若干重大问题的决定》中,还是提"必须坚持以公有制为主体,多种经济成分共同发展的方针"。十五大在所有制问题上的重大进展,一是公有制为主体,多种所有制经济共同发展,而不是公有制为主体,多种经济成分共同发展,多种所有制与多种经济成分是有重大差别的;二是这已不只是"方针",而是"我国社会主义初级阶段的一项基本经济制度",提高到一个新的高度。十五大还提出了:一切符合"三个有利于"的所有制形式都可以而且应该用来为社会主义服务;公有制经济不仅包括国有经济和集体经济,还包括混合所有制经济中的国有成分和集体成分;公有资产占优势,要有量的优势,更要注重质的提高;国有经济起主导作用主要在控制力上;把国有企业改革同改组、改造、加强管理结合起来;公有制实现形式可以而且应当多样化,一切反映社会化生产规律的经营方式和组织形式都可以大胆利用;股份制是现代企业的一种资本组织方式,资本主义可以用,社会主义也可以用。股份合作制经济是改革中的新事物;非公有制经济是我国社会主义市场经济的重要组成部分。

党的十七大重申"坚持和完善公有制为主体,多种所有制经济共同发展的基本经济制度",并进一步指出,要"毫不动摇地巩固和发展公有制,毫不动摇地鼓励、支持、引导非公有制经济发展"。

我国社会主义所有制理论和实践的发展,是对马克思主义经济理论的重大贡献。

(五)从高度集中的计划经济体制到社会主义市场经济体制的转换

我国社会主义制度建立以后,在经济运行上长期执行高度集中的计划经济体制。1978年,改革开放以后就逐步进行市场取向的改革。

党的十四大在社会主义经济运行上突破了原来的计划经济体制,明确提出我国经济体制改革的目标是建立社会主义市场经济体制。党的十四届三中全会还通过了《中共中央关于建立社会主义市场经济体制若干问题的决定》,对社会主义市场经济体制的基本框架作了具体规划。

党的十六届三中全会制定了《中共中央关于完善社会主义市场经济体制若干问题的决定》,提出了完善社会主义市场经济体制的目标和任务。"按照统筹城乡发展、统筹区域发展、统筹经济社会发展、统筹人与自然和谐发展、统筹国内发展和对外开放的要求,更大程度地发挥市场在资源配置中的基础性作用,增强企业活力和竞争力,健全国家宏观调控,完善政府社会管理和公共服务职能,为全面建设小康社会提供强有力的体制保障。主要任务是:完善公有制为主体、多种所有制经济共同发展的基本经济制度;建立有利于逐步改变城乡二元经济结构的体制;形成促进区域经济协调发展的机制;建立统一开放、竞争有序的现代市场体系;完善宏观调控体系、行政管理体制和经济法律制度;健全就业、收入分配和社会保障制度;促进经济社会可持续发展的机制。"党的十七大又提出要把深入贯彻、落实科学发展观与完善社会主义市场经济体制联系起来。我们党关于建立社会主义市场经济体制的这几个决定,反映了我们党对社会主义市场经济的认识不断深入和日益成熟,丰富和发展了社会主义经济理论。把市场经济与社会主义基本制度相结合是中国共产党人对马克思主义经济理论的一个历史性贡献。

(六)从平均主义到实行按劳分配为主体、多种分配方式并存制度的转变

马克思早在《哥达纲领批判》中就指出,社会主义必须实行按劳分配的原则,但在改革开放前的实践中,由于受小生产观点和"左"的思想影响,把按劳分配也误认为是资本主义的东西,在分配上大搞平均主义,吃大锅饭,极大地挫伤了广大劳动者的积极性,也影响了社会主义制度优越性的发挥。改革开放后,我们党拨乱反正,1978年3月,邓小平明确提出:"按劳分配的性质是社会主义的,不是资本主义的。"[1]并逐步完善以按劳分配为主体的分配制度。

党的十三大报告指出:"社会主义初级阶段的分配方式不可能是单一的。我们必须坚持的原则是,以按劳分配为主体,其他分配方式为补充。"1993年11月党的十四届三中全会在《中共中央关于建立社会主义市场经济体制若干问题的决议》中,将分配问题的提法作了进一步的完善,指出:"个人收入分配要坚持以按劳分配为主体、多种分配方式并存的制度。"这样就把"其他分配方式"改为"多种分配方式",并把"补充"上升为"并存"。十五大、十六大和2004年新修改的《中华人民共和国宪法》都进一步明确坚持和完善"按劳分配为主体,多种分配方式并存的制度。"党的十七大重申:"要坚持和完善按劳分配为主体,多种分配方式并存的分配制度。"并提出,"逐步提高居民收入在国民收入分配中的比重,提高劳动报酬在初

---

[1] 《邓小平文选》(1975—1982年),北京:人民出版社1983年版,第98页。

次分配中的比重","逐步扭转收入差距扩大的趋势"。这是对社会主义分配理论的发展。

（七）从传统工业化道路到新型工业化道路的转变

在人类历史工业化过程中,曾经出现过资本主义优先发展轻工业的工业化道路,苏联优先发展重工业的工业化道路。毛泽东同志也曾提出以农、轻、重为序的工业化道路。党的十六大提出了新型工业化道路。这就是:"走新型工业化道路,大力实施科教兴国战略和可持续发展战略。实现工业化仍然是我国现代化进程中艰巨的历史性任务。信息化是我国加快实现工业化和现代化的必然选择。坚持以信息化带动工业化,以工业化促进信息化,走出一条科技含量高、经济效益好、资源消耗低、环境污染少、人力资源优势得到充分发挥的新型工业化道路。"

我们党提出的新型工业化道路是对马克思主义工业化道路理论的发展,丰富了社会主义经济理论和实践。

（八）从回避利益到重视利益的转变

改革开放前,由于我国传统的"重义轻利"思想的影响,由于"左"的片面强调"政治挂帅",人们往往忌讳谈利益,回避利益关系的研究,似乎一提到利益就是宣扬个人利益至上,似乎谈论利益是与"政治挂帅"或者社会主义精神文明建设背道而驰的。

改革开放是我国社会主义建设的实践,也是利益观念逐步深入人心的过程。改革开放不久,邓小平就提出:社会主义建设和改革也是为了人民利益。人民利益决定建设和改革的命运,所以,进行社会主义现代化建设和改革,人民利益是根本。1979年在党的理论工作会议上,他指出:社会主义现代化建设是我们当前最大的政治,因为代表着人民的最大的利益、最根本的利益。

2003年10月14日在党的十六届三中全会上通过的《中共中央关于完善社会主义市场经济体制若干问题的决定》第三条"深化经济体制改革的指导思想和原则"中有五个坚持,其中第四个就是"坚持统筹兼顾,协调好改革进程中的各种利益关系"。

在十六届四中全会通过的《中共中央关于加强党的执政能力建设的决定》中指出,要"妥善协调各方面的利益关系,正确处理人民内部矛盾。坚持把最广大人民的根本利益作为制定政策、开展工作的出发点和落脚点,正确反映和兼顾不同方面群众的利益。高度重视和维护人民群众最现实、最关心、最直接的利益,坚决纠正各种损害群众利益的行为"。

党的十七大对根本利益、切身利益、共享利益、统筹利益、共同利益、利益格局变化等关于利益与利益关系的论述,坚持和发展了马克思主义的利益理论①。

从回避利益到注重利益是中国共产党人对社会主义经济理论和实践的一个重大转变。

(九)从封闭半封闭状态到全方位对外开放的转变

改革开放前可以说中国还处于封闭半封闭的状态,对外贸易有限,外商直接投资几乎等于零。改革开放后,我们先从深圳等地建立四个经济特区到沿海、沿江、沿边城市逐步对外开放。30年来,我国已形成了一个全方位、多层次全面开放的格局。

当然,今后还须进一步拓展对外开放的广度和深度。党的十七大对我国今后开放经济提出了新的战略目标:优化开放结构,提高开放质量,完善内外联动,互利共赢。形成安全高效的开放型经济体系,形成经济全球化下参与国际经济合作的竞争新优势。这又是中国共产党人对社会主义经济理论和实践的一大贡献。

(十)从贫穷的社会主义到全面建设社会主义小康社会的转变

全国解放后,中国共产党人领导中国人民进行社会主义建设,我国贫穷落后的面貌有所改变。但是正如邓小平指出的"由于底子太薄,现在中国仍然是世界上贫穷落后的国家之一"。"四人帮"则别有用心地讲"宁要贫穷的社会主义,不要富裕的社会主义"。邓小平针锋相对地指出:"贫穷不是社会主义,更不是共产主义。""一个公有制占主体、一个共同富裕,这是我们所必须坚持的社会主义根本原则。"②

改革开放后中国共产党人领导中国人民逐步走向共同富裕的小康社会的道路。

党的十六大提出了全面建设小康社会的目标:"综观全局,二十一世纪头二十年,对我国来讲是一个必须紧紧抓住并可以大有作为的重要战略机遇期。"根据十五大提出的到2010年、建党100年和新中国成立100年的发展目标,我们要在本世纪头二十年,集中力量,全面建设惠及十几亿人口的更高水平的小康社会,使经济更加发展、民主更加健全、科学更加进步、文化更加繁荣、社会更加和谐、人民生活更加殷实。十六大确立的全面建设小康社会的目标,是中国特色社会主义经济、政治、文化全面发展的目标,是与加快推进现代化相统一的目标,符合我国国情和现代化建设的实际,符合人民的愿望,意义十分重大。

---

① 详见洪远朋:《十七大对马克思主义利益理论的坚持与发展》,《复旦学报》(社会科学版)2008年第3期。

② 《建设有中国特色社会主义》(增订本),北京:人民出版社1987年版,第99页。

党的十七大又指出："我们已经朝着十六大确立的全面建设小康社会的目标迈出了坚实步伐，今后要继续努力奋斗，确保到二〇二〇年实现全面建成小康社会的奋斗目标。"全面建设小康社会实际上也就是建设利益共享的社会。这是对社会主义理论和实践的重大贡献。

二、十大成就

我国自1978年实行改革开放以来，国民经济取得了巨大成就。中国的改革开放，使我们由贫穷落后发展到繁荣昌盛。我把它概括为社会主义经济发展的十大成就。

（一）经济迅速发展，经济总量跃居世界前列

改革开放30年来，国内生产总值从1978年的3 624亿元上升到2007年的246 619亿元，2007年是1978年的67倍多。国内生产总值占全球的比重由1978年的1.8%上升到2007年的6%左右。经济总量在世界排名从1978年的第十位，2007年上升到仅次于美、日、德的世界第四位。

1978年到2007年的年平均增长率为9.8%，高过世界经济同期年平均增长率的2.5倍，居世界首位。这是人类经济发展史上的一个奇迹。

（二）建立了现代化工业体系，主要工业产品产量已居世界前列，成为"世界制造工厂"

改革开放30年以来我国工业发展突飞猛进。1978年，我国工业生产总值为1 607亿元，而2007年全部工业增加值为107 367亿元。主要工业产品产量居世界前列。我国钢铁、煤炭、水泥、平板玻璃、电石、棉纱、棉布、化纤、丝绸、服装、电视机、洗衣机、电冰箱等工业产品总产量已居世界第一位。到全世界的每一个超市，几乎都可以看到"中国制造"。

（三）农业生产实现历史性跨越，温饱问题基本解决

改革开放30年来我国农业综合生产能力不断提高，改变了粮食等主要农副产品长期供应不足的局面。一些主要农副产品，如谷物、棉花、油菜籽、肉类、水产品、水果等产量已跃居世界第一。

改革开放取得的一个伟大成就，就是中国农业以占世界7%的耕地，养育了占世界22%的人口，成功地解决了世界上人口最多国家的吃饭问题，占世界1/5的人口基本得到了温饱。

农村绝对贫困人口数量由 1978 年的 2.5 亿人,2007 年减少到 1 500 万人,这是世界奇迹。

(四)产业结构显著变化,第三产业取得长足进步

改革开放之初,我国的产业结构仍处于较低水平。1978 年我国第一、二、三产业的比重分别为 27.9%、47.9% 和 24.2%,呈现明显的农业等第一产业在三大产业中比重较高,而服务业等第三产业在三大产业中比重较低的现象。

经过改革开放 30 年的发展,我国产业结构发生了巨大变化。2006 年,我国第一、二、三产业的比重为 12.6%、47.5% 和 39.9%,第三产业的比重明显提高了 15.7%。

在第三产业中现代服务业有了长足进步。1978 年第三产业主要是商业和运输业等传统服务产业,而到了 2007 年,房地产业、金融保险业、电子服务业、旅游业、现代运输业(现代高速公路里程已达四万多公里,已多年位居世界第二)在第三产业中的比重有了很大提高,这是一个很大的进步。

(五)电信产业迅速发展,直追当代世界水平

改革开放以来,我国电信产业的发展取得了辉煌成就。公用电话交换机总量由 1978 年的 405 万台增加到 2007 年的 5.1 亿台,增加了 125 倍。现在全国县级以上城市全部实现电话交换程控化。2007 年移动电信手持机 54 857.9 万台,居世界第一。

2007 年全国固定及移动电话用户总数达到 91 273 万户,电话普及率达到 69 部/百人。互联网上网人数为 2.1 亿人,宽带上网人数为 1.63 亿人,都居世界前列。这又是一个了不起的发展。

(六)金融证券事业蓬勃发展,保险业迅速恢复

改革开放 30 年来,我国金融保险业快速发展,业务量大增。

金融业务迅速发展。截至 2007 年底,全国金融机构各项贷款余额 27.8 万亿元。全国金融机构存款余额 40.1 万亿元。整个社会储蓄达到 46 万亿元,居民储蓄超过 16 万亿元。

证券市场长足进步。证券市场从 1990 年开始形成,我国境内上市公司 1990 年为 13 家,2007 年增加到 1 550 家。市场总值 1990 年为 103 亿元,2007 年增加到 327 141 亿元。

十一届三中全会后,我国保险业开始恢复,30 年来发展迅速,年保费收入 1980 年为 3 亿元,1998 年闯过千亿元大关,2007 年达到 7 036 亿元。

2008年美国金融危机大爆发,我国金融保险事业将经受严峻的考验。

(七) 旅游业已成为新兴产业,方兴未艾

1978年,全国旅游接待76万人,外汇收入仅2.6亿美元。30年后,2007年全年入境旅游者达13 187万人次,是1978年的173倍多,实现旅游创汇419亿美元,是1978年的161倍。世界排名从1978年的41位,2007年跃居到第4位。

2007年,国内旅游人数达16.1亿人次,国内旅游收入达7 771亿元。旅游业已成为我国第三产业中很大的新兴产业,方兴未艾。

(八) 对外贸易快速发展,贸易顺差不断增加

改革开放30年来,我国外贸进出口总额由1978年的206.6亿美元,增加到2007年的21 738亿美元,是1978年的104.3倍,平均每年增长17.4%。1978年对外贸易总额占全球贸易总额的比重为0.8%,2007年上升为7.77%左右。在世界贸易中的排位由1978年的第29位,2007年上升为第3位。

2007年,货物出口12 180亿美元,货物进口9 558亿美元,贸易顺差达2 622亿美元,比2006年又增加847亿美元。

(九) 利用外资突破性进展,外汇储备位居世界第一

改革开放30年来,我国接受外国投资迅速增加。1979—1982年外商直接投资为60.1亿美元,2007年实际使用外商直接投资余额为7 400亿美元。我国吸引外资居发展中国家首位。

改革开放以来,我国外汇储备快速增加,1978年仅为1.67亿美元,1996年首次突破1 000亿美元,2007年增加到15 282亿美元,增长9 150倍,位居世界第一。据中国人民银行2008年10月14日公布的数据显示,截至2008年9月末,我国外汇储备余额达到19 056亿美元,又有新的突破。

(十) 城乡人民生活水平迅速提高,社会保障体系进一步加强

改革开放30年来,我国城乡人民收入不断提高。农民家庭人均收入,1978年为133.6元,2007年提高到4 140元。城镇居民家庭人均可支配收入,1978年为343元,2007年达到13 786元。

20世纪60年代,中国人的三大愿望是买手表、自行车和缝纫机,80年代变成了电视机、电冰箱和洗衣机,而21世纪初开始变成了购买住房、汽车和电脑。

社会保障体系进一步加强。2007年末,我国基本养老保险和基本医疗保险参保人数分别达到2亿人以上。

三、十大课题

回顾过去,展望未来,社会主义经济理论和实践还有许多课题需要进一步思考和研究。我把它概括为社会主义经济理论和实践尚需进一步研究的十大课题。

(一) 关于中国特色社会主义经济理论体系研究

党的十七大提出,我们已经形成了中国特色的社会主义理论体系。这个理论体系应该包括经济、政治、文化等方面。这里就有了一个中国特色社会主义经济理论体系的问题。这个体系应该包括哪些基本内容?这个问题实质上就是过去经常争议的关于社会主义的本质和基本经济特征的问题,众说纷纭。有各种提法,是:公有制+计划经济+按劳分配;公有制+按劳分配;公有制+市场经济;发展生产力+共同富裕;市场经济+公平;公有制+市场经济+共享利益,等等。中国特色社会主义经济理论体系应该是怎样的,需要进一步探索和研究。建议在研究"中国特色社会主义经济理论体系"的基础上,创立中国特色社会主义经济学。

(二) 关于用科学发展观指导社会主义经济理论和实践的问题

科学发展观是马克思主义关于发展的世界观和方法论的集中体现,是我国整个社会发展的指导方针,当然,也是我国经济理论和实践的指导方针。党的十七大要求"把科学发展观落实到经济社会发展的各个方面"。怎样运用科学发展观来指导社会主义经济理论和实践,是一个需要深入探讨的问题。

科学发展观,第一要义是发展。发展当然要全面发展,但这里有一个坚持以经济发展为中心,以发展生产力为根本任务的问题。

科学发展观的核心是以人为本。从经济学的角度,有一个以什么人为本的问题,有一个发展成果由广大人民共享,而不是由少数人独享的问题。科学发展观的基本要求是全面、协调、可持续发展,根本方法是统筹兼顾。全面协调、统筹兼顾,从经济学角度说,问题的核心是利益的协调和兼顾。科学发展观当然包括科学的经济发展观,也包括科学的改革观和科学的开放观等等。

(三) 关于计划和市场的关系

这是一个老问题,但仍然是一个新问题,而且据说是经济学的三大世界难题之一。

社会主义是计划经济,资本主义是市场经济这种老观点,应该说是早已解决了。计划和市场都是手段已经深入人心。我们现在是社会主义市场经济,当然是以市场调节为主,但是还要不要国家宏观调控?前段时期,否定的声音比较响,新自由主义主张完全市场化。2008年美国金融危机的爆发和我国经济面临的问题,计划调节和国家干预又引起了人们的广泛注意。"国家调控市场,市场引导企业",怎么重新评价?现在看来,正确认识和处理计划和市场的关系,仍然需要进一步研究。

(四)价值和价格的关系

这也是一个老问题,又是一个经济学世界难题,也是现在引起人们关注的新问题。股价的动荡、房价的虚高、原料价格的猛涨,人们在思考价格的波动有基础吗?价值是否还是价格的基础?这个价格波动的基础——价值,是劳动价值论还是边际效用价值论?消费品价格有价值基础,人们比较公认。要素价格有基础吗?股票价格的基础是什么?房地产的价格,关键是土地价格,土地有价值吗?自然资源有价值吗?价格波动完全是市场调节的吗?怎么来调控价格?看来价格和价值的关系,特别是生产要素的价格,仍然是一个重大的理论问题和现实问题。

(五)关于公平与效率的关系问题

这又是一个老问题,但仍然是一个需要研究的重要问题。

资本主义只讲效率,社会主义只讲公平。这种说法早已被否定了。资本主义和社会主义都有公平和效率的关系问题。这又是一个理论和实践上没有解决好的世界性难题。

我们党的十四大提出了"效率优先,兼顾公平"的原则,在十七大报告则提出"初次分配和再次分配都要处理好公平和效率的关系,再分配更加关注公平"。理论界近来仍然议论纷纷。有"效率优先论"、"效率与公平并重论"、"公平与效率统一论"、"效率第一,公平第二论"等等。看来公平与效率的问题仍然值得进一步讨论。从实践上来讲,改革开放以来,"共同富裕"尚未实现,而贫富差距越来越大,仍值得人们思考。

(六)关于虚拟经济的问题

马克思在《资本论》中论述生息资本时,提到虚拟资本。在论述地租和土地价格时,提到虚拟的社会价值。长期以来,可以说没有引起人们太大的注意。但是,随着当代世界经济的发展,虚拟资本、虚拟价值,引起了人们越来越多的关注,进一步提出了"虚拟经济"的概念。党的十六大提出要"正确处理虚拟经济与实体经济的关系"后,虚拟经济一时成为学术界的热门话题。最近,又有人提出并研究虚拟利益的问题。2008年美国爆发的金融危机,有人就认为是虚拟经济盲目发展的后果,是投资(机)家们利用金融衍生产品获得"巨额超额利润"的后果。看来,怎样认识和对待虚拟经济,怎样处理好虚拟经济和实体经济的关系,怎样看待虚拟资本、虚拟价值、虚拟经济、虚拟利益之间的关系,是一个新的具有重大理论意义和现实意义的课题。

(七) 关于协调利益关系与构建和谐社会的问题

现在人们越来越多地有一个共识:一切经济活动的核心是经济利益,一切经济关系的核心是经济利益,一切经济学的核心是经济利益。改革开放30年来有一个重大突破,就是人们从回避利益到关注利益。

党的十七大报告中,提出"着力解决人民最关心、最直接、最现实的利益问题,努力形成全体人民各尽所能、各得其所而又和谐相处的局面,为发展提供良好的社会环境"。这里又提出了一个利益和建构和谐社会的关系问题。怎样认识我国当前人民内部矛盾与利益问题的关系,能不能说我们当前人民内部矛盾主要是利益关系的矛盾,怎样认识协调利益关系和构建和谐社会关系?能不能说协调利益关系是构建社会主义和谐社会的关键?怎样协调各种利益关系?值得进一步研究。

(八) 关于"公有制为主体"的问题

在社会主义社会,公有制为主体似乎是一个没有问题的问题。在党的十七大报告中,仍然是这样写的:"坚持和完善公有制为主体,多种所有制经济共同发展的基本经济制度。"

多种所有制经济共同发展是没有疑义的。公有制为主体实际上是有争议的。一是怎样理解公有制为主体?有人说是国有经济和集体经济为主体,有人说是以股份制为主体,还有人说是以联合起来的个人所有制为主体。二是要不要以公有制为主体?有人说:要;有人说:不要。三是公有制为主体怎么来衡量?有的说:公有资产在社会总资产中占优势;有的说:公有制占主体是看公有制(包括国有和集体)企业创造的产值在国民生产总值中的比重(一般认为是70%以上);有的说:公有制为主体是看国家财政收入占总国民收入的比重(一般认为是50%以上)。四是从现实中看公有制是不是为主体了;有的说:现实情况是我国公有制经济仍然占主体;有的说:已经不是了。孰是孰非,需要实事求是地从理论上和实证上进一步研究。

(九) 关于经济周期的问题

马克思对经济周期有大量的论述,对资本主义经济周期也有大量的实证分析。西方经济学者对经济周期也有大量的研究和分析。20世纪80年代,我国学者已经就社会主义社会有没有经济周期进行了大胆探索。但是,20世纪90年代以后,这样的研究很少见了。2008年,美国空前的金融危机的爆发,我国的经济增长速度下降和通货膨胀,又唤起了人们要继续研究经济周期的理论和现实以及政策。这包括:经济周期到底是资本主义经济的产物,还是商品经济的产物;社会主义社会有没有经济周期,成因、特点和对策,等等。2008年爆发的金融危机是什么性质的危机?是实体经济的周期,还是虚拟经济的周期?这次周期对中国经济有何影响?有人说2008年是中国最困难的一年,又有人说2009年将是更困难的一年。中国经济本身是不是也进入了一个新的周期,又是什么性质的周期?

(十)关于经济全球化与中国经济

经济全球化是一把双刃剑,既带来机遇,又带来挑战,但不可否认的是,经济全球化将会给世界经济格局及现代国际关系带来新的变化。为使中国能未雨绸缪,更好地参与经济全球化,抓住经济全球化所带来的机遇,也接受经济全球化所提供的挑战,理论界需要对经济全球化对世界经济格局及现代国际关系所造成的影响展开研究,以回答经济全球化这一世界经济的新趋势所提出的新问题。另外,还包括在世界经济全球化趋势进一步加强的情况下,如何处理好既要积极参与国际经济合作与竞争,又要善于维护国家的独立、安全和利益的关系的研究,如何正确处理好依靠国内市场和积极利用国外市场与资源的关系研究,等等。总之,要回答理论界和实际工作部门所提出的问题,并在理论研究的基础上,提出全方位的对策建议,以供决策者咨询和参考。

*除注明外,本文所引文字和相关数据均来自中国共产党第十一届三中全会以来历次党代表大会文件和1978年以后历年《中国统计年鉴》以及2007年国民经济和社会发展统计公报。

(作者:洪远朋,原载《社会主义经济理论与实践》,中国人民大学书报资料中心2009年第6期)

探索篇

商务印书馆

理论探索:《名家新论》
——发展与改革呼唤新的《经济学》

《社会科学报》特邀著名经济学家洪远朋著文论述

    以经济建设为中心的发展和改革,需要经济科学的指导,也需要在广大干部中普及经济科学知识。经济科学已成为一门范围最广、影响最大、门类最多的科学。今天本报《理论探索》版特请复旦大学经济学院院长洪远朋教授著文《发展与改革呼唤新的〈经济学〉》(编者按:原文为《发展与改革呼唤〈经济学〉》),就此作了论述,并请他对这个问题作系列阐述,本报将连续刊载。

名家新论：改革呼唤新的《经济学》(一)

以经济建设为中心的发展和改革需要经济科学的指导，也需要在广大干部群众中普及经济科学知识。但是，经济科学是一个庞大的体系，现在它已成为一门范围最广、影响最大、门类最多的科学。现有的各门经济学科都可以从某个方面或某个角度对改革与发展提出的问题作出一定的回答，但是要对经济发展与改革的过去、现在和未来作出一个清晰明了的总体回答，却是现在任何一门经济学科都不能解决的。

面对这种情况，有人求助于改革传统的政治经济学。但是，作为以生产关系为研究对象的政治经济学，如果把本来不属于它研究范围的内容硬塞进去，这会把这门学科弄得面目全非、不伦不类。有人求助于引进西方经济学，但是，脱离处在社会主义初级阶段的中国实际，大量搬用西方经济学的概念、分析方法甚至对策，不符合中国实际，也无济于事。出路何在？我认为，适应经济发展与改革的要求，需要建立一门新的总体的综合性的经济学。

作为一门整体的经济学，它是一门揭示人类社会经济运行普遍规律，特别是社会化大生产和市场经济运行共同规律的科学。当然，它可以揭示这些共同规律在不同的经济制度，例如，资本主义经济制度和社会主义经济制度的表现和实现形式，但是，作为一门整体的经济学，没有必要像以往的政治经济学那样，分成资本主义和社会主义两大部分。

作为一门整体的经济学，它应是以马克思主义经济理论为指导的，同时要吸取人类经济理论的一切优秀成果，特别是当代西方经济理论的科学成分。因此，这门经济学应该概括马克思主义的主要经济理论，包括邓小平同志发展了的具有中国特色的当代马克思主义的经济理论，和经过消化吸收过的当代西方经济学理论，包括宏观经济学和微观经济学的主要内容。

作为一门指导发展和改革的整体经济学，它不仅要研究生产关系，而且要研究生产力和经济政策。生产力不应是政治经济学的研究对象,但应是整体的经济学的研究对象。作为经济学它不仅要研究生产力与生产关系之间的相互关系,而且要研究生产力的现状,如何发展生产力,以及生产力发展的方向,等等。经济学也要研究经济政策,这里所说的经济政策不是具体的经济政策,而是基本的经济政策。

作为一门整体的经济学,它不只是一门理论经济学,而且是一门应用经济学。它不仅要为经济发展与改革提供基本原理,而且要告诉人们经济如何运行,要运用哪些工具,必须具备哪些基本的经济科学知识。因此,经济学要综合理论经济学、应用经济学、边缘经济学、经济工具学、经济史学等各类经济学科的精华。

我们需要建立的经济学,还应该是中国经济学,是具有中国特色的经济学。每一个国家研究经济学不能离开普遍的共同的经济规律,但是,又不能不从各国国情出发,带有本国经济的特色。我们现在所要建立的经济学必须立足于中国现实,即处于社会主义初级阶段的中国,处在发展和改革中的中国,我们要不断总结我国经济发展和改革的经验教训,并使之上升为理论。我国是文明古国,我们还要继承和弘扬中国古代经济思想的优秀遗产。

建设一门新的整体的经济学是时代的需要,是发展与改革的呼唤。但是,这是一项相当复杂的系统工程,需要经济理论工作者和实际工作者共同努力来完成这一光荣而艰巨的任务。

(作者:洪远朋,原载《社会科学报》1994年3月10日)

名家新论：改革呼唤新的《经济学》(二)
——市场经济决定对传统经济学的突破

一九九三年党的十四届三中全会通过的《中共中央关于建立社会主义市场经济体制若干问题的决定》(以下简称《决定》)，对传统经济学包括传统经济理论和经济政策有许多重大突破。

在所有制问题上，《决定》提出在坚持以公有制为主体、多种经济成分共同发展的前提下，随着产权的流动和重组，财产混合所有的经济单位越来越多，将会形成新的财产所有结构，就全国来说，公有制在国民经济中应占主体地位，有的地方、有的产业可以有所差别。这是一个重大突破，对我国所有制结构的变化，将会产生重大影响。

在经济体制上，《决定》提出建立社会主义市场经济体制，就是把社会主义基本制度同市场经济体制结合起来，使市场在国家宏观调控下对资源配置起基础性作用。这突破了计划经济是社会主义的制度特征，市场经济是资本主义制度特征的传统观点。

在企业经营机制上，《决定》提出建立产权清晰、权责明确、政企分开、管理科学公司制的现代企业制度。这不仅突破了把全民所有制同国家机构直接经营企业混为一体的传统观点，而且又突破了两权分离的旧框框。

在财产问题上，《决定》第一次出现了资本概念，并提出出资者按投入企业的资本额享有所有者的权益，允许属于个人的资本等生产要素参与收益分配，资本市场要积极稳妥地发展债券，股票融资。在社会主义经济中，出现资本和资本市场是重大突破。

在劳动制度上，《决定》提出要逐步形成劳动力市场，突破了过去只敢用"劳动市场"或"劳动就业市场"，认为资本主义才有劳动力市场的束缚。

在土地问题上，《决定》提出城市实行土地使用权有偿有限期出让，农村在坚持土地集体所有的前提下，延长耕地承包期，允许继承开发性生产项目的承包经营权,允许土地使用权依法有偿转让,这突破了国有和集体土地不能转让的旧框框。

在财税体制上,《决定》提出建立在合理划分中央与地方事权基础上的分税制,建立中央税收和地方税收体系,这突破了现行的地方财政包干制。

在金融体制上,《决定》提出建立中央银行、政策性银行与商业银行的新体制,突破了原有银行体制,有利于把银行办成真正的银行。

在价格问题上,《决定》提出建立主要由市场形成价格的机制,突破了过去主要由国家定价和调价的旧机制。

在分配问题上,《决定》提出个人收入分配要坚持以按劳分配为主体,多种分配方式并存的制度,体现效率优先、兼顾公平的原则,劳动者的个人劳动报酬要引入竞争机制。突破了社会主义分配公平优先的传统观点。

(作者:洪远朋,原载《社会科学报》1994年3月17日)

名家新论：改革呼唤新的《经济学》(三)
——邓小平对经济学的十大发展

当代马克思主义者邓小平同志的建设有中国特色的社会主义理论，不仅丰富和发展了马克思主义，而且丰富和发展了经济学。

一、生产力根本论。邓小平同志对经济学的发展，很重要的一条就是提出了社会主义的根本任务是发展生产力、革命是解放生产力、改革也是解放生产力、科学技术是第一生产力等重要论断。

二、经济建设中心论。邓小平一再指出："说到最后，还是要把经济建设当中心。离开了经济建设这个中心，就有丧失物质基础的危险。"(《邓小平文选》(1975—1982年)，第214页)只有发展经济才是"硬道理"。

三、公有制主体论。邓小平说："我们允许个体经济发展，还允许中外合资经营和外资独营的企业发展，但始终以社会主义公有制为主体。"(《建设有中国特色的社会主义》增订本，第99页)坚持公有制为主体，多种经济共同发展，是对社会主义所有制理论的发展。

四、共同富裕论。邓小平认为："社会主义的目的就是要全国人民共同富裕，不是两极分化。"(《邓小平文选》第3卷，第110—111页)让一部分地区、一部分企业、一部分人先富起来，最终是为了达到共同富裕，这大大丰富发展了社会主义分配理论。

五、市场经济手段论。邓小平认为计划和市场是两种经济手段。他说："计划多一点还是市场多一点，不是社会主义与资本主义的本质区别。计划经济不等于社会主义，资本主义也有计划；市场经济不等于资本主义，社会主义也有市场。计划与市场都是经济手段。"(《邓小平文选》第3卷，第373页)。这是对计划经济和市场经济传统理论的重大突破。

六、改革是必由之路论。邓小平反复指出："改革是中国发展生产力的必由之路。"(《建设有中国特色的社会主义》增订本，第116页)并且提出了：改革是我国的第二次革命；改革是社会主义制度的自我完善等一系列重要论断。

七、现代化建设三步论。为了迅速发展我国的生产力，邓小平根据我国国情，提出了实现我国现代化分三步走的战略部署：第一步，到1990年，实现国民生产总值比1980年翻一番；第二步，到20世纪末，使国民生产总值再增长一倍多；第三步，到21世纪中叶，人均国民生产总值达到同等发达国家水平。这不仅是步骤问题，它涉及丰富的经济理论。

八、速度与效益统一论。邓小平认为速度和效益要统一起来，并且要在提高经济效益的前提下讲速度。这是对经济增长理论的发展。

九、对外全面开放论。邓小平不仅主张对外开放，而且主张对外全面开放。在空间上，要全方位；在形式上，要多样性。可见，经济学不仅要研究国内经济关系，还要研究国际经济关系。

十、物质和精神一起抓论。邓小平说："我们要建设的社会主义国家，不但要有高度的物质文明，而且要有高度的精神文明。"（《邓小平文选》(1975—1982)，第326页）物质文明和精神文明一起抓体现了物质与精神互相促进、共同发展的辩证关系，是对马克思主义的发展。

（作者：洪远朋，原载《社会科学报》1994年3月24日）

名家新论：改革呼唤新的《经济学》（四）
——劳动力市场的理论突破

建立社会主义市场经济体制，当然需要培育和发展市场体系，包括建立劳动力市场。但是，长期以来党的文件中一直没有使用"劳动力市场"的概念，有时用"劳务市场"，有时用"劳动市场"，还考虑过使用"劳动就业市场"。《中共中央关于建立社会主义市场经济体制若干问题的决定》第一次出现了劳动力市场的概念，这不仅是一个经济范畴的突破，更重要的是经济理论的突破。

众所周知，要建立劳动力市场要以劳动力是商品为前提。劳动力是商品才能进入市场。因此，要承认有劳动力市场，必须承认劳动力是商品，这在资本主义社会是不成问题的，但在社会主义社会要承认劳动力是商品，在经济理论上似乎存在着很难逾越的障碍。

难题之一：劳动力是存在于人体中的劳动能力。资本主义社会，在劳动力市场上，劳动者把自己的劳动力出卖给资本家是好理解的。在社会主义社会，劳动者是社会的主人，劳动者出卖自己的劳动力，似乎是把劳动力出卖给自己，不可理解。其实，也不难理解。在社会主义社会，劳动者实际上具有在政治上是社会的主人，在经济上又是生产要素之一——劳动力的所有者，这二重属性。劳动者在劳动力市场上出卖劳动力，不是出卖社会主人的地位，不是劳动者是商品，而是出卖作为生产要素的劳动力，指的是劳动力是商品。在社会主义社会，一切劳动产品都是商品，生产要素也应该是商品，作为生产要素之一的生产资料成为商品是没有疑义的，作为生产的另一要素的劳动力成为商品也应该是没有疑义的。

难题之二：劳动力要成为商品，要劳动者一无所有，除劳动力以外，没有其他东西可以出卖。而在社会主义社会，劳动者是生产资料的主人，不是一无所有。其实，社会主义的劳动者，又具有既是有产者，又是无产者的二重属性。作为劳动者整体，它是全民或集体所有制财产的所有者；作为一个单独的劳动者，它实际上并不能占有这部分财产，更不能出卖这一部分财产，它能单独出卖的只有自己拥有的劳动力。

所以,劳动力要成为商品问题不在以上两个难题,而在于劳动力存在不存在所有制的问题,劳动力是什么所有制。人们一般只承认生产资料所有制问题,而不承认劳动力有所有制问题。其实,劳动力所有制应该是一切社会普遍存在的范畴。这是因为人类进行生产有两个因素:一是生产资料;一是劳动力。生产资料有所有制,劳动力当然也应该有所有制。马克思在《资本论》中多处明确讲过劳动力有所有制的问题,而且提出在社会主义社会,劳动力是个人所有制。只有承认劳动力有所有制问题,而且是劳动力个人所有制,劳动者才能把劳动力当作商品出卖。马克思这样说过:"劳动力所有者要把劳动力当作商品出卖,他就必须能够支配它,从而必须是自己的劳动能力、自己人身自由的劳动者。"(《资本论》第1卷第190页)

所以,要建立劳动力市场,蕴含着社会主义经济理论的两大突破。一是承认在社会主义社会,劳动力是商品;二是承认在社会主义社会,劳动力是个人所有制。这两大理论突破,对经济学的建立,对经济发展与改革将产生深远的影响。

(作者:洪远朋,原载《社会科学报》1994年3月31日)

各家新论：改革呼唤新的《经济学》（五）
——从社会主义不存在剩余价值的禁锢中解放出来

在社会主义经济领域是否存在剩余价值是一个有争议的问题。前几年,就有少数同志提出社会主义仍然有剩余价值。我是有同感的。当时,我认为这个问题在内部探讨完全可以,但是,公开宣传要谨慎。无非是涉及姓资姓社的问题。现在看来,在社会主义社会,已公开主张发展劳动力市场,承认劳动力是商品;已公开出现资本概念,提倡培育资本市场。在社会主义是否存在剩余价值的禁区也应该开放了。

社会主义仍然存在剩余价值是客观存在的,道理并不奥妙。这是因为,剩余价值是商品经济的概念,并不是资本主义特有的范畴。我们知道,商品价值总是由:生产资料转移的价值（C）、劳动力价值（V）和剩余价值三个部分组成的。有商品,就有价值,就会有剩余价值。资本主义经济是商品经济,有剩余价值;社会主义经济也是商品经济,也应该有剩余价值。这是客观存在,不承认是不行的。现在,商品经济的范畴,如商品、货币、价值、工资、资本、利润等经济范畴在社会主义经济中都运用了,唯独剩余价值不敢使用,是不合逻辑的。特别是作为剩余价值转化形式的利润都用了,而不用剩余价值是说不通的。试问,利润是什么的转化形式呢？现在,不敢用剩余价值而用剩余产品的价值,实际上是一回事,剩余产品的价值不是剩余价值又是什么呢？

不少同志认为,社会主义不应该有剩余价值主要是因为受原苏联政治经济学教科书中关于剩余价值定义的束缚。通常政治经济学读物中所说的:剩余价值是由雇佣工人所创造而由资本家无偿占有的超过劳动力价值的价值。其实,这个定义并不是马克思的,而是由原苏联政治经济学教科书的以讹传讹而来的。让我们看看马克思是怎样给剩余价值下定义的。

定义之一："原预付货币额加上一个增殖额。我把这个增殖额或超过原价值的余额叫做剩余价值。"

定义之二:"剩余价值就是产品价值超过消耗掉的产品形成要素即生产资料和劳动力的价值而形成的余额。"

定义之三:"把剩余价值看作只是剩余劳动时间的凝结,只是物化的剩余劳动力,这对于认识剩余价值也具有决定性的意义。"

(以上见《资料论》第1卷,第172页,235页,244页)

马克思甚至说过:如果去掉剩余价值的独特的资本主义性质,它是一切社会生产方式所共有的基础。(参见《资本论》第3卷,第990页)

从以上马克思关于剩余价值的论述中,怎么也得不出剩余价值是资本主义独有的经济范畴,也得不出剩余价值一定是资本家无偿占有的。恰恰相反,它是一切社会生产方式所共有的基础。当然,也是社会主义生产方式的基础。

从社会主义不存在剩余价值的禁锢中解放出来,对经济学的发展,对我国经济发展和改革也将产生深远的影响。

(作者:洪远朋,原载《社会科学报》1994年4月7日)

名家新论：改革呼唤新的《经济学》（六）
——为地租正名

《中共中央关于建立社会主义市场经济体制若干问题的决定》中，提出要规范和发展房地产市场，实行土地使用权有偿有限期出让制度。土地使用权的有偿有限期出让，关键在于要承认社会主义社会仍然存在地租。使用土地就要支付地租，土地使用权有偿出让要根据地租和转让期限正确核算土地使用权价格，即土地价格。

但是，通常有一种误解，似乎只要废除了土地私有权，就不再存在地租。而实际上，只有废除了一切土地所有权，才能取消地租。

社会主义建立了生产资料公有制，消灭了土地的私有制。但是，并没有取消土地所有权。而且，存在土地所有权和土地使用权的分离。在城市，土地所有权是国有的，土地使用权是企业的；在农村，土地所有权是集体的，土地使用权在实际家庭联产承包制的情况下，是属于承包户的。使用土地就得支付代价，交地租，或者支付土地使用权价格。

马克思说过："真正的地租是为了使用土地本身而支付的。"（《资本论》第3卷第698页）使用土地不支付地租，土地使用权转让不付代价，就等于取消土地所有权。

所以，社会主义还存在地租是客观存在的，不是可有可无的。承认社会主义存在地租，使用和转让土地要付代价，这有利于土地的合理使用，可以避免盲目争地和滥用土地；承认社会主义存在地租，明确规定地租标准，并按照土地情况，征收绝对地租、级差地租和垄断地租，可以在土地使用权有偿转让时对土地合理估价，避免漫天要价或竞相杀价或者利用土地进行投机；承认社会主义存在地租，把土地带来的收益交给作为土地所有者的国家，可以大大增加国家财政收入，并可消除企业间由于客观条件所引起的苦乐不均现象。

因此，为了制止土地使用的严重浪费，为了防止在房地产交易中个人获得暴利和国家收益的流失，须承认社会主义仍然存在地租，为地租正名。

（作者：洪远朋，原载《社会科学报》1994年4月14日）

名家新论：改革呼唤新的《经济学》（七）
——社会主义经济因素到处在成长

东欧的突变，苏联的解体，人们对社会主义的前途产生了疑问。但是，社会的发展证明马克思所揭示的社会主义一定要在全世界取得胜利，这个人类社会发展的客观规律是不会变的。经济是社会发展的基础。现在，全世界不仅现有社会主义国家的经济在发展，我国社会主义经济的高速增长就是一个很好的例证；而且在资本主义国家社会主义经济因素也在产生和成长（当然，我这里指的社会主义经济因素，而不是指社会主义经济制度）。社会主义前途光明，悲观的论调、无所作为的观点都是不必要的。

而这里涉及长期统治经济学的一个传统观点：社会主义经济因素不可能在资本主义内部产生，只有无产阶级夺取政权建立无产阶级专政后，社会主义经济才可能逐步建立起来。但是，这个论断，并不是马克思主义的，也不符合现实。现在，这个传统观点该彻底突破了。

首先，这个论断是由原苏联《政治经济学教科书》讹传下来，本来就不是马克思主义的。马克思曾经指出："工人自己的合作工厂，是在旧形式内对旧形式打开的第一个缺口，虽然它在自己的实际组织中，当然到处再生产出并且会再生产出现有制度的一切缺点，但是，资本和劳动之间的对立在这种工厂内已扬弃……。这种工厂表明，在物质生产力与之相适应的社会生产形式的一定发展阶段上，一种新的生产方式会怎样自然而然地从一种生产方式中发展并形成起来。"（《资本论》第3卷，第497—498页）马克思这段论述，说明合作工厂是在资本主义社会内对资本主义生产关系打开的第一个缺口，它表明社会主义经济因素有可能在资本主义内部产生。

第二，这个论断违背了马克思主义关于生产力决定生产关系、经济基础决定上层建筑的历史唯物主义原理。社会主义经济因素不可能在资本主义社会内部产生，只有建立无产阶级专政后才可能产生的论断，实际上是认为社会主义经济因素的产生不是生产力发展的要求,而是上层建筑的变革引起的,这岂不是上层建筑决定论? 如果不是社会生产力的发展,在资本主义社会内部产生了社会主义经济因素,怎么可能有冲破束缚和阻碍社会主义经济因素成长的资本主义上层建筑的要求? 怎么可能有社会主义革命? 当然,只有在进行社会主义革命,建立无产阶级政权后,社会主义经济关系才能确立、巩固和进一步发展。但是,不能由此否认资本主义社会内部可能产生社会主义经济因素。

第三,这个论断不符合现实。当代资本主义社会当然仍然是资本主义经济关系占统治地位。但是,由于社会生产力的发展,生产社会化、劳动社会化、资本社会化的程度在不断提高,确实产生了某些社会主义经济因素。如生产资料国有制的产生和存在,合作经济的产生和发展,计划经济的运用,国家干预的加强,社会福利的增进,社会保障的建立,等等。这些,当然仍然是资本主义制度的内部的部分质变,没有突破资本主义制度本身的界限,但它已是资本主义社会里出现的社会主义因素。

第四,突破这个传统观点,承认资本主义内部有可能产生社会主义经济因素,有许多积极意义。(1) 说明社会主义的产生和发展是人类社会发展的客观趋势,不以人们意志为转移。社会主义前途光明,特别是社会主义发展在某些地方暂时遇到挫折的地方,可以增强人们社会主义必胜的信心。(2) 现在资本生义社会仍然能容纳生产力的发展,资本主义"垂而不死",这不是资本主义制度的生命力,而是资本主义社会内部社会主义经济因素的作用。(3) 我们应该完整准确地学习和掌握马克思主义的经济理论,把本来不是马克思主义的理论不要强加于马克思主义,对马克思主义经济理论的某些误解和讹传必须正本清源。这样,才有利于经济学的发展。

(作者:洪远朋,原载《社会科学报》1994 年 4 月 21 日)

名家新论：改革呼唤新的《经济学》（八）
——资本是市场经济义中之词

中共中央关于建立社会主义市场经济体制若干问题的决定中，"资本"、"资本市场"概念的出现，绝不是偶然的，因为它是市场经济义中之词。

一提起"资本"，人们马上就想到私，就想到资本主义。其实，资本是一种价值形态，是预付价值，用中国通常的说法，就是本钱。它是市场经济的产物。它最大的特点就是要增值，在运动过程中不断增值。马克思说得很清楚，资本是自行增值的价值。投资者为了增值的价值，就是资本。只要在市场经济条件下，就会有商品，有价值，当然也会有自行增值的价值——资本。市场经济不能没有资本和资本市场。社会主义实行市场经济体制，当然也应有资本和资本市场。在社会主义经济学中，资本也应有一席之地。

资本并不等于"私"。这要看资本归谁所有，在社会主义市场经济条件下，资本可以归国家所有，形成国家资本，这就是资本国有权；资本可以归劳动者集体所有，形成集体资本，这就是资本集体所有权；资本也可以归国家、集体、个人共有，形成共有资本，这就是资本公共所有权。股份资本是典型的共有资本，股份资本所有权是典型的资本公共所有权；在社会主义市场经济条件下，允许多种经济成分，当然，资本也可以归私人所有，形成私人资本，这就是资本私人所有权。在社会主义市场经济条件下，虽然有私人资本，但不只是私人资本，而且私人资本不占主体，大量的是国有资本、集体资本和共有资本。所以，资本不等于私人资本，资本不等于私。

资本也不等于资本主义。资本主义是以资本私人所有制为基础的社会经济形态。在资本主义社会以前，就已经有商人资本和高利贷资本，中国古代也早有资本和资本概念，但这都不是资本主义社会。在实行社会主义市场经济体制的社会主义初级阶段，既然有商品、价值、利润……，仍然有资本是不足为奇的。当然，在社会主义社会，可以存在私人资本，但不是以资本私人所有制为基础。在以国家资本、集体资本和共有资本为主体的社会主义社会,资本的存在不会导致资本主义。所以,资本和资本主义不能画等号。

承认社会主义社会仍然存在资本,有助于人们形成投资增值的观念,讲求经济效益;有利于社会主义市场体系的发育和健全,形成商品、资本、劳动力、土地、技术、信息等完整的市场体系;有利于国际资本进入我国市场,为引进外资创造更好的环境。所以,在社会主义市场经济中,不要忌讳资本。

(作者:洪远朋,原载《社会科学报》1994年4月28日)

名家新论：改革呼唤新的《经济学》(九)
——价值规律是市场经济的基本规律

市场经济的基本规律是什么？有人说，是供求规律。有人说，是竞争规律。我认为，市场经济的基本规律应该是价值规律。在市场经济条件下，价值规律调节社会经济的生产、流通、分配和消费的各个领域和各个方面。

在生产领域，价值规律按照两种含义的社会必要劳动时间，即社会平均劳动时间和社会分配的必要劳动时间，引导生产资料和劳动力在国民经济各部门之间的转移，调节企业的生产和社会资源的配置。在市场经济条件下，不论是国家、集体，还是个人，生产什么，生产多少，都要遵循价值规律。

在流通领域，价值规律按照等价交换的原则，要求各个生产者和经营者进行公平的竞争。马克思说："根据商品交换的内在规律来加以说明，因此等价物的交换应该是起点。"(《资本论》第1卷，第188—189页)随着供求关系的变化，使价格围绕价值上下波动，从而调节商品流通。

在分配领域，价值规律调节产品和剩余产品的分配。首先，已经消耗掉的生产资料价值和劳动力价值应该得到补偿，然后剩余产品，按照资本所有权和经营权获得利息和利润，土地所有权获得地租。价值规律还可以通过价格和价值的背离进行国民收入的再分配，调节国家、集体、个人和生产者、经营者、消费者等各方面的利益。

在消费领域，价值规律可以调节消费者的需求。对那些需要限制消费的商品实行高价可以抑制消费，对那些需要鼓励消费的商品薄利多销可以扩大消费。价值规律可以调节消费结构，各种消费品的比价关系影响消费者对不同消费品的需求量，从而调节消费结构。价值规律还可以调节消费的实际水平。

价值规律是市场经济的基本规律，那么，实行社会主义市场经济就必须尊重市场经济的基本规律，按照价值规律办事。毛泽东有一句名言：价值规律是一个伟大的学校。组织全社会的经济活动固然要利用价值规律，组织一个企业的经济活动更要利用价值规律,至于每个人的经济活动也少不了要利用价值规律。因此,利用价值规律是广大干部群众共同的事,不仅干部要懂得它,广大人民群众也要懂得它。学会利用价值规律,不但要从书本上学,而且更要通过实践学会利用它。实行社会主义市场经济,我们不仅要摸着石头过河,而且要掌握规律过河。

(作者:洪远朋,原载《社会科学报》1994年5月5日)

名家新论：改革呼唤新的《经济学》（十）
——效率第一 公平第二

有人说，效率与公平的关系是经济学的三大难题之一，是经济学的哥德巴赫猜想。因此，经济学界议论纷纷。有人主张：公平第一，效率第二；有人主张：效率第一，公平第二；有人主张：公平和效率并重。还有人说：资本主义只求效率，不讲公平；社会主义只求公平，不讲效率。现在，我们要探讨的是在社会主义市场经济条件下效率和公平的关系问题。

社会主义只求公平、不讲效率的说法是不对的。社会主义应该实际上也是既讲公平，又讲效率。问题是谁先谁后，谁是第一，谁是第二的问题。要探讨这个问题，首先要明确两个问题。第一，效率是属于生产力的范畴，而公平是属于生产关系和上层建筑的范畴；第二，效率与公平是对立统一的关系，既有矛盾的一面，又有统一的一面。在明确这两个问题的前提下，我认为，在社会主义市场经济条件下，应该是效率第一，公平第二。这是因为：

第一，由于生产力是一切社会发展的最终决定力量，生产力对生产关系、对上层建筑、对整个社会发展起基础的决定性作用，因此属于生产力范畴的效率问题应该放在第一位。效率优先。

第二，由于社会主义的根本任务是发展生产力，搞社会主义一定要生产力发达，贫穷不是社会主义，生产力的迅速发展是社会主义优越性的根本表现。因此，提高效率也是社会主义优越性的根本表现，当然应该放在第一位。舍弃效率求公平，只能导致贫穷。

第三，由于是否有利于生产力发展，是我们考虑一切问题的出发点和检验一切工作最根本的是非标准。因此，属于生产力范畴的效率问题，也是检验是否公平的标准。

但是，属于生产关系和上层建筑的公平问题也不是可有可无，无足轻重的。我们既不应该在缺乏效率的条件下讲求公平，也不应该牺牲公平只要效率，而应该在

效率优先的前提下,兼顾公平。效率第一,公平第二。这是因为:

第一,生产关系对生产力的发展并不是完全处于消极被动的地位,它对生产力的发展有积极主动的作用。作为生产关系分配方面是否公平的问题对生产力的发展起着促进或阻碍的作用。因此,不能忽视,必须兼顾。

第二,上层建筑对生产力的发展也不是完全被动消极的。经济是基础,但对社会发展发生影响的还有上层建筑的各种因素。政治公平是反映一个社会稳定性的参数。忽视公平,将会影响社会安定,最终也不利于提高效率。公平对经济发展有不可忽视的作用,必须兼顾。

第三,社会主义的最终目的,是不断提高人民物质文化水平,达到共同富裕。如果不讲公平,只求效率,这是违背社会主义方向的。但是,只有生产力充分发展,社会财富丰富了,才能达到共同富裕的社会主义目标。所以,我们要坚持效率优先,兼顾公平。

长期以来,我们在处理公平与效率的关系问题上,是公平第一,效率第二,给经济发展带来了不利的影响。现在,我们实行社会主义市场经济体制,首先,要在观念上有一个大转变,要从公平第一、效率第二转变为效率第一、公平第二;其次,在分配制度上坚持以按劳分配为主体,兼顾生产要素参与分配,同时合理拉开收入差距,以促进效率的提高,推动我国生产力的迅速发展。

(作者:洪远朋,原载《社会科学报》1994年5月12日)

名家新论：改革呼唤新的《经济学》（十一）
——股份合作制前途无量

一般认为，股份合作制是集体所有制企业深化改革形成的一种仍然属于集体经济的新的组织形式。我把这称为狭义的股份合作制。实际上，还有广义的股份合作制。这种广义的股份合作制，是一种利用现代股份经济的组织形式而发展起来的新型合作经济。它是在各种不同所有制内部相互之间，借鉴股份制的组织运作方法，实行资本、劳动力、土地、设备、技术等生产要素的参股而形成的一种新型经济组织。

股份合作制可以是在以国有经济为主体的原股份制企业的基础上引入合作经济原则，形成兼有股份制资本联合和合作制劳动联合的企业制度。例如，某些国有大中型企业改制的股份制企业中，除有国家股、法人股、个人股外，还设有本企业职工股，就具有这样的性质。在这种企业中，股权平等，同股同利，投资者和劳动者风险共担，劳动者不仅是社会的主人，而且也是本企业真正的主人。劳动者除参加按劳分配外，还可以按股分红。

股份合作制也可以是在原集体所有制经济组织中引入股份形式，形成兼有合作制劳动联合和股份制资本联合的新型企业制度。例如，某些地方将部分老集体企业的有效资产形成若干股份，其中一部分归企业所有，一部分划分到现有职工头上，让职工个人占有，同时，还吸收部分外来企业和个人入股，这样，实行股份合作经营的集体企业，就成为一种具有股份制企业和合作制企业某些特征的新型企业。

股份合作制还可以是由个体经济入股联合而组成的新型企业。例如，某些发达地区，由于市场经济的发展，个体经营已不能适应生产要素合理流通、优化配置和规模效益的要求，一些个体经营者以资本和劳动入股的形式组织生产和经营。这种新办的企业也是具有股份制企业和合作制企业某些特征的新型股份合作制企业。

股份合作制企业不管是从原国有企业、集体企业转制而来的，还是由个体企业或个体劳动者联合新组建的,都已不是原来的国有经济、集体经济和个人经济,而是新形成的股份合作经济。这是社会主义所有制的新形式,也是坚持社会主义公有制主体地位的重要形式,而且很可能是社会主义所有制的发展方向。股份合作制方兴未艾、前途无量。

(作者:洪远朋,原载《社会科学报》1994年5月19日)

名家新论：改革呼唤新的《经济学》(十二)
——我的综合经济观

有人问我，你要建立的新经济学是以什么经济理论为指导的，你持什么经济观点。如果是问我的基本经济观点，我的回答是：马克思主义经济观。如果是问我的具体经济观点，我的回答是：综合经济观。

经济发展要综合。在社会主义经济建设上，我主张在以马克思主义经济理论为指导的前提下，综合古今中外一切经济理论的合理成分。马克思主义经济理论指示的社会主义经济运行的一系列主要经济规律，对社会主义经济发展具有直接指导意义。马克思主义经济理论指示的人类社会普遍运用的经济规律，对发展社会主义经济也有重大指导意义。马克思主义经济理论指示的某些资本主义特有的经济规律，对发展社会主义经济也有一定的借鉴作用。当代西方经济学分析社会化大生产和现代市场经济都必须遵循的共同规律以及其他合理成分，都要借鉴和吸取。当然，在社会主义经济发展中，借鉴和吸取西方经济学的合理成分，必须与我国国情相结合，洋为中用。中国有五千多年的历史，我国古代众多思想家的知识和理论博大精深，在经济理论方面也有不少宝贵遗产值得我们继承和弘扬，要古为今用。

经济改革要综合。经济改革要以企业改革和价格改革为中心，与其他各种改革综合配套地进行。经济改革是一个系统工程，决不能过分突出某种改革，孤军作战，也不能眉毛胡子一把抓，没有重点。企业改革和价格改革是经济改革的重点和难点。搞好企业在于建立产权清晰、责权明确、政企分开、科学管理的现代企业制度，要全方位、多层次、分阶段综合治理。价格改革要在建立具有中国特色的社会主义市场价格模式的基础上，理顺价格体系，搞活价格机制，加强宏观调控，充分考虑国家、企业和群众的承受能力，统筹安排，积极稳妥地进行。在进行企业改革和价格改革的同时，需要财税、金融、投资、外贸、工资、住房、社会保障等各方面改革的综合配套进行。

经济学科要综合。经济学科在内部深化、边缘交叉的基础上需要多层次的综合。随着社会经济和社会分工的发展,经济学科越分越细,越来越多。随着科学技术的发展,经济科学与其他科学相互渗透和吸收。交叉性的边缘经济学科也越来越多。合久必分,分久必合,合了再分,分了再合。经济科学在不断分化,交叉的基础上,存在着要求多层次综合的趋势。社会主义需要建立综合经济学。

(作者:洪远朋,原载《社会科学报》1994年5月26日)

构建马克思主义政治经济学的新思维

构建马克思主义政治经济学是大家很关注的一个问题,讨论中有许多很好的见解,我也有一些想法,概括为"新思维"。兹从下列十个方面作阐述,以抛砖引玉。

一、给马克思主义政治经济学定位

要建立马克思主义政治经济学的体系,首先必须弄清马克思主义政治经济学的地位。

(1) 从学科来说,马克思主义政治经济学是经济学的三级学科:一级是经济学;二级是理论经济学;政治经济学是理论经济学的分支,是三级经济学科。

理论经济学是相对于应用经济学的。经济学按其研究领域和适用范围的不同,可分为理论经济学和应用经济学。理论经济学是研究经济学中的一般理论问题,揭示经济活动一般规律的科学。资产阶级经济学和无产阶级经济学,都使用理论经济学这一概念。长期以来,人们往往把政治经济学和理论经济学当作同义语,这只能说是狭义的理论经济学。广义的理论经济学除政治经济学外,还应包括生产力经济学、比较经济学、世界经济学、经济理论史等等。

所以,政治经济学不等于理论经济学,更不等于经济学,因此,不能把理论经济学的任务,特别是整个经济学的任务,都压到政治经济学身上。

(2) 从阶级属性来说,政治经济学要涉及各个阶级的经济利益,所以,不同的阶级为了维护本阶级的利益,都有自己的经济学。当今世界主要有两大阶级,所以,从阶级属性来划分,主要有资产阶级政治经济学和无产阶级政治经济学。

马克思主义经济学就是无产阶级经济学,是为无产阶级利益服务,也就是为大多数人利益服务的经济理论。资产阶级经济学,是为资产阶级利益服务,也就是为少数人利益服务的经济理论。所以,经济理论的两大思想体系,严格说应该是无产阶级政治经济学和资产阶级政治经济学，或者说是劳动的经济学和资本的经济学。现在，已经习惯把无产阶级经济学称为马克思主义经济学或政治经济学，把资产阶级经济学称为西方经济学，只好约定俗成。

因此，马克思主义政治经济学和西方经济学是两种有本质区别的经济理论体系。

（3）从马克思主义的组成来说，无产阶级政治经济学是马克思主义的三个组成部分之一，是马克思主义的主要内容，是无产阶级制定纲领、路线、方针和政策的理论基础，是引导工人阶级和劳动人民推翻资本主义、建设社会主义的强大思想武器，也是其他经济学科的理论基础。

政治经济学在马克思主义理论宝库中占有很重要的地位。恩格斯说过：无产阶级政党的"全部理论内容是从研究政治经济学产生的"①。列宁也说过："……现代社会生活中最重要的问题都同经济学问题有最直接的关系"，"历史上和现实中的各种最紧要的问题，都是同经济问题密切联系着的，这些问题的根源就在社会的生产关系中"。②

列宁还曾经指出，马克思的经济学说是马克思主义的主要内容，并说，"马克思的经济学说就是马克思理论最深刻，最全面，最详细的证明和运用。"③政治经济学之所以在马克思主义理论体系中具有如此重要的地位，就是由于它是研究生产关系、阐明社会经济发展规律的科学，它深刻地反映了马克思主义理论的实质，对于人们正确地认识世界和改造世界有着极其重要的意义。

马克思主义三个组成部分之间有着密切的联系，学习政治经济学有助于我们更好地学习马克思主义哲学和科学社会主义理论。因此，为了全面地系统地掌握和理解马克思主义，提高我们的马克思主义理论水平，就必须学习政治经济学。当前，认真学习政治经济学，对提高马克思主义理论水平，认清历史发展趋势，建设具有中国特色的社会主义，促进社会主义经济的全面发展，都具有重大的现实意义。

二、以商品（形式）—劳动（实质）为出发点

马克思主义政治经济学体系的建立，也需要一个能反映社会生产关系本质和发展趋势的合乎逻辑的出发点。那么，这个出发点是什么呢？只要比较深入地思考一下，如果不是停留在现象或形式上，而是从本质和实际内容来考察，我们就会发现，马克思说分析资本主义生产关系从商品开始，这是从现象或形式来说的。商

---

① 《马克思恩格斯选集》第2卷，第116页。
② 《列宁全集》第4卷，人民出版社1958年版，第33页、第36页。
③ 《列宁全集》第2卷，人民出版社1959年版，第588页。

品的最大特点是有价值,而价值是由劳动创造的。所以,从商品开始,从实际内容或从实质来说,是从劳动开始的。马克思在给恩格斯的一封信中曾经说过:"经济学家们毫无例外地都忽略了这样一个简单的事实,既然商品有二重性——使用价值和交换价值,那么,体现在商品中的劳动也必然具有二重性。……实际上,这就是批判地理解问题的全部秘密。"①马克思还曾经把资产阶级政治经济学称为资本的经济学,把工人阶级的政治经济学称为劳动的政治经济学②。

所以,如果抛开资本主义的形式,马克思主义政治经济学应该是以劳动为起点的。在资本主义社会,人与人之间交换劳动的关系被物的外壳所掩盖。分析资本主义生产关系从形式来说,是从商品这个物开始的。社会主义社会仍然是商品经济,因此,分析社会主义生产关系仍然是形式上从商品开始而实际上是从劳动开始的。这是因为:

第一,劳动是政治经济学最简单最一般的范畴,是政治经济学的枢纽。马克思说过:"商品中包含的劳动的这种二重性,是首先由我批判地证明了的。这一点是理解政治经济学的枢纽。"③马克思的《资本论》正是从劳动或者说从劳动二重性出发,建立了它的科学体系。政治经济学也只有从劳动出发才能建立起科学的体系。

第二,劳动是社会客观存在的最本质的要素,它是社会最本质关系的体现。社会生产关系本质上是人们等量劳动的交换关系。因此,马克思主义政治经济学应该从劳动这个社会最本质的要素出发。

三、以广义生产关系为对象

关于马克思主义政治经济学的研究对象,国内经济学界一直争议较大。一种意见认为,马克思主义政治经济学的研究对象,应该是生产关系。但是,这种观点也有区别:有的认为,只能是生产关系;有的认为,严格意义或狭义的说是生产关系,要联系生产力和上层建筑;有的认为,在理论经济学和综合经济学还未建立以前,政治经济学的研究对象仍然是生产关系,但可以暂时扩大研究范围,包括生产力和上层建筑等等。

笔者认为,马克思主义政治经济学的研究对象严格说来是生产关系,但这是广义生产关系。

从横的方面来说,生产关系应该包括四个方面,即生产、交换、分配、消费,是研究直接生产过程中的关系、交换过程中的关系、分配过程中的关系、消费过程中的

---

① 马克思、恩格斯:《〈资本论〉书信集》,人民出版社1976年版,第250页。
② 《马克思恩格斯全集》第16卷,第11—12页。
③ 《马克思恩格斯全集》第23卷,第55页。

关系。生产过程作为不断反复的过程,就是社会再生产。社会再生产是生产、交换、分配、消费的统一。生产(指直接生产)表现为起点,消费表现为终点,交换和分配是中间环节。四个环节不可分割地联结在一起。因此,政治经济学研究的生产关系,实际上应该包括人们在直接生产过程中的关系、交换过程中的关系、分配过程中的关系和消费过程中的关系。

从纵的方面来说,政治经济学不是研究一种生产关系,而是研究人类社会各种生产关系。

马克思主义政治经济学是研究生产关系的科学,但是,它不是研究抽象的生产关系,而是研究历史发展一定阶段上的生产关系。而且,它不是只固定研究某一种生产关系,而是研究人类社会发展各个不同发展阶段上的生产关系。恩格斯说过:"政治经济学本质上是一门历史的科学。"[1]人类社会历史发展到今天,已经经历了五种基本的生产关系。第一,原始公社的生产关系;第二,奴隶制的生产关系;第三,封建制的生产关系;第四,资本主义的生产关系;第五,社会主义的生产关系。

马克思以前的政治经济学,只是研究资本主义的生产关系,恩格斯把这种只研究资本主义生产关系的政治经济学称为狭义政治经济学。马克思主义的政治经济学不仅研究资本主义生产关系,而且研究人类社会各种生产关系及其发展规律。所以,马克思主义政治经济学是一门广义的政治经济学。

四、以经济利益为中心

每一门科学,每一门社会科学,都有个核心问题。马克思主义政治经济学当然也有一个核心问题。

关于政治经济学的核心说法很多,我们经过研究认为,政治经济学的核心是经济利益,是研究生产、交换、分配和消费过程中经济利益问题的科学。其基本见解如下:

(1)一切经济学的核心是经济利益。无论是马克思主义经济学(或无产阶级经济学)还是西方经济学(或资产阶级经济学),虽然各种说法不同,实质上都是以经济利益为核心的。马克思主义经济学公开声明是为无产阶级的利益服务的,是以谋求无产阶级(即大多数人)利益为目的的经济理论体系。毛泽东说过,"马克思主义的基本原则,就是要使群众认识自己的利益,并且团结起来,为自己的利益而奋斗。"[2]西方经济学对经济学的核心虽有多种说法,但是实质上是以谋求资产

---

[1] 《马克思恩格斯选集》第 3 卷,第 186 页。
[2] 《毛泽东选集》第 4 卷,人民出版社 1966 年版,第 1 261 页。

阶级（即少数人）利益为目的的经济理论体系。康芒斯说过，"自从经济学的研究开始和哲学、神学或者自然科学分开，研究者采取的观点决定于当时认为最为突出的冲突以及研究者对冲突的各种利益的表态。"①

（2）一切经济活动的核心是经济利益。经济活动包括生产、流通、分配和消费，马克思说过，"人们奋斗所争取的一切，都同他们的利益有关"。② 人们从事生产实际上是创造经济利益，流通实际上是交换经济利益，分配实际上是分享经济利益，消费实际上是实现经济利益。人们从事各种经济活动，实际上都是企图以最少的耗费，取得最大的经济利益。

（3）一切经济关系的核心是经济利益。在各种社会关系中，首要的就是利益关系，各种经济关系实质上就是经济利益关系。恩格斯说："每一既定社会主义的经济关系首先表现为利益。"③例如，现实中的国家企业和个人之间的关系，实际上就是三者的经济利益关系。中央与地方之间的经济关系，其核心是经济利益关系；国家与国家之间的关系核心也是经济利益。

我们认为，把经济利益作为经济理论体系的中心，对于推动马克思主义政治经济学的研究和发展是有益的。

五、以生产关系四环节为框架的新体系

我国编写的政治经济学在体系上受原苏联政治经济学教科书的影响很大。现在，许多同志都在创立新的政治经济学体系，以取代传统的由资本主义部分和社会主义部分两大块构成的政治经济学旧体系。

这些新体系很有创意，也很有启发。但是，都不是根据政治经济学的研究对象——生产关系为框架建立的体系。而新的政治经济学体系应以生产关系为框架，由下列六个部分组成：

第一部分，生产关系的更迭和内部变革。以马克思主义的生产力与生产关系矛盾运动的基本原理为基础，吸收西方新制度经济学的合理成分，运用现代经济学分析工具，以经济利益为核心和出发点，以生产力发展从而优化资源配置为中介目标，对历史上生产关系内部变迁的机制及生产关系更迭的机制进行描述。当某种制度的运行成本过高且阻滞了生产力发展时，该制度内部就可能发生体制创新；当体制创新均无法促进生产力发展、降低运行成本时，就会发生经济制度创新或更迭。而生产、交换、分配、消费每一个环节的运行机制和效率均将影响整个经济社

---

① 康芒斯：《制度经济学》（上册），商务印书馆1962年版，第134页。
② 《马克思恩格斯全集》第1卷，第82页。
③ 《马克思恩格斯选集》第3卷，第209页。

会的生产力水平及其发展状况,也将影响该经济制度的运行成本。因此,要详细揭示生产关系更迭及内部变革的机制,必须从生产、交换、分配、消费四个方面展开论述。

第二部分,生产过程。第一,描述生产过程的基本要素,生产要素的不同组织方式决定了不同的生产组织并构成不同经济制度的基础。第二,以分工为起点,描述历史上分工和技术进步怎样导致了生产力的发展和生产组织形式从氏族、家庭、手工作坊,机器大工业到现代企业制度的更迭,以及这一系列更迭过程怎样促进了经济制度运行费用的节约和效率的提高,从而怎样促进了经济制度的变革和演进。第三,对生产过程本身进行描述,揭示生产过程中的经济关系,在不同制度背景下主要是资本主义生产关系和社会主义生产关系下的特点、表现形式及其经济实质。第四,分析社会主义中国的生产过程。

第三部分,交换过程。首先,分析分工水平怎样决定交换和市场的规模,并进而决定经济形态和社会经济制度的,揭示市场体系怎样随着分工和生产的发展而逐步形成的以及市场体系的逐步完善对经济制度的变迁的影响。其次,描述市场机制的运作机制,分析市场机制在资本主义社会和社会主义社会的具体形态及配置资源的效率以及它的优缺点。再次,描述市场机制的制度环境以及政府干预市场运行的必要性和规则。

第四部分,分配过程。首先,分析生产力水平怎样决定历史上分配方式的更迭,并探讨各种分配方式存在的前提和制度背景。其次,探讨在资本主义生产关系和社会主义生产关系下分配方式怎样影响公平和效率。再次,探讨分配方式的公平程度和效率程度怎样影响生产力发展并引起经济制度更迭和变革。

第五部分,消费过程。首先,分析生产力水平是怎样决定消费的性质、水平和结构的,特别是资本主义生产关系和社会主义生产关系下在消费性质、水平和结构上的差异。其次,分析消费水平和结构怎样引起需求、投资、生产等水平和结构的变化。再次,分析消费对社会经济制度变迁的作用。

第六部分,政治经济学发展史。首先,介绍马克思以前的政治经济学的产生和演变过程。其次,描述马克思主义政治经济学的发展历程。第三,综述"边际革命"以来西方政治经济学的演变史。第四,叙述社会主义政治经济学的发展史。

六、以唯物辩证法为基础同时吸收新方法

建立政治经济学,有一个正确的方法是非常重要的。马克思主义的基本方法是唯物辩证法,政治经济学也应该遵循这一基本方法。

首先,政治经济学应该运用矛盾分析法。政治经济学是阐明和揭示社会经济

运动规律的科学。但是,只有在社会的矛盾运动中,才能揭示社会经济运动的规律。其次,政治经济学要从运动过程中研究社会生产关系。社会生产关系本身并不是始终不变,它也是一个不断运动、发展、变化的过程。那种把社会看成是一成不变的观点是错误的。第三,政治经济学也应该运用抽象法。根据抽象法,政治经济学的研究过程以及叙述也应该首先从具体到抽象,然后再由抽象到具体。第四,政治经济学既要注重质的分析,也要重视量的分析。为此,政治经济学也应该运用数学方法。马克思说过:一种科学只有在成功地运用数学时,才算达到了真正完善的地步[①]。

任何一个经济学新体系的诞生,都是以方法论的创新为基础的,可以说,没有方法论的创新,就不会有新的经济学体系的创立。要不是均衡概念和边际分析法的引入,就不会有现代微观经济学的出现;要不是非均衡概念和总量分析法的引入,就不会有宏观经济学的创立。

经济学研究方法的创新是非常困难的,是经济学创新最艰难的一步,需要我们不断地探索和积累。这就要求中国经济学人必须树立强烈的责任感,推广科学研究精神,淡化人为的门派之争。只有这样,经济理论工作者才能为中国经济学的未来,尽一份微薄力量。

七、正确对待马克思主义经济理论:一要坚持,二要澄清,三要发展

(1) 马克思的经济理论是马克思主义的主要内容,必须坚持。

马克思揭示的人类社会普遍适用的经济理论,关于生产力、生产关系、流通、分配、消费的一般论述,任何社会都适用,社会主义也适用,必须坚持。特别是马克思指示的生产关系必须适合生产力发展的人类社会规律。人类社会历经原始社会、奴隶社会、封建社会、资本主义社会、社会主义社会,而且必将向它的高级阶段——共产主义过渡的理论,揭示了共产主义一定会来到的历史必然性,必须坚持。

马克思揭示的一切商品经济都适用的经济理论,如关于商品内在因素的理论,关于价值、货币、市场、信用、竞争的理论,也适合社会主义市场经济,必须坚持。特别是批判地继承了古典政治经济学的劳动价值论,吸取了其中的科学成分,去除了其中的庸俗成分,建立的科学的劳动价值论,为解剖资本主义生产方式奠定了基础,为马克思主义政治经济学奠定了理论基础,必须坚持。

马克思揭示的资本主义产生、发展、灭亡的规律,为无产阶级指明了社会主义

---

① 保尔·拉法格:《回忆马克思恩格斯》,人民出版社1973年版,第7页。

必然胜利的前进方向,必须坚持。特别是马克思在劳动价值论基础上创立的完整的剩余价值理论,阐明的剩余价值规律是资本主义基本规律的论述,完成了政治经济学的伟大革命,必须坚持。

马克思对社会主义社会的科学预见,例如,社会主义必须高度发展生产力,社会主义实行生产资料公有制,实行按劳分配,社会主义必须不断改革,社会主义必然向共产主义发展,等等,必须坚持。

(2) 对马克思主义经济理论的某些误解和讹传,必须加以澄清。

我们应该完整地准确地学习和掌握马克思主义的经济理论,并且正确地加以运用,来指导社会主义建设。如果把马克思主义经济理论理解得不全面不准确,甚至把误解加以讹传,误解必须消除,讹传必须澄清。马克思和恩格斯都认为无产阶级社会主义革命的道路有两种可能性,即暴力革命和和平过渡,是正传;暴力是唯一道路或和平过渡是唯一道路,则是讹传。生产力三因素是劳动、劳动资料、劳动对象,三源泉是劳动力、科学力、自然力,这是正传;生产力二因素论,是讹传。生产关系是生产、流通、分配、消费四环节,是正传;生产关系三方面,即所有制、相互关系、分配,是讹传。积累是扩大再生产的主要源泉,是正传;积累是扩大再生产的唯一源泉,是讹传。生产资料较快增长规律,是正传;生产资料优先增长,是讹传。资本主义社会内部有可能产生社会主义经济因素,是正传;资本主义社会内部不可能产生社会主义经济因素,是讹传。生产力决定生产关系、经济基础决定上层建设,是正传;生产关系决定生产力、上层建设决定经济基础,是讹传。社会主义的根本任务是发展生产力,是正传;社会主义的根本任务是阶级斗争是讹传。社会主义实行按劳分配,是正传;社会主义按要素分配是讹传。这些都要拨乱反正,正本清源。

由上可见,马克思主义经济理论有一些曾经被曲解和讹传,给社会主义建设造成了损失,现在必须加以澄清。

(3) 马克思主义经济理论必须与社会主义实际相结合,加以发展。

马克思主义经济理论的主要著作——《资本论》的发表距今已有100多年,马克思不是算命先生,他没有社会主义建设的实践,当然不可能解答社会主义经济建设中的所有问题。因此,建立社会主义经济理论,还必须从社会主义经济建设的现实出发,运用马克思主义原理,发现新问题,研究新情况,总结新经验,来丰富和发展马克思主义政治经济学。

中国共产党人运用马克思主义基本原理结合中国实际,在丰富和发展马克思主义政治经济学方面作出了重大贡献。例如,社会主义初级阶段论,中国特色社会主义经济理论,社会主义的根本任务是发展生产力,社会主义应以经济建设为中心,社会主义市场经济体制,以公有制为主体多种所有制共同发展的基本经济制度,按劳分配为主体多种分配方式并存的分配制度,新型工业化道路,科学发展观,等等。这些新理论、新发展必须在马克思主义政治经济学中充分反映。

八、正确对待西方经济理论：一要学习，二要批判，三要吸取

（1）在社会主义经济建设中要借鉴和吸取西方经济理论，首先要学习和了解，"知己知彼"才能"百战百胜"。但是，在学习和了解西方经济理论的时候，要把原意、来龙去脉搞清楚，不能一知半解。

（2）西方经济理论从总体来说不是科学的经济理论，还要批判，有四个原因。第一，西方经济理论总的说来是为资产阶级利益服务的，为维护资本主义剥削制度，为资本家获取最大限度的利润服务的，具有很大的阶级局限性。第二，西方经济理论往往只在经济现象上兜圈子，不敢深入到经济的基础和实质，停留于表面。第三，西方经济理论常常以经济发展的某一种因素，扩大为整个经济发展的唯一因素，具有很大的片面性。第四，西方经济理论比较重视经济发展的主观因素、心理因素，回避或不重视经济发展的客观因素，具有很大的主观性。

（3）西方经济理论对社会主义经济发展和经济改革仍有一些借鉴作用，我们应该吸取其中某些合理成分。

由于社会主义经济是作为资本主义经济的对立物出现的，而西方经济学是为资本主义制度辩护和出谋划策的，因此，西方经济学的整个理论体系不能机械地搬到社会主义经济学中来。但是，资本主义商品经济和社会主义商品经济都是社会化大生产，都必须遵循商品经济的一般规律。因此，我们必须承认当代西方经济学中有不少内容可供我们参考和借鉴。

但是，在社会主义经济建设中，借鉴和吸取西方经济理论的合理成分必须与我国国情相结合，洋为中用。西方经济学不能照搬，具体的经济政策也不能照搬。我国社会主义建设的实践证明，搞马克思主义的教条主义不行，搞凯恩斯主义、新自由主义的教条主义更不行。

九、对待中国古代经济思想：一要挖掘，二要继承，三要扬弃

建设马克思主义政治经济学，现在不少人对洋为中用很重视，这当然也是必要的。但是，谈经济思想，不是斯密的"国富论"，就是凯恩斯的"通论"，或者是萨缪尔逊的"经济学"，就不妥当了。不重视古为今用，对我国古代经济思想采取民族虚无主义的态度是不可取的。中国有5 000多年的历史，中国古代众多思想家的知

识和理论博大精深,在传统文化诸领域中都留下了宝贵论著,可供我们借鉴。在经济理论方面也有不少遗产值得我们挖掘、继承和弘扬。继承和弘扬中国古代经济思想,还要扬弃,吸其精华,舍弃糟粕。也就是说,中国古代经济思想有其精华部分应该继承,也有糟粕部分应该舍弃。

在研究中国古代经济思想中还值得注意的是,中国有2 000多年的封建统治,不能把那些封建性的糟粕当作精华来继承。在社会主义市场经济建设中肃清封建残余的影响是一个重要任务;中国有几千年的自然经济,自给自足、墨守成规的小农思想也不能当作精华来继承。社会主义市场经济的发展,必须破除自然经济观,这也是一个很重要的任务。

十、中国版的马克思主义政治经济学必须有"中国特色"

政治经济学作为一门研究社会经济活动的科学,必须结合本国的实际来展开,要有自己的特色。政治经济学是对经济现象和经济活动规律的揭示,总是与不同国家社会实践活动紧密联系在一起的,脱离现实背景的政治经济学不可能具有生命力。斯密的《国富论》是对英国资本主义上升时期社会经济实践活动的概括;萨谬尔逊的《经济学》是对美国现代资本主义各种经济活动和经济现象的概括;中国特色马克思主义政治经济学也必须植根于当代中国现实经济背景之中,对当代中国社会主义实践进行概括。问题是,"中国特色"特在哪里?

第一,从生产力来看。我国生产力有了很大发展,但总的来说,还是比较落后,既落后于发达资本主义国家,又具有多层次的生产力。(1)我国的生产总量以GDP表示已是世界前列,是前3名,但人均GDP仍居于世界后列,是100名之后。(2)在工业交通部门有不少现代化的大生产,但是13亿多人口,8亿多人在农村,基本上是手工劳动和半机械化生产。(3)一部分经济相当发达的东部地区,同广大不发达地区和贫困地区同时存在。(4)少量具有世界先进水平的科学技术(如载人飞船)同普遍的科学技术水平不高同时存在。

第二,从生产关系来看。我国社会主义经济制度虽已建立,但仍不成熟。我国社会现在已经是社会主义社会,但是尚处在社会主义的初级阶段。我国是在原来半封建、半殖民地经济文化落后的基础上搞社会主义的。我们要建立的社会主义,不是空想的社会主义,也不是马克思原来设想的理想的社会主义(单一的公有制、计划经济、按劳分配);不是斯大林式的僵化社会主义,也不是"四人帮"的贫穷愚昧的社会主义,而是以马克思主义为指导的科学的社会主义、现实的社会主义、初级阶段的社会主义、符合中国国情的社会主义,总之,是中国特色的社会主义。中国特色社会主义的主要经济特征：（1）公有制为主体、多种所有制经济共同发展的基本经济制度；（2）社会主义市场经济体制；（3）按劳分配为主体、多种分配方式并存的分配制度。

第三，从上层建筑来看。我国实行以马克思主义为指导的中国共产党领导下的人民民主专政的社会主义制度。要四个坚持：坚持马克思主义、坚持中国共产党的领导、坚持人民民主专政、坚持社会主义。

坚持马克思主义是当代马克思主义，即坚持马克思列宁主义、毛泽东思想和中国特色社会主义理论。

中国是世界上历史最悠久的国家之一，具有光辉灿烂的文化，也即具有独特的文化背景。欧美文化是以个人主义为主的文化，其文化规范着重强调个人自由、个人利益；而我国几千年的历史形成了强调集体主义的文化背景，强调服从国家利益，强调勤劳节俭。另外，儒家思想对我国文化也有深远的影响。

(作者：洪远朋，原载《探索与争鸣》2010年2月)

对构建中国特色马克思主义政治经济学的几点看法

对构建中国特色马克思主义政治经济学我是非常赞赏的。对许多同志的论述我也是很赞成的,我不想也不可能对构建中国特色马克思主义政治经济学提出全面系统的见解,只谈几点看法,一共是三点看法。

一、中国特色马克思主义政治经济学必须是综合的

我对构建"中国特色马克思主义政治经济学"这个提法就很欣赏。这里提的"政治经济学",我想应该是"广义政治经济学"。我们知道"广义政治经济学"与"狭义政治经济学"是有区别的。狭义政治经济学仅仅是研究生产关系的一种理论经济学,是经济学的一个分支学科,它不能反映整个经济学的全貌,因而是狭义经济学,而广义政治经济学是综合性的。

中国特色马克思主义政治经济学为什么应该是综合的?

(1)中国经济建设实践的需要。经济建设是我国的中心任务。要成功地进行社会主义经济建设,必须解决社会主义经济如何运行和发展方方面面的许多问题,并从总体上给予回答。现有的各自经济学科(包括政治经济学)尽管从每个角度某一方面做出了一定的解答,但都未能从总体上给出全面、清晰、明了的回答。因此,我们认为,为了适应经济建设的需要,新建立的中国特色马克思主义经济学必须是综合性的,能对我国社会主义建设和改革的实践进行全面的总结。

(2)经济理论发展的需要。对经济学不断地进行综合创新,也是经济理论发展的内在必然趋势。经济学在不断分化、综合的基础上存在着多层次综合的趋势。新构建的中国特色马克思主义政治经济学是综合的,才能符合经济科学发展的趋势。

(3)普及经济科学知识的需要。既然经济建设是全党、全国的中心任务,因此

必须在全国广大干部和群众中普及经济科学知识。要掌握比较全面的经济理论知识,仅靠普及狭义的政治经济学是显然不够的。如果要求每个人将所有经济学科一门一门地都啃下来,既没有必要又没有可能。因此,如果新构建的中国特色马克思主义政治经济学是综合性的,就能符合普及该学科知识的需要。

中国特色马克思主义政治经济学怎样进行综合呢?

(1) 中国特色马克思主义政治经济学不仅要研究生产关系,而且要研究生产力和上层建筑。研究如何解放和发展生产力,研究如何适时调整生产关系,研究与经济基础相关的上层建筑问题,如国家的经济职能、经济体制、经济政策、经济法规等。

(2) 中国特色马克思主义经济学应在马克思主义指导下,综合古今中外一切经济理论的合理成分。对于马克思主义经济理论,一要坚持,二要澄清,三要发展。对于西方经济理论,一要了解,二要批判,三要吸取。对于中国古代经济理论,一要挖掘,二要继承,三要抛弃一些不合理的东西。

(3) 中国特色马克思主义经济学应是宏观经济、中观经济和微观经济的综合。它不但要研究宏观经济,研究社会经济运行的总体概况以及国家对经济活动的宏观调整与控制,也要研究中观经济,研究如何发挥多地区、多部门的优势和积极性,研究如何发挥中心城市的作用,还要研究微观经济,研究如何增强企业的活力,发挥劳动者的聪明才智和创造性。

(4) 中国特色马克思主义经济学应是各门经济科学和相关学科的综合,它是理论经济学,又是应用经济学。它不仅为社会主义经济建设提供基本原理,而且要告诉人们社会主义经济如何具体运行,要运用哪些工具,掌握经济运行的机制必须具备哪些基本的经济学知识。

(5) 中国特色马克思主义政治经济学要进行各种经济分析方法的综合。它不仅要研究社会经济质的规定性,揭示经济制度的本质及其发展方向,而且要对经济效益、发展目标、经济成长、经济杠杆的运用做量的规定性。因此,既要进行抽象思维,又要进行数理分析;既要静态分析,又要动态分析;既要实证分析,又要规范分析,等等。

二、中国特色马克思主义政治经济学必须有"中国特色"

经济学作为一门研究社会经济活动的科学,必须结合本国的实际来展开,要有自己的特色。经济学是对经济现象和经济活动规律的揭示,总是与不同国家社会实践活动紧密联系在一起的,脱离现实背景的经济学不可能具有生命力。斯密的《国富论》是对英国资本主义上升时期社会经济实践活动的概括;萨缪尔森的《经济学》是对美国现代资本主义各种经济活动和经济现象的概括,相应地中国特色马克思主义政治经济学必须植根于当代中国现实经济背景之中,对当代中国社会主义实践进行概括。问题是"中国特色"到底表现在哪里?

第一,从生产力来看:我国生产力有了很大发展,但总的来说,还是比较落后,既落后于发达资本主义国家又具有多层次的生产力。(1)我国的生产总量以GDP表示已是世界前列,是前10名,但人均GDP仍居于世界后列,是100名之后。(2)在工业交通部门有不少现代化的大生产,但是近13亿人口,8亿多人在农村,基本上是手工劳动和半机械化生产。(3)一部分经济相当发达的东部地区,同广大不发达地区和贫困地区同时存在。(4)少量具有世界先进水平的科学技术(如载人飞船),同普遍的科学技术水平不高同时存在。

第二,从生产关系来看:我国社会主义经济制度虽已建立,但仍不成熟。我国社会现在已经是社会主义社会,但是尚处在社会主义的初级阶段。我国是在原来半封建、半殖民地经济文化落后的基础上搞社会主义的。我们要建立的社会主义,不是空想的社会主义,也不是马克思原来设想的理想的社会主义(单一的公有制、计划经济、按劳动分配);不是斯大林式的优化社会主义,也不是"四人帮"的贫穷愚昧的社会主义;而是以马克思主义为指导的科学的社会主义、现实的社会主义、初级阶段的社会主义、符合中国国情的社会主义。总之一句话:中国特色的社会主义。

中国特色社会主义的主要经济特征:(1)公有制为主体、多种所有制经济共同发展的基本经济制度;(2)社会主义市场经济体制;(3)按劳分配为主体、多种分配方式并存的分配制度。

第三,从上层建筑来看:我国实行以马克思主义为指导的中国共产党领导下的人民民主专政的社会主义制度。要做到四个坚持:坚持马克思主义、坚持中国共产党的领导、坚持人民民主专政、坚持社会主义。

坚持马克思主义是指当代马克思主义,即坚持马克思列宁主义毛泽东思想、邓小平理论和"三个代表"的重要思想。

中国是世界上历史最悠久的国家之一,具有光辉灿烂的文化、我国具有独特的文化背景。欧美文化是以个人主义为主的文化,其文化规范着重强调个人自由、个人利益;而我国几千年的历史形成了强调集体主义的文化背景,强调服从国家利益,强调勤劳节俭。另外,儒家思想对我国文化也有深远的影响。

三、中国特色马克思主义政治经济学的核心——共享利益

每一门科学,每一门社会科学都有个核心问题。经济学、中国特色马克思主义

政治经济学当然也有一个核心问题。

（1）一切经济学的核心——经济利益。众所周知，经济学是研究人类社会经济活动与经济关系的科学。它的核心是什么？对此，人们众说纷纭，莫衷一是。有人提出，经济学的核心是生产关系，经济学是关于生产关系及其发展规律的科学；有人主张，经济学的核心是生产，经济学是研究生产什么、如何生产、为谁生产的科学；有人则认为，经济学的核心是资源配置，经济学是研究稀缺或有限的资源如何进行合理配置的问题。尽管上述各种观点都比较流行，但我们却不敢苟同。根据马克思主义基本原理，无论是社会经济活动还是社会经济关系，其核心都是人们的利益。马克思和恩格斯指出："人们奋斗所争取的一切，都同他们的利益相关。"每一个社会的经济关系首先是作为利益表现出来。在各种社会形态下，人们从事生产，实际上是创造经济利益，流通实际上是交换经济利益，分配实际上是分享经济利益，消费实际上是实现经济利益。人们从事各种经济活动，归根到底都是力图要以最少的耗费，取得最大的经济利益。人们之间的社会经济关系说到底就是经济利益关系。因此，无论是马克思主义经济学还是西方经济学的各种流派，虽然其理论观点与政策主张各不相同，但却有一个共同点：它们都是以特定的经济利益为核心的。马克思主义经济学是代表无产阶级利益，即大多数人利益的经济学。西方经济学实质上是资产阶级经济学，是代表资产阶级利益，即少数人利益的经济学。由此我们可以得出这样一个基本结论：经济的核心是经济利益。经济学是研究生产、交换、分配和消费过程中经济利益问题的科学。

（2）中国特色马克思主义政治经济学的核心——共享利益。同其他经济学一样，社会主义经济学的核心也是经济利益。社会主义经济学是以最广大人民利益为核心的经济学，这是社会主义经济学的根本特征所在。然而，在不同历史条件下，社会主义经济学具有其不同理论形态因而也具有其不同的具体利益观。100多年来，社会主义经济学经历了三大发展阶段，采取了三种不同的理论形态即马克思主义创始人的经典社会主义经济学，斯大林模式为代表的传统社会主义经济学，以邓小平理论为代表的中国特色社会主义经济学。从其具体的利益观来看，经典社会主义经济学所倡导的是广大人民不可分割的社会利益，即社会利益观；传统社会主义所着重坚持的是以广大人民整体利益名义出现的国家利益即"国家利益观"；中国特色社会主义经济学则强调全体人民共享经济发展成果，即"共享利益观"。

从我国社会主义初级阶段的基本国情与经济发展的现实要求来看，经典社会主义经济学的"社会利益观"显然是不具备其实现的必然性；从社会主义的本质与目标来看，传统社会主义经济学的"国家利益观"显然是不具备其实现的合理性。社会主义初级阶段的社会性质和基本国情以及时代要求，都决定了社会主义经济学理论应当创新,社会主义经济学的利益观必须更新。换言之,在我国改革开放和社会主义现代化建设的新的历史条件下,社会主义经济学理论及其利益观应当与时俱进,全面创新。我们认为,根据我们党的基本价值取向与时代发展特征,应当在理论创新的基础上创立中国特色社会主义经济学,其核心应当是全体人民共同分享经济发展的成果的"共享利益"。

(作者:洪远朋,原载《经济学动态》2005年第1期)

新时代中国特色社会主义政治经济学的发展

习近平同志关于经济理论的论述是新时代中国特色社会主义思想的重要组成部分,是当代马克思主义政治经济学的新发展。习近平的经济思想分布在他的著作和论文中,体现在他的报告和讲话中,主要集中于他在中国共产党第十九次全国代表大会上所作的《决胜全面建成小康社会,夺取新时代中国特色社会主义伟大胜利》的报告(以下简称十九大报告)中。

一、新时代发展中国特色社会主义政治经济学的使命

习近平同志在十九大报告中宣布中国现在已经进入中国特色社会主义新时代。何谓新时代?中国共产党人在领导中国人民取得解放战争胜利后建立人民政权,以毛泽东为核心的第一代领导人使得有中国特色的社会主义站起来;改革开放以后,以邓小平为核心的第二代领导人使得有中国特色的社会主义从站起来转变为富起来;我们现在进入的是以习近平为核心的新一代领导人使得有中国特色的社会主义强起来的时代。

理论是实践的总结,革命、改革和发展的实践都会产生相应的理论。从经济理论方面来说,带领中国站起来的第一代领导人有代表他们经济理论观点的中国特色社会主义政治经济学;带领中国富起来的第二代领导人也有代表他们经济理论观点的中国特色社会主义政治经济学。现在,以习近平为核心的强起来的新一代领导人,就应该有代表他们经济理论观点的中国特色社会主义政治经济学,这就是新时代中国特色社会主义政治经济学。建立新时代中国特色社会主义政治经济学是历史的使命,是党的使命。

二、新中心奠定新时代中国特色社会主义政治经济学的基础

每一个时代的政治经济学都应该有自己的中心。站起来的政治经济学是以革命为中心的；富起来的政治经济学是以改革为中心的；那么，强起来的政治经济学应该以什么为中心呢？过去在经济理论界颇有争论，有的学者说应该以生产力为中心，有的学者认为应该以生产关系为中心，有的学者认为应该以所有制为中心，有的学者认为应该以市场为中心，有的学者认为应该以人为中心，还有学者认为应该以利益为中心。

习近平同志根据马克思主义的基本原理，结合中国革命、改革、发展的现实，明确指出新时代中国特色社会主义政治经济学，应该以人为中心，以人民为中心，或者说，以最广大人民群众的根本利益为中心。习近平同志在十九大报告以及其他场合多次指出，人民是创造历史的动力，共产党人任何时候都不要忘记这个历史唯物主义最基本的道理，必须始终把人民的利益摆在至高无上的地位。

以人民为中心的中国特色社会主义政治经济学尚未完成，这是历史和党交给经济理论工作者的一个光荣任务，有待经济理论工作者们努力完成。

三、新理念引导新时代中国特色社会主义政治经济学理论体系的建立

新发展理念集中反映了我们党对社会经济发展规律认识的深化，是中国特色社会主义思想的又一次重大创新。习近平同志曾明确表示，要以创新、协调、绿色、开放、共享的新发展理念引领新时代中国特色社会主义政治经济学理论体系的建立，推动我国社会经济的发展。

创新是引领发展的第一动力。习近平同志曾经指出，抓住了创新，就抓住了牵动经济社会发展全局的"牛鼻子"。要不断推进理论、制度、科技、文化等各方面的创新。政治经济学也要不断创新，不断提出推动我国社会经济发展的新理论、新观点。

协调是社会持续健康发展的内在要求。协调注重的是解决发展不平衡的问题，要通过正确处理发展中的重大关系，如城乡区域协调发展、经济社会协调发展等等来实现。协调的关键是处理好各种利益关系，只有利益关系处理好了，才能促进各方面协调发展。

绿色是持续发展的必要条件和人民对美好生活追求的重要体现。绿色注重的

是解决人与自然的和谐问题。要坚持绿色富国、绿色惠民、绿色生产、绿色生活,推进人民富裕、国家富强、环境优美。坚持人与自然的和谐共生,丰富发展了马克思主义生态观、环境观。

开放是国家繁荣发展的必由之路,包括对内开放和对外开放,注重的是解决发展内外联动问题。要树立开放发展理念,奉行互利共赢的开放战略,坚持内需和外需协调,进口和出口相对平衡,发展更高层次开放型经济。我国将通过"一带一路"创造互惠包容的国际经济体系,坚持共同利益推动构建人类命运共同体。

共享是中国特色社会主义的本质要求。中国特色社会主义政治经济学要加强对共享经济的研究。在理论上要研究共享理论的概念,分清共享发展、共享利益、共享价值、共享经济等概念的内涵和外延;在实际工作中,要支持共享经济活动,如共享单车、共享住宅、共享餐饮等;在政策上要制定共享利益的政策,如扩大中等收入群体、实现养老保险全民统筹、促进农民工多渠道就业、健全药品供应保障制度等等。共享是中国特色社会主义经济的基本原则,是中国共产党人对社会主义经济理论的重大贡献。

以新发展理念引导中国特色社会主义政治经济学,绽放着马克思主义政治经济学的光芒。

四、新矛盾剖析新时代中国特色社会主义政治经济学的辩证法

社会主义有没有矛盾?是什么矛盾?对这些问题曾经有过争论。关于社会主义的矛盾,在我们党的不同历史时期,也有不同的提法。马克思、恩格斯、列宁都未提及社会主义社会的矛盾问题。毛泽东首次提出关于社会主义基本矛盾的思想,他在《关于正确处理人民内部矛盾的问题》中指出:"社会主义生产关系已经建立起来,它是和生产力的发展相适应的;但是,它又还很不完善,这些不完善的方面和生产力的发展又是相矛盾的。除了生产关系和生产力发展的这种又相适应又相矛盾的情况以外,还有上层建筑和经济基础的又相适应又相矛盾的情况。""在社会主义社会中,基本的矛盾仍然是生产关系和生产力之间的矛盾,上层建筑和经济基础之间的矛盾。不过社会主义社会的这些矛盾,同旧社会的生产关系和生产力的矛盾、上层建筑和经济基础的矛盾,具有根本不同的性质和情况罢了。"他还提出过关于社会主义社会生产和需求之间的矛盾长期存在的思想。毛泽东指出:"在客观上将会长期存在的社会生产和社会需要之间的矛盾,就需要人们时常经过国家计划去调节。我国每年作一次经济计划,安排积累和消费的适当比例,求得生产和需要之间的平衡。"这些都是毛泽东同志对社会主义政治经济学做出的重要贡献。

在我们党的历史上,党的第八次全国代表大会第一次提出社会主义还有人民对经济文化迅速发展的需要同当前经济文化不能满足人民需要的状况之间的矛盾。党的十一届六中全会又指出,社会主义主要矛盾是人民日益增长的物质文化需要同落后的社会生产之间的矛盾。这两个提法没有太大的差别,后来一般就概括为需要发展与生产落后之间的矛盾。这些提法在当时是正确的,但是经过四十多年的社会主义建设,我国的社会经济状况发生了很大变化。习近平同志适应中国情况的变化,在十九大上提出,社会主义社会的主要矛盾已经转变为人民日益增长的美好生活需求和不平衡不充分的发展之间的矛盾。这是一个新的判断,是运用辩证唯物主义和历史唯物主义方法论,从中国社会经济实际出发做出的科学判断,是对当代中国特色社会主义政治经济学的新发展。

五、新目标描绘当代中国特色社会主义经济的新篇章

十九大报告根据我国近年来的社会政治经济情况,对把我国建成富强民主文明和谐美丽的社会主义现代化强国的进程作了新的调整:从现在到 2020 年,是全面建成小康社会决胜期;从 2020 年到 2035 年,基本实现社会主义现代化;从 2035 年到 2050 年左右,在基本实现社会主义现代化的基础上,把我国建成富强民主文明和谐美丽的社会主义现代化强国。

新目标明确,新图景美好,新进程清晰。让我们不忘初心,牢记使命,高举中国特色社会主义伟大旗帜,坚忍不拔、锲而不舍,奋力谱写社会主义现代化新征程的壮丽篇章!人类在进步,社会在发展,经济在改革,新时代中国特色社会主义政治经济学必将与时俱进,不断丰富与发展!

(作者:洪远朋,原载《经济研究》2017 年第 11 期)

共享利益观：现代社会主义经济学的核心

马克思主义的发展史充分说明，解放思想、实事求是，是引导社会前进的强大动力。社会实践是不断发展的，人们的思想认识也应不断前进，理论也应不断创新。在当前建设有中国特色社会主义的伟大事业中，我们应当认真总结社会主义经济理论发展的历史经验，站在时代前列，立足于新的实践，解放思想、与时俱进，努力实现社会主义经济学的观念转变和理论创新。

一、利益观：一切经济学的核心

众所周知，经济学是研究人类社会经济活动与经济关系的科学，是经世致用的学问。那么，经济学研究的目的是什么、它的核心是什么？对此，人们众说纷纭，莫衷一是。有人提出，经济学的核心是生产，经济学是研究生产什么、如何生产、为谁生产的科学；有人则认为，经济学的核心是资源配置，经济学是研究稀缺或有限的资源如何进行合理配置的问题。尽管上述各种观点都比较流行，但笔者却不敢苟同。根据马克思主义基本原理，无论是社会经济活动还是社会经济关系，其核心都是人们的经济利益。马克思和恩格斯指出："人们奋斗所争取的一切，都同他们的利益有关。"①"每一个社会的经济关系首先是作为利益表现出来。"②在各种社会形态下，人们从事生产，实际上是创造经济利益，流通实际上是交换经济利益，分配实际上是分享经济利益，消费实际上是实现经济利益。人们从事各种经济活动，归根到底都是力图要以最少的耗费，取得最大的经济利益。人们之间的社会经济关系说到底就是经济利益关系。因此，无论是马克思主义经济学还是西方经济

---

① 《马克思恩格斯全集》第1卷，第82页。
② 《马克思恩格斯选集》第2卷，人民出版社1972年版，第537页。

学的各种流派,虽然其理论观点与政策主张各不相同,但却有一个共同点:它们都是以特定的经济利益为核心的。由此我们可以得出这样一个基本结论:经济学的核心是经济利益。经济学是研究生产、交换、分配和消费过程中经济利益问题的科学。

经济利益在经济学中的核心地位,主要表现为经济利益是一切经济学理论体系的主线,它对各种经济学的具体理论观点起着统帅与决定的作用,后者总是围绕前者而展开和延伸的。从马克思主义经济学来看,它一方面系统研究了资本主义生产方式以及与它相适应的生产关系和交换关系,从而建立了关于资本主义生产方式的经济学理论;另一方面它又对未来社会主义生产方式及其生产关系作了预见,从而建立了关于社会主义生产方式的经济理论。然而,无论是前者还是后者,都是围绕着经济利益这一核心而展开的。在马克思关于资本主义生产方式的经济学理论中,不仅以剩余价值论为基础阐明了资本家与雇佣工人之间剥削与被剥削的利益关系,而且以剩余价值论为基础阐明了资产阶级内部瓜分剩余价值的利益关系。在马克思关于社会主义生产方式的经济理论中,不仅对未来社会主义的经济特征作了全面的预见,而且对社会主义经济利益关系也作了原则规定。从本质上来说,马克思主义经济学就是维护最广大人民利益的科学理论。它的阶级性与科学性是完全一致的。根据马克思主义创始人关于社会主义生产方式的经典理论,在社会主义生产方式下,广大劳动者成为生产资料的主人,生产目的是最大限度地满足广大人民的物质文化需要,全体人民成为社会经济利益主体。

西方经济学,无论是其古典学派,还是庸俗学派抑或其当代的各个流派,也无一不是以经济利益为核心的。从古典政治经济学来看,斯密作为处于上升时期的资产阶级的代表,既肯定了工人、资本家与地主三大阶级在国民财富分配中的利益一致性,又阐明了各个阶级在国民财富增加中的利益增进的同步性。他指出,工人、资本家、地主三大阶级获得工资、利润与地租三种收入具有其客观性、合理性,同时认为这三大阶级的收入在经济发展过程中会有普遍的提高,并声称经济发展的目标和标志不是少数人富裕,而是各阶级普遍的富裕。李嘉图作为古典资产阶级政治经济学的完成者,在新兴资产阶级与地主阶级的利益冲突中,鲜明地代表工业资产阶级的利益,建立了以分配为中心的经济理论体系。在《政治经济学及赋税原理》的序言中,李嘉图开宗明义地指出:全部土地产品是以地租、利润和工资的名义,在地主、资本家和劳动者这三个阶级之间进行分配的,这种分配的比例在不同的社会阶段是极不相同的。他写道:"确立支配这种分配的法则,乃是政治经济学的主要问题。"[①]李嘉图在其分配理论中,阐明了地租和利润的对立以及工资和

---

① 李嘉图:《政治经济学及赋税原理》,商务印书馆1983年版,第3页。

利润的对立关系,从而阐明了资本家与地主、劳动者三大阶级之间的利益对立关系。李嘉图还指出,工资上涨与地租上涨之间有一个根本的区别,它并不意味着工人生活状况的改善。在谷物价值上涨的情况下,"真正得到利益的只有地主"。[①]"地主的利益总是同社会中其他各阶级的利益对立的。"[②]因此,李嘉图的经济理论,是在工人阶级和资产阶级之间的斗争尚处于次要地位时期,代表工业资产阶级利益反对地主阶级的理论,工业资产阶级的经济利益是李嘉图经济学理论的核心。作为庸俗政治经济学的一个重要代表,马尔萨斯提出了一个与李嘉图完全相反的观点,即地租的增长是繁荣和财富增长的最确实的标志,是社会利益增加的条件。因此,他得出了一个重要结论:"没有一个阶级的利益像地主阶级的利益那样,和国家的繁荣富强紧密地必然地联系在一起。"[③]从当代西方经济学流派来看,无论是以"经理革命"理论著称的制度经济学,还是以高度关注全体社会成员经济福利而著称的福利经济学,从根本上看,它们不仅是以维护富人利益为前提,而且是为不断扩大资本积累、增加富人利益服务的。所有这些,都十分清楚地表明经济利益始终是经济学理论的核心。

二、共享利益:现代社会主义经济学的核心

同其他一切经济学一样,社会主义经济学的核心也是经济利益。社会主义经济学是以最广大人民利益为核心的经济学,这是社会主义经济学的根本特征之所在。然而,在不同的历史条件下,社会主义经济学具有其不同理论形态,因而也具有其不同的具体利益观。100多年来,社会主义经济学经历了三大发展阶段,采取了三种不同的理论形态,即马克思主义创始人的经典社会主义经济学,斯大林模式为代表的传统社会主义经济学,以邓小平理论为代表的现代社会主义经济学。从其具体的利益观来看,经典社会主义经济学所倡导的是全体社会成员不可分割的共同利益,即"社会利益观";传统社会主义经济学所着重坚持的是以广大人民的整体利益名义出现的国家利益,即"国家利益观";现代社会主义经济学则强调全面协调各种利益关系,使全体人民共享经济发展成果,即"共享利益观"。对上述三种社会主义经济学的三种不同的利益观进行认真的比较、分析,对于我们科学地进行社会主义经济学研究,有效地推进社会主义现代化建设具有十分重要的理论意义与现实意义。

---

① 李嘉图:《政治经济学及赋税原理》,商务印书馆1983年版,第106页。
② 李嘉图:《论低价谷物对资本利润的影响》,《李嘉图著作和通信集》第4卷,商务印书馆1980年版,第22页。
③ 马尔萨斯:《政治经济学原理》,商务印书馆1962年版,第55、101页。

根据马克思主义创始人的观点,在未来社会主义社会,全体社会成员将自由地结合成为一个社会性的经济共同体,或"自由人联合体"。在这一经济共同体中,生产资料是全体社会成员联合占有的共同财产,劳动过程是全体社会成员参加与民主管理的联合劳动,劳动产品是由社会占有的共同产品。从总体上说,马克思主义创始人的利益观是实现与增进全体社会成员的共同利益,共同利益观是经典社会主义经济学的核心。在经典社会主义经济理论体系中,属于支配地位并起主导作用的是全社会成员的共同利益。生产资料的共同占有既是全社会成员共同利益的基础又是其根本的共同利益;生产过程的共同参与和民主管理是实现全社会成员共同利益的条件与保证;社会新产品的集中分配和共同使用是全社会成员共同利益的实现。因此,经典社会主义经济学是围绕全社会成员共同利益这一核心而建立起来的经济学理论体系。

以斯大林模式为代表、以传统社会主义政治经济学教科书为蓝本的传统社会主义经济学,是高度集权的经济体制的集中化的理论表现。从所有制理论来看,传统社会主义经济学以"全民所有制"的名义强调和突出国家所有制的地位和作用;在经济体制方面,传统社会主义经济学主张与坚持实行集权化与行政化的经济体制;在经济发展目标上,传统社会主义经济学把国家经济发展目标置于广大人民的物质文化生活需要之上;在经济利益分配方面,传统社会主义经济学的利益取向是优先实现并重点保证整体利益,即国家利益。因此,传统社会主义经济学是以国家利益为核心的经济理论。

从我国社会主义初级阶段的基本国情与经济发展的现实要求来看,经典社会主义经济学的"社会利益观"显然是不具备其实现的必然性的;从社会主义的本质与目标来看,传统社会主义经济学的"国家利益观"显然是不具备其实现的合理性的。社会主义初级阶段的社会性质和基本国情以及时代要求,都决定了社会主义经济学理论应当创新,社会主义经济学的利益观必须更新。换言之,在我国改革开放和社会主义现代化建设的新的历史条件下,社会主义经济学理论及其利益观应当与时俱进,全面创新。笔者认为,根据我们党的基本价值取向与时代发展特征,应当在理论创新的基础上创立现代社会主义经济学,其核心应当是全体人民共同分享经济发展的成果的"共享利益观"。对此,邓小平明确提出:"社会主义的本质,是解放生产力,发展生产力,消灭剥削,消除两极分化,最终达到共同富裕。"江泽民在党的十五大报告中提出:"建设有中国特色社会主义的经济,就是在社会主义条件下发展市场经济,不断解放和发展生产力。这就要坚持和完善社会主义公有制为主体、多种所有制经济共同发展的基本经济制度;坚持和完善社会主义市场经济体制,使市场在国家宏观调控下对资源配置起基础性作用;坚持和完善按劳分配为主体的多种分配方式,允许一部分地区一部分人先富起来,带动和帮助后富,逐步走向共同富裕;坚持和完善对外开放,积极参与国际经济合作和竞争。保持国民经济持续快速健康发展,人民共享经济繁荣成果。"[1]江泽民的这一论述,既是我们党社会主义初级阶段的经济纲领,又是我国现代社会主义经济学理论的主要内容。这一纲领和理论的核心是发展国民经济、全体人民共享其经济繁荣成果,即坚持共享利益观。所谓共享利益,其对象是一定时期内社会新创造的价值,即国民收入。共享利益的含义,是指在一定量国民收入及其增量中,全体人民根据效率优先、统筹兼顾的原则各得其所、利益共享。所谓效率优先原则,就是在按劳分配与按生产要素分配相结合的分配制度下,按照每个劳动者及其他生产要素在生产过程中的贡献来进行国民收入的分配,使个人收入与其贡献程度相适应,以实现和保障广大劳动者和各种要素所有者的经济利益。所谓统筹兼顾,就是在国民收入的分配过程中,全面协调各种利益关系,根据各种不同机构和团体在经济发展及社会生活中的地位和作用,实现并保障其相应的经济利益。现代社会主义经济学的共享利益观,不同于以往社会主义经济学的利益观,其主要特点在于它所要实现的不是某一主体的片面的经济利益,而是包括各种主体在内的综合经济利益;它所强调的不是某一主体经济利益的重要性,而是各种主体经济地位的平等性及其经济利益关系的合理性。共享利益观,既是同我国现阶段多样化的所有制形式、多样化的经济组织形式和经营方式相适应的,也是以我国现阶段多样化的就业方式和多样化的利益主体为基础的。因此,共享利益观是与我国基本国情与时代特征相适应的现代社会主义经济学理论的基本价值取向与政策取向。

三、共享利益观的确立:理论来源与经验基础

共享利益观的提出,不仅是我国现阶段基本国情与时代的要求,而且也有着坚实的理论基础与实践基础。从其理论基础来看,马克思主义经济学关于共享利益的思想是共享利益观确立的主要的理论依据与来源。同时,西方经济学中蕴含的共享利益思想内容,也为共享利益的确立提供了必要的思想材料。具体说来,马克思主义经济学的劳动价值论、剩余价值论、合作制理论等都为共享利益观奠定了坚实的理论基础。马克思的劳动价值论认为,凝结在商品中的抽象劳动是形成价值的实体,生产商品所耗费的活劳动是形成价值的源泉。既然如此,活劳动的提供者即劳动者就应当参与新价值的分配,从而分享国民收入的一部分。并且,由于劳动者的劳动有简单劳动与复杂劳动之分。因此,一方面简单劳动者与复杂劳动者作为活劳动的提供者都应参与新价值的分配,另一方面复杂劳动者作为更多劳动的

---

[1] 《中国共产党第十五次全国代表大会文件汇编》,人民出版社1997年版,第14页。

提供者和更多价值的创造者理应分享到更多的收入。在现代社会中,复杂劳动者作为人力资本的所有者,不仅应当获得其一般劳动收入,而且应当拥有剩余索取权,分享到相应的资本收入。

根据马克思主义经济学的剩余价值论,剩余价值虽然来源于工人的剩余劳动,但却表现为资本的产物,即利润。它首先由产业资本家占有,并通过部门内部和部门之间的竞争而形成平均利润。平均利益实际上是剩余价值在产业资本之间重新分配,其分配的规则是等量资本获得等量利润。平均利润这一范畴,充分体现了产业资本家之间瓜分剩余价值、共同分享工人剩余劳动的成果的利益关系。马克思的剩余价值论还进一步分析了产业利润、商业利润、利息和企业主收入,以及地租等剩余价值的各种具体形式,阐明了各种资本的所有者和土地所有者凭借其所有权来共同瓜分剩余价值、共同分享工人剩余劳动成果的经济利益关系。在这里,马克思已经指出:各种资本的所有者和土地所有者之所以能够共同分享剩余价值,不仅是以其各自的所有权为基础的,同时也是以各种资本的职能为根据的。产业资本之所以首先占有并分享到一部分剩余价值作为产业利润,是因为它执行着生产商品从而生产剩余价值的职能;商业资本之所以能够从产业资本那里瓜分一部分剩余价值作为商业利润,是因为它执行着出售商品从而实现剩余价值的职能;借贷资本之所以能够从职能资本那里瓜分一部分剩余价值作为利息,是因为它向职能资本让渡了资本能够带来剩余价值这一使用价值。"贷出的货币的使用价值是:能够作为资本执行职能,并且作为资本在中等条件下生产平均利润。"[①]土地所有者之所以能够从农业资本家那里获取一部分剩余价值(超额利润)作为地租收入,是因为他向后者转让了土地经营权,并且级差地租Ⅰ的产生就是以投入肥沃程度和位置不同的土地的资本的不同生产率为基础的。所有这些都清楚地表明:各种资本所有者和土地所有者之所以共同分享剩余价值;也是以其资本、土地等生产要素在生产过程中所执行的职能和所发挥的作用为依据的。因此,这里通行的是按生产要素分配原则,这种要素化分配制度本身就包含和体现着各种要素所有者之间各得其所、利益共享的经济关系。

西方经济学流派众多,其理论内容也相当丰富,从共享利益的角度来梳理则可以看到萨伊的"三要素论"、马歇尔的"四要素论",舒尔茨的"人力资本论"等都蕴涵着共享利益的思想。从萨伊的"三要素论"来看,萨伊认为,劳动、资本(生产工具)和自然(土地)是商品生产的三要素,同时也是商品价值的创造者,生产三要素是价值的源泉。因此,三种生产要素的所有者都理应得到他们各自创造的价值作为其收入,工人得到工资收入,资本家得到利息收入,土地所有者得到地租收入。

---

① 《资本论》第3卷,第394页。

马克思把萨伊的这种模式称之为"三位一体公式",即劳动——工资、资本——利息、土地——地租。对于萨伊的这一"三位一体公式",我们首先必须看到而不能否定它的庸俗性。它的庸俗性在于:它不是以劳动价值论而是以效用价值论为基础的,因而否定了劳动是价值的唯一源泉;它不是以承认资本家和土地所有者对劳动者的剥削而是以否认这种剥削为核心的,因而它是一种为资本家阶级和土地所有者阶级利益服务的辩护性理论。同时,我们也应当看到它的一定的合理性,"三位一体"公式毕竟为我们提供了一个关于收入分配之依据的理论解释。毫无疑问,劳动是创造价值的唯一源泉。但是,价值的形成是一个相当复杂的过程,需要各种生产要素的相互配合与协调作用。因此,价值形成类似于一个"团队"生产方式,无论离开了哪一个生产要素,价值形成过程都难以正常进行。劳动、资本、土地这三种生产要素在生产和价值形成过程中各自发挥着特定的作用:土地为人们进行劳动、创造价值提供场所,资本(生产资料)是劳动者进行劳动、创造价值不可或缺的物质条件,劳动则是价值的源泉,耗费在商品生产上的抽象劳动是形成价值的实体。既然各种生产要素在价值形成过程中都发挥了自身的作用,产品是各种生产要素共同作用的结晶,那么在产品售出、其价值得到实现之后,必然存在于一个各种生产要素的所有者共同参与新价值分配的分配过程,必然形成一种各生产要素所有者之间利益共享的经济关系。由此可见,萨伊的"三要素论"尽管有其庸俗性但却为共享利益观的确立提供了必要的思想材料。

马歇尔认为,国民收入是劳动、资本、土地、组织等四个要素共同创造的,所以应当在这四个要素所有者之间进行分配。马歇尔的"四要素论"所蕴含的共享利益思想包括两方面内容:一是劳动、土地、资本与组织四种要素对创造国民收入各有贡献,因而其所有者都应参与国民收入分配,各得其所,共同分享思收入及其增加所带来的经济利益;二是在四种要素中,组织即企业家的经营管理发挥日益重要的作用,因而应当享有剩余索取权的收益。马歇尔关于企业家凭借经营管理才能获得经营利润的思想既是对企业家个人人力资本价值及其利益的承认,也有力地支持了企业家与其他生产要素所有者共享利益的观点。因此,马歇尔的"四要素论"为共享利益论提供了一定的理论依据。

舒尔茨的"人力资本"理论也蕴含着共享利益的思想。舒尔茨认为,人力资本是指人的知识、技巧和才能,它们促进人的生产能力的提高。

在上述共享利益思想的启发下,结合我国及世界各国经济发展的实践经验,我们认为,我们应当明确地提出:经济利益是经济学的核心,共享利益观是现代社会主义经济学的核心。这是因为,共享利益观的确立不仅具有坚实的经济学理论基础,而且也具有现代经济发展的客观的经验基础。在传统的资本主义社会(即自由竞争时期的资本主义社会),企业的剩余为资本的所有者(资本家)所独自占有;在传统的社会主义社会(即计划经济背景下的社会主义社会),企业的剩余归国家集中拥有。然而,在现代经济发展中,无论是资本主义还是社会主义社会,剩余的归属都出现了不容忽视的变化。尽管这些变化的性质不同,但其基本趋向都是一致的,即剩余的归属由私人或国家的独自占有或集中占有转变为社会公众共同享有。首先,在私有制仍然是财产关系基础的现代资本主义社会,出现了资本家向社会公众让出部分剩余的变化。在传统的资本主义社会,资本家独占剩余价值索取权是"天经地义"的现实存在。然而,随着股份制的形成和发展以及政府对经济活动的干预加强,20世纪以来,资本家独占剩余价值索取权的局面开始改变。其主要表现有四个方面:其一,资本家通过向经营者让渡部分剩余索取权而让出部分剩余。在现代资本主义大中型企业中,经理阶层不仅拥有相当大的经营管理权,而且还享有一定的剩余索取权。这种剩余索取权一是表现为经理拥有一定的股权与期权,因而在一定程度上作为企业的所有者而拥有剩余索取权和经理们获得高额薪酬。在现代发达资本主义国家,经理阶层的工资和奖金往往是一般职工的几十倍,如此高额的薪酬,无疑包含有经营者对企业剩余的分享。其二,资本家向普通职工让渡部分剩余索取权,因而使职工分享到一部分企业剩余。20世纪60年代以来,西方许多国家推广了"职工持股计划",从广大职工持有其企业的股份并由此获取所有权收益。职工持股计划使职工作为劳动者而拥有企业的股权和剩余索取权,这就开辟了职工凭自己的劳动和技能分享剩余的途径。职工持股计划与经理人员的股权、期权制,使得资本主义企业由传统"支薪制公司"转变为现代的"分享制公司"。其三,资本家向机构法人让渡部分剩余索取权而让出部分剩余。20世纪初期,资本主义国家上市公司的股权绝大部分为私人拥有。然而,自20世纪中叶以来,私人持股比例逐渐下降,各种养老基金、共同基金和保险公司一类的机构(法人)持股比例不断上升。尽管机构持股并未改变私有制的本质,但它却削弱了少数私人资本所有者对企业剩余的独占。其四,资本家向社会让渡部分剩余索取权而让出部分剩余。这种让渡主要表现在税收的变化上。自20世纪以来,资本主义国家的税收发生了一些新的变化:一是普遍实行了个人累进所得税,二是开征了累进的遗产与馈赠税。这些征税大多用于社会福利与社会保障开支,因而反映了资本家向社会让出了部分剩余,由此表明共享利益是现代经济发展的客观趋势。

从现代社会主义经济发展来看,随着非公有制经济的发展和公有制实现形式的多样化,剩余索取权由以往的国家集中拥有逐渐变为社会公众的共同享有。改革开放以来,经济利益的共享趋向主要表现为三个方面。一是私营企业主开始拥有剩余索取权。私营企业是以雇佣劳动为基础的企业,其职工所创造的新价值除支付职工的工资外,剩余部分主要作为资本所有者收益(利润)归私营企业主占有。这表明,在社会主义社会的国民收入中,私营企业主以资本所有者身份分享到相当一部分收入。二是经理人员和技术人员开始拥有股权、期权,以及实行经理人员"年薪制"从而拥有一部分剩余索取权,由此分享到企业一部分剩余。三是在股份制企业中,广大职工以个人拥有的股权参与企业剩余的分配,从而分享到一部剩余。20世纪80年代以来我国推行的一系列"藏富于民"政策,不仅是对国家独占剩余索取权形式的一种改革,而且是对如何分享收益的一种探索。我国社会主义经济改革与发展的实践经验表明:现代社会主义经济学既不能教条化地照搬经典社会主义经济学的"社会利益观",也不能继续坚持传统社会主义经济学的"国家利益观",更不能盲目地崇信资产阶级经济的"个人利益观",因而应当确立全体人民共同分享经济发展成果的"共享利益观"。坚持共享利益观,不仅是坚持与体现社会主义本质的根本要求,而且是由我国基本国情与时代要求所决定的必然选择。因此,共享益观是现代社会主义经济学的核心。确立共享利益观,可以全面实现社会主义经学的理论创新,可以有力地推动社会主义经济发展中的体制创新与科技创新。因此,共享利益观的确立具有十分重大的理论意义与非常重要的现实意义。

从理论创新方面来看,传统社会主义经济学,无论是其所有制理论、分配理论还是其经济体制论,都是以国家利益观为核心而建立和展开的。显然,要实现理论创新、构建现代社会主义经济学,就必须首先实现利益观的转变,确立共享利益观,以此作为现代社会主义经济学的核心。在此基础上,实现社会主义所有制理论、分配理论与经济体制理论的重大突破与全面创新,围绕共享利益观构建崭新的现代的社会主义经济学理论体系。从现实上来看,共享利益观的确立对于社会主义经济改革、发展和现代化建设具有十分重要的推动作用。共享利益观的确立,可以进一步推动多种所有制的发展和公有制实现形式的多样化,实现所有权的多元权、社会化,从而进一步完善社会主义初级阶段的基本经济制度。共享利益观的确立,为把按劳分配与按生产要素分配结合起来提供了坚实的思想理论基础,从而有利于分配制度的完善。共享利益观的确立,可以打破不同所有制的界限,促进经济资源的全面社会化和市场化,从而进一步完善社会主义市场经济体制。共享利益观的确立,可以保证全体人民共享经济繁荣成果,充分调动社会各个方面的积极性,从而进一步解放与发展社会生产力,促进国民经济持续快速健康发展。

参考文献:

[1] 洪远朋,等.共享利益论[M].上海:上海人民出版社,2001.

[2] 周江洪,范晓宇.构建有效的中国公司治理结构[J].兰州大学学报(社科版)2001(4).

[3] 陈宗胜.经济发展中的收入分配[M].上海:上海三联书出版社,1991.

[4] 李薇辉.对国民收入分配变革的理论思考[J].上海经济研究,2000(2).

[5] 林幼平,强澍.20世纪90年代以来中国收入分配问题研究综述[J].经济评论,2001(4).

[6] 洪远朋,等.经济利益关系通论[M].上海:复旦大学出版社,1999.

(作者:洪远朋、于金富、叶正茂,原载《经济经纬》2002年第6期)

"中国腾飞"探源
——中国特色社会主义经济理论概说(写在前面的话)

中国,当代中国,怎么看,国内外大体上有两种看法:一种看法是多数人的看法,认为当代中国成就巨大,出现了"中国腾飞",即所谓"中国腾飞论";还有一种看法是少数人的看法,认为当代中国前景暗淡,将出现"中国崩溃",即所谓"中国崩溃论"。我们当然是同意和主张"中国腾飞论"的,但是,我们不是盲目的乐观派,而是谨慎的乐观派。

先说"中国腾飞"的来龙去脉

本书的主题是中国特色社会主义经济理论概说,是想说一说中国经济迅速崛起和发展的经济理论来源。要用一个什么概念通俗形象地来表达,理论界已有许多,如"中国崛起"、"中国触动"、"中国震撼"、"中国超越"等,这些概念很好,也很有启发。但是,我们总想再用一个更加贴切的概念来概括。经过广泛听取各种意见,经过多方查证,我们认为用"中国腾飞"更确切。所以,我们的书名就确定为《"中国腾飞"探源——中国特色社会主义经济理论概说》。理由如下。

(1) 经过查证辞典、辞海、辞源等词典,有一个词典叫《现代汉语词典》[①]。它对"腾飞"这个词条有两个解释:一是"腾飞"是石壁上刻着腾飞起舞的龙;二是迅速崛起和发展。大家都知道,"龙"是中国的象征:把这两个解释加起来,中国的迅速崛起和发展就是"中国腾飞",这比较符合我们的原意。

(2) 经济的迅速崛起和发展,用腾飞比较贴切。如果,用"奇迹",可以有"经济奇迹",也可以有"政治奇迹"、"军事奇迹",还有许多特殊的、罕见的现象也可以

---

① 中国社会科学院语言研究所词典编辑室编:《现代汉语词典》(第5版),商务印书馆2006年4月版,第1337页。

叫奇迹。但是,"腾飞"更像经济迅速崛起和发展的专有词汇。"经济腾飞"确切又顺当。如果把政治的迅速崛起和发展,叫"政治腾飞",把军事的迅速崛起和发展叫"军事腾飞"似乎就不太确切了。

(3) 用"中国奇迹""中国崛起"作为书名的著作已经很多很多了,而用"中国腾飞"作为书名的著作并不多见。所以,用"中国腾飞"作书名既确切,又有新意。

一、关于"国内生产总值"(GDP)的是是非非

"中国腾飞"是不是仅是一个抽象的概念,没有数量的含义呢?"中国腾飞"不仅是一个理论概念,而且是可以用数字来表现的客观事实。按照国际惯例,中国也是这样,通常是用"国内生产总值"(GDP)来表示一个国家的经济总体实力和经济发展速度等。用一个"国内生产总值"来表示一个国家、一个地区、一个部门的经济实力,有没有缺陷呢?有!确实有。因此,不能唯"国内生产总值"论,但是,能不能取消"国内生产总值"呢?有一种说法,"国内生产总值"不是万能的,但是取消"国内生产总值"也是万万不能的。这个说法是有一定道理的。

中国腾飞涉及"国内生产总值"的绝对量(总量),国内生产总值的增长速度(增长率)、人均国内生产总值(贫富程度)三个主要指标,一个也不能少。据我们研究"中国腾飞"可能有三个(三个阶段)标志。

第一个标志是国内生产总值高速增长,这个我国已经实现了。1978 年到 2012 年我国经济平均增速在 9.5% 左右是世界前列,"中国腾飞"的第一个标志性指标已经实现了,这是客观事实。

第二个标志是"国内生产总值"总量超过美国,成为世界第一大经济体。据国外预测,我国经济总量 5—10 年后就会超过美国,成为世界第一大经济体,还有个别机构预测按照购买力平价计算我国在 2014 年年底(即今年年底)国内生产总值将超过美国成为世界第一大经济体。这些预测不可全信,也不可不信。不可很在意,也不可完全不在意。反正,中国成为世界第一大经济体已经指日可待。"中国腾飞"的第二个标志性指标,将会出现。

第三个指标是人均国内生产总值达到发达国家水平,这一个指标我国还有很大差距。例如,2013 年美国人均 GDP 是 53 142.89 美元,日本是 38 492.09 美元,韩国是 25 976.95 美元,而我国只有 6 807.43 美元。这个指标还要好多年的奋斗才能实现。中国已经"腾飞",持续"腾飞"的路还远,时间还很长。

二、中国增长"新常态"

2014年以来,中国报刊媒体上出现了一个新名词,叫"新常态",就是指我国经济增长的"新常态"。这有许多指标,其中一个最主要的指标就是国民生产总值增长速度下降,不可能再有8%以上的高速增长,将出现长期在7.5%左右的中高速增长,这就提出了一个问题,中国还在"腾飞"?中国还能继续"腾飞"吗?

长期以来,有一种惯性思维,认为8%以上的超高速增长才称得上"腾飞"或"奇迹"。其实,并不是这样。但是,怎样给"中国腾飞"作一个令人信服的解释,确是一个难题,多数人是从1978年中国共产党第十一届三中全会三十年以来,用中国经济的高速增长解释的,这种解释,不是错误的,但是不够全面准确。最近,经过研究和思考,能不能给中国腾飞做这样一个解释:

"中国腾飞"是当代中国发生的以经济发展为主体的迅速崛起和发展的现象。

这样一个解释可以包括以下四层意思。

第一,是在"中国"这块土地上,不是在美国、法国、印度、南非等国家发生的腾飞,而且是当代中国,不是在中国古代、古罗马、古埃及等发生的腾飞,具体时期可以明确为1978年中国共产党第十一届三中全会三十多年以来出现的"经济腾飞"。

第二,作为"腾飞",虽然主要是以经济领域为主体的发展来说明的,但是,不能仅仅以经济增长,特别是以生产发展速度来说明。"中国腾飞"当然包括经济增长,但不仅仅是经济增长,它是指经济的全面发展,包括经济增长、经济体制、经济收入、社会福利、经济结构等等发生的巨大变化。

第三,作为"腾飞",它是有期限的,不是短期的,也不是无期的,但应该是持续性的,不能是一年、二年,三五年也不行,至少在十年以上,可以是二十年、三十年甚至更多年,现在"中国腾飞"已三十多年,是持续性的,不是偶然的。但是,能持续多久,我们不是算命先生,很难说。如果十八大三中全会以后,我们全面深化改革的顺利进行、结构的合理调整、发展方式的正常转型,我们想再有二十年甚至以上的"中国腾飞"是不稀奇的。(顺便说一句,经济发展是有阶段性的、有周期性的,不可能永远是腾飞。)

第四,作为"腾飞"应该是可以度量的。但是,现在讲的"中国腾飞"比较抽象或者比较零碎。我们认为最好有一个主要指标来衡量,我们想起了统计学上的先进平均数。我们认为"中国腾飞"在经济指标上,应该是在经济增长的先进平均数以上。

下面说一说先进平均数的指标是怎么一回事。

我们在经济工作中,经常用平均数来反映经济领域发展变化的一般水平,如平均增长率、平均收入等。平均数大体相当于中等水平的程度,在现实生活中可能有三种情况：一是等于或接近的平均数的中位数，这是反映事物发展的一般水平；二是高于平均数，一般说明这个事物发展比较快、比较好；三是低于平均数，一般说明这个事物发展比较慢、比较差。（也有少数情况，低于平均数是指比较好的状况，而高于平均数是指比较差的状况。）

先进平均数则是指高于（或低于）一般平均数的那一部分比较好的数量的平均数。因为它比一般平均数或者说比一般水平要好，所以叫先进平均数。怎么计算先进平均数，一般分两步，即：先计算出一般的平均数，然后再从高于（或低于）一般平均数的那一部分数值中再算出平均数。举个例子：某个国家的经济增长量（GDP）

第一年：100 亿元
第二年：200 亿元
第三年：300 亿元
第四年：400 亿元
第五年：500 亿元
第六年：600 亿元
第七年：700 亿元
第八年：800 亿元
第九年：900 亿元
第十年：1 000 亿元

那么，这个国家这十年内年平均增长量：（100+200+300+400+500+600+700+800+900+1 000）÷10＝550（亿）。

而这个国家这十年内先进平均增长量为：（600+700+800+900+1 000）÷5＝800（亿）。

如果某个国家一段时期内的增长量只是一般平均水平（这里是 500 亿元），当然谈不上腾飞。那么，能不能只有最高（这里是 1 000 亿元）才能算"腾飞"呢？那也不一定。因为作为"腾飞"不只是由一个因素决定，还有其他因素和条件。但是，作为一个重要因素，它不能只是一般的，也不一定是最高的，即既不能是一般平均数，也不能是最高值，所以在先进平均数以上（在这里就是 800 亿元以上）才算具备"腾飞"的基本条件。

根据我们对国内外"经济腾飞"期间 GDP 增长率先进平均数的匡算，"经济腾飞"大体上是在 7.5% 上下区间，所以，7.5% 左右的 GDP 年平均增长率就可算是"腾飞"。那种认为"经济腾飞"是在 10% 以上的看法是不现实的，那种看到我国 GDP 在这里在不到 8% 时就认为"经济腾飞"已经消失了的观点也是不对的。改革开放的 35 年来，我国 GDP 平均增速在 9.5% 左右，而同期世界经济增长率只有

2.8%,现在中国已成为仅次于美国的世界第二大经济体,这是人类经济发展史上的腾飞。如果我国年平均增长速度再保持在7.5%左右是一个很了不起的数字,是"新常态"。

GDP增长率不是越高越好,更不能认为10%以上才算"腾飞"。由于我国仍然是发展中的大国,底子薄底数低,改革开放阶段GDP增长率比较高是有客观原因的。随着经济总量的加大,GDP增长率有逐步下降的趋势,这也并不奇怪。一直保持10%的增长率的"腾飞"是不可能的。如果有个别年份低于7.5%也不用大惊小怪,这是因为经济发展是有周期性的。

我们现在不能再追求10%以上的"腾飞",我们的任务如果可能保持7.5%左右的增长率,就是持续"中国腾飞"。要做到这点是很不容易的,我们要努力奋斗。

在我们成为发达国家以前基本上保持7.5%上下增长率的持续"中国腾飞"。这就是中国"新常态"。2013年我国全年国内生产总值比上年增长7.7%,仍在"新常态"的范围内。随着情况的变化,"新常态"的增长率可能还会有变化。

GDP是衡量经济总量的一个指标,GDP增长率是衡量经济增长的一个指标。但是,GDP不是最合理的衡量经济总量的指标,GDP增长率也不是衡量增长最好的一个指标,我们把它不能绝对化,不能过分迷信它。但是,现在世界上还没有更合理、更准确地来代替它的指标,我们还不能不使用这个不太令人满意的指标。所以,我们认为衡量"中国腾飞",首先要有一个主要的衡量指标,这个指标现在仍然只能是GDP,是GDP平均先进的增长率。但是,我们需要经济协调的GDP,而不是产能大量过剩或产能严重缺乏的、不协调的GDP。我们需要的贫富收入相当合理而不是贫富差别很大的GDP。我们需要的人和自然和谐的GDP,而不是生态环境遭受严重破坏的GDP。

三、"中国腾飞"实话十说

只有一个重要指标(GDP)是有缺陷的,不能全面反映"中国腾飞"的全面情况,所以我们还要一些重要参照指标。这些重要的参照指标,"实话十说",大致有以下十条。

一说人均国内生产总值。看一个国家的发展不仅要看国内生产总值总量,而且要看人均国内生产总值。我国国内生产总值已由1952年的679亿元增长到2013年568 845亿元。改革开放35年以来,我国人均国内生产总值不断提高,1978年人均国内生产总值仅有381元,2013年人均国内生产总值达到41 908元,增加110倍,2013年我国GDP占全球的比重达到12.3%。

我国已经是世界上第二大经济体,但仍然是世界上最大的发展中国家,人均

GDP 只居世界第 84 位,发展的空间仍然很大,增长潜力也很大,发展仍然是我国持续"中国腾飞"的关键。

二说农业是国民经济发展的基础。改革开放 35 年来,我国农业生产稳步增长。据国家统计局数据,2012 年,我国粮食产量比 1978 年增长 93.5%,棉花产量比 1978 年增长 2.2 倍,肉类产量比 1979 年增长 6.9 倍。2011 年,我国谷物、肉类、粮棉、花生、茶叶、水果产量稳居世界第一。2013 年农业生产再获丰收,全年粮食总量首次突破 6 亿吨大关,实现了十连增。中国用占世界 9% 的耕地养活了全球五分之一的人口,依靠自己力量解决吃饭问题,为世界粮食安全作出了巨大贡献,真是"中国腾飞"。

三说工业是一个国家发展的标志。据国家统计局数据,2012 年,我国原煤产量达到 36.5 亿吨,比 1978 年增长 4.9 倍,汽车 1 928 万辆,增长 128.3 倍,家用电冰箱由 1978 年的 2.8 万台增加到 2012 年的 8 427 万台,彩色电视机由 1978 年的 0.4 万台增加到 1.3 亿台,移动通信手机 2012 年达到 11.8 亿台,微型电子计算机 2012 年达到 3.5 亿台。2013 年,工业生产总值总体保持平稳回升势头,全年规模以上工业增加值同比增长 9.7%。

按照国际标准工业分类,在 22 个大类中,我国有 7 个大类位列第一,钢铁、水泥、汽车等 220 多种工业品产量居世界第一位。工业产能的迅速扩张,已使我国初步确立了"制造大国"的地位。但是,这里存在煤、钢、水泥等产能过剩的问题,需要调整。同时,要逐步把"中国制造"变为"中国智造"。

四说第三产业是经济转型新引擎。改革开放 35 年以来,我国第三产业迅速发展,现代服务业快速增长。据国家统计局数据,2012 年我国第三产业增加值已达到 231 407 亿元,1979 年至 2012 年平均实际增长 10.8%。2013 年服务业增加值全年增长 8.3%,比 GDP 增速高 0.6 个百分点。

信息产业正在加速发展,2013 年我国生产智能手机约 8.8 亿部,比 2012 年增长 20%,智能手机、智能电视等智能化终端将成为产业发展新增长点。

截至 2013 年 12 月底,我国 4M 以上高速率宽带接入用户占比达到 78.8%,3G 网络已覆盖全国所有乡镇。

据国家统计局 2013 年 12 月 20 日发布的数据显示,我国产业结构调整取得了历史性变化:第三产业(服务业)增加值占国内生产总值(GDP)的比重 2013 年将提高到 46.1%,这是我国第三产业规模首次超过第二产业,这是我国经济发展的一个转折点,将进一步释放和发展我国生产力。

五说世界贸易大发展,对外开放格局大释放。改革开放 30 多年以来,我国货物出口额已是世界第一,进口额是世界第二,连续多年成为吸收外商直接投资最多的国家;从沿海到中西部,全方位、多层次、宽领域的对外开放格局已经形成。2013

年在全球贸易量增加疲弱的大环境下,我国进出口总额增长 7.6%。

六说财力是国家富强的标志。改革开放以来,我国财政实力明显增强,1978 年我国财政收入仅 1 132 亿元,2012 年达到 117 254 亿元,比 1978 年增长 103 倍,年平均增长 14.16%。2013 年全年公共财政收入比上年增长 10.1%,又取得好成绩。

外汇储备大幅增长。1978 年我国外汇储备仅 1.67 亿美元,位居世界第 38 位,2012 年达到 33 116 亿美元,连续七年稳居世界第一位。现在,我国已经实现从外汇短缺国到世界第一外汇储备大国的巨大转变。

七说居民收入显著提高,生活状况大为提高。据国家统计局数据,2012 年我国城镇居民人均可支配收入 24 565 元,比 1978 年增长 7 倍,年均增长 13.4%。农村居民人均纯收入 7 917 元,增长 58 倍,年均增长 12.8%。2013 年全年城镇居民人均可支配收入和农村居民人均现金收入分别实际增长 7% 和 9%。

八说社会保障全面推进,贫困人口大量减少。改革开放以来,我国社保事业全面推进。2012 年末,全国参加城镇职工基本养老医疗保险人数 30 426.8 万人,比 1989 年末增加 24 716.5 万人。2012 年末 2 148.5 万城市居民和 5 344.4 万农村居民得到政府最低生活保障。2014 年 2 月 7 日召开的国务院常务会议决定合并城镇居民社会养老保险和新型农村社会养老保险,建立全国统一的城乡居民基本养老保险制度,令人振奋。

改革开放初,我国农村绝对贫困人口达 2.5 亿,约占总人口的四分之一。改革开放以来,经过不断扶贫开发,已有 1 亿多人口告别贫困。

九说教育事业大发展,公共卫生显著改善。2012 年,我国普通高等教育本专科招生人数 689 万人,比 1978 年增长 16.1 倍。在校生 2 391 万人,增长 26.9 倍;毕业生 625 万人,增长 36.9 倍。我们创造了穷国办大教育的腾飞。

2009 年至 2012 年,我国初步建立了城乡居民多种形式的医疗保险制度。老百姓"病有所医"的期盼,正在逐步实现。

十说文化事业繁荣,文化产业发展。改革开放以来,我们覆盖城乡的公共文化服务体系已基本建立,丰富多样的文化生活,对中国人来说,是难以想象的。

近年来,电影、电视、图书出版、动漫等文化产业开始大发展,即将成为我国社会经济发展的新增点,出现新的"中国腾飞"。

"实话十说"不是"十全十美",我国在经济运行中还有不少问题,亟待解决。前途光明,任务艰巨。[1]

---

[1] "实话十说"的资料,主要来自国家统计局发布的数据,以及《光明时报》2013 年 11 月和《新华每日电讯》11 月前后纪念党的十一届三中全会 35 周年有关文章引用的资料以及《走向 2014:中国经济展望》中国经济出版社 2014 年 4 月版和 2014 年《新华每日电讯》和《光明日报》发表的欢庆新中国成立 45 周年的有关文章。

四、"中国腾飞"的经济理论渊源

"中国腾飞"是事实,是客观事实,不容抹煞,也不可能抹煞。这是一个不成问题的问题,但是"中国腾飞"形成的原因,则议论纷纷,各有所见。

"中国腾飞"在全世界是一个热门话题,国内外无论在政界、学术界甚至是普通老百姓,都在探讨和议论这个问题。开始探讨"中国腾飞",主要从发展"模式"或者体制上来研究。现在研究的范围和深度都有很大提升。

(1)过去研究"中国腾飞"只是指"经济增长",现在已经扩大到经济体制、经济运行、经济福利等等方面的"腾飞"。

(2)过去研究"中国腾飞"主要是从"模式"上研究,现在有的已经从指导思想主要是经济理论的角度来探讨,本文就是从经济理论的角度探讨"中国腾飞"的理论源泉。

(3)过去研究"中国腾飞"主要是从研究过去和现在,目前已开始探讨"中国腾飞"的未来,主要有两大派:乐观派认为,中国经济仍会有几十年的高增长;悲观派,认为"中国腾飞"的泡沫将会破灭。悲观的论调、无所作为的论调是没有根据的;盲目乐观也是不可取的。我们是谨慎的乐观派。

我们这本小册子研究"中国腾飞"有如下三点:

(1)我们研究的"中国腾飞"主要是"中国经济腾飞",也就是从经济的角度来研究"中国腾飞",因为经济是社会发展的基础。

(2)我们研究"中国腾飞"主要是研究改革开放以来中国出现的"经济腾飞",未来没有作过多的预测。

(3)我们研究"中国腾飞"不是研究现象而是研究形成的原因(它的理论渊源)。关于形成原因的研究有很多的角度。有的是从制度或体制的角度即所谓"模式"的角度进行研究,如什么"美国模式"、"苏联模式"、"欧洲模式"、"中国模式"等;有的是从实践或政策的角度,如"改革决定论",即改革开放使中国出现了"中国腾飞";还有"市场决定论",即发展市场经济的政策,使中国出现了"经济腾飞";也有从经济理论角度研究"中国腾飞"形成原因的,如凯恩斯主义决定论;新自由主义主流派决定论。这些研究都有一定的价值,也有借鉴作用。

但是,我们认为"中国腾飞"的经济理论渊源是"中国特色社会主义的经济理论"。从中国特色社会主义经济理论角度研究"中国腾飞"具有重要的理论意义和实践意义。

(1)中国特色社会主义经济理论是中国特色社会主义理论的一个重要组成部

分,通过这个研究可以拓宽中国特色社会主义理论的研究范围,提高研究的深度,可以使人们全面深刻地理解只有社会主义才能救中国,只有中国特色社会主义才能发展中国。

(2) 中国特色社会主义经济理论是一个科学的完整的体系。通过研究,可以加深人们对其实现途径、行动指南、根本保证三者内在联系的认识,为实现社会主义现代化和中华民族伟大复兴而奋斗。

(3) 没有中国共产党就没有"中国腾飞"。"中国腾飞"的源泉在于中国共产党人集体创建的中国特色社会主义经济理论的指导,"中国腾飞"的形成、持续和发展还是要靠中国共产党的领导。

(4) 中国特色社会主义经济理论的研究可以使我们能够比较全面地认识中国的世情、国情和党情,能在社会主义建设方面通过大量事实正本清源,拨正左右两个方面的干扰,清除悲观的论调和盲目乐观的情绪。

(5) 中国特色社会主义经济理论的研究可以使我们加深对中国特色社会主义总任务——实现社会主义现代化和中华民族伟大复兴的认识,坚定不移沿着中国特色社会主义道路,为全面建成小康社会而奋斗。

"中国特色社会主义经济理论"是中国共产党人以马克思主义为指导,根据中国实际形成和发展的。它是一个相互联系的理论体系,与"中国腾飞"有十分密切的因果关系。主要理论包括初级阶段论、生产力根本论、公有主体论、市场经济论、统筹兼顾论、消费促进论、城乡一体论、共享利益论,是"八论",并不是说是十全十美的理论。

"八论"与"中国腾飞"的关系是:

初级阶段论,是中国特色社会主义经济理论的总依据,是"中国腾飞"的出发点。

生产力根本论,是中国特色社会主义经济理论的根基,是"中国腾飞"的动力。

公有主体论,是中国特色社会主义经济理论的基础,是"中国腾飞"的基本经济制度。

市场经济论,是中国特色社会主义经济理论的中枢,是"中国腾飞"的决定因素。

统筹兼顾论,是中国特色社会主义经济理论的分配原则,是"中国腾飞"的保障。

消费促进论,是中国特色社会主义经济的消费原理,是"中国腾飞"的内在推动力。

城乡一体论,是中国特色社会主义经济理论的两翼,是"中国腾飞"的新增长点。

共同利益论,是中国特色社会主义经济理论的核心,是"中国腾飞"的最大潜力。

本书力求做到具有知识性、理论性和实践性,深入浅出,雅俗共赏。

(作者:洪远朋、陶友之、牟云磊、刘金燕、戎生贤,《"中国腾飞"探源——中国特色社会主义经济理论概说》,江苏人民出版社2014年12月版)

正确对待马克思主义政治经济学

坚持马克思主义的指导地位,很重要,但并不容易,社会上的态度形形色色,必须正确对待。

一、坚持与发展的态度

我们党一贯主张坚持和发展马克思主义,这是完全正确的态度。2004年9月19日中国共产党第十六届中央委员会第四次全体会议通过的《中共中央关于加强党的执政能力的建设的决定》是这样说的:"马克思主义是我们立党立国的根本指导思想。必须坚持以马克思列宁主义、毛泽东思想、邓小平理论和'三个代表'重要思想为指导,立足于新的实践和新的发展,着眼于对重大问题的理论思考,解放思想、实事求是、与时俱进,不断开拓马克思主义理论发展的新境界,不断开创社会主义事业发展的新局面。"

对马克思主义一要坚持二要发展这是非常正确的态度,这是我们应该采取的态度。但是,坚持和发展马克思主义,必须正确处理好坚持和发展的关系。坚持和发展不是对立的,而是辩证的统一。第一,发展必须以坚持为前提。第二,坚持必须学习。第三,发展才能更好坚持。

二、实事求是的态度

邓小平说:"实事求是马克思主义的精髓。"我们对马克思主义政治经济学也要采取实事求是的态度。马克思主义立场、观点和方法是必须坚持的,但是,马克思主义政治经济学的某些具体观点要实事求是,具体分析,马克思主义经典作家关于政治经济学方面的论述,有的本来就有"一些不正确的和互相矛盾的地方"。有的是只在一定条件下起作用的原理不能解释成绝对的原理;有的是当时是正确的,现在情况变化了,已经不符合实际了,正如毛泽东在《论十大关系》中指出:"社会科学,马克思列宁主义,斯大林讲得对的那些方面,我们一定要继续努力学习。我们要学的是属于普遍真理的东西,并且学习一定要与中国实际相结合。如果每句话,包括马克思的话,都要照搬,那就不得了。"马克思的话并不是句句是真理,更不是一句顶一万句。要有科学的实事求是的态度。实事求是的对待马克思主义政治经济学也是正确的态度。

三、教条主义的态度

马克思主义者也一贯反对对马克思主义采取教条主义的态度,恩格斯说:"马克思的整个世界观不是教义,而是方法。它提供的不是现成的教条,而是进一步研究的出发点和供这种研究使用的方法。"但是,教条主义在我国一直是"野火烧不尽,春风吹又生","危害很大。"两个皆是"是代表,"一句顶一万句"是典型。经过多年的斗争和教育,现在我国对马克思主义政治经济学的教条主义已日渐式微,但对西方经济理论的教条主义却日益上升。我们既要反对对马克思主义政治经济学的教条主义,又要反对对西方经济理论的教条主义。现在,我们更要警惕对新自由主义经济学流派的教条主义。

四、宗派主义的态度

马克思主义政治经济学领域的宗派主义问题。这里有马克思主义政治经济学内部的宗派主义问题。马克思主义政治经济学是马克思主义最重要的组成部分,内容最丰富,留下的理论探索的空间也最多,因此,不同看法也就比较多,这本来是正常的现象。但是,有个别同志,在某些经济理论问题上,就认为只有自己理解和解释的观点才是唯一正确的,别人的理解不是冠以"左"的观点,就是"右"的观点,甚至把某些不同意见拒之于马克思主义政治经济学的门外。这当然是个别的,却是值得注意的。马克思主义政治经济学也有对外的宗派主义问题,有少数同志认为,研究西方经济学的人是"外人",是非马克思主义者,这是一种误解,在我国,很多西方经济学的研究和教学宣传工作者,都是在马克思主义指导下进行的,还有些人具有相当高的马克思主义政治经济学的造诣。我们应该"开门",不应该"关门",应该不断扩大马克思主义政治经济学的队伍,抛弃宗派主义。

五、公开谩骂的态度

自马克思政治经济学诞生以来,其影响经久不衰,在西方经济学界,虽然有少数人全盘否定马克思的经济理论,但也有不少人都不同程度地承认马克思经济学的重要地位和观点。问题是现在已经进入了21世纪,仍有个别人对马克思和马克思经济理论进行谩骂和横加指责。颇具代表性的,就是鼎鼎大名的经济学家×××写过一篇专门诽谤马克思的文章,题目是《最蠢还是马克思》。×××等少数人对马克思经济理论的公开谩骂并不多见,也不足为怪。问题是在以马克思主义为指导思想的社会主义土地上,有一段时间,曾掀起了一股×××热,让×××多次公开谩骂马克思和攻击马克思经济理论,这就令人深思了!

六、喧宾夺主的态度

有人拼命宣传马克思主义政治经济学"过时论"、"无用论",主张要以西方经济学代替马克思主义政治经济学作为社会主义经济建设和改革指导理论,在大学课堂要以西方经济学代替马克思主义政治经济作为经济学业的主要的基础课程(实际上某些学校已经这样做了),在某些经济学的年会上公然拒绝马克思主义政治经济学理论和教学工作者参加;把主张新自由主义的称为主流经济学派;马克思主义政治经济学当然成了非主流学派甚至非主流经济学派也排不上了。在以马克思主义为指导思想的社会主义国家里,以西方经济理论为指导,这是一种喧宾夺主,本末倒置的态度,当然是不对的。2004年1月5日《中共中央进一步繁荣发展哲学社会科学的意见》明确指出:"繁荣发展哲学社会科学必须坚持马克思主义的指导地位。"

七、平分秋色的态度

在社会主义经济建设和经济改革中,怎样对待马克思主义经济理论和西方经济理论是一个有争议的问题,有各种不同的态度。在一段时期内,对西方经济理论采取完全否定的态度,不学习,不研究,冠以"资级阶级的""庸俗的",甚至"反动的"帽子一概加以拒绝。这当然不是正确的态度。在另一段时期内,有一部分人又把西方经济理论捧上了天,采取"全盘西化"的态度,没有认真学习和研究,一知半解,食洋不化,不作具体分析一概加以接受。这也不是正确的态度。近来,有人提出在社会主义经济建设和经济改革中,应该把马克思主义经济理论与西方经济理论结合起来,两者平分秋色,没有主次之分。这也不是正确的态度。《中共中央关于进一步繁荣发展哲学社会科学的意见》中明确指出:"决不能搞指导思想多元化。"

八、"挂羊头卖狗肉的"态度

有人把以马克思主义为指导,完全作为标签和口号挂羊头卖狗肉。有一位教授在题为《驾驭经济的理论支点》的全文宣扬现代西方经济学是"经济学的基本理论""经济学智慧的结晶",是"精髓",是经济学家共同的智慧,是人类社会有用的文明成果;既"实用"又"管用"。但是,作者还是在最后挂了一句空洞的口号:"不过我们在应用这些原理时,还必须以马克思主义的立场、观点与方法为指导。"有人把这种人称作"红皮白心",认为是最危险的,我们认为不能这样看待。这种人还承认在社会主义中国"还必须以马克思的立场、观点与方法为指导",这总比不承认,甚至公开谩骂者为好。我们也相信持这种态度的人是会转变的。

九、和解融合的态度

一些资产阶级经济学家致力于把马克思的经济理论和当代西方资产阶级经济学理论融合起来,尤其致力于把马克思主义和凯恩斯主义融合起来。

马克思经济理论与西方资产阶级经济学确实有相通的地方,有共同的东西,因为他们分析的是社会化大生产,都是商品经济,都是资本主义经济。因此,相互吸收也是一种正常的现象。但是,这里有一个谁融合谁的问题,如果用资产阶级经济理论融合马克思主义理论,这是不对的。我们主张的是用马克思主义经济理论融合西方经济理论,吸收西方经济理论的优秀成果和合理成分,发展马克思主义政治经济学。

十、"沉默"置于死地的态度

资产阶级对马克思主义政治经济学最早采取的是用"沉默"置于死地的态度。马克思就曾讲到,资产阶级最初妄图用沉默置《资本论》于死地。为了粉碎资本阶级的阴谋,马克思和恩格斯向当时资本阶级及其御用学者进行了顽强的斗争。恩格斯在一系列书评中用了"迂回"、"反激"等战术,尽挑逗资产阶级学术界,对《资本论》张开嘴巴,他甚至用资产阶级的观点对《资本论》进行抨击。马克思说:"你从资产阶级观点对书进行抨击的计划是最好的作战方法。"恩格斯出色地完成了这个任务,冲垮了资产阶级用来包围《资本论》的这堵"沉默"的围墙,使《资本论》很快广泛传播开来。当代中国也有人对马克思主义政治经济学采取沉默的态度。近来,党中央一再强调:"繁荣发展哲学社会科学必须坚持马克思主义的指导地位。"并在实施马克思主义理论研究和建设工程。但是,现在社会主义中国大地上的新华书店里买不到马克思的《资本论》,也很少见到马克思主义经济学的其他经典著作。在有些大学经济管理学科的课程表上没有马克思主义政治经济学的课程,在有些有关共产党或意识形态的文件或材料上没有出现过马克思主义的字样。看来,加强对马克思主义政治经济学的学习、研究和宣传非常必要。

(作者:洪远朋,原载《政治经济学评论》2010年第1期)

我的综合经济观

我的基本经济观属马克思主义经济观。我的具体经济观是综合经济观。

在社会主义经济建设上,我主张在马克思主义经济理论为指导的前提下,综合古今中外一切经济理论的合理成分。对于马克思主义经济理论,一要坚持,二要澄清,三要发展;对于中国古代经济理论,一要挖掘,二要继承,三要扬弃;对于西方经济理论,一要了解,二要批判,三要吸取。

社会主义经济建设必须以马克思主义经济理论为指导，综合古今中外一切经济理论的合理成分

在人类全部思想史上，没有哪一种学说像马克思主义这样具有巨大的生命力。社会主义运动的历史也证明，马克思主义不仅是指导社会主义革命的锐利武器，而且也是进行社会主义建设的指路明灯。共产党领导的社会主义革命和社会主义建设都必须以马克思主义为指导，必须坚持和发展马克思主义。这本来是不成问题的。但是，在资产阶级自由化泛滥时期，在社会主义中国的大地上，竟有人说，马克思主义只能破坏旧世界，不能建设新世界，言下之意，马克思主义不能指导社会主义建设，马克思主义已经过时了。

国际和国内社会主义建设的实践证明：坚持和发展马克思主义基本理论，社会主义事业就发展和前进；背离和抛弃马克思主义基本理论，社会主义事业就会遭受挫折甚至失败。

一、马克思主义经济理论是社会主义经济建设的指针。对待马克思主义经济理论一要坚持，二要澄清，三要发展

有人说，马克思主义经济理论只能揭示资本主义经济运动规律，对社会主义经济建设没有什么作用，果真如此吗？

（一）马克思主义经济理论揭示了社会主义经济运动的一系列主要经济规律，必须坚持

（1）马克思主义的主要著作——《资本论》主要是揭示资本主义经济运动规律

的。但是,马克思在揭示资本主义经济运动规律的同时,常常运用对比的方式,还科学地揭示了社会主义经济运动的一系列客观规律。

社会主义的根本任务是发展生产力。马克思在《资本论》中一再强调社会主义必须建立在生产力高度发展的物质基础之上。马克思说:"去发展社会生产力,去创造生产的物质条件,而只有这样的条件,才能为一个更高级的、以每个人的全面而自由的发展为基本原则的社会形式创造现实基础。"①马克思不仅指出社会主义社会必须建立在社会生产力比资本主义更高的物质基础上,而且指出社会主义也可能使生产力得到更快的发展。我们必须充分发挥社会主义制度的优越性,迅速发展生产力,使社会主义获得日益增强的物质基础。

生产资料所有制是生产关系的基础。社会主义生产关系必须建立在社会主义公有制的基础上。马克思在《资本论》中指出:社会主义必须建立在"协作和对土地及靠劳动本身生产的生产资料的共同占有的基础上"②,社会主义的劳动者必须用"公共的生产资料进行劳动,并且自觉地把他们许多个人劳动力当作一个社会劳动力来作用"③。这就是说,社会主义社会必须实行生产资料的公有制。根据马克思的教导,我国建立了生产资料的社会主义公有制,包括全民所有制和劳动群众集体所有制两种形式。生产资料公有制是我国经济的基本制度,绝不允许否定和破坏。

社会主义必须实行计划经济,要有计划按比例地发展国民经济。马克思在《资本论》中指出:如果我们设想一个社会不是资本主义社会,而是共产主义社会,……问题就简单地归结为:社会必须预先计算好,能把多少劳动、生产资料和生活资料用在这样一些产业部门而不致受任何损害,"劳动时间的社会的有计划的分配,调节着各种劳动职能同各种需要的适当的比例"④。马克思不仅指出了社会主义社会实行计划经济的必要性和可能性,而且指出社会主义的计划经济必须正确处理生产与需要、生产资料生产与消费资料生产、生产周期长的产品与生产周期短的产品之间的比例关系。在生产资料公有制的基础上实行计划经济是社会主义基本特征之一,必须始终坚持。

马克思在《资本论》中一再指出社会主义不仅需要经济核算,而且比以往任何社会更加必要。生产越是按社会的规模进行,越是失去纯粹个人的性质,作为对过程的控制和观念总结的簿记就越是必要;因此,簿记对资本主义生产,比对手工业和农民的分散生产更为必要,对公有生产,比对资本主义生产更为必要。"在资本

---

① 《马克思恩格斯全集》第 23 卷,第 649 页。
② 同上书,第 832 页。
③ 同上书,第 95 页。
④ 同上书,第 96 页。

主义生产方式消灭以后,但社会生产依然存在的情况下……簿记,将比以前任何时候都更重要。"①我们必须遵循马克思的教导,认真搞好经济核算,不断改善企业经营管理,提高经济效益,以促进社会主义经济的发展。

社会主义社会,必须有剩余劳动,必须有积累。马克思说:保险基金,"这也是在剩余价值、剩余产品、从而剩余劳动中,除了用来积累,即用来扩大再生产过程的部分以外,甚至在资本主义生产方式消灭之后,也必须继续存在的唯一部分。当然,这要有一个前提,就是通常由直接生产者消费的部分,不再限于它目前的最低水平。除了为那些由于年龄关系还不能参加生产或者已不能参加生产的人而从事的剩余劳动以外,一切为养活不劳动的人而从事的劳动都会消失"。②尽可能多地增加社会的积累,并且正确地加以运用,是发展社会主义经济的一个重要因素。

社会主义社会必须实行按劳分配的原则。早在《哥达纲领批判》之前,马克思在《资本论》中就指出:"劳动时间又是计量生产者个人在共同劳动中所占份额的尺度,因而也是计量生产者个人在共同产品的个人消费部分中所占份额的尺度。"③在第2卷第十八章又指出:生产者从社会的消费品储备中,取走一个与他们的劳动时间相当的量。在社会主义社会坚持各尽所能按劳分配的原则,有利于巩固社会主义公有制,有利于促进生产力的发展。

正确地掌握和运用马克思揭示的社会主义经济的这些客观规律,对发展社会主义经济有直接的指导意义。

(2)马克思在《资本论》中,在揭示资本主义经济运动规律的同时,不仅直接揭示了社会主义经济运动的一系列规律,而且揭示了一些人类社会普遍适用的经济规律。

劳动生产率增长是社会发展的一般经济规律。恩格斯指出:"劳动生产率的提高正是在于:活劳动的份额减少,过去劳动的份额增加,但结果是商品中包含的劳动总量减少;……因此,加入商品的劳动总量的这种减少,好像是劳动生产力提高的主要标志,无论在什么社会条件下进行生产都一样。在生产者按照预定计划调节生产的社会中,甚至在简单的商品生产中,劳动生产率也无条件地要按照这个标准来衡量。"④劳动生产率的提高,在人类社会发展的历史中起着极其重要的作用,在社会主义社会具有更加重要的意义。怎样才能提高劳动生产率呢?马克思说:"劳动生产力是随着科学和技术的不断进步而不断发展的。"⑤这就是说,要提高劳

---

① 《马克思恩格斯全集》第25卷,第963页。
② 同上书,第958页。
③ 《马克思恩格斯全集》第23卷,第96页。
④ 《马克思恩格斯全集》第25卷,第290—291页。
⑤ 《马克思恩格斯全集》第23卷,第664页。

动生产率,必须大力发展科学技术。现代科学技术的发展,使科学与生产的关系越来越密切,科学技术作为生产力,越来越显示出巨大的作用。为了要造成比资本主义更高的劳动生产率,发展社会主义经济,科学技术的现代化是个关键问题。

农业是国民经济的基础,这也是人类社会一切历史时期都发生作用的经济规律。马克思指出:"超过劳动者个人需要的农业劳动生产率,是一切社会的基础。"[①]农业是国民经济的基础,因为农业提供人们衣食的主要来源,是人类生存和一切生产的先决条件,农业劳动生产率的提高,是国民经济其他各部门得以存在和发展的基础。马克思指出的农业是基础,这一人类普遍适用的经济规律,在社会主义社会更加明显。农业也是我国国民经济发展的基础,只要农业上去了,其他事情就比较好办了。

人类的任何生产活动都需要协作。马克思指出:"许多人在同一生产过程中,或在不同的但互相联系的生产过程中,有计划地一起协同劳动,这种劳动形式叫做协作。"[②]任何社会都有协作,在社会主义社会生产社会化的程度愈来愈高,社会分工愈来愈细,更需要协作。

企业管理是大规模共同劳动的客观要求。马克思指出:"一切规模较大的直接社会劳动或共同劳动,都或多或少地需要指挥,以协调个人的活动,并执行生产总体的运动——不同于这一总体的独立器官的运动——所产生的各种一般职能。一个单独的提琴手是自己指挥自己,一个乐队就需要一个乐队指挥。"[③]资本主义生产是社会化的大生产,要管理。社会主义生产也是大规模的社会化生产,而且由于生产资料公有制的建立,生产规模更大,分工更细,协作范围更广,更加需要管理。

任何社会为了保证社会再生产的顺利进行,都必须有一定的物质储备。马克思指出:"产品储备是一切社会所共有的,即使它不具有商品储备形式这种属于流通过程的产品储备形式,情况也是如此。"[④]在社会主义社会,为了保证社会再生产的顺利进行,就必须有物质储备,包括生产资料的储备和消费品的储备。

在社会主义社会,正确掌握和运用《资本论》中揭示的人类社会普遍适用的经济运动规律,对于发展社会主义经济也有重大的指导意义。

(3)马克思主义的主要著作——《资本论》中揭示了资本主义经济运动的许多规律,资本主义社会的这些特有的经济规律,是不能机械地搬运到社会主义中来的。但是,资本主义某些特有的经济规律,如果抛弃它的资本主义性质和目的,就它的方法来说,对于发展社会主义经济还有一定的借鉴作用。

---

① 《马克思恩格斯全集》第 25 卷,第 885 页。
② 《马克思恩格斯全集》第 23 卷,第 362 页。
③ 《马克思恩格斯全集》第 23 卷,第 367 页。
④ 《马克思恩格斯全集》第 24 卷,第 163 页。

《资本论》第1卷研究资本的生产过程。第三篇关于资本主义生产过程二重性的分析,对于社会主义生产过程的分析,对于社会主义基本经济规律的揭示有重要的启发;第四篇关于通过提高劳动生产率来生产相对剩余价值的问题,如果抛去资本主义的性质,就马克思揭示的如何提高劳动生产率的方法来说,对发展社会主义经济也是有用的。第五篇关于生产劳动与非生产劳动的分析,对于社会主义制度下,如何区分生产劳动与非生产劳动,也有重要的意义。第七篇关于资本积累与扩大再生产关系的论述,如果抛弃积累的资本性质,对于社会主义社会正确处理积累与扩大再生产的关系具有重要意义。

《资本论》第2卷研究资本的流通过程。第一篇资本循环的论述,我们可以得到有关加强和改进社会主义的经济管理和企业管理的很多有益的启示。第二篇关于资本周转的理论,关于缩短周转时间,加快周转速度,从中求得最大经济效益的途径和方法,对社会主义经济活动仍然有重大现实意义。第三篇关于社会再生产的一系列原理,如关于社会生产分为生产资料生产和消费资料生产的原理;关于第一部类和第二部类相互关系的原理;关于简单再生产和扩大再生产关系的原理;关于物质补偿和价值补偿的原理;关于积累是扩大再生产的主要源泉,但不是唯一源泉的原理,等等,对于社会主义经济也都是适用的。从我国经济建设的实际需要出发,认真学习《资本论》第2卷,全面理解马克思关于再生产的理论,对于我们总结经验,认识规律,从而更好地进行社会主义经济建设,具有很重要的意义。

《资本论》第3卷是分析资本主义生产总过程。第一至三篇关于成本、利润、生产价格的理论,对于研究社会主义的成本、利润和社会主义的价格形成理论有重要指导意义;第四篇关于商业资本和商业利润的论述,对于社会主义社会如何搞好商业、组织商品流通和正确对待商业劳动,也是有启发的;第五篇生息资本和利息的理论,对于社会主义社会如何重视银行的作用,学会运用利息等经济杠杆也是有益的;第六篇关于地租的理论,对于社会主义农业集体经济的方针政策的制定,对于农产品价格的制订都有重要意义。

由上可见,马克思主义经济理论在社会主义社会并没有过时,马克思主义经济理论的基本原理对社会主义经济建设仍然有用。所以,对待马克思主义经济理论,首先必须坚持。

(二) 对马克思主义经济理论的某些误解和讹传,必须加以澄清

我们应该完整地准确地学习和掌握马克思主义的经济理论,并且正确地加以运用,来指导社会主义建设。如果把马克思主义经济理论理解得不全面不准确,甚至把误解加以讹传,用来指导社会主义经济,就会使社会主义建设造成损失。

(1) 资本主义社会内部有可能产生社会主义经济因素。在许多政治经济学的

著作中,几乎都有这样的论断:以生产资料公有制为基础的社会主义生产关系,不可能在资本主义内部产生。只有在无产阶级夺取政权,建立无产阶级专政后,社会主义生产关系才可能逐步建立起来。但是,这个论断并不是马克思主义的,也不完全符合实际。

马克思曾经指出:"工人自己的合作工厂,是在旧形式内对旧形式打开的第一个缺口,虽然它在自己的实际组织中,当然到处都再生产出并且必然会再生产出现存制度的一切缺点。但是,资本和劳动之间的对立在这种工厂内已经被扬弃,虽然起初只是在下述形式上被扬弃,即工人作为联合体是他们自己的资本家,也就是说,他们利用生产资料来使他们自己的劳动增殖。这种工厂表明,在物质生产力和与之相适应的社会生产形式的一定的发展阶段上,一种新的生产方式怎样会自然而然地从一种生产方式中发展并形成起来。"①马克思这段论述,说明合作工厂是在资本主义社会内对资本主义生产关系打开的第一个缺口,它表明社会主义经济因素有可能在资本主义内部产生。

我们知道,马克思主义有一条重要原理,就是生产力决定生产关系,生产关系一定要适应生产力的发展,经济基础决定上层建筑,有什么样的经济基础,就要求有什么样的上层建筑。而社会主义生产关系不可能在资本主义社会内部产生,只有实行了无产阶级专政才能建立社会主义生产关系的论断,实际上是认为社会主义生产关系的产生不是生产力发展的要求,而是上层建筑的变革引起的,这岂不是上层建筑决定论?如果不是由于社会生产力的发展,在资本主义社会内部产生了社会主义经济因素,怎么可能有冲破束缚和阻碍社会主义经济因素成长的资本主义上层建筑的要求?怎么可能有社会主义革命?当然,只有进行社会主义革命,建立无产阶级专政以后,社会主义生产关系才能确立、巩固和进一步发展。但是,不能由此而否认资本主义社会内部可能产生社会主义经济因素。

(2)积累不是扩大再生产的唯一源泉。有一种观点,认为积累是扩大再生产的唯一源泉,而且说这种观点是马克思在《资本论》中论证的。实际上,这个观点并不是马克思的。马克思在《资本论》中讲得很清楚,积累是扩大再生产的源泉,但不是唯一源泉。马克思非常明确地讲过,"没有积累,还是能够在一定界限之内扩大它的生产规模。"②全面地、正确地理解积累与扩大再生产的关系对发展社会主义经济具有重大意义。一方面,充分认识到积累是扩大再生产的主要源泉,这样就可以尽可能多地增加社会主义积累,通过增加基本建设来扩大再生产规模;另一方面,看到积累不是扩大再生产的唯一源泉,这样就可以充分利用现有的人力、物

---

① 《马克思恩格斯全集》第 25 卷,第 497—498 页。
② 《马克思恩格斯全集》第 24 卷,第 565 页。

力和财力,充分发掘企业内部的潜力来增加生产。如果片面地认为积累是扩大再生产的唯一源泉,一谈到扩大再生产,就伸手向国家要钱、要人、要物,这对社会主义经济的发展是不利的。

在我国现有社会生产力水平还比较低,物质基础还不够雄厚,积累还有限的情况下,通过挖掘现有生产潜力从内含上扩大再生产更为重要。下面着重从我国当前社会主义建设实践的角度分析一下不增加新的积累仍然可以在一定限度内扩大再生产的一些因素。

① 从调整国民经济中扩大再生产。国民经济的比例失调,会严重地阻碍着生产规模的扩大。在这种情况下,如果下决心调整燃料、动力、原材料等基础工业与加工工业的比例关系,先把燃料、动力工业搞上去,或者择优供应,让那些耗油、耗煤、耗料的企业暂时停产整顿,我国的再生产规模就能显著扩大。

② 从经济体制改革中扩大再生产。我们现在经济管理体制的种种弊病集中表现为企业缺乏应有的活力,通过经济体制改革增强企业的活力,扩大企业自主权,使企业真正成为相对独立的经济实体就可以产生一个自觉发展生产的内部经济动力,从而增加生产。

③ 从加强企业管理中扩大再生产。加强企业管理,把劳动者、劳动资料、劳动对象三者科学地组织起来,使它们充分发挥作用,提高效率,也可以增加生产。我国现有企业的大部分是解放后新建的,有相当多的企业设备水平与国外一些先进企业的水平相比并不低,只要改善经营管理,不增加劳动力,不增添设备,产量就可以大幅度甚至成倍增加。

④ 从提高现有设备的效率中扩大再生产。新中国成立以来,经过几十年的建设,我国工业的固定资产增加了很多。但是,现有企业的许多设备能力没有充分发挥。用挖潜、革新、改造老企业,充分发挥现有设备的能力,是一条花钱少、见效快的扩大再生产规模的途径。

⑤ 从提高产品质量中扩大再生产。产品质量的提高,一方面表现为生产过程中废品的减少,花费同样多的人力、物力,可以生产出较多的合格产品,另一方面产品性能好,效率高,经久耐用,实际上等于生产了更多的产品。如果把我国相当数量的工业企业的产品质量恢复到历史最高水平,就是一个很大的增产。

⑥ 从节约中扩大再生产。节约并不是消极的措施,节约可以用同样多的人力、物力生产更多的产品。如果努力降低现有的燃料、动力和原材料的消耗,就能创造出更多的物质财富,这本身就是一个很大的增产。

⑦ 从加速资金周转中扩大再生产。资金是物资的货币表现。在正常的情况下,有一部分物资不直接参加生产过程是不可避免的。如果在保证生产需要的同时,最大限度地压缩储备,使较多的资金投入实际的生产过程,加速资金的周转,使

同样的资金发挥更大的作用,就会扩大生产规模。

⑧ 从综合利用中扩大再生产。综合利用可以发挥物资本身的效能,变无用为有用,变小用为大用,变一用为多用,变有害为有利,既可以物尽其用,避免浪费,又可以为社会创造更多的产品。

⑨ 合理运用折旧基金扩大再生产。折旧基金本身属于简单再生产。但是,合理使用折旧基金可以起到扩大再生产的效果。为了发挥折旧基金在扩大再生产中的作用,根据我国当前情况,一要适当提高折旧基金率,二要增加企业自留折旧基金的比率。

上面我们从九个方面分析了当前我国社会主义建设中,不追加新的投资或者不按比例追加投资,可以增加生产提高产量的因素,也就是没有积累仍然可以扩大再生产的现实因素。这几个方面尽管是不完全的,但是,从这里我们可以看出,在社会主义社会,积累也不是扩大再生产的唯一源泉。我们既应通过增加投资从外延方面来扩大再生产,更应该充分运用非积累的因素从内涵方面扩大再生产。

(3) 扩大再生产有两大基本规律。长期以来,人们认为马克思主义经济理论中扩大再生产只有一个规律,即生产资料优先增长规律。这个观点是既不全面又不准确的。根据马克思主义的再生产理论,扩大再生产有两大基本规律。

① 生产资料生产较快增长规律,这里所说的生产资料生产较快增长规律,就是过去人们通常所说的生产资料生产优先增长的规律。

关于"生产资料生产优先增长规律"的内容,就是指生产资料生产的增长速度快一些,这一点长期以来理论界的争议不大。但是,这个规律的名称"优先增长"和实际内容"增长较快"是有矛盾的。我们认为这个长期流行的提法,理论上是没有根据的,实践上是有害的,要加以正名。

第一,马克思和列宁的原意和提法都是生产资料生产增长较快,而不是优先增长。

马克思在《资本论》中虽然没有明确提出生产资料生产增长较快的规律,但是已经有了这个思想。马克思曾经指出:"为了从简单再生产过渡到扩大再生产,第Ⅰ部类的生产要能够少为第Ⅱ部类制造不变资本的要素,而相应地多为第Ⅰ部类制造不变资本的要素。"①列宁发展了马克思的再生产理论,明确提出了生产资料生产增长较快的规律。他说:"即使没有马克思在《资本论》第2卷中所作的研究,根据不变资本有比可变资本增长得更快的趋势的规律也能得出上面的结论,因为生产资料增长最快这个论点,不过是把这个规律运用于社会总生产时的另一种说

---

① 《马克思恩格斯全集》第24卷,第560页。

法而已。"①因此,制造生产资料的社会生产部类应该比制造消费品的部类增长得快些。"增长最快的是制造生产资料的生产资料生产,其次是制造消费资料的生产资料生产,最慢的是消费资料生产。"②

可见,生产资料生产优先增长规律的提法是不符合马克思和列宁的再生产理论的。

第二,生产资料生产优先增长的提法不符合客观事物的本来面目,容易产生误解,对实践不利。

经济规律应该是经济现象内在的、必然的趋势。人们对经济规律揭示和认识,并加以表述应力求符合客观事物的本来面目。从这个角度看,也是用"生产资料生产增长较快规律"为好。这是因为:

a."优先增长"带有人为作用的意思,是主观上的优先安排,而不是客观的趋势。而"增长较快"意味着是客观规律发展的趋势。

b."优先增长"体现不出社会生产两大部类之间相互制约、相互促进的辩证关系,似乎生产资料生产越快越好。而"增长较快"表明生产资料生产比消费资料生产发展要快些,但绝不是越快越好,而只是"较快",这比较符合客观实际。

c."优先增长"容易使人们理解为生产资料生产的发展好像可以脱离消费资料生产而孤立地发展。过去我们和其他一些国家两大部类比例失调,与"优先增长"这种片面的提法和认识不是没有关系的。

所以,我们认为首先要对这个规律加以正名,把"生产资料生产优先增长的规律"改为"生产资料生产增长较快的规律"。

② 生产资料生产的增长最终必须依赖于消费资料生产增长的规律。长期以来,人们认为扩大再生产只有一个规律,即生产资料较快增长的规律。实际上扩大再生产还有第二个规律,即生产资料生产的增长最终必须依赖于消费资料生产的增长。马克思在《资本论》第2卷第二十一章指出:"就像第Ⅰ部类必须用它的剩余产品为第Ⅱ部类提供追加的不变资本一样,第Ⅱ部类也要在这个意义上为第Ⅰ部类提供追加的可变资本。就可变资本来说,当第Ⅱ部类以必要消费资料的形式再生产它的总产品的大部分,特别是它的剩余产品的大部分时,它就既为第Ⅰ部类又为它自己进行积累了。"③马克思在《资本论》第3卷第十八章更明确讲过:"不变资本和不变资本之间会发生不断的流通(甚至把加速的积累撇开不说也是这样)。这种流通就它从来不会加入个人的消费来说,首先不以个人消费为转移,但是它最

---

① 《列宁全集》第1卷,第67页。
② 同上书,第66页。
③ 《马克思恩格斯全集》第24卷,第584页。

终要受个人消费的限制,因为不变资本的生产,从来不是为了不变资本本身而进行的,而只是因为那些生产个人消费品的生产部门需要更多的不变资本。"①列宁在《市场理论问题述评》一文中也指出:"社会产品的第Ⅰ部类(生产资料的生产)能够而且应当比第Ⅱ部类(消费品的生产)发展得快。但是决不能由此得出结论说,生产资料的生产可以完全不依赖消费品的生产而发展,也不能说二者毫无联系。"②

生产资料生产的增长最终要依赖消费品生产的增长,这就是说,生产资料生产的较快增长不能离开消费品生产的增长而孤立地进行。生产资料生产的增长必须受消费品生产增长的制约;同时,消费品生产不只是消极地被动地适应生产资料生产的增长而增长,而且消费品生产的增长又能够积极地主动地促进和推动生产资料生产的增长。这是马克思分析了资本主义再生产过程而得出的关于社会再生产的科学结论。在各个不同的社会形态中,尽管社会生产有着不同的目的,例如资本主义的生产的目的是追逐剩余价值,社会主义的生产是为了不断满足人们日益增长的物质文化生活上的需要,但是,任何社会生产归根结底都是同消费联系着的。人们进行生产资料的生产,是为了适合于消费品生产的需要。

(4) 社会主义社会仍然存在地租。通常有一种误解,似乎只要废除了土地私有权就不再存在地租。而马克思在《资本论》中告诉我们的是,只有废除一切土地所有权,才能消灭地租。

土地所有权是地租形成的前提和基础。马克思说:"不论地租有什么独特的形式,它的一切类型有一个共同点:地租的占有是土地所有权借以实现的经济形式。"③有土地所有权就要支付地租。要取消地租,不仅要废除土地私有权,而且要废除一切土地所有权。马克思说过:"从一个较高级的社会经济形态的角度来看,个别人对土地的私有权,和一个人对另一个人的私有权一样,是十分荒谬的。甚至整个社会,一个民族,以至一切同时存在的社会加在一起,都不是土地的所有者。他们只是土地的占有者,土地的利用者,并且他们必须像好家长那样,把土地改良后传给后代。"④这就是说,只有到了共产主义社会,不仅取消了土地私有权,而且取消了一切土地所有权(包括土地国有权)的时候,才能废除地租。

在社会主义社会,建立了生产资料公有制,消灭了土地的私有权,但是并没有取消土地所有权。拿我国来说,土改以后,我国农村没有实行土地国有化,而是把封建土地所有制改为小农所有制,后来经过农业合作化,土地成为集体所有制。在

---

① 《马克思恩格斯全集》第24卷,第341页。
② 《列宁全集》第4卷,第44页。
③ 《马克思恩格斯全集》第25卷,第714页。
④ 同上书,第875页。

城市,按照宪法规定,城市土地属于国家所有,是土地国有制。我国社会主义制度建立以后,取消土地私有权,只是改变土地所有权,并没有取消土地所有权。现在,我国的土地仍有两种所有制:土地国有制和土地集体所有制。由于土地所有权存在,所以地租的经济基础仍然存在。恩格斯说过:"消灭土地私有制并不要求消灭地租,而是要求把地租——虽然是用改变过的形式——转交给社会。"①

社会主义社会不仅存在土地所有权,而且存在着土地所有权和土地使用权的分离。在农村,土地所有权是属于集体所有的,而土地使用权在实现联产计酬承包制的情况下,是属于承包户的;在城市,土地所有权是国有的,而土地使用权是属于相对独立进行经济核算的各种企业的。使用土地就得支付代价,付地租。马克思说过:"真正的地租是为了使用土地本身而支付的。"②使用土地不支付地租就等于取消土地所有权。

所以,在社会主义社会还存在地租这是一个客观事实,无论从理论上和实践上都是不能否认的。

由上可见,马克思主义经济理论,有一些曾经被曲解和误传,给社会主义建设造成了损失,现在必须正本清源,加以澄清。

(三) 马克思主义经济理论必须与社会主义实际相结合,加以发展

毛泽东在《论十大关系》中指出:"社会科学,马克思列宁主义,斯大林讲得对的那些方面,我们一定要继续努力学习。我们要学的是属于普遍真理的东西,并且学习一定要与中国实际相结合。如果每句话,包括马克思的话,都要照搬,那就不得了。"③

马克思主义经济理论的主要著作——《资本论》的发表距今已有100多年,马克思不是算命先生,他没有社会主义建设的实践,因而当然不可能解答社会主义经济建设中的所有问题。而且,马克思当时对社会主义的预见与现在的情况也不尽一致。例如,马克思原来设想的社会主义是单一的社会所有制,不存在商品经济。但是,现在的社会主义国家,不管属于什么类型,事实上都有不同的所有制,都存在商品生产和商品交换。此外,这100多年科学技术的突飞猛进,使经济生活出现了马克思年代不可思议的巨变,大量新的经济现象出现了。这些问题,要想从《资本论》中找到现成的答案,当然也是不可能的。因此,建立社会主义经济理论,还必须从社会主义经济建设的现实出发,运用马克思主义原理,发现新问题,研究新情况,总结新经验,来丰富和发展马克思主义经济理论。

---

① 《马克思恩格斯选集》第2卷,第545页。
② 《马克思恩格斯全集》第25卷,第698页。
③ 《毛泽东选集》第5卷,第286页。

社会主义经济理论,应该从社会主义实践出发,它不能仅以一个企业或一个地方作为研究对象,以个别代替一般,也不能仅以一个社会主义国家为对象。社会主义经济理论不仅应该反映本国社会主义经济发展的经验,而且应该反映社会主义各国经济发展的经验,应该从分析比较中揭示社会主义经济运行的一般规律。当然,每一个国家研究社会主义经济理论又不能不以本国情况为主,带有本国经济的特色。我们现在建立的社会主义经济理论也不能不是具有中国特色的社会主义经济理论。

社会主义经济理论应该从社会主义实际出发,它不能仅仅根据几天、几月,也不能以一年或某几年发生的实际情况就概括出社会主义经济运行的一般规律,而应该根据相当长时间的经常反复出现的实际情况概括社会主义经济运行的规律。由于社会主义建设的时间总的来说还不长,根据一段时间概括出来的社会主义经济运行的规律还要继续经受实践的检验。

(1)马克思在写《资本论》的时候,他设想在资本主义制度消灭之后,是实行生产资料单一的社会所有制,不存在商品和货币的社会主义社会。他的这个设想是以资本主义高度发达的国家无产阶级取得政权为前提的。而我们是在资本主义有一定发展,但经济还相当落后,商品生产并没有充分发展的半封建半殖民地的国家取得社会主义革命胜利的,因此,我们要发展社会主义经济不能照搬马克思在《资本论》中的所有论述。我们现在还不能实行单一的社会主义公有制,我们还必须在坚持社会主义全民所有制经济的主导地位,在巩固和发展全民所有制经济的前提下,允许多种经济形式的同时并存。这是由于我国生产力发展水平总的说来还比较低,又很不平衡,存在多层次的生产力,因此,在很长时期内,需要与生产力层次相适应的多种经济形式的同时并存。我们既要不断总结实践经验,探讨如何搞活国营大中型企业,发挥它们的骨干作用,以更好发挥社会主义公有制的优势和主导作用,又要探讨如何正确对待个体经济、私营、三资企业,怎样做到既发挥它的积极作用,又限制其不利于社会主义经济发展的消极作用。

(2)与此相适应,我们也不能实行高度集中的计划经济,我们的社会主义经济是在社会主义公有制基础上的有计划的商品经济,必须大力发展商品生产和商品交换,必须自觉依据和运用价值规律,实行计划经济和市场调节相结合的运行机制。在这种情况下,如何创造一种适合中国情况的、把计划经济和市场调节有机结合起来的社会主义商品经济运行机制,怎样把握计划经济和市场调节相结合的程度、方式、范围等等,也需要不断总结经验,进一步研究和解决。

(3)我们必须坚持社会主义按劳分配的原则,但是,我们现在实行的按劳分配不能是产品经济条件下的按劳分配,而应该是商品经济条件下的按劳分配。还只能在坚持按劳分配的前提下,实行以按劳分配为主体的多种分配形式,除了按劳分配这种主要方式以外,还允许凭债权取得利息,凭股票取得红利,以及其他部分非劳动收入。

在这种情况下,如何防止和纠正社会分配不公的问题,对不合理的高收入如何调节的问题,对非法收入如何取缔的问题,怎样解决脑体收入倒挂的问题,怎样解决在企事业单位和党政机关中职工之间工资收入实际存在的平均主义问题,也都要进一步总结经验,研究和解决。

(4)马克思在当时设想,社会主义革命是在所有资本主义国家,至少是在几个主要资本主义国家里同时进行才能取得胜利,资本主义制度的废除,也意味着全世界社会主义革命的胜利。因此,他没有也不可能设想到,工人阶级进行社会主义革命,建立社会主义制度以后,还有个与资本主义国家进行经济往来的问题。我们党提出的进行社会主义现代化建设必须坚持独立自主、自力更生,同时实行对外开放,按照平等互利的原则,积极发展对外经济合作和技术交流的方针,这是对马克思主义的新发展。

所以,我们在运用马克思主义经济理论指导社会主义经济建设中,还要面对现实,发现新情况,研究新问题,作出新的理论概括,进一步丰富和发展马克思主义。

总之,我们既要正确运用马克思主义经济理论指导社会主义经济的发展,同时又要在马克思主义的立场、观点和方法的指导下,总结社会主义经济建设的实践经验,来丰富和发展马克思主义。不运用马克思主义经济理论来指导社会主义经济建设,认为马克思主义过时的"过时论"是错误的。把马克思主义经济理论当作僵死的教条,"凡是论"也是不对的。

二、借鉴和吸取西方经济理论的合理成分。
正确对待西方经济理论,一要了解,二要批判,三要吸取

在社会主义经济建设中,怎样对待西方经济理论有各种态度,有经验,也有教训。

在一段时期内,对西方经济理论采取完全否定的态度,不学习,不研究,冠以"资产阶级的"、"庸俗的"甚至"反动的"帽子,一概加以拒绝。这当然不是正确的态度。

在另一段时期内,有一部分人又把西方经济理论捧上了天,采取"全盘西化"的态度,没有认真学习和研究,一知半解,食洋不化,不作具体分析,一概加以接受,这更是错误的。

近来,有人提出在社会主义经济建设中应该把马克思主义经济理论和西方经

济理论结合起来。这种说法,比上述两种绝对化的态度当然有所进步。但是,仍然含糊不清。两者"结合"又可能有三种情况:

一是两者平分秋色,没有主次之分。马克思主义经济理论和西方经济理论"和平共处"。这也不是正确的态度。

二是在两者中以西方经济理论为主,或者说为指导,辅之以马克思主义经济理论。这是一种本末倒置的态度,更是不对的。

三是在两者中以马克思主义经济理论为主,或者为指导,同时借鉴和吸收西方经济理论中的合理成分,为社会主义经济建设和经济改革服务。我认为,这才是应该采取的正确态度。

(1) 在社会主义经济建设中要借鉴和吸取西方经济理论,首先要学习和了解,"知己知彼"才能"百战百胜"。但是,在学习和了解西方经济理论的时候,要把原意、来龙去脉搞清楚,不能一知半解。例如,前几年,有人搬用凯恩斯的"通货膨胀有益论"、"财政赤字无害论"。殊不知凯恩斯在提出这些观点时,是以总供给大于总需求为前提的。搬用者没有好好学习,只知结论,不知前提,给我国社会主义经济建设曾带来不小危害。这说明要借鉴和吸取需要学习和了解。同时,要批判西方经济理论也要学习和了解,只有把人家的真意搞清楚了,害处抓住了,批判才有说服力。

(2) 西方经济理论从总体来说不是科学的经济理论,还要批判,这是因为:

第一,西方经济理论总的说来是为资产阶级利益服务的,为维护资本主义剥削制度,为资本家获取最大限度的利润服务的,具有很大的阶级局限性。

第二,西方经济理论往往只在经济现象上兜圈子,不敢深入到经济的基础和实质,具有很大的表面性。

第三,西方经济理论常常以经济发展的某一种因素,扩大为整个经济发展的唯一因素,具有很大的片面性。

第四,西方经济理论比较重视经济发展的主观因素、心理因素,回避或不重视经济发展的客观因素,具有很大的主观性。

所以,西方经济理论不能成为社会主义经济建设的指导思想。

(3) 西方经济理论对社会主义经济发展和经济改革仍有一些借鉴作用。我们应该吸取其中某些合理成分,为社会主义经济建设服务。所以,还要吸取。

由于社会主义经济是作为资本主义经济的对立物而出现的,而西方经济学是为资本主义制度辩护和出谋划策的,因此,西方经济学的整个理论体系不能机械地搬到社会主义经济学中来,但是,资本主义商品经济和社会主义商品经济都是社会化大生产,都必须遵循商品经济的一般规律。因此,我们必须承认当代西方经济学中有不少内容可供我们参考和借鉴。例如:

① 西方经济学提出的宏观经济和微观经济这两个经济范畴在社会主义经济中也是可以运用的。这是因为社会主义经济学不仅要研究个别企业的经济活动,而且也要研究整个国民经济的活动。

② 凯恩斯的"乘数原理",如果把它从凯恩斯主观主义体系中剥离出来,它所反映的再生产过程的连锁反应,对于我们研究社会主义再生产问题,也有参考价值。

③ 西方经济学运用的"边际分析",只要扬弃掉它包含的主观唯心主义因素,作为分析工具,对于我们分析各经济变量及其增量之间的相互依存关系,也是很有用的。

④ 西方的投入产出理论也可以借鉴一些东西,西方经济理论中的发展经济学、国际金融、国际贸易等方面的理论可以借鉴的东西也不少。

⑤ 西方经济学家根据各国经济发展的史实,总结出许多经验教训,对社会主义经济建设也有值得借鉴之处。

但是,在社会主义经济建设中,借鉴和吸取西方经济理论的合理成分,必须与我国国情相结合,洋为中用。西方经济学不能照搬,具体的经济政策也不能照搬。我国社会主义建设的实践证明:搞马克思主义的教条主义不行,搞凯恩斯主义的教条主义更不行。照搬西方经济理论没有一个成功的,而且危害不浅。

三、继承和弘扬中国古代经济思想的宝贵遗产。对待中国古代经济思想,一要挖掘,二要继承,三要扬弃

我们搞社会主义经济建设,现在不少人对洋为中用很重视,这当然也是必要的。但是,谈经济思想,不是斯密的"国富论",就是凯恩斯的"通论",或者是萨缪尔森的"经济学",就不妥当了。不重视古为今用,对我国古代经济思想采取民族虚无主义的态度是不可取的。中国有五千多年的历史,中国古代众多政治思想家的知识和理论博大精深,在传统文化诸领域中都留下了宝贵论著,可供我们借鉴。在经济理论方面也有不少遗产值得我们继承和弘扬。

(1) 继承和弘扬中国古代经济思想首先要挖掘。中国古代的许多著作,如:《左传》《国语》《礼记》《考工记》《逸周书》《墨子》《管子》《尚书》《大学》《山海经》《吕氏春秋》《水部式》《春秋公羊传》《食货志》《盐铁论》《沈氏农书》等,都有丰富的经济思想有待挖掘。还有许多思想家有丰富的经济思想也有待挖掘。现在,不少西方发达国家的有识之士对中国古代的经济思想却是相当重视的。有的从《孙子兵法》中研究我国古代管理思想,有的从《三国演义》中研究我国古代的经营策

略。相比之下,我们对我国古代经济思想的学习和研究还是很不够的:许多有经济学科的大学竟然不开设《中国经济思想史》课,有些研究中国经济学说史的学者竟然在转行。发掘我国古代经济思想是一项伟大而艰巨的工程,现在刚刚起步,还只是浅层开发,还有待深入挖掘。深入挖掘我国古代经济思想,并加以继承弘扬,对于建立具有中国特色的社会主义具有重要意义。

(2) 中国古代确实有许多宝贵的经济思想值得在我国社会主义经济建设中继承和弘扬。例如:

① 农业是国民经济的基础。中国古代许多思想家早就论述过农业生产的重要性,论证人类的生存首先要保证衣食的需要。墨子说:"农夫怠乎耕稼树艺(种植),妇人怠乎纺织绩纴,则我以为天下衣食之财将必不足矣。"①《吕氏春秋·爱类》中说:"神农之教曰:'士有当年而不耕者,则天下或受其饥矣;女有当年而不织者,则天下或受其寒矣'。"②还有许多思想家论述了粮食生产、粮食储备、多种经营、农业生产管理等问题。所有这些,对我国经济的发展都是值得高度重视的问题。

② 人类最早又丰富的价格思想。长期以来,人们认为最早的价格思想来自古希腊的色诺芬(约公元前 430 年—前 355 年)和亚里士多德(公元前 385 年—前 322 年)。其实,古希腊的价格思想远不及古国古代价格思想形成得那么早,那么丰富。早在西周(公元前 11 世纪—前 771 年)就有"若其凶土陋民,贱食贵货,是不知政"③的记载。《管子》就有价格应该变动的思想。据载:"桓公问于管子曰:衡有数呼?管子对曰:……物之轻重相什而相伯,故物不得有常固。故曰衡无数。"④范蠡就提出过实行浮动价格的思想:"夫粜,二十病农,九十病末。末病则财不出,农病则草不辟矣。上不过八十,下不减三十,则农末俱利。平粜齐物,关市不乏,治国之道也。"⑤孟子早就提出过按质论价的思想:"夫物之不齐,物之情也;或相倍蓰,或相什百,或相千万。子比而同之,是乱天下也。巨屦小屦同贾,人岂为之哉?"⑥在中国古代还有关于价格与民风的关系,价格管理的记载等等。所有这些,对于我国社会主义价格形成和价格改革仍然有现实意义。

③ 货币管理要有利于商品流通。公元前 524 年单旗提出的子母相权论认为:"民患轻,则为作重币以行之,于是乎有母权子而行,民皆得焉。若不堪重,则多作

---

① 《墨子·非命下》。
② 《汉书》卷 24 上《食货志上》。
③ 《逸周书·大匡》。
④ 《管子·轻重乙》。
⑤ 《史记·货殖列传》。
⑥ 《孟子·滕文公上》。

轻而行之,亦不废重,于是乎有子权母而行,小大利之。"①这就是说,铸币的重量要根据商品流通的实际需要而定。如果铸币轻重和实际需要不适应,就要重新铸造;如果有两种不同重量的铸币,就要按一定比价流通。这里所提到的货币作为价格的标准要与现实的价格水平相适应,保持比价关系的思想,至今仍然具有现实意义。

④ 富国富民的思想。中国古代许多思想家主张既要富民又要富国。如墨子的"民富国治"②认为:"今者王公大人为政于国家者,皆欲国家之富,人民之众,刑政之治。然而不得富而得贫,不得众而得寡,不得治而得乱。"③这里所说富国是奴隶制和封建制的国家,这里的富民也首先是奴隶主和封建主如何生财致富的问题。社会主义经济理论也要研究富国富民的问题:这里的富国,是使社会主义国家富强昌盛起来;这里的富民,是使广大劳动人民共同富裕起来。

⑤ 生财节用说。中国古代思想家有的主张生财,发展农业生产。如西周末年,卿士虢文公批评周宣王废籍礼,指出"民之大事在农",春耕时节"王事唯农是务"④强调国家管理农业生产的重要性;有的主张节用反对奢侈,如公元前599年卿士刘康公指出:"以俭足用则远于忧","侈则不恤匮,匮而不恤,忧必及之"⑤;有的主张既要生财又要节用,如墨子在说明禹七年水,汤五年旱,而老百姓不挨冻不受饿时,是因为"其生财密,其用之节也"⑥。既要发展生产生财,又要反对奢侈节用,这是中国古代传统的经济思想。在当今社会主义的中国应该继承和弘扬这种经济思想。

中国古代经济思想是非常丰富的,这里只略举数例说明继承和弘扬中国古代经济思想对我国社会主义经济建设仍然是很有意义的。我们不仅要洋为中用,而且要古为今用。

(3) 继承和弘扬中国古代经济思想,还要扬弃,吸其精华,舍弃糟粕。中国古代经济思想有其精华部分应该继承,也有糟粕部分应该舍弃。例如,中国古代的重本抑末思想,重本,即重视农业是应该继承的;但是,抑末,即抑止工商业的发展是不对的。既要懂得无农不稳,又要懂得无商不活,无工不富。又如,中国古代的重义轻利思想,重义,即讲究道德,反对见利忘义是对的;但是,轻利,即不重视物质利益,不关心群众疾苦也是不对的。看来,社会主义经济建设中还是要贯彻政治思想

---

① 《国语·周语下》。
② 《墨子·辞过》。
③ 《墨子·尚贤上》。
④ 《国语·周语上》。
⑤ 同上。
⑥ 《墨子·七患》。

工作和物质鼓励相结合的原则。在研究中国古代经济思想中还值得注意的是,中国有两千多年的封建统治,不能把那些封建性的糟粕当作精华来继承。在社会主义经济建设中肃清封建残余的影响是一个重要任务;中国有几千年的自然经济,自给自足、墨守成规的小农思想也不能当作精华来继承。社会主义有计划商品经济的发展,必须破除自然经济观,也是一个很重要的任务。

(作者:洪远朋,《经济理论的过去、现在和未来》,复旦大学出版社2004年版)

试论建立综合的社会主义经济学

纵观当今社会主义经济科学领域,各类分支学科林立,边缘学科崛起,经济科学的大家庭一派兴旺繁盛的景象。据我们大体概括,在基础经济学方面,有政治经济学、生产力经济学、比较经济学、发展经济学等;在应用经济学方面,有工业经济学、农业经济学、商业经济学、财政学、货币银行学、价格学、国民经济计划学、劳动经济学、物资经济学、土地经济学、城市经济学、经营管理学、市场学、经济政策学、经济发展战略学等;在经济工具学方面,有会计学、经济统计学、经济计量学等等;在边缘学科方面,有生态经济学、经济地理学、经济控制论、系统工程学、海洋工程学、人口经济学、环境经济学、邮电经济学、卫生经济学、教育经济学等。此外,还有国际经济关系方面、经济史(包括经济学说史)方面的许多学科。

经济科学发展的现状,的确十分令人高兴。但是我们也觉得,就经济科学本身发展的需要来说,在目前社会主义经济科学庞大家族中,似乎还缺少一门综合性的、能将所有这些分支学科一而统之的学科。所以,我们认为有必要建立一门综合的社会主义经济学。

一、为什么要建立一门综合的社会主义经济学

第一,社会主义经济建设实践的要求。

社会主义建设的中心是经济建设。它要求我们着重解决社会主义经济如何运行的问题。社会主义经济的运行,既要协调国家经济职能、企业经济行为和个人偏好选择之间的纵向关系,又要平衡国民经济各个部门、社会生活各个领域、各个分支之间的横向联系;我们的经济建设不仅应该吸取和借鉴历史上的经验教训,而且应该参考和借鉴当代世界各国经济建设的成败得失,还应该做好对未来的经济发展战略的规划和预测;我们的经济科学不仅应该对经济生活的基本特征和属性给

出质的规定性,而且应该对经济现象尽可能精确地给出量的规定性;它不仅应该对经济行为按照社会主义的道德标准进行规范分析,而且应该对经济运行的机制本身作出客观的实证分析。

社会主义经济建设提出的这些要求,现有的各门经济学科尽管都从某个角度、某个方面作出了一定的解答,但要对它们的总体面貌作出清晰、明了的描述,却是现有任何一门经济学科的对象都不能包容的。最近,面对经济体制改革和经济振兴的新局面,许多同志看到了现有经济学科,尤其是社会主义政治经济学在这方面的局限性,纷纷提出了许多改革政治经济学的设想。我们认为,现有的社会主义政治经济学固然需要改革,但改革的方向是面对社会主义生产关系的实际,从实际出发而不是从经典出发论述社会主义生产关系。如果我们把不属于政治经济学研究范围的内容统统硬塞到它的框架中去,实用性固然加强了,但马克思主义政治经济学这门研究生产关系的学科本身就被弄得面目全非,不伦不类了。为了适应经济建设的需要,比较妥当的办法是在完善和加强原有学科(包括社会主义政治经济学)的同时,建立一门综合性的社会主义经济学。

第二,社会主义经济理论发展的趋势。

经济科学是一门古老的科学,迄今已有二千多年的历史。早期的经济理论是和伦理学、政治学混为一体的,后来慢慢地分离出来,形成一门独立的学科。在经济学本身的发展史上,不断地呈现出由综合到分化,由分化再到综合的趋势。

例如,资产阶级政治经济学经历了百余年的历史终于在斯密那里形成了资产阶级古典政治经济学的一个比较完整的体系。马歇尔在1890年发表的《经济学原理》中,又兼收并蓄传统古典理论和历史学派、边际学派和数理学派的方法论和理论观点,拼凑成一个折中主义的综合经济学体系。这是资产阶级经济理论的一次大综合。然而,面对20世纪三十年代的大危机,传统的以市场机制为基础的微观经济学受到了所谓"凯恩斯革命"的冲击。凯恩斯在1936年发表的《通论》一反常规,把其理论分析的重点放在宏观经济的总需求分析上。这是资产阶级经济学又一个新的分化和发展。当代美国经济学家保罗·萨缪尔逊在其代表著作《经济学》中,又把马歇尔的微观经济分析和凯恩斯的宏观经济分析进行了综合,形成了当代主流学派,即新古典综合体系。在《经济学》中,不仅传统的市场均衡理论和凯恩斯的有效需求理论综合起来了,宏观经济学理论和微观经济理论综合起来了,而且基础经济学和部门应用经济学、边缘经济学等各门学科也综合起来了。

资本主义的经济科学在综合,社会主义的经济科学也要求综合。因此,我们认为,从理论本身的发展来看,也有必要建立综合性的社会主义经济学。它不仅要综合社会主义经济理论的各家各派,而且应该综合各主要经济应用分支和边缘学科的基本内容。

第三,普及经济科学提出的任务。

随着社会主义经济建设的发展,迫切需要大批具有现代经济知识和其他科学技术知识的专门人才和通用人才,亟须在广大干部和青年中普及经济科学知识。

需要普及的经济科学知识的内容非常丰富:既有社会主义经济的基本理论,又有社会主义经济的各种应用理论;既有宏观经济的理论,又有微观经济的理论;既有生产力方面的理论,又有生产关系方面的理论;既有生产关系各大环节——生产、流通、分配、消费方面的理论,又有国民经济各个部门——工业、农业、商业、交通运输、建筑等的理论;既有边缘经济方面如环境、生态、人口等的理论,又有经济核算工具如会计、统计、数学等;既有中外经济历史方面的理论,又有中外经济思想学说史方面的理论。

要掌握这样丰富的经济理论知识,仅靠普及研究生产关系的政治经济学显然是不够的。如果要每个人将所有这些学科一门一门都啃下来,则既没有必要又是不可能的。那么,出路何在呢? 我们认为,一方面应改革社会主义政治经济学本身的内容,另一方面则需要建立一门综合性的经济学科——社会主义经济学。通过对它的学习,能够使学者对经济理论的概貌有一个系统而总括的了解,对与经济生活相关的主要分支学科的基本内容和基本技能也有一个概略的知晓和初步的应用。由于社会主义经济学的研究对象不受生产关系的限制,所以就能较快地、更广泛地对社会主义经济建设中的各类问题作出理论上的反映,从而有利于经济科学本身的建设和发展。另外,由于社会主义经济学综合和吸收了一切主要经济理论和相关学科,又可以供学者根据不同的目的和需要有重点地选择使用。

二、社会主义经济学是怎样一门学科

简单地说,社会主义经济学是研究社会主义经济运行的一门综合性的经济学。如何理解它是综合经济学,它综合的范围有多广,它与社会主义政治经济学到底有哪些区别呢?

第一,社会主义经济学作为一门综合性的经济学,它不仅研究生产关系,而且研究生产力和上层建筑。它研究生产力不是一般的联系而是作为一项主要任务。它研究社会主义社会生产关系与生产力的关系、生产力的现状以及如何发展社会生产力及其发展方向。社会主义经济学要把上层建筑当作主要任务之一来研究。它不仅研究社会主义社会上层建筑与经济基础的关系,而且要直接研究国家的经济职能、经济体制、经济政策等问题。

第二,社会主义经济学作为一门综合的经济学,是宏观经济、中观经济与微观经济的综合。社会主义政治经济学主要侧重于研究宏观经济,社会主义经济学除研究宏观经济外,还要研究中观经济,研究如何发挥各地区、各部门的优势和积极性,如何发挥中心城市的作用等;它又要研究微观经济,研究如何增强企业的活力,如何发挥劳动者个人的聪明才智和首创精神。它既要从纵的方面研究如何正确处理国家、地方、企业、个人之间的利益关系,也要从横的方面研究如何协调不同部门、不同地区、不同企业、各个劳动者之间的利益关系。

第三,社会主义经济学作为一门综合性的经济学,它要综合现有各国、各家、各派社会主义经济理论的合理成分。社会主义政治经济学在揭示社会主义生产关系运动规律的一般原则时,也要求综合各国、各学派对社会主义生产关系的客观分析,但其范围仅限于生产关系方面。可是近年来,随着东欧各国经济体制改革的进展,在国际上,一些社会主义经济的理论专著的研究对象和范围超过了生产关系的界限。此外,资产阶级的一些学者,无论是马克思主义的同情派还是反对派,对社会主义经济问题也从不同角度作了研究和探讨,他们的研究兴趣主要集中在社会主义经济中的资源配置、需求分析、消费平衡、投资效果、市场机制等方面。作为综合性的社会主义经济学,应本着实事求是的态度,不仅综合各国、各学派关于生产关系理论中的合理成分,而且要综合其他有关社会主义经济运行理论分析中的合理成分。

第四,社会主义经济学还是各门经济科学和相关学科的综合。社会主义政治经济学只是一门基础经济学,而社会主义经济学既是基础经济学,又是应用经济学。它不仅为社会主义经济建设提供基本原理,而且告诉人们社会主义经济如何具体运行,要运用哪些工具,掌握经济运行的机制必须具备哪些基本的经济科学知识,要向前人或当代各家各派的经济理论吸取哪些养料。因此,它是基础经济学(包括生产力经济学、政治经济学等)、应用经济学(各部门、各方面的经济科学)、边缘经济学、经济工具学、经济学说史等各类经济学的综合,并且还要综合与经济问题分析相关的一些自然科学和社会科学的有关内容,吸收其精华,将它们融为一体。

第五,社会主义经济学还要综合各种分析方法。社会主义政治经济学的对象是生产关系,它主要研究社会主义经济质的规定性。社会主义经济学不仅要研究社会主义经济质的规定性,揭示社会主义经济制度的本质、优越性及其发展方向,而且要对经济效益、发展目标、经济成长、经济杠杆的运用等作出量的规定性。因此,社会主义经济学将以经济数学作为它的一个重要分析工具。此外,社会主义经济学不仅要对社会主义经济作静态分析,而且要作动态分析,因为社会主义经济本身是发展的、运动的、开放的。所以,经济理论也要对经济运行机制从静态和动态两方面考察其运行、变化及其发展趋势。最后,社会主义经济学还要在对社会主义经济机制作了客观的实证描述的基础上,按照社会主义社会的伦理道德标准对经济行为作规范的论证。

总之,社会主义经济学不是要取消社会主义政治经济学和其他应用经济学科,而是与它们并列,在它们之上,对社会主义经济生活的各个方面加以综合概括和描述。

我们初步设想,社会主义经济学的主要内容大体如下:(1)社会主义经济的性质和基本特征,包括社会主义经济制度的建立,社会主义经济的本质和优越性,社会主义的发展阶段与方向,以及不同经济制度的比较等。(2)社会主义生产力系统及其运行,包括生产力的要素、生产力的层次、生产力的系统,以及科学技术在生产力发展中的作用。(3)社会主义经济的运行机制和不同模式,包括所有制结构、层次,以及产业结构、计划与市场的关系等,还包括各种社会主义经济运行模式的分析比较。(4)社会主义经济的内在动力和外在压力,包括国家、企业、个人的生产目的,以及这些目的如何通过市场与竞争得到贯彻和实现。(5)社会主义经济核算及其考核工具,包括成本、利润、财会、统计、信息论、控制论、系统工程等等。(6)社会主义经济效益,包括投入产出、宏观与微观效益、长期与短期效益、人口、环境、教育与经济效益、经济效益与社会效益等。(7)社会主义企业的经济行为和行为准则,包括企业的地位和作用、责、权、利、经济责任制等。(8)社会主义的宏观控制与经济杠杆,包括价格、利息、税收、地租等。(9)社会主义国家的经济职能和经济政策。包括所有权与经营权的分离、政企分开、投资政策、就业政策、货币政策、经济立法等。(10)社会主义的对外经济关系,包括国际分工、国际市场,国际贸易、国际金融、国际技术交流等。(11)社会主义经济目标,包括近期目标、中期目标、远期目标、发展战略等。(12)社会主义经济理论发展的历史与现状,包括评介各派经济理论、比较经济学、研究与探索等。

在阐述以上问题的过程中,还将有机地穿插介绍中外经济史、各门经济分支和经济应用、边缘学科的主要内容。

三、如何建立社会主义经济学

社会主义经济学所包括的内容决定了它的体系结构的建立是一件相当困难的任务。我们觉得,内容的多而杂,不应该导致体系的松而散。社会主义经济学体系结构的最终形成,必须在实践中摸索,而且必然有一个从不成熟到成熟的过程。我们设想,它最初只能是一个"拼盘",然后变为"杂烩",最后才形成一个艺术的整体。当然,我们现在还拿不出具体方案,但我们认为建立这门科学必须遵循以下四个基本原则。

（一）坚持以马克思主义为指导

马克思主义对于一切社会科学来说，既是指导思想，又是理论基础。同样，马克思主义的政治经济学应该成为社会主义经济学所综合的总体结构的核心和基本层次。马克思的主要著作《资本论》不仅是社会主义革命的经济学，而且是社会主义建设的经济学。就经济理论本身而言，《资本论》涉及了经济生活中的主要环节和主要领域。马克思对一般经济规律的论述，对商品经济运行规律的论述，甚至是对资本主义商品经济范畴及其运行规律的大部分论述，只要撤除其反映的资本属性，完全可以作为社会主义经济建设的指导原则。此外，马克思在揭示资本主义经济运行规律的同时，常常用对比的方式科学地揭示了社会主义经济运动的一系列客观规律。这些都是我们建立社会主义经济学的指导原理。当然，我们又必须看到，《资本论》距今已有100多年，马克思不是算命先生，他没有社会主义建设的实践，不可能解答社会主义经济建设中的所有问题。况且，马克思当时对社会主义的预见与现在的情况也不尽一致。这100多年科学技术的突飞猛进，使经济生活出现了马克思年代不可思议的巨变，大量新的经济现象出现了。这些问题，要想从《资本论》中找到现成的答案，也是不可能的。总之，今天我们正确的态度应该是背靠马列、面对现实，进一步丰富和发展马克思主义的经济理论。

（二）必须从社会主义经济的实际出发

社会主义经济理论，主要应该到社会主义经济建设实践中去总结、提高。因此，建立社会主义经济学必须从社会主义经济建设的现实出发，运用马克思主义原理，发现新问题，研究新情况，总结新经验。它不仅应该反映本国社会主义经济发展的经验，而且应该反映社会主义各国经济发展的经验，从分析比较中揭示社会主义经济运行的一般规律。当然，每一个国家研究社会主义经济学又不能不以本国情况为主，带有本国经济的特色。社会主义经济学不能仅仅根据几天、几月，也不能以一年的或某几年实际情况就概括出社会主义经济运行的一般规律，而应该根据相当长时间内经常反复出现的实际情况概括社会主义经济运行的规律，并继续经受实践的检验。

（三）应当吸取当代自然科学和社会科学的新成果

在经济学的研究上，新的方法论起着重要的作用。因为经济生活是一个复杂的，含有人的因素的多极、多支、多变量的大系统，许多经济活动又必须与数量现象打交道。因此，在经济学的研究中，运用自然科学的最新成果，应用数学分析工具，引进心理行为分析，借助控制论、系统论、信息论等先进学科，乃是社会主义经济本身提出的要求。同时,在社会主义经济学中,应该也可以引进某些自然科学的术语,如"定性分析"、"定量分析"、"系统"、"反馈"、"信息"等。应当承认,数学、计算机科学、信息论、控制论等相继进入经济学,将极大地丰富经济科学的内容,并开辟研究客观经济现象的新途径。但是,我们运用自然科学的方法、概念、术语,又绝不能忽视经济科学本身的社会性质。例如,由于经济活动的特殊社会性质,决定了我们不应该用数学方法完全取代理论分析。在现实的经济生活中,正像有不少现象需要精确处理一样,另一些经济现象并不需要也不可能精密计量。在后一类问题上,过于精密的计算反而会导致相反的结果,使人们被形式上的精巧所蒙蔽,看不清事物的本质和内在变动的趋势。

(四) 批判地吸收当代资产阶级经济学的合理成分

资产阶级经济学的整个理论体系,当然不能机械地搬到社会主义经济学中来,但是,资本主义商品经济和社会主义商品经济都是社会化大生产,都必须遵循商品经济的一般规律。因此,我们必须承认当代资产阶级经济学中有不少内容可供我们参考和借鉴。例如,资产阶级经济学提出的宏观经济和微观经济这两个经济范畴在社会主义经济中也是可以运用的。又如,凯恩斯的"乘数原理",如果把它从凯恩斯主观主义体系中剥离开来,它所反映的再生产过程的连锁反应,对于我们研究社会主义再生产问题,也有参考价值。再如,资产阶级经济学运用的"边际分析",只要剔除它包含的主观唯心主义因素,作为分析工具,对于我们分析各经济变量及其增量之间的相互依存关系,也是很有用的。此外,资产阶级经济学根据各国经济发展的史实,总结出许多经验教训,对社会主义经济建设也有值得借鉴之处。

(作者:洪远朋、程恩富、宋运肇,原载《复旦学报》社会科学版 1985 年第 6 期)

需要建立新的经济学说史体系

一、建立以"原理"为中心的经济学说史体系的必要性

人们总是适应于物质生产的发展水平建立相应的社会关系。正是这些人又总是按照自己的社会关系创造了相应的原理、观念和范畴。在人类社会发展的不同历史阶段，不断地产生着与当时的经济活动相适应的经济学说。这些经济学说是人们对自己在经济活动中所结成的社会经济关系的认识，即一定的生产关系、分配关系、交换关系和消费关系在人们头脑中的反映和表现，由于特定的社会经济关系会随着社会生产力的发展而出现变化，因而在不同的社会经济制度下，以及在同一制度的不同历史发展阶段，均会产生与其相应的各种不同的经济学说，这就是经济学说的历史性。经济学说史就是阐明作为历史科学的经济学说的发展过程的学科。

本文的目的是：根据经济学说史的研究对象及这门学科的特点，探讨应该怎样建立经济学说史的理论体系问题。

就经济学说史的总体来说，现有的经济学说史著作和教材具有一个共同的特点，即都是按"人物"或按"学派"来介绍的，或者只涉及一个至多几个专题的理论发展史，都不能给我们提供主要经济理论发展的历史和现状的全貌，明显存在一些不足之处：首先，主要经济范畴、规律和原理在相当大的程度上被孤立地阐述，不可能使人对这些经济范畴、规律和原理有比较连贯的系统的了解；其次，对经济学中的许多基本概念或范畴的分析量大大不够，不少重要经济范畴和原理很少涉及，甚至无法被纳入"人物"体系加以剖析，比如生产力、流通、消费等等；更重要的是，这些类型的经济学说史与社会主义经济建设的现实联系都不很紧密。

我们认为，建立经济学说史的理论体系，除了按照历史上先后出现的各种经济

学派及其代表人物以时期为序来组织理论体系以外,还可以经济学中的主要经济理论和范畴为主线来组织经济学说史的理论体系。因此,我们主张吸取各类经济学说史的长处,克服不足之处,编一本以专题形式阐述各种经济理论(包括古今中外)本身发展的历史和现状的经济学说史。我们暂时把它简称为"原理"体系的经济学说史,以区别于"学派"体系的经济学说史。

二、"原理"体系的经济学说史的特色

我们设想"原理"体系的经济学说史至少具有以下四个特色。

首先,在选题上具有全面性。按照各种经济理论本身的发展来编写的经济学说史新体系必须包括理论经济学中所有重要的经济原理和范畴。比如:商品、价值(价格)、货币、资本、生产力、再生产、流通、市场、就业、人口、分配、剩余价值、工资、利润、利息、地租、消费、经济危机、垄断、帝国主义等,并且将这些范畴和原理按照从抽象到具体的逻辑方法和历史方法有机地组成一个体系。经济学中的各个范畴和原理在人类认识的长河中,不是静止的、孤立的,而是处于纵横联系之中的。从纵的方面说,它从古至今有着自身发生、发展和演变的历史;从横的方面说,它既有外国的,又有中国的。我们将从纵横两方面来概述经济学中主要原理和范畴在古今中外经济学说史上的发展源流及其现状。因此,这样一种经济学说史是全面的:第一,它包括一切主要经济理论;第二,它从古到今,包括历史上和当今有关的所有流派;第三,它中外结合,既有外国经济学说史,又有中国经济学说史。

其次,在观点上具有鲜明性。这种经济学说史所论述的各种经济理论发展历史与现状都是以马克思经济学说为中心建立起来的,其中每个专题都以马克思主义为指导去分析各派各家的观点。

马克思主义政治经济学的诞生,既是人类经济思想史的根本变革,又是以往经济思想成果的批判继承。我们在学习和研究马克思主义政治经济学的过程中所接触到的各种范畴和原理,在经济学说史上都经历了不同的发展阶段,从而形成经济思想认识史中一环套一环的圆圈。如果抛开认识史中这个整体的各个环节的上下联系,就不可能很好地理解这些范畴和原理。为了弄清马克思主义政治经济学各个范畴和原理的来龙去脉,从而更好地掌握这些具体理论;为了用科学的马克思主义经济理论去评述世界上形形色色的经济流派和研究社会主义经济理论与实践,就完全有必要贯彻以马克思主义经济学说为中心来编写经济学说史这一原则。

再次,在阐述上具有系统性。经济学说史新体系在阐述某一经济范畴和原理的认识史时,一般要包含下列四个部分内容:(1)马克思主义以前的经济学家关于这一问题的论述,其中应找出该理论的鼻祖;(2)马克思主义对这一范畴和理

论的批判、继承及发展,其中包括马克思、恩格斯、列宁、斯大林、毛泽东的观点;(3)当代资产阶级学者对这一问题的新观点;(4)这一范畴和理论在社会主义条件下的变化、发展及其实践。

我们认为,只要是在经济理论发展史上有重要影响的人物和观点,均需在阐述时给予一定的地位。这里面理所当然地要包括空想社会主义者、机会主义者、西方激进政治经济学派或新左派、当代社会主义各学派以及中国历史上各个经济思想家的观点。简言之,这部新体系的经济学说史必须在最大限度的空间和时间内,把古今中外著名的经济思想纳入进来研讨,从而阐明政治经济学发展的规律性,揭示各种经济学说产生的历史必然性及其相互关系。

最后,在实践上具有指导性。这样一本以主要经济理论为主线的经济学说史,不仅是一本经济理论发展历史的论著,而且要阐明各种经济理论的现状,特别注重这些理论在社会主义社会的现实意义,遵循"古为今用"、"洋为中用"的原则,理论联系实际地创立适应社会主义经济发展要求的社会主义经济学说。新体系的经济学说史从中国到世界、从历史到现状,对经济范畴、原理和规律作全面系统地比较研究,并以一定的篇幅直接分析它们的现实作用,从而在实践上必然对具有中国特色的社会主义现代化建设和经济体制的全面改革具有一定的指导意义。

三、"原理"体系经济学说史的框架设计

为了改变目前学术界单一的"人物"体系经济学说史的现状,我们根据经济学说史新体系应具有的特点和编写原则,设计了"原理"体系经济学说史的框架如下。

全书共分为二十一章。

第一章 经济科学的过去、现在和未来。这一章作为全书的导论,将着重阐明:经济科学的产生和发展;经济科学的现状及其分类;经济科学的发展趋势;经济科学与社会主义建设的关系。

第二章 商品理论。从这一章起,将转入对经济学中的二十个基本范畴和原理的专题分析。在这一章里将论述:马克思以前的商品理论(如韩非的商品论、亚里士多德的商品论、古典学派的商品论等);马克思主义的商品理论;现代资产阶级的商品理论(如斯拉法的用商品生产商品的观点、供应学派的商品理论等);社会主义商品经济理论与实践。

第三章 价值理论。这一章将论述价值理论与价格理论。其中:将阐述马克思以前的价值理论(如贾谊的价格观、桑弘羊的价格观、公平价格论、效用论、供求论、生产费用论、综合价值论、构成价值论等);马克思创立的科学的劳动价值论;现代资产阶级的价值、价格理论(如边际效用论、均衡价值论、创新价值论、垄断价格

论、有效需求价值论等)和社会主义的价值和价格理论。

第四章 货币理论。这一章将阐述马克思以前的中外货币学说(如货币名目论,货币金属论、货币数量论、劳动货币说、王茂荫的货币观点等);马克思主义的货币理论;评述当代资产阶级的种种货币新论(如凯恩斯的货币理论、弗里德曼的现代货币数量说、威克塞尔和哈耶克的中性货币论、剑桥学派的剑桥方程式等);论述社会主义的货币理论和实践。

第五章 资本理论。本章将通过对重农学派、斯密、李嘉图以及巴斯夏等人资本理论和马克思资本理论的论述,说明马克思主义资本学说的科学意义;还将评介中外历史上出现的新思潮(如孙中山的节制资本观点、林达尔的资本观点、希克斯的资本观点、舒尔茨的人力资本观点、罗宾逊的资本积累观点、人民资本主义等);最后再分析社会主义的资金理论和资金运动的一般规律。

第六章 生产力理论。生产力理论在现有的经济学说史中一般不作为重点论述。我们认为生产力是经济学中的基本范畴之一,而发展生产力又是社会主义社会的根本任务,因此有必要专门加以探讨。这章将讨论:魁奈的生产力概念、李斯特和罗雪尔的生产力学说;马克思主义的生产力概念、因素、系统、运动规律;苏联二十年代的生产理论,如波格丹诺夫、布哈林的观点;其他社会主义的生产力理论。

第七章 再生产理论。在这一章中,将依次论述马克思以前的再生产理论(如魁奈的经济表、斯密教条等);马克思的再生产理论;当代资产阶级的各种新流派(如投入—产出分析,哈罗德—多马模型、刘易斯经济成长论等);社会主义的再生产学说。

第八章 流通理论。这一章将介绍中国商鞅的抑商论、管子的商业论、荀况的商业论以及欧洲重商主义观点等;阐述马克思关于商品流通、货币流通和资本流通的理论;说明现代西方学说;论述社会主义流通理论和实践。

第九章 市场理论。这一章将分析马克思之前的市场理论和马克思的市场理论,并将介绍当代资产阶级的市场理论以及社会主义的市场理论。

第十章 就业理论。就业问题过去不为社会主义政治经济学所重视,但现在无论从西方资本主义国家,还是从中国等社会主义国家以及其他发展中国家来看,就业都是一个重要的实际问题,理论经济学应该加以探讨。我们拟于本章阐述:中国古代的均田就业思想、西方华莱士、葛德文、孔多塞、马尔萨斯等的就业思想;马克思主义有关就业的基本理论;现代资产阶级的就业理论;社会主义的各种就业理论和观点。

第十一章 人口理论。由于中外经济理论发展史上人口思想是极为丰富的,因而在这一章只能概括地阐述:中国和欧洲古代的人口思想、马尔萨斯人口论、英法古典经济学和空想社会主义人口思想;马克思关于人口问题的主要观点;现代西方人口思潮(如适度人口论、人口爆炸论等);社会主义人口理论。

第十二章 分配理论。这里所要分析的分配,是含义比较广泛的分配。它不局限于消费品的分配。我们打算分析下列一些内容:穆勒、杜林、车尔尼雪夫斯基等人的分配观;马克思主义劳动力分配、产品分配和国民收入分配的原理;克拉克、激进经济学派等的分配理论;社会主义的分配理论与实践。

第十三章 剩余价值理论。这一章将依次说明:马克思以前的剩余价值理论;马克思的剩余价值理论;当代西方的剩余价值理论;社会主义的剩余理论。

第十四章 工资理论。在这一章里,将阐述资本主义自由竞争时期的工资理论(如劳动价格论、劳动基金说、工资铁律等);马克思的工资本质、工资形式和工资运动规律的理论;当代资产阶级的工资理论(如血汗工资、年功序列工资、劳动的边际生产力论等);并分析社会主义各国的工资理论和实践。

第十五章 利润理论。这一章准备先论述贵卖贱买说、让渡利润说、劳动报酬说、资本创造说等利润观;再论述马克思主义有关利润的形成、平均化和发展趋势的基本原理;接着评介现代西方的利润学说,最后论述社会主义利润理论。

第十六章 利息理论。这一章将阐述自然利息论、货币产生利息论、资本生产力论、节欲论以及马克思的利息论,并将侧重分析时差利息论、资本边际生产力论、资本的均衡价格论等当代资产阶级利息论,分析社会主义的利息及其理论。

第十七章 地租理论。本章将阐明中国古代地租思想、英法古典经济学和庸俗经济学地租学说;马克思主义的地租理论;当代资产阶级的地租新论;并用一定的篇幅探讨社会主义条件下地租的本质及其形态。

第十八章 消费理论。以上各章讨论生产、交换、分配过程的基本范畴和原理,这一章将考察各种消费理论。这里包括:马克思以前的消费理论;马克思主义的消费理论;当代资产阶级的消费理论(如凯恩斯的消费倾向、"高消费"理论、恩格尔定理等)和社会主义的消费及其理论(如社会主义的消费结构、消费模式、消费水平等)。

第十九章 经济危机理论。在这一章里,将以主要篇幅论述马克思以前的种种危机理论(包括消费不足论、太阳黑点论、有效需求不足论、萨伊法则、信用危机论);马克思主义关于资本主义危机的根源、实质、周期性以及对资本主义经济的影响;当代西方危机理论(如危机消失论、周期变形论、货币危机论、经济长周期论等);此外,也要揭示社会主义再生产周期及其特点。

第二十章 垄断理论。这一章论述三个问题:一,资产阶级的垄断理论(如克拉克和马歇尔的垄断学说、张伯伦和罗宾逊的垄断竞争论、加尔布雷思的抗衡力量论等);二,马克思主义的垄断理论;三,当代国家垄断和国际垄断的新发展及其理论依据,旨在说明当代资本主义垄断变化的实质和趋势,评述与此有关的种种理论。

第二十一章 帝国主义理论。在这章中首先评介资产阶级的帝国主义理论（包括霍布森的帝国主义论、费边帝国主义论、非垄断资本主义论等）；然后阐明以列宁为代表的马克思主义帝国主义理论；接着论述社会帝国主义的理论与现实；最后评介希法亭和布哈林的帝国主义理论。

以上是"原理"体系学说史框架的初步设想，有关经济理论的主题顺序和具体内容还需要在编写过程中进一步研究与完善。

（作者：洪远朋、程恩富、宋运肇，原载《经济新论》1995年创刊号）

附 录 篇

附录一：洪远朋经济论文目录

1. 我国农村无工业的历史永远结束了——从马桥人民公社看社办工业的巨大作用

署名：上海市理论工作者人民公社调查组　执笔人：洪远朋　《新闻日报》1960年3月20日

2. 学习毛主席关于"不断革命论与革命发展阶段论相结论"的学说

江春泽　洪远朋　《复旦月刊》1960年第四期

3. 生产资料生产和消费品生产的相互关系

洪远朋　《解放日报》1962年1月12日

4. 中国的生产资料公有制

署名：郑旌　执笔人：洪远朋　《北京周报》1972年英文版第51期，日文版第53期

5. 正确认识当代帝国主义基本特征

署名：马曼林　执笔人：洪远朋　载《帝国主义是资本主义最高阶段》学习札记

6. 帝国主义是无产阶级革命的前夜——谈谈帝国主义三大特征

署名：郑冀旭　执笔人：洪远朋　《文汇报》1972年8月4日

7. "无可奈何花落去"——谈谈当前资本主义世界的经济危机

翁其荃、洪远朋　《文汇报》1974年12月17日

8. 必须限制资产阶级法权——学习《国家与革命》第五章的体会

洪远朋　《文汇报》1975年2月3日

9. 苏修"援助"是资本输出的代名词

载《〈帝国主义是资本主义最高阶段〉学习体会》

洪远朋、陈麟　上海人民出版社1976年1月

10. 《资本论》是批判"四人帮"的锐利武器——批判"四人帮"对政治经济学的篡改和歪曲

洪远朋 《思想战线》1978年第1期

11. 关于社会主义积累的几个问题

洪远朋 《经济研究》1978年第2期

12. "四人帮"炮制的《社会主义政治经济学》是怎样篡改马克思主义的（例选）

陈文灿、洪远朋 《文汇报》1978年7月29日

13. 篡改列宁论述的但卑者伎俩

洪远朋 《解放日报》1978年11月1日

14. 试论生产力的内在源泉——学习《资本论》一点体会

洪远朋 《思想战线》1978年第5期

15. 有计划按比例地高速度发展国民经济

洪远朋 《解放日报》1978年11月1日

16. 关于按劳分配中劳动计量问题的探讨

洪远朋 《复旦学报》1978年第2期

17. 积极调整 稳步前进

洪远朋 《解放日报》1979年5月12日

18. 发展城市集体所有制工业要解决两个问题

翁其荃、洪远朋 《复旦学报》1979年5期

19. 城市集体所有制工业与四个现代化

洪远朋、翁其荃 《关于城市集体所有制工业的理论探讨》，轻工业出版社1979年10月

20. 应该恢复马克思的定义——也谈作为政治经济学的生产关系

洪远朋 《学术月刊》1979年12月

21. 试论城市集体所有制工业

洪远朋、翁其荃 《经济研究参考资料》1979年11月30日第190期，社会科学出版社

22. 山东省城市集体所有制工业的调查

周泽民、翁其荃、洪远朋 《经济研究参考资料》1979年11月30日第190期，社会科学出版社

23. 试论城市集体所有制工业

洪远朋、翁其荃 《经济研究》1980年第一期

24. 运用马克思再生产理论做好调整工作，促进国民经济有计划按比例发

展——读《资本论》札记

  洪远朋 《经济问题探索》1980年第二期

  25. 商品二重性和商品二因素不同

  洪远朋 《教学与研究》1980年第三期

  26. 积累不是扩大再生产的唯一源泉——读《资本论》的体会兼答

  洪远朋、奚兆永 《学术月刊》1980年第7期

  27. 怎样理解生产资料生产较快增长的规律

  洪远朋、陶友之 《文汇报》1980年8月8日

  28. 由提高劳动强度而生产的剩余价值是相对剩余价值

  洪远朋 《教学与研究》1980年第4期

  29. 不存在无产阶级的绝对贫困化规律和相对贫困化规律

  洪远朋、周建平 《世界经济》1980年第11期

  30. 资本主义社会内部不可能产生社会主义经济因素吗？——读《资本论》有感

  洪远朋 《复旦学报》1981年第1期 《新华文摘》1981年第4期转载 《经济学文摘》1981年试刊第二期转载

  31. 生产力应该是三要素——与奚兆永同志商榷

  洪远朋 《群众论丛》1981年第2期

  32. 如何理解马克思关于扩大再生产的论述

  洪远朋 《文汇报》1981年5月19日

  33. 正确理解马克思关于无产阶级贫困的理论

  洪远朋、周建平 《无产阶级贫困化理论研究》,中国社会科学出版社1981年第一版

  34. 生产劳动的概念不能随便扩大——学习《资本论》的一点体会

  洪远朋 《复旦学报》1981年第4期

  35. 试谈经济结构外延和内含——学习《资本论》的一点体会

  洪远朋、周建平 《经济研究参考资料》1981年第103期

  36. 试谈机器的资本主义使用与劳动强度的提高

  洪远朋 《教学与研究》1981年第5期

  37. 要用严肃认真的态度研究《资本论》

  洪远朋 《学术月刊》1981年第12期,选入《资本论》研究论丛第六辑（上）北京师范大学政治经济学系编

  38. 漆琪生

  洪远朋 《经济学动态》1981年第12期

39.《资本论》的理论意义和现实意义——兼论怎样正确对待《资本论》

洪远朋 《唯实》1981 年试刊第 2 期

40. 关于《资本论》体系结构的初步探讨——兼谈社会主义政治经济学体系的建立

洪远朋 《经济研究参考资料》1981 年 12 月 25 日第 296 期总 596 期

41. 经济结构包括经济制度结构

洪远朋、周建平 《经济学周报》1982 年 2 月 8 日

42. 工业品价格形成中最好采用加工费用盈利率

洪远朋 《经济研究参考资料》1982 年 3 月 24 日总 646 期

43. 中国经济学家——漆琪生

史家骅、洪远朋 《世界经济导报》第 79 期 1982 年 4 月 12 日

44. 作为《资本论》研究起点的商品是什么商品?

洪远朋 《世界经济导报》第 82 期 1982 年 5 月 3 日

45. 关于价值规律的表述问题

署名：双月 执笔人：洪远朋 《世界经济导报》第 82 期 1982 年 5 月 3 日

46.《资本论》是分析当代帝国主义的准绳

洪远朋 《马克思主义研究参考资料》总 128 期 1982 年 3 月

47. 三论积累不是扩大再生产的唯一源泉——再与奚兆永同志商榷

洪远朋 《经济研究丛刊：社会主义再生产、所有制、商品价值问题》，山东人民出版社 1982 年 2 月版

48.《资本论》札记(两则)

洪远朋 《复旦学报》1982 年第 3 期,经济学文摘 1982 年第 8 期转载

49.《社会主义基本经济规律》学习要点

洪远朋 《世界经济导报》第 83 期 1982 年 5 月 10 日

50.《关于社会主义基本经济规律的不同见解》

署名：曾鸣 执笔人：洪远朋 《世界经济导报》第 83 期 1982 年 5 月 10 日

51. 社会主义基本经济规律

洪远朋 《政治经济学电视讲座第十一讲》

52. 劳动力有没有所有制?

署名：洪 执笔人：洪远朋 《世界经济导报》第 87 期 1982 年 6 月 7 日

53. 资本总公式的矛盾是什么?

洪远朋 《世界经济导报》第 87 期 1982 年 6 月 7 日

54. 学习研究《资本论》的目的、意义和方法(四)

洪远朋 《资本论》与社会主义经济

55.《资本论》与政治经济学社会主义部分

洪远朋 《资本论》的结构体系对社会主义政治经济学体系建立的指导意义 《马克思主义研究参考资料》1982年第11期总124期,《资本论》与社会主义经济问题研究资料(论文摘编)

56. 关于复杂劳动的一些问题

洪远朋 《世界经济导报》第89期1982年6月21日

57. 生产力有几要素?

洪远朋 《世界经济导报》第90期1982年6月28日

58. 关于超额余价值的来源

洪远朋 《世界经济导报》第92期1982年7月12日

59. 关于《资本论》的研究对象问题

洪远朋 《唯实》1982年第4期1982年7月20日

60. 学习《资本论》第二卷中值得研究和思考的一些问题

洪远朋 《〈资本论〉研究文选》,福建人民出版社1982年12月版

61.《资本论》与宪法

洪远朋 《世界经济导报》第119期1983年1月17日

62.《资本论》与社会主义经济

洪远朋 《上海市纪念马克思一百周年论文集》1983年2月

63. 从解剖"细胞"开始——谈谈商品及其因素和生产商品的劳动二重性

洪远朋 载《政治经济学通俗讲座》上册,上海人民广播电台

64.《资本论》第一卷与社会主义经济

洪远朋 《赣江经济》1983年第4期

65.《资本论》与社会主义经济

洪远朋 《福建论坛》1983年第2期

66. 工业品价格形成最好采用加工费用盈利率

洪远朋 《价格理论与实践》1983年第3期 《经济学文摘》1983年第8期摘载

67.《资本论》第三卷中研究和思考的问题

洪远朋 载《〈资本论〉研究论文选》

68.《资本论》与社会主义政治经济学的体系

洪远朋 《经济研究》1983年第8期,《经济学文摘》1983年第10期摘载

69. 社会必要劳动决定价值量的三个科学含义

洪远朋 《中国经济问题》1983年5期,《新华文摘》1984年1月摘载

70. 资本的流通过程

洪远朋 《政治经济学教材》辅导材料第三章,1983年5月

71. 试论社会主义绝对地租

洪远朋 《社会科学研究》1983年第5期,《新华文摘》1983年第1期摘载

72. 活的辩证法——关于《资本论》的方法

洪远朋 《唯实》1983年第5期

73. 试论工业品价格形成中的成本问题——兼论价格形成中的成本与经济核算中的成本之间的关系

洪远朋 《经济研究参考资料》1983年9月5日第137期总937期

74. 目标、国情、道路的统一——学习邓小平文选的体会

洪远朋 《复旦学报》1983年第6期

75. 怎样学习政治经济学资本主义部分？

洪远朋 《群众》1984年第4期

76. 怎样理解生产资料生产较快增长的规律

洪远朋 陶友之 选入《资本论》第二卷研究,福建人民出版社1983年6月

77. 简论绝对地租与垄断价格的体系

洪远朋 《学术月刊》1984年第5期

78. 试论新老产品的比价关系

洪远朋 《经济研究参考资料》1984年第50期总1050期

79. 商品和货币

洪远朋 《学习导报》1984年第7期

80. 资本和剩余价值

洪远朋 《学习导报》1984年第7期

81. 价格问题探讨(二则)

洪远朋 《复旦学报》1984年第4期

82. 工业品价格形成中的成本问题

洪远朋 《中国社会科学》1984年第5期

83. 马克思的生产价格理论与劳动价值论是矛盾的吗？

洪远朋 《函授通讯》1985年第2期

84. 关于平均利润率的含义

洪远朋 《〈资本论〉研究资料和动态》第6期1985年2月

85. 关于新产品价格形成问题的初步探讨

洪远朋 《社会科学研究》1985年第2期

86. 价格理论与价格改革

洪远朋 《中国经济问题》1985年第3期

87. 读《资本论》第二卷札记(三则)

洪远朋 《复旦经济论丛》(第一集)1985 年 5 月,复旦大学学报主编

88. 关于马克思主义的传统观众之我见

洪远朋 《理论内参》1985 年第 6 期

89. 马克思发现的一般经济规律

洪远朋 《经济研究参考资料》1985 年 57 期(总 1257 期)

90. 试析马克思劳动价值论

洪远朋 《马克思主义研究丛刊》,经济科学出版社 1985 年第 1 期

91. 析浅社会主义城市地租的形式及其有关问题

洪远朋 《房地产经济》1985 年第 2 期

92. 我所编写的《通俗〈资本论〉》

洪远朋 《辽宁书讯》第 17 期 1985 年 11 月 5 日

93. 试论建立综合的社会主义经济学

洪远朋、程恩富、宋运肇 《复旦学报》1985 年第 6 期

94. 社会主义政治经济学的新探索

洪远朋 评《社会必要产品论》,《社会科学》1986 年第一期

95. 需要建立新的经济学说史体系

洪远朋、程恩富、宋运肇 《经济新论》1985 年创刊号

96. 从土地有偿构成谈"费""税"并收

洪远朋 《房地产经济》1986 年第 1 期

97. 《政治经济学社会主义部分》(南方本)四版评价

洪远朋、黎天章 《学术月刊》1986 年第 3 期

98. 通俗《资本论》

洪远朋 《新书报》

99. 关于经济科学的两点感想

洪远朋、程恩富、宋运肇 《经济研究参考资料》1986 年 1 月 24 日第 13 期

100. 试析价格与价值的关系

洪远朋 《上海市价格学会价格论文集》1986 年

101. 关于超额剩余价值的来源问题

洪远朋 《〈资本论〉研究资料和动态》1986 年 6 月第 7 期

102. 关于社会主义商品经济的观点综述

署名:双月 执笔人:洪远朋 《文汇报》1987 年 5 月 15 日,1987 年 8 月《新华文摘》转载

103. 开创《资本论》教学研究新局面

洪远朋　《世界经济文汇》1987年第3期

104. 《中国社会主义建设》序

洪远朋　《中国社会主义建设》,同济大学出版社1987年8月

105. 潜心研究农业经济与《资本论》的经济学家漆琪生

洪远朋　史家骅　《中国当代著名经济学家》第2集,四川人民出版社

106. 必须牢固掌握生产力标准

洪远朋　《世界经济文汇》1988年第1期

107. 《资本论》与社会主义商品经济

洪远朋、沈德勤、吴人健　载《〈资本论〉与社会主义经济论文集》,上海社科院出版社,《马克思主义研究》1988年第2期

108. 城市土地使用费应根据其构成性质区别补偿渠道

洪远朋　《房地产经济》1988第7期

109. 试谈社会主义市场价格体制的改革

洪远朋　《解放日报》1988年8月17日

110. 再论社会主义市场价格的目标模式

洪远朋、宇遐　《上海价格研究》1989年第1期

111. 试论社会主义市场价格

洪远朋、胡蕴玉、宇遐　《上海经济研究》1989年第1期

112. 货币

洪远朋　《中国大百科全书》经济学(Ⅰ),中国大百科全书出版社1988年8月第1版322—323页

113. 货币的职能(价值尺度　流通手段　储藏手段　支付手段　世界货币)

洪远朋　《中国大百科全书》经济学(Ⅰ),中国大百科全书出版社1988年8月第1版第323—325页

114. 货流通规律

洪远朋　《中国大百科全书》经济学(Ⅰ),中国大百科全书出版社1988年8月第1版第328—329页

115. 纸币

洪远朋　《中国大百科全书》经济学(Ⅲ),中国大百科全书出版社1988年10月第1版第1229—1230页

116. 纸币流通规律

洪远朋　《中国大百科全书》经济学(Ⅲ),中国大百科全书出版社1988年10月第1版第1230页

117. 铸币

洪远朋 《中国大百科全书》经济学(Ⅲ),中国大百科全书出版社 1988 年 10 月第 1 版第 1398 页

118. 价格

洪远朋 《中国大百科全书》经济学(Ⅰ),中国大百科全书出版社 1988 年 8 月第 1 版第 379 页

119. 价格标准

洪远朋 《中国大百科全书》经济学(Ⅰ),中国大百科全书出版社 1988 年 8 月第 1 版第 379—380 页

120. 价值符号

洪远朋 《中国大百科全书》经济学(Ⅰ),中国大百科全书出版社 1988 年 8 月第 1 版第 386 页

121. 商品储备

洪远朋 《〈资本论〉辞典》,山东人民出版社 1988 年 8 月第 1 版第 465—466 页

122. 商品的出售条件

洪远朋 《〈资本论〉辞典》,山东人民出版社 1988 年 8 月第 1 版第 466 页

123. 商品的货币形式

洪远朋 《〈资本论〉辞典》,山东人民出版社 1988 年 8 月第 1 版第 466 页

124. 商品的金价格或银价格

洪远朋 《〈资本论〉辞典》,山东人民出版社 1988 年 8 月第 1 版第 466—467 页

125. 商品的绝对价值

洪远朋 《〈资本论〉辞典》,山东人民出版社 1988 年 8 月第 1 版第 467 页

126. 商品的相对价值

洪远朋 《〈资本论〉辞典》,山东人民出版社 1988 年 8 月第 1 版第 467 页

127. 商品的形态变化

洪远朋 《〈资本论〉辞典》,山东人民出版社 1988 年 8 月第 1 版第 467 页

128. 商品过剩

洪远朋 《〈资本论〉辞典》,山东人民出版社 1988 年 8 月第 1 版第 469 页

129. 商品价格与商品价值的偏离

洪远朋 《〈资本论〉辞典》,山东人民出版社 1988 年 8 月第 1 版第 469—470 页

130. 商品价值量的指数

洪远朋 《〈资本论〉辞典》,山东人民出版社 1988 年 8 月第 1 版第 470 页

131. 商品交换规律

洪远朋 《〈资本论〉辞典》,山东人民出版社 1988 年 8 月第 1 版第 470 页

132. 商品流通

洪远朋 《〈资本论〉辞典》,山东人民出版社 1988 年 8 月第 1 版第 472—473 页

133. 商品流通的媒介

洪远朋 《〈资本论〉辞典》,山东人民出版社 1988 年 8 月第 1 版第 473 页

134. 商品流通的物质内容

洪远朋 《〈资本论〉辞典》,山东人民出版社 1988 年 8 月第 1 版第 473 页

135. 商品流通过程的经济形式

洪远朋 《〈资本论〉辞典》,山东人民出版社 1988 年 8 月第 1 版第 474 页

136. 商品内在的价值尺度

洪远朋 《〈资本论〉辞典》,山东人民出版社 1988 年 8 月第 1 版第 474 页

137. 商品让渡

洪远朋 《〈资本论〉辞典》,山东人民出版社 1988 年 8 月第 1 版第 474—475 页

138. 商品生产

洪远朋 《〈资本论〉辞典》,山东人民出版社 1988 年 8 月第 1 版第 475—477 页

139. 商品生产的资本主义形式

洪远朋 《〈资本论〉辞典》,山东人民出版社 1988 年 8 月第 1 版第 477—479 页

140. 商品生产所有权规律

洪远朋 《〈资本论〉辞典》,山东人民出版社 1988 年 8 月第 1 版第 479 页

141. 商品市场的行情

洪远朋 《〈资本论〉辞典》,山东人民出版社 1988 年 8 月第 1 版第 479—480 页

142. 商品体

洪远朋 《〈资本论〉辞典》,山东人民出版社 1988 年 8 月第 1 版第 480 页

143. 《剩余价值理论》与我国社会主义经济的两个理论问题

洪远朋、程恩富 《〈资本论〉第四卷研究》,四川省社会科学学院出版社 1988 年 4 月版

144. 社会主义价格的目标模式是市场价格

洪远朋、宇遐 《价格理论与实践》1989 年第 4 期

145. 社会主义商品经济理论模式

蒋学模、洪远朋、严法善、张晖明、程恩富　《复旦学报》(社会科学版)1989年6月30日

146. 中国的对外开放与亚太经济合作

洪远朋　载于香港中文大学当代亚洲研究中心日本研究计划出版的《中日关系与亚太区域合作》,日昇(国际)公司承印,1990年1月初版。

147. 社会主义市场价格

洪远朋、胡蕴玉、宇遐　《经济改革与理论思考》,四川人民出版社1989年6月版

148. 经济计划领域十年理论研究反思(发言提纲)

洪远朋　《上海经济计划简报》1989年9月9日

149. 坚持并发展马克思主义的价格理论

洪远朋　《上海价格》1989年第11期

150. 社会主义商品经济理论模式

课题组负责人：蒋学模、洪远朋　成员：严法善、张晖明、程恩富　《复旦学报》1989年第6期

151. 借鉴和吸收西方价格理论合理成分

洪远朋　《上海价格》1989年第12期

152. 传播　挖掘　创新——蒋学模传略

洪远朋　《中国当代经济学家传略(四)》,辽宁人民出版1989年11月版

153. 正确认识社会主义基本经济特征

洪远朋　《解放日报新论》156期1989年12月20

154. 在管理整改中进一步发挥国营大中型企业的骨干作用

洪远朋、陈文灿　上海市经济体制改革研讨会1989年年会论文选

155. 对马克思主义价格理论一要坚持,二要发展

洪远朋　《价格理论与实践》1990年第1期

156. 继承和弘扬中国古代价格思想的宝贵遗产

洪远朋　《上海价格》1990年第2期

157. 浅析特殊的价值概念——学习《资本论》札记

洪远朋　《资本论》研究,吉林人民出版社1988年10月

158. 我国的价格形成和价格改革理论探源

洪远朋　《学术月刊》1990年第4期

159. 坚持与发展社会主义基本经济特征的理论

洪远朋　《党政论坛》1990年第5期

160. 全方位、多层次、分阶段综合治理国营大中型企业——搞好国营大中型企业基本思路

洪远朋、陈文灿　《社会科学》1990 年第 7 期

161. 搞活国营大中型企业问题——全方位、多层次、分阶段综合治理国营大中型企业

洪远朋　陈文灿　载《发展与改革》，上海人民出版社 1990 年 12 月

162. 马克思主义是建设新世界的伟大理论

洪远朋　《人民日报》1991 年 5 月 29 日

163. 社会主义商品经济宏观运行的特点

蒋学模　洪远朋　严法善　载《回顾、探索、选择》，四川人民出版社 1991 年 2 月

164. 坚持与发展马克思主义关于科学是生产力的理论

洪远朋　《复旦学报》1991 年第 5 期

165.《改革的理性思维》序

洪远朋　《改革的理性思维》，南京出版社 1991 年 7 月

166. 城镇集体工业企业产权界定的几个理论问题

洪远朋　《上海集体工业》1992 第 1 期

167. 价格怎样才能理性

洪远朋　《价格理论与实践》1992 年第 4 期

168.《市场体系的构造与耦合》序

洪远朋　《市场体系的构造与耦合》，江苏人民出版社 1991 年 12 月版

169. 我的综合经济观

洪远朋　《我的经济观》，江苏人民出版社 1992 年 5 月

170. 市场经济体制与市场价格机制

洪远朋　《当代经济研究》1994 年 1 期

171. 多渠道培养高层次人才的重要途径

洪远朋　《在职高级人才教育》1993 年创刊号 5 月 8 日出版

172.《资本论的整体方法探讨》序

洪远朋　《资本论的整体方法探讨》，复旦大学出版社 1993 年 5 月 1 版

173. 资本的积累过程

洪远朋　中国经济出版社 1993 年 8 月

174. 资本的流通过程

洪远朋　中国经济出版社 1993 年 8 月

175. 革命和改革都是为了解放生产力

洪远朋 《毛泽东思想研究大系》(经济卷),上海人民出版社 1993 年 11 月

176. 改革呼唤新的《经济学》

洪远朋 《社会科学报》第 400 期 1994 年 3 月 10 日

177. 市场经济决定对传统经济学的突破

洪远朋 《社会科学报》第 401 期 1994 年 3 月 17 日

178. 邓小平对经济学的十大发展

洪远朋 《社会科学报》第 402 期 1994 年 3 月 24 日

179. 理论突破与难点选择 访复旦大学洪远朋教授

《沿海信息报》第 266 期 1994 年 3 月 16 日

180. 劳动力市场的理论突破

洪远朋 《社会科学报》第 403 期 1994 年 3 月 31 日

181. 从社会主义不存在剩余价值的禁锢中解放出来

洪远朋 《社会科学报》第 404 期 1994 年 4 月 7 日

182. 为地租正名

洪远朋 《社会科学报》第 405 期 1994 年 4 月 14 日

183. 社会主义经济因素到处在成长

洪远朋 《社会科学报》第 406 期 1994 年 4 月 21 日

184. 资本是市场经济义中之词

洪远朋 《社会科学报》第 407 期 1994 年 4 月 28 日

185. 价值规律是市场经济的基本规律

洪远朋 《社会科学报》第 408 期 1994 年 5 月 5 日

186. 效力第一公平第二

洪远朋 《社会科学报》第 409 期 1994 年 5 月 12 日

187. 股份合作制前途无量

洪远朋 《社会科学报》第 410 期 1994 年 5 月 19 日

188. 我的综合经济观

洪远朋 《社会科学报》第 411 期 1994 年 5 月 26 日

189. 中国合作经济探索

洪远朋 《上海社科规划通讯》1994 年第 2 期

190. 建立企业家市场的论

洪远朋 《沪港经济》1994 年 3 期

191. 邓小平对社会主义经济学的贡献

洪远朋 《理论与实践》1994 年第 21 期

192. 试论发展综合生产力

洪远朋、余政　《生产力研究》1995年第1期　中国人民大学复印报刊资料《社会主义经济理论与实践》1995年第4期

193. 十年回顾　十年展望

洪远朋　《世界经济文汇》1995年第2期

194. 论社会主义市场经济体制的十大利益关系

洪远朋、徐宝林、余政、孔爱国　戎生灵　《复旦大学学报》1995年第3期《解放军报》1995.9.4摘载中国人民大学复印报刊学科　1995年

195.《社会主义市场经济理论与实践》序

洪远朋　《社会主义市场经济理论与实践》,新华出版社1995年2月版

196. 经济利益：经济学的核心

洪远朋、余政、孔爱国、徐宝林　《社会主义市场经济论》,文汇出版社1995年6月

197. 市场与价格

洪远朋　经济科学出版社1995年4月

198. 通货膨胀的实质是利益关系

洪远朋　《世界经济文汇》1995年第6期,《山东金融》1996年第4期

199. 新生产力与产业变迁的城市成长

洪远朋、余政　《中国科技论坛》1996年第1期

200. 利益关系与通货膨胀

洪远朋　《发展论坛》1996年2期

201. 马克思的生产力源泉理论与可持续发展

洪远朋　《世界经济文汇》1996年第3期

202. 经济增长方式转变的辩证法

洪远朋　《复旦学报》1996年第4期

203.《谈经济论文写作》序言

洪远朋　《谈经济论文写作》,工商出版社1997年1月

204. 关于经济增长方式转变中的若干辩证关系

洪远朋、邵平、陈磊　《当代经济研究》1997年第2期,载《论经济增长方式》,西南财经大学出版社1997年8月,转载中国人民大学复印资料《社会主义经济理论与实践》1997年4月

205. 邓小平的经济理论是当代中国的马克思主义政治经济学

洪远朋　《探索与争鸣》1997年第2期

206. 经济学的发展与创新

洪远朋、金伯富　《中国社会科学》1997年第3期,中国人民大学复印资料

《理论经济学》1997 年 6 月转载

207. 十五大在所有制理论上的新进展

洪远朋 《上海统战理论研究》1997 年第 4 期 12 月 15 日出版

208. 创立一门新的经济学——综合经济学

洪远朋、金伯富 《金融信息参考》1997 年 7 月 15 日

209. 党的十五大对经济理论的贡献

洪远朋 《社会规划通讯》1997 年第 7 期

210. 试论股份合作经济的性质

洪远朋、朱晓 《社会科学》1998 年第 2 期

211. 股份合作经济"七大热点"——访洪远朋 陶友之教授

洪远朋、陶友之 《上海管理科学》1998 年第 1 期

212. 再论资本主义社会中的社会主义经济因素

洪远朋、申海波、庄宏献 《世界经济研究》1998 年第 2 期,人民大学复印资料《社会主义研究》转载 1998 年第 5 期

213. 股份合作经济是公有制的有效组织形式

洪远朋、朱晓 《江淮论坛》1998 年第 2 期

214. 减轻我国通货物膨胀压力与经济利益关系调整(上)

课题负责人：洪远朋、孔爱国 《复旦学报》1999 年第 1 期

215. 调整利益关系减轻膨胀压力

洪远朋、孔爱国 《复旦学报》1999 年第 1 期

216. 股份合作制是合作经济的新发展

洪远朋 《合作发展》第 231 期 1999 年 3 月出版,《上海集体经济》1999 年 3 期

217. 认真学习邓小平理论和十五大报告

洪远朋 《福建日报》1999 年 4 月 9 日

218. 经济增长与经济利益

洪远朋、管跃庆 《当代经济研究》1999 年第 7 期

219. 社会主义市场经济下的经济利益关系制衡

洪远朋、杨兰 株洲师范高等专科学校公开出版第 1 期 1999 年第 3 期

220. 一切经济利益关系实质上都是经济利益关系

洪远朋 《世界经济文汇》2000 年第 1 期,中国人民大学报刊复刊资料《社会主义经济理论与实践》2000 年第 5 期转载

221. 对社会主义社会中资本范畴的理解

洪远朋 《思想理论教育导》2000 年第 3 期

222. 《资本论》与经济利益关系

洪远朋、谢虹 《当代经济研究》2000 年第 5 期

223. 中国共产党人对马克思主义经济利益理论的贡献

洪远朋 《福建论坛》(经济社会版)2000 年第 6 期

224. 股份合作制与共享利益

洪远朋、叶正茂 《上海管理科学》2000 年第 5 期

225. 关于劳动力产权的探索

叶正茂、洪远朋 《财经研究》2001 年第 1 期

226. 对理论经济学研究前沿和热点问题的思考

洪远朋、陈波、刘才明 《世界经济文汇》2001 年第 2 期

227. 陈征教授《有从战略上调整国有经济布局的几个问题(笔谈)》

洪远朋、胡淑珍、杜述舜、顾士明、严正、陈躬林 《东南学术》2001 年 3 月 30 日

228. 共享利益制度：一种新的企业制度

洪远朋、叶正茂、李明海 《复旦学报》2001 年第 3 期,中国人民大学书报资料中心：《社会主义经济理论与实践》2001 第 9 期会议转载,《高等学校文科学报文摘》第 18 卷第 5 期摘载 2001 年第 5 期(总 104 期)

229. 政治经济学教材的新探索——《现代政治经济学》评价

洪远朋 《教学与研究》2001 年第 5 期

230. 农民问题的实质是农民利益问题

洪远朋、陈波、张跃进 《江苏行政学院学报》2000 年第 2 期

231. 地方利益与中国经济发展

洪远朋、陈波 《财经论丛(浙江财经)》2000 年第 4 期

232. 关于劳动和劳动价值理论的十点认识

洪远朋 《理论内稿 2001 年》第 4 期(上海)

233. 与同享"共享利益论"——复旦大学经济学院洪远朋教授访谈录

邵大祥 《现代领导》2002 年第 1 期

234. 理论经济——上海哲学社会科学学科前沿和发展趋势

洪远朋、陈波 上海社会科学院出版社 2001 年 11 月版

235. 中国保险业竞争力研究(序)

洪远朋 中国金融出版社 2002 年 1 月

236. 关于劳动价值论研讨的若干认识

洪远朋、马艳 《高校理论战线》2002 年第 2 期

237. 关于劳动和劳动价值论的十点认识

洪远朋、马艳 《复旦学报》(社会科学版) 2002 年第 2 期

238. 深化认识劳动价值论的过程的一些问题

洪远朋 经济科学出版社 2002 年 9 月

239. 论共享利益与产权界定

叶正茂、洪远朋 《经济学动态》2002 年 3 期

240. 共享利益与股份合作制的产权界定

叶正茂、洪远朋 《学术月刊》2002 年第 4 期

241. 中国保险业大有商机

洪远朋 《浦东开发》2002 年第 2 期 《新华文摘》2002 年第 4 期转载

242. 《论保险业的经济利益》

谢虹、洪远朋 《保险研究》2002 年第 3 期

243. 劳动价值论：共享利益的理论基础

洪远朋、叶正茂 《毛泽东邓小平理论研究》2002 年第 2 期

244. 共享利益观：现代社会主义经济学的核心

洪远朋、于金富 叶正茂 《经济经纬》2002 年第 6 期

245. 经济利益与保险利益

洪远朋、谢虹 《上海保险业发展研究》,上海人民出版社 2003 年 1 月

246. 《共享利益论》简介

洪远朋 复旦大学出版社 2003 年 1 月

247. 中国经济利益关系的演变

卢志强、洪远朋 《经济经纬》2004 年第 1 期,人大复印资料《主义经济理论与实践》2004 年第 3 期

248. 弱势群体的利益补偿问题

陈波、卢志强、洪远朋 《社会科学研究》2004 年第 2 期 人大复印资料《主义经济理论与实践》2004 年第 5 期

249. 中国当代经济利益关系的特点及其成因

洪远朋、卢志强、陈波 《复旦学报》2004 年第 4 期,《新华文摘》2004 年第 20 期全文转载

250. 对构建中国特色社会主义经济学的几点看法

洪远朋 载《〈资本论〉研究》,四川大学出版社 2004 年 10 月第 1 版

251. 对构建中国特色马克思主义政治经济学的几点看法

洪远朋 《经济学动态》2005 年 1 期

252. 当前中国十大经济利益关系

洪远朋 《社会科学报》964 期 2005 年 4 月 14 日头版头条

253. 马克思主义政治经济学述评(内部讨论稿)

洪远朋 《送马克思主义研究建设工程马克思主义政治经济学教材组》

254. 影响经济利益关系演变因素分析

洪远朋、卢志强、陈波 《云南民族大学学报》2005年第3期

255. 制度变迁与经济利益关系演变

洪远朋、卢志强、陈波 《社会科学研究》2005年第3期《高等学校文科学术文稿》2005年4月转载

256. 经济增长与经济利益关系的演变

洪远朋、卢志强、陈波 《世界经济文汇》2005年4、5合刊复旦大学百年校庆专辑

257. 洪远朋提出构建马克思主义政治经济学体系的120条

《社联通讯》2005年第5期

258. 结构调整与经济利益关系演变

洪远朋、卢志强、陈波 《复旦学报》2005年第5期百年校庆特辑

259. 马克思主义政治经济学教材构想(1)

洪远朋 《上海社科通讯》2005年第5期

260. 马克思主义政治经济学教材构想(2)

洪远朋 《上海社科通讯》2005年第6期

261. 制度的变迁与经济利益关系演变

洪远朋、卢志强、陈波 《上海经济学学会学术年刊》(2005年) 上海出版社2006年1月版

262. 结构调整与经济利益关系演变

洪远朋等 《中国人民大学书报资料中心复印报刊资料》2006年第6期,原载《复旦学报》2005年第5期

263. 共享利益的理论深渊 与实现机制度

叶正茂、洪远朋 《经济学动态》2006年第8期

264. 协调新时期我国社会利益关系的十大思路(上)

洪远朋、卢晓云、陈波 《社会科学研究》2006年第62期

265. 协调新时期我国社会利益关系的十大思路(下)

洪远朋、卢晓云、陈波 《社会科学研究》2007年第1期

266. 协调利益关系构建利益共享的社会主义和谐社会

陈波、洪远朋 《社会科学》2007年第1期

267. 理论工作者要尽力为党和政府的决策服务

洪远朋 复旦(校刊)第721期 2007年6月13日

268. 利益理论和现实的研究方兴未艾

洪远朋　复旦学报"新时期我国社会利益关系的发展变化研讨"特约栏目主持人的话

269. 马克思主义政治经济学述评

洪远朋　《马克思主义研究》2007年8月

270. 马克思主义政治经济学述评(续)

洪远朋　《马克思主义研究》2007年9月

271. 关于社会利益问题的文献综述

洪远朋、高帆　《社会科学研究》2008年第2期

272. 十七大对马克思主义利益理论的坚持与发展

洪远朋、郝云　《复旦学报》2008年第3期　利益课题的阶段性成果

273. 《当代中国马克思主义经济学家：批判与创新》第八集

洪远朋　中国出版集团　世界图书出版公司2012年5月

274. 关于社会利益问题的文献综述

洪远朋、高帆　《社会科学研究》2008年第2期

275. 十七大对马克思主义利益理论的坚持与发展

洪远朋、郝云　《复旦学报》2008年第3期

276. 社会利益理论与实践十议

洪远朋、高帆　《社会科学》2008年第10期

277. 改革开放三十年来我国社会利益关系的十大变化

洪远朋、陈波　《马克思主义研究》2009年第9期

278. 课题远未完成　仍需共克难关

洪远朋　《复旦》上海社科优秀成果专刊2009年1月7日

279. 改革开放30年来我国社会主义经济理论和实践的回顾与展望

洪远朋　《复旦学报》2009年第1期

280. 关于当前世界经济危机的十点思考

洪远朋　《探索与争鸣》2009年7月

281. 通俗《资本论》新版前言

洪远朋　《马克思主义文摘》2009年第7期

282. 正确认识马克思主义政治经济学

洪远朋　《马克思主义研究》2009年第7期

283. 60年来中国共产党人对社会主义经济理论的贡献

洪远朋　载《36位著名学者纵说新中国发展60年》,中国社会科学院马克思主义研究学部编,中国社会科学出版社2009年10月版

284. 正确对待马克思主义政治经济学

洪远朋 《政治经济学评论》2010 年第 1 期

285. 构建马克思主义政治经济学的新思维

洪远朋 《探索与争鸣》2010 年第 2 期

286. 关于新版《通俗〈资本论〉》

洪远朋 《联合时报》2010 年 2 月 26 日

287. 世纪回眸：永远的经典《资本论》——访复旦大学经济学院洪远朋教授

《现代领导》记者曹嘉懿 2010 年第 3 期

288. 对政治经济学各种理解的简评

洪远朋 《马克思主义文摘》2010 年第 4 期

289. 和谐利益论

陈波、洪远朋、卢晓云 《社会科学研究》2010 年第 4 期

290. 中国社会利益关系的系统理论思考

洪远朋 《探索与争鸣》2011 年第 2 期

291. 上海市学术贡献奖颁奖典礼上的获奖感言

洪远朋 2012 年 12 月 25 日 《评论集》复旦大学出版社 2017 年 9 月

292. 高考：那些年，那些事

洪远朋 《解放日报》2013 年 6 月 3 日

293. 我国当前收入分配中的问题与治理探析

戎生贤、洪远朋、陶友之 《复旦学报》2014 年第 5 期

294. 论《资本论》和《论利益》后记

洪远朋 复旦大学出版社 2013 年、2014 年版

295. 邓小平对社会主义经济学的贡献

洪远朋 载《中国智慧——邓小平与中国特色社会主义》，复旦大学出版社 2014 年 9 月

296. 世界马克思经济学奖获奖感言

载《海派经济学》，上海财经大学出版社 2014 年 12 月

297. "中国腾飞"刍议（"中国腾飞"探源写在前面的话）

洪远朋、陶友之、牟云磊、刘金燕、戎生贤 江苏人民出版社 2014 年 12 月

298. 共享价值论初析

刘金燕、洪远朋、叶正茂 《复旦学报》2015 年第 3 期

299. 构建马克思主义政治经济学的新思维

洪远朋 《30 位著名学者纵论哲学社会科学》，中国社会科学出版社 2017 年 10 月版

300. 新时代中国特色社会主义政治经济学的发展
洪远朋 《经济研究》2017 年第 11 期
301.《〈资本论〉纵横谈》后记
洪远朋 复旦大学出版社 2017 年 8 月
302.《评论集》后记
洪远朋 复旦大学出版社 2017 年 9 月
303.《争鸣集》后记
洪远朋 复旦大学出版社 2019 年 4 月

附录二：与洪远朋商榷的部分论文目录

1. 积累是扩大再生产的唯一源泉的原理不能否定——与洪远朋同志商榷

    奚兆永　《经济研究》1979年第9期

2. 资本总公式的矛盾是在流通中又不在流通中的矛盾吗？——与张薰华、洪远朋同志商榷

    侯征　《学术月刊》　1980年2月

3. 斯大林的定义是马克思主义的——与洪远朋同志商榷

    李建松　《学术月刊》　1980年5月

4. 马克思扩大再生产平衡公式和两部类平衡发展——与洪远朋同志商榷

    巫继学、刘估成、郑世明、朱玲　《经济问题探索》　1980年6月

5. 由提高劳动强度而生产的剩余价值仅仅属于相对剩余价值吗？——洪远朋同志

    黎小波、陈秀山　《教学与研究》　1981年1月

6. 唯物辩证法是《资本论》的根本方法——兼与张薰华、洪远朋同志商榷

    侯征　《学术月刊》　1981年5月

7. 略谈构成社会生产力的要素——与洪远朋、项启源等同志商榷

    林大庚　《中国经济问题》　1981年6月

8. 社会主义服务劳动是创造价值的生产劳动——兼与洪远朋老师商榷

    徐学峰　《复旦学报》（社会科学版）　1981年6月

9. 积累到底是不是扩大再生产的唯一源泉——对洪远朋和奚兆永两同志有关文章的一点看法

    简新华　《经济研究》　1981年10月

10. 资本主义社会内部工人自己的合作工厂，不是社会主义经济因素——与洪远朋同志商榷

周万钧　《复旦学报》(社会科学版)　1982年1月

11. 历史唯物论还是上层建筑决定论？

恽秉良　《复旦学报》(社会科学版)　1982年1月

12. 关于"商品二重性"提法的问题　与洪大璘、洪远朋同志商榷

奚兆永　《中国经济问题》　1982年2月

13. 一个重要现实意义的问题——也谈划分"社会经济时期的标志"

杨欢进　《复旦学报》(社会科学版)　1983年1月

14. 对超额剩余价值来源的管见——与洪远朋同志商榷

熊跃　《财经理论与实践》　1983年3月

15. 如何理解两种不同含义的使用价值——与洪远朋同志商榷

何家宝　《复旦学报》(社会科学版)　1983年5月

16. 如何理解《资本论》中关于Ⅰ与Ⅱa、Ⅱb的交换关系——与张薰华、洪远朋同志商榷

徐永江　《北方论丛》1985年第3期

17. 计划价格应以生产价格为直接基础——与洪远朋同志商榷

曾瑞全　《中国经济问题》　1987年2月

18. 也谈市场价值决定问题——兼与洪远朋等同志商榷

丁堡骏　孙宇晖　《吉林财贸学院学报》　1988年2月

19. 一元的价值决定论——兼与洪远朋谷书堂同志商榷

丁堡俊　《吉林财贸学院学报》1991年第3期

20. 为"使用价值与价值""具体劳动与抽象劳动"正名关于"商品二因素"提法问题的学术争论说起

王学荣　《探索》2012年第6期

后 记

出版《评论集》后,本想"收兵"了。看完《评论集》后,感到赞扬和鼓励的声音偏多,与我的实际情况不完全符合。人总是一分为二的,人的成果也是一分为二的,有正能量的,也有不同见解可以争鸣的,为了能够比较全面反映我的学术研究情况,感到应该把与我有争议的文章、观点,以及对我的启示编出来,出一本《争鸣集》,与《评论集》形成兄弟篇。因为我已出过《论〈资本论〉》和《论利益》一对姐妹篇,现在又有一对兄弟篇,这样兄弟姐妹都全了,我真可以"收兵"了。

编完了《争鸣集》这本集子,似乎可以真松一口气了,真退休了。

我已经"80"后,按照国家规定我60岁时(1996年)就可以退休,因为是博士生导师可以延聘到2000年后,过了2005年后,因为拿到了一个国家社会科学基金重大项目:《新时期我国社会利益关系的发展变化研究》,作为该项目的首席专家,又返聘到2013年。在返聘到期前,该项目批准经国家社科办免检结题,本想可以休息了,不再接新的课题,不再招博士研究生,国家任务不再承担了,但是自己的小计划尚待完成。2013年编辑出版了《论〈资本论〉》,2014年出版了《论利益》,2016年出版了《论价值》,2017年出版了《〈资本论〉纵横谈》《评价集》,当然这几年就仍然在"继续革命"了。现在,2018年《争鸣集》脱稿了;我的小计划基本上都完成了,真可以休息了。可以享受"活一天算一天"的休闲日子了,但是还必须"活好每一天",体力劳动真不行了,"脑子"还不能停止运动。我还在思考"综合经济学""共享利益论"等理论和实践问题,只能休而不闲。愿共勉之。

关于这本集子本身还有两点说明。

1. 这本集子不是单独的专著,除我之外,还有一些合作者或者叫"战友",作者署名都在文后,排名先后都根据原文。观点如有问题,一概由我负责。

2. 这本集子的编排,考虑了理念逻辑顺序,也考虑了时间顺序,但不是绝对的,有些交叉,有点乱,个别文章与其他集子可能有些重复,个别观点前后可能有些矛盾,原则上是前者服从后者。

我的成果无论是专著还是合编,都得到很多人和单位的帮助,一并致谢。

洪远朋

2019 年 4 月于复旦

复旦大学泛海书院简介

复旦大学泛海书院是复旦大学于2004年3月12日批准成立的一个经济研究机构,隶属于复旦大学经济学院。

书院是开展经济学基础理论研究的科研中心。书院以马克思主义为指导,面对社会主义经济建设和改革的现实,加强马克思主义经济学基础理论研究,着眼于新的实践,积极推进创新,努力使泛海书院成为马克思主义经济学基础理论研究的基地、宣传马克思主义经济学的阵地、培训马克思主义经济学基础理论人才的场地。

书院除聘请在职研究人员外,还将聘请有志于经济学基础理论研究的成功人士,以及对书院的建设作出贡献的人士为兼职研究员或特约研究员。

书院至少每年举行一次全国性的经济理论研讨会,书院拟设立理论经济学研究基金,出版泛海书院丛书,资助经济学基础理论的研究和出版,书院还将举办"经济学理论前沿讲座""民营企业家论坛",鼓励对重大经济理论和现实问题进行研究与交流。

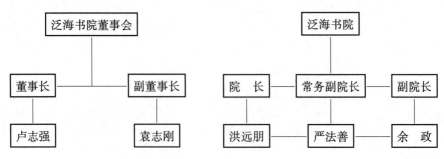

图书在版编目(CIP)数据

争鸣集:洪远朋关于经济理论与现实问题争鸣文集/洪远朋主编. —上海:复旦大学出版社,2019.4
（泛海书院丛书）
ISBN 978-7-309-14251-8

Ⅰ.①争… Ⅱ.①洪… Ⅲ.①经济学-文集 Ⅳ.①F0-53

中国版本图书馆 CIP 数据核字(2019)第 060167 号

争鸣集:洪远朋关于经济理论与现实问题争鸣文集
洪远朋　主编
责任编辑/谢同君

复旦大学出版社有限公司出版发行
上海市国权路 579 号　邮编:200433
网址:fupnet@fudanpress.com　http://www.fudanpress.com
门市零售:86-21-65642857　团体订购:86-21-65118853
外埠邮购:86-21-65109143　出版部电话:86-21-65642845
上海四维数字图文有限公司

开本 787×1092　1/16　印张 22.5　字数 406 千
2019 年 4 月第 1 版第 1 次印刷

ISBN 978-7-309-14251-8/F·2556
定价:68.00 元

如有印装质量问题,请向复旦大学出版社有限公司出版部调换。
版权所有　侵权必究